U0499044

布依族语言使用现状及其演变
The *Status Quo* and Evolution of Language Use of the Bouyei Nationality

周国炎　主编

Editor in Chief
Zhou Guoyan

作者　周国炎　周国茂　苏霖伶
　　　法丽娜　桑　杰　黄镇邦

Authors　Zhou Guoyan　Zhou Guomao　Su Muling
　　　　　Fa Lina　　　Sang Jie　　　Huang Zhenbang

商务印书馆
The Commercial Press
2009年·北京

图书在版编目(CIP)数据

布依族语言使用现状及其演变/周国炎主编.—北京：
商务印书馆,2009
(新时期中国少数民族语言使用情况研究丛书)
ISBN 978-7-100-06744-7

Ⅰ.布… Ⅱ.周… Ⅲ.布依族—语言调查—调查
研究—中国 Ⅳ.H268

中国版本图书馆 CIP 数据核字(2009)第 142480 号

所有权利保留。

未经许可,不得以任何方式使用。

BÙYĪZÚ YǓYÁN SHǏYÒNG XIÀNZHUÀNG JÍQÍ YÀNBIÀN
布依族语言使用现状及其演变
周国炎 主编

商 务 印 书 馆 出 版
(北京王府井大街36号 邮政编码 100710)
商 务 印 书 馆 发 行
北 京 瑞 古 冠 中 印 刷 厂 印 刷
ISBN 978-7-100-06744-7

2009 年 11 月第 1 版　　　开本 787×1092 1/16
2009 年 11 月北京第 1 次印刷　印张 17¼　插页 1
定价:40.00 元

2006年暑假田野调查期间，课题组成员与当地领导合影

后排左起：段海凤、法丽娜、周国茂、周国炎、郑小科、潘吉汀（贞丰县政府办公室副主任）、李燕；前排左起：苏霖伶、杨菁、包贵萍、连玉慧

"布依族语言使用情况个案研究"课题调查组成员名单

第一次田野调查（2006 年 7 月 14 日至 8 月 7 日）

领队：周国炎

组员：周国茂、苏霖伶、法丽娜、段海凤、连玉慧、杨菁、郑小科、包贵萍、李燕、
黄镇邦

第二次田野调查（2007 年 1 月 20 日至 2 月 2 日）

领队：周国炎

组员：周国茂、杨波、苏霖伶、法丽娜、桑杰、吴峰、李闻文、耿兴岩、黄镇邦、杨菁、
郑小科、包贵萍、李燕

第三次田野调查（2007 年 7 月 18 日至 7 月 26 日）

周国炎、苏霖伶、法丽娜、黄镇邦

第四次田野调查（2008 年 1 月 18 日至 2 月 13 日）

周国炎、周国茂、黄镇邦

致　谢

在本课题的田野调查过程中,不少单位给予了极大的支持和帮助,使工作得以顺利进行,现列名单如下,谨表谢意。

贵州民族报社
贵州省黔西南州贞丰县政府办
贵州省黔西南州贞丰县民族宗教局
贵州省黔西南州贞丰县文联
贵州省黔西南州贞丰县公安局
贵州省黔西南州贞丰县长田乡政府
贵州省黔西南州贞丰县北盘江镇政府
贵州省黔西南州贞丰县沙坪乡政府
贵州省黔西南州望谟县政府办
贵州省黔西南州望谟县民族宗教局
贵州省黔西南州望谟县布依学会
贵州省黔西南州望谟县桑郎镇政府
贵州省黔西南州望谟县蔗香乡政府
贵州省毕节地区黔西县民族宗教局
贵州省毕节地区黔西县五里乡政府
贵州省毕节地区黔西县钟山乡政府
贵州省黔西南州民族宗教局
贵州省黔西南州兴义市民族宗教局
贵州省黔西南州兴义市洛万乡政府
贵州省黔西南州兴义市仓更镇政府
贵州省黔西南州兴义市巴结镇政府
贵州省黔西南州安龙县民族宗教局
贵州省贵阳市花溪区政府

贵州省贵阳市花溪区民族宗教局
贵州省贵阳市花溪区黔陶乡政府
贵州省贵阳市小河区政府
贵州省贵阳市白云区民族宗教局
贵州省贵阳市白云区牛场乡政府
贵州省贵阳市白云区都拉乡政府
贵州省贵阳市乌当区民族宗教局
贵州省贵阳市乌当区新堡乡政府
贵州省贵阳市乌当区偏坡乡政府
贵州省安顺市镇宁县民族宗教局
贵州省安顺市镇宁县扁担山乡政府
贵州省黔南州民族宗教局
贵州省黔南州都匀市民族宗教局
贵州省黔南州独山县民族宗教局
贵州省黔南州惠水县民族宗教局
贵州省黔南州龙里县民族宗教局
贵州省黔南州贵定县民族宗教局
贵州省黔南州荔波县民族宗教局
贵州省黔南州荔波县翁昂乡政府
贵州省黔南州三都县周覃镇政府
贵州省安顺市政协
贵州省安顺市民族宗教局
贵州省安顺市普定县民族宗教局

目　　录

Contents

第一章 绪 论

布依族是中华民族大家庭中一个历史悠久的成员,目前总人口已超过 300 万①,在全国 55 个少数民族当中居第十位,是人口较多的少数民族之一。布依族有自己的本民族语言——布依语,目前仍通行于大部分布依族聚居地区和少数杂、散居地区。对布依族语言(包括母语和第二语言)的使用现状进行全面的调查和系统的分析研究是中央民族大学国家"985 工程"语言国情调查的重大课题之一,本书旨在通过大量的田野调查材料对布依族的语言现状进行全面的分析研究。为了帮助读者更清楚地理解本书所论述的问题,本章将对课题的开题缘由、布依族社会历史文化背景、布依族语言使用的基本类型以及布依族所使用语言的基本特征进行简要的介绍。

第一节 开题缘由及调研情况

一 开题缘由

布依语是布依族的重要特征之一,其使用和变化与该民族的发展和变化关系极为密切。布依语是布依族文化的一个重要组成部分,同时又是布依族其他文化事象的承载工具,在传统文化传承中的作用是无法替代的。因此,对布依族语言使用情况的调查研究不仅是学术界的重要任务,也是广大布依族密切关注的一件大事。

"布依族语言使用情况个案研究"是中央民族大学承担的国家"985 工程"重大项目——"中国少数民族语言使用国情调查"中的一个课题。本课题自 2006 年获准立项以来,已在贵州省布依族地区选择几个较具代表性的语言点作为个案,对布依族语言的使用情况作全面、深入的调查,并对该语言使用现状的成因及发展趋势进行分析和研究。

关于布依族语言的使用情况,20 世纪 50 年代初国家曾经组织人力在调查语言本体结构的同时,附带作过一些了解。相关的调查结果见于 50 年代末出版的《布依语调查报告》(科学出版社,1959 年)。20 世纪 80 年代初出版的《布依语简志》(民族出版社,1980 年)也对布依族语言的使用情况作了一些粗略的估计。较多的调查是 80 年代中后期由中国社会

---

① 根据 2000 年第五次全国人口普查,布依族当时的总人口为 297 万。

科学院民族研究所和国家民委文宣司主持的一个国家社科基金课题——《中国少数民族语言使用情况和文字问题调查研究》，其中也包括对布依族主要分布的两个自治州、三个自治县的布依语使用情况的调查。其成果以调查报告的形式汇集于《中国少数民族语言使用情况》一书中。此次调查的成果为学术界的研究以及国家民族语言文字政策的制定提供了资料和参考依据。关于布依族语言使用情况的分析研究目前还没有正式出版的专著，单篇文章也比较少。喻翠容的《中国布依族的双语现象》一文，对布依语和汉语的不同功能范围进行了分析，并对聚居、散居、杂居等不同分布情况下布依族的母语习得问题进行了探讨。吴定川的《布依族的语言使用情况分析》将布依族的语言使用情况进行了分类。本世纪初，伍文义、辛维等撰写了《中国布依语对比研究》，主要对 20 世纪 50 年代以来布依语在结构上的变化进行了纵向的对比研究，也涉及了语言的使用。国外学者对布依族语言使用情况的调查研究较少。

语言是一个动态发展的系统，其使用是随着社会和时代的发展而不断发展变化的。我国目前正处在一个社会转型时期，社会主流文化造成的冲击波对少数民族地区语言使用所造成的影响比过去任何时候都要强烈。一些少数民族，母语功能的衰变在这一时期显得比较突出。近十年来，布依族的语言使用也发生了较为显著的变化。主要表现在以下三个方面：（1）居住在城镇及城镇周边地区的一些布依族已经不再向他们的下一代传授母语，原来使用母语的人由于使用场景和交际对象的减少，母语的使用频率也逐渐降低。（2）进城谋生的年青一代在城市流行文化的长期熏陶之下，语言观已逐步发生了变化，母语在他们的心目中已经不再是那么神圣，回到家乡之后也已不再使用或较少使用母语。（3）散居地区的布依族多数在 20 世纪 50 年代就已开始出现母语衰变的迹象，个别地方已经消亡，一些地方正处于濒危的边缘。因此，20 世纪 50 年代和 80 年代后期的调查材料已经不能如实地反映现阶段布依语的使用情况。对不同类型的布依族母语使用情况进行全面、深入的调查，并在此基础上对其活力进行系统的分析研究是很有必要的。其重要价值体现在四个方面：其一，通过对布依族语言使用情况的深入调查和研究，有助于揭示在某种社会背景下语言应用的动态发展规律，为社会语言学、应用语言学的理论研究提供材料依据。其二，对布依族语言使用情况的调查研究可以为我国民族地区语言文字政策的制定和语言文字工作的部署以及民族地区的汉语教育、母语教育提供决策依据。其三，通过对布依族母语活力的系统研究，对现阶段在世界范围内开展的濒危语言抢救和保护、记录工作，都具有积极的作用。其四，语言和谐是社会和谐的体现，对布依族语言使用情况的调查研究也对布依族地区和谐社会的建设有着积极的作用。

二 调研情况

（一）关于调查点的确定

布依族人口已超过 300 万，在贵州省 80 多个县级以上行政区都有分布。其中布依族人口在 10 万以上的有 11 个县（市），1 万以上 10 万以下的有 28 个①县（市）。分布相当广，只能选择具有代表性的语言点进行抽样调查。因此，如何选择具有代表性的调查点就成了需要认真考虑的问题。

从分布特征上看，布依族大致可分为聚居、杂居和散居三种主要类型，布依族人口在 10 万以上的县（市）大多属于聚居，如独山、都匀、罗甸、望谟等县。此外，荔波、长顺等县，虽然布依族总人口不足 10 万，但在全县人口中占的比例较高，也属聚居类型。有些县（市、区、特区）虽然布依族人口比例较少，但也是成片居住在一起，如贵定、六枝、紫云、关岭等县（特区）都有成片聚居的布依族。

在杂居地区，布依族与别的民族交错杂处，或同村，或与别的民族村寨相互交叉，在一块田坝中共同劳动、生活，频繁接触，关系密切。与布依族杂居的主要是汉、苗、彝、仡佬、水、毛南等民族。多民族杂居的现象与所在县（市、区）布依族人口总数和比例没有关系，布依族人口较多的县，如独山、望谟、贞丰等都有布依族与其他民族杂居的情况。

在散居地区，布依族以人口的绝对少数状态零星分布在汉族或其他少数民族之中，或几户人与别的民族共一个村，或一两个村寨处于别的民族村寨的包围之中。布依族人口比例较少的县（市、区）这种情况比较常见。如毕节地区的织金、黔西、威宁、大方、纳雍、金沙，六盘水市的水城、盘县，遵义市的仁怀、红花岗等县（区）以及绝大多数布依族人口在一两千甚至一千以下的县（市、区）。

在调查点的确定上，我们力争做到每一种分布类型都有代表点。

聚居类型选择了望谟县桑郎镇的南碑、白桑、桑郎等村，蔗香乡的乐康村，贞丰县沙坪乡的者砍村以及镇宁县扁担山乡的凹子寨村作为代表点，共 3 个县 4 个乡（镇），6 个行政村，11 个自然寨，所选的每一个乡镇布依族人口比例都在 85% 以上，其中望谟县的蔗香乡甚至高达 99%。所选的村基本上都是布依族聚居村，除少数因族际婚姻嫁到村里的汉族或其他少数民族妇女以外，没有一户杂居其中的汉族或其他少数民族。母语保存完好，在日常交际中起着非常重要的作用，有相当数量的母语单语人，是这一类型的主要特点。

杂居类型选择了贞丰县北盘江镇、长田乡以及贵阳市乌当区新铺布依族乡、偏坡布依族乡、花溪区清溪镇、黔陶乡、小河区的金竹镇、白云区的都拉布依族乡和牛场布依族乡作为代表点。杂居类型在母语保存使用上又有两种不同的情况，贞丰县北盘江镇和长田乡母语保存得比较好，各种年龄层次在大多数场合都仍以布依语作为主要的交际工具。北盘江镇位于贞丰县北部，因地处北盘江畔而得名，布依族占全镇总人口的 48% 左右。我们选择了 4 个村委会 5 个自然村进行调查。长田乡与北盘江镇相邻，但布依族的人口比例少于北盘江镇，不到 40%。在该乡我们选择了 4 个村委会 6 个自然村进行调查。贵阳市郊的几个区布依族母语的交际功

①　此处所采用的数据有三个来源，一是 2000 年第五次全国人口普查数据，二是行政区划网站（www.xzqh.org）公布的各县 2003 年前后的数据，三是 2006—2008 年调查期间相关各县提供的前一年度的数据。

能已经严重衰退,多数村寨 50 岁以下绝大多数人已经不讲布依语,只有 60 岁以上的人母语比较熟练。有些村寨甚至只有 70 岁以上的几个老人能用布依语交流。我们在贵阳市郊的 4 个区一共选择了 8 个乡(镇、办事处)、19 个村委会、34 个自然村进行调查。

散居类型选择了黔西县五里乡中心村、黔西县城关镇(来自洪家渡的库区搬迁移民)和钟山乡猫山村作为代表点。五里乡中心村距乡政府所在地约 5 公里,离洪家渡水库大坝不到 2 公里,交通比较便利。中心村由 7 个自然村组成,分别为罗家寨、班家寨、高家寨、冒沙井、从央寨、杉树寨、潘家寨,我们以该村的罗家寨作为调查点。罗家寨是黔西县布依族母语保存得较完好的村寨之一,全村男女老少都讲布依语,学龄前儿童大多不会汉语,五六十岁的妇女偶尔有汉语表达困难的情况。20 世纪初,洪家渡水电站开工兴建,居住在织金县茶店乡洪艳村的部分库区布依族迁至黔西县城,形成一个新的居民点。这部分布依族在家乡时主要以布依语作为交际工具,目前虽然已移居城中,生活环境改变了,但仍然使用布依语。不过,部分年轻人语言态度已有所改变,进城后出生的儿童已开始出现不讲母语的情况。钟山乡是黔西县的两个布依族乡之一,猫山村及其周边的村寨主要是布依族居住,但该村除两位从中心村嫁过来的妇女会讲布依语,个别五六十岁的老人会一些简单词汇以外,其他人都已经不会讲了。

在以上三种人口分布类型中,我们一共选择了 8 个县(区)、18 个乡(镇、办事处)、37 个村委会、58 个自然村作为调查点进行全面的调查,此外,还对惠水、安龙、兴义、都匀、独山、荔波、三都等县(市)的个别乡镇及村寨布依族语言的使用情况进行了粗略的了解。

(二) 调查方法

本课题主要涉及对布依族母语掌握情况、母语习得方式、使用场合、语言文字态度等内容的调查,采用了座谈会、重点访谈、实地观察、入户问卷调查等调查方式。

座谈会主要在布依族专家、学者、地方政府部门领导这几个层面进行,共召开了四次规模不等的座谈会。

课题调查开始之前,我们在北京召开了第一次小规模的座谈会,主要邀请在北京工作的几位布依族知识分子给我们的课题设计提些意见,同时谈谈他们自己对本民族语言文字使用现状的看法。到会的专家都来自布依族聚居地区,目前在北京高校和科研机构工作,他们熟练掌握本民族语言,同时也熟悉家乡的语言使用情况,对本民族语言文字使用情况及其发展趋势有非常独到的见解。会上,专家对我们的调研计划提出了非常中肯的意见和建议。

第二次座谈会在贞丰县召开。我们邀请了该县负责民族工作的领导、教育部门负责民族教育的干部以及当地多年从事民族工作的老同志参加。此次座谈会使我们了解了贞丰县布依族语言使用、文化教育状况以及民风民俗、社会经济等方面的基本情况,为我们在贞丰三个点的顺利调查打下了基础。

第三次座谈会在望谟县田野调查结束之后召开。与会的主要是该县布依学会的几位领导和顾问,他们对本县布依族各方面的情况都非常了解。座谈会主要围绕布依族语言文字的使用、布依族传统文化的继承以及布依族双语文教学等问题展开讨论,为我们提供了很多田野调查无法得到的材料。

第四次座谈会在贵阳召开。与会的有赵道文教授、曹广衢教授、吴启禄教授、布依族知名专家韦廉舟、周国茂、布依族年轻学者梁永枢、郭堂亮等。前四位曾参与 20 世纪 50 年代的布依语调查,并且多年从事布依族语言文字教学研究工作,在布依族语言文字和文化研究方面成果颇丰,对贵州省民族语文,尤其是布依族语言文字的调查研究历史比较熟悉。我们的调研计划和选点方案得到了与会各位专家的认可,所取得的阶段性调查成果也得到了他们的肯定。

访谈分专家、地方领导干部(包括在地方多年从事民族工作或教育工作的专家)、村寨长老(包括村干部)和普通村民四个层面进行。

除了专家层面的访谈以外,其他几个层面的访谈一共进行了 100 多人次。

实地观察主要在调查过程中采用,目的是对调查点的布依族语言生活进行观察,以便了解人们的具体语言使用情况。实地观察是问卷调查法的重要补充,在通过问卷无法获取客观、真实的材料时采用实地观察可以取得理想的效果。

问卷调查法是我们在田野调查过程中采用的主要方法。先通过乡(镇)政府抽样的形式确定合适的自然村寨作为调查点,然后进行逐户问卷调查,每户尽可能选择老、中、青三个不同年龄层次的受访者。两次田野调查中,我们一共发放调查问卷 2000 余份,回收的有效问卷在 95% 以上。

(三)问卷设计

结合调查目的,我们的调查问卷涉及以下四个方面:

1. 受访者基本信息:如不同性别、不同年龄段的人对母语掌握的程度都会有所不同,不同职业、不同受教育程度的人语言观也会有所区别。基本信息包括如下 11 项:

(1)调查地点:包括村寨名或所在机关单位的名称等。

(2)姓名:要求受访者提供姓名,受访者不愿意提供,也不强求。

(3)性别:如果受访者为女性,还需要填写是否已婚。嫁入者需要填写从何处嫁到本寨。

(4)年龄:不同地区年龄段的划分情况不同,在通行母语的地区,通常划分四个年龄段,即学龄前(7 岁以前)、在校期间(7—20 岁)、社会生活频繁期(21—60 岁)、老年期(61 岁以上)。在部分布依族地区,儿童在入学前一般只讲本民族语,汉语能力较弱,或基本不会汉语,有些地区布依族儿童在刚入学的前几年也主要用母语交际。在校期间是汉语能力逐渐增强的时期,随着语言环境的改变,部分人的母语能力会呈下降趋势。第三阶段,人们的社会交往频繁,语码转换频率也较高,双语能力处于强盛时期。进入老年以后,人们的生活相对固定在母语社区,与外界接触和交流减少,母语使用频率提高,汉语水平相对下降。在一些地区第二、三阶段很少接触汉语的人,到老年阶段已经基本不能用汉语交际。在母语交际功能已经发生衰变的地区,通常只划分三个年龄段,即 20 岁以下(有些地区定在 40 岁以下)、21—60 岁、61 岁以上。

(5)民族成分:除了主要调查布依族以外,对分布在布依族村寨及邻近村寨的其他民族,我们也进行了少量的抽样调查,了解他们对布依族和布依语的基本态度以及是否会讲布依语、熟练程度如何等。

(6)出生地:主要了解受访者是否在本村出生。

(7)家庭人口:人口是影响语言使用的一个重要因素,家庭人口对家庭语言使用同样会产生影响。在问卷中我们设计了家庭人口一项,但实际调查过程中向受访者了解家庭人口状况时常常会造成一些误解,个别受访者在被问到这一问题时马上中止合作。因此这一信息后来主要是通过地方政府获得,但并不全面。

(8)是否世居此地:主要了解受访者家庭是否近期从外地迁入目前所在地,如果非世居,需要填写由何处迁来。这有助于分析受访者母语能力不同于其他人的原因。

(9)有无外地生活经历:外地生活主要包括当兵、打工、进厂、上学、经商等,如果有,需要填写在外地生活的年限(三年以上或三年以下)。对于部分人来说,离开母语环境会对其母语能力造成一定的影响,此项信息有助于分析外地生活是否对受访者造成了影响,影响的程度如何等。

(10)现在从事的职业:包括在家务农、教师、机关干部、当兵、学生、长年外出务工、农闲时外出务工、在外经商。不同职业者由于涉足的领域不同,接触的人员不同,思想观念也会有所不同,从而也会形成不同的母语价值观。

(11)受教育程度:包括从未上过学、扫盲班、小学、初中、高中(包括中专)、大专以上。不同的受教育程度也会影响人们对母语的价值取向。

2. 语言使用情况及相关问题:这一部分主要了解受访者母语的熟练程度、母语的习得途径、第一语言、家庭语言使用情况、社区语言使用情况及母语使用过程中可能会出现的一些问题。

(1)关于母语熟练程度的界定:受访者母语的熟练程度主要根据其听和说的能力来判断,共分为非常熟练、比较熟练、一般、会讲一些简单的、听得懂但不会说、听不懂六个等级。第一、二等级是听说自如,其中,第一等级还必须具有用母语讲述故事的能力。在实际分析过程中,我们将前两个等级合二为一。第三等级是基本能用母语进行一般日常生活交际,第四等级是能说日常生活中常用的一些简单句和词汇,我们以数词、人称代词和一些简单的日常话语作为测试内容。第五等级是能够说出调查问卷所列的布依语词汇和短句的汉语意思,但在实际调查过程中只要受访者承认自己具备相当于这一等级的语言能力即予以认可。

(2)关于第一语言:主要目的在于了解受访者以什么语言作为母语。

(3)关于母语的习得途径:问卷中共有两个问题涉及母语(布依语)的习得途径。地区不同,母语的习得途径也不一样。

（4）关于家庭语言使用情况：问卷中共有 3 个问题涉及家庭语言使用情况。在通行布依语的地区，母语是家庭中唯一的交际语言，不存在选择的问题，但是在部分杂居地区以及散居地区，尤其是母语交际功能发生衰变的地区，第二甚至第三语言可能进入家庭，布依语不再是唯一的交际语言，甚至不是主要的交际语言。

（5）关于社区语言使用情况：有 4 个问题（后来合并成两个）涉及社区内部和跨社区语言交际，主要目的是了解布依语交际功能的强弱。

关于布依语在家庭、社区和跨社区的使用频率，我们另外设计了两张表。

（6）关于母语使用可能出现的问题：针对母语人在母语使用过程中可能会遇到心理障碍和外部干扰问题，我们共设计了 5 个选项，即：不存在问题，与外乡人交谈时常常因听不懂而改用汉语，对方用汉语回答，怕周围的人笑，周围的人会迫使你说汉语。

3. 与文字有关的问题：这一部分我们共设计了 8 个问题，主要目的是了解受访者对本民族传统文字和新文字的了解程度、熟悉程度以及对本民族文字推行、使用的态度。

4. 关于语言态度：语言态度主要指受访者对母语使用、双语使用、子女和身边本民族同胞语言转用的看法，共设计了 13 个问题。

（四）调查数据的整理与利用

自 2006 年初本课题获准立项以来，课题组先后于 2006 年暑期 7 月中旬至 8 月上旬、2007 年 1 月下旬至 2 月上旬 2007 年 7 月中下旬以及 2008 年 1 月中旬至下旬分四次对黔西南州、安顺市、贵阳市、黔南州以及毕节地区的黔西县布依族聚居、杂居和散居地区进行了田野调查，通过入户调查、随机抽样和重点访谈等方式获取了大量第一手材料。为便于统计分析，我们将问卷调查的数据录入《布依族语言使用情况调查数据库》。该数据库基于 Access 数据库软件设计，首先根据调查问卷的内容，设计出相应的数据关系，列出相应的字段，然后将其分别做成几个表单，每个表单包含一类数据内容，将每一份调查问卷数据依次输入表单，最后将表单内容相应地转成窗体对象。在窗体中可以完成查看、查询统计等功能，这样不仅可以保存问卷调查数据，还能够快捷地对其进行查询统计。在对各调查点具体语言使用情况分析时，该数据库发挥了重要作用。

第二节　布依族概况

一　民族概述

（一）人口及其分布

布依族是中华民族大家庭中一个历史悠久的民族，主要分布在贵州、云南、四川等省，总人口 290 多万[1]，其中，贵州省布依族人口占全国布依族总人口的 97%。黔南和黔西南两个布依族苗族自治州以及安顺市是布依族主要分布的地区，此外，六盘水市、贵阳市、毕节地区、遵义市的仁怀以及黔东南苗族侗族自治州的麻江等地也有布依族散居，云南省的罗平、师宗、河口、马关等县以及四川省的宁南、会东等县也分布着少量的布依族。从整个大环境来看，布依族与汉族以及苗、彝、仡佬等少数民族呈大杂居的分布格局，但就局部区域而言，布依族又是一个居住相对集中的民族。在贵州省境内，布依族人口在 10 万以上的县（市）有 11 个，人口比例占所在县（市）总人口 35% 以上的有 13 个。在布依族集中分布的各县，都有一些以布依族为主或布依族作为单一民族构成的乡镇，如黔南布依族苗族自治州的独山、惠水、罗甸，黔西南布依族苗族自治州的望谟、册亨、贞丰以及安顺市的镇宁等县，都有布依族人口占 95% 以上的乡（镇），个别乡镇布依族人口甚至接近 100%。在布依族人口比例较低的贵阳市、毕节地区以及六盘水市等地（市）级行政区，虽然布依族大面积聚居的情况比较少，但也有不少以布依族作为建乡民族或主要建乡民族的民族乡，如六盘水市水城县的南部、六枝特区的西南部。在这些乡镇，布依族多数情况下也是成片聚居的。

（二）族称及简史

布依族自称/pu⁴ʔjai⁴/或/pu⁴ʔjoi⁴/，汉字记音写作"布依"、"布夷"等。"布"在布依语中是"族"或"人"的意思。故旧方志中有将布依族记为"夷族"、"夷家"、"夷人"等。"夷族"曾是布依族名确定前的普遍称谓。20 世纪 50 年代初，地方人民政府挂牌以"夷族"命名，如镇宁县扁担山区为"镇宁县扁担山彝（夷）族自治区人民政府"。1953 年，族名确定后，才统一改为"布依族"。除自称之外，不同地区布依族之间还互称为"布依"、"布那"、"布土"、"布都"、"布央"等，又有同姓氏氏族间互称为"布武"、"布韦"、"布鲁"等。

根据史学界目前的研究成果，布依族来源于古代"越人"的一支——骆越。据汉文史籍记载，"越人"的"越"亦称"戉"或"钺"。"钺"最早指新石器时代的一种扁平石斧，可安装木柄，是远古时代布依族先民"越人"的劳动工具以及武器。晋《华阳国志》曰："南中在昔盖夷越之地。"又曰："历夏、商、周，武王伐纣，蜀与焉，其地东接于巴，南接于越，北与秦分，西奄峨嶓，地称天府……""南中"即今贵州、云南及四川南部，这一地区自周代以前历来都住着越人。该书将"夷越"同时称为"夷濮"。《后汉书》则称之为"夷僚"。可见"夷越"、"夷濮"、"夷僚"都是古代布依族先民的不同称谓。《史记》、《汉书》都把他们记载为古代"南中"地区牂牁、夜郎国的主体，其经济特点是以水稻农业为主，即"椎髻、耕田、有邑聚"。稻作文化是古越人文化的重要标志，至今仍是布依族突出的生产生活文化特征。

魏晋南北朝时期，"僚"作为族群称谓出现于史籍，布依族先民即从僚人中的一支发展而成。隋唐时期，布依族被称为"蕃蛮"。

---

① 第五次全国人口普查数据。

宋初,"诸蕃以龙氏为宗,称西南蕃主。分龙州部落、东山部落、罗波源部落、训州部落、鸡平部落、战洞部落、罗母珠部落、石人部落等八大部落分支。"(《宋史·蛮夷四》)其地望在今贵州的安龙、罗甸、册亨、兴义、镇宁、贵阳等县市,与目前布依族的分布状况一致。西南蕃中"部族数十,独五姓最著"。所称五姓,即龙、罗、石、方、张"五蕃",后来增加韦、程二蕃,称为"七蕃"。到元代又增加卢蕃,统称"八蕃",领地在今贵州惠水、长顺一带。元成宗大德元年(公元1297年)置八蕃宣慰司统其地。"八蕃"是布依族地区的统治政权,其首领中如卢、罗、韦等姓氏,至今还是布依族中人口众多的大姓。

《元史》说:"栖求等处仲家蛮",是布依族被称为"仲家"见诸史籍之始。在布依族的思想意识和祖先崇拜仪式里,均以土著民族自居,称汉族为"客家"、"客户",自称"本地人"。农历正月初一到初三,家家户户都要举行迎送祖先的活动。其世代相传的迎送祖先的念词有"达罕、蛮洛、拉少、林上、歌告、善书、珉谷、阿娄、刚旁、波定"等许多地名,珉谷即今贞丰县城,达罕、蛮洛、拉少、林上在北盘江附近;阿娄、刚旁、波定在今之镇宁、安顺。布依族认为这些地方是老祖宗的原籍。从"夷越"到"夷僚"、"蕃蛮"、"仲家",布依族族源的历史线索是清晰的,他们是开发贵州最早的居民之一。

二 文化概述

布依族在漫长的历史发展进程中创造并不断丰富和发展了自己独特的物质文化和精神文化。

(一)服饰

布依族服饰多用青、蓝、白几种颜色。建国前,男子包头巾,穿对襟短衣或长衫及长裤;老年人多着长衫。近来男子服饰与汉装无异。妇女服饰多种多样。镇宁、关岭、普定、六盘水一带是目前保留布依族最古老服饰的地区,妇女着大襟短衣,领口、盘肩、衣袖和衣脚边沿皆用织锦和蜡染各色几何图案镶制;下穿百褶长裙,用白底蓝色蜡染花布缝成。自制的织锦和蜡染是布依族服饰的主要特点。这一带的妇女也非常讲究头饰,婚前头盘发辫,戴绣花头巾;婚后须改用竹笋壳作"骨架"的专门饰样,名曰"更考",意为成家人。镇宁、关岭的部分地区,姑娘喜拢高髻,形如拱桥,发上插着长约尺许的银簪,配上短衣长裙和绣花布鞋。其他地区则多着短衣长裤,或在衣襟、领口和裤脚镶上蜡染或刺绣花边。黔西南安龙、兴仁一带妇女喜用白布做头巾,系各色绣花围腰,朴实无华,典雅大方;同时还喜戴银、玉手镯、发簪和戒指、项圈,样式别具一格,颇有特色。

(二)饮食

布依族以大米为主食,玉米、小麦、红稗、荞麦次之,特别喜食糯米,逢年过节和招待亲友,一般都要蒸糯米饭或打糯米粑粑。节日里,还喜欢用数种花和树叶加工染制的各色糯饭,俗称

"花糯米饭"。副食有各种蔬菜、豆类和肉类。蔬菜制品有著名的独山盐酸菜、酸辣椒等。肉类加工有腌熏腊肉和香肠,狗肉为人们所好。豆类佳品主要有豆豉、豆腐、血豆腐、米豆腐等。辣椒、酸菜为日常生活不可缺少。自制的糯米甜酒和大米烧酒,户户皆备。有的米酒用野生刺梨果掺和酿造,营养丰富,每当家有贵宾方才拿出。刺梨酒酿造技术,已有数百年历史,如今已批量生产,畅销全国。

(三) 村落及民居

布依族习惯近水而居,村寨依山傍水而建,周围生长着茂密的竹林和风水树。寨前田畴纵横,河溪环绕,岸柳成行,一派美丽的田园风光,寨内多聚族而居。住平坝者,大都建有矮墙院落,居山区者因受地形限制房屋依山而建,楼房叠加,有的修成前半部为楼房,后半部为平房的"吊脚楼",这就是历史上"干栏式建筑"的延续。堂屋正中设有神龛供奉祖先,左右两侧分隔成寝室、客房、灶房。室内设有火塘,供一家取暖炊薪。房屋用木材建造,屋顶盖瓦,有的盖茅草或稻草。贵州西部布依族地区的"石板房"完全用石头建成,形成贵州西部旅游的一道靓丽的风景线。

(四) 婚姻

建国前,布依族子女的婚姻几乎全由父母包办,早婚现象严重,有些在幼儿时就订下婚约,俗称"背带亲"。大多在十三四岁至十七八岁就举行结婚礼仪。婚礼当天一般由族中伴娘相陪到男家拜祖后,住一两天即返回娘家。其间,新娘由伴娘陪着同吃同住。第三天回门后长住娘家,直到十七八岁,才于农忙季节或婚丧喜事时,由夫家接来帮忙,夫妻开始同居,如此往返,居住时间越来越长,最后长期住在夫家。

婚姻的缔结,一般要经过四道程序。先由男方请媒人到女家说亲,同意后便携礼物去"合八字";第二次由男方带鸡、酒等礼物到女家,女方请亲友来庆贺,称"杀鸡礼"。第三次由男子带酒、鸡、猪肉等礼物以及聘金若干到女方家举行"交礼钱""换八字"等仪式,称为"订亲"。镇宁、关岭、六枝及普定等地布依族结婚时,男家选派两名青年前往女家迎亲,女方村中孩童聚在村外,用苦楝子、稀泥、水枪等投掷接亲者,名曰"打报古"。"报古"是对男性接亲者的布依语称呼。其余各地的婚俗,有兴骑马坐轿的,有兴由哥哥背新娘出大门的。无论哪种形式,一般都有族中姊妹陪送,称之为"伴娘"。路上,打伞步行,新娘当天不直接进男家,先于附近亲友家住下,次日清晨选吉时登门拜祖。布依族同宗同姓不能通婚,异姓亲戚中不同辈分也不能通婚。

(五) 丧葬

布依族有独特的丧葬习俗。老人去世后,丧家即派人前往外家和女婿家报丧,并请布摩①

---

① 布依族丧葬活动以及日常宗教活动的主持者,布依语称 pu⁴mo¹,音译为"布摩"。

择吉日举办丧事。如果死者是女性，必须等舅家人到场才能入棺、安葬。丧礼繁简，视家庭经济而定。清贫之家，只请布摩"开路"，一切从简；富有之家讲排场，除了"开路"、"堂祭"之外，还要举行砍牛、转场等仪式，丧期长达三五天。停枢期间，丧家一律素食，出丧之后才能开荤。下葬前两天，寨邻亲友携礼前来吊唁。女婿和舅家要送香亭、纸马、祭幡。孝子着长幅孝帕，穿草鞋，系麻丝。当晚举行隆重的丧葬仪式，有些地方，于灵前悬数面铜鼓有节奏地敲击，同时用竹竿敲楼板相应，称"打铜鼓"；唢呐是前来吊丧的客人必备的乐器。下葬前一夜举行堂祭，堂祭宣读祭文，寄以哀思。有些地区用荤素菜各九道供奉死者。新中国成立前，丧家荤素两菜均做，现在是孝家做素菜，女婿做荤菜。堂祭结束后，将灵枢移于门外长凳上停放。出殡之日，孝子跪拜于灵枢前，铜鼓、唢呐、铁炮、鞭炮、恸哭声交成一片，灵枢在众人簇拥下缓缓而行。开挖墓圹前，先由布摩杀一只雄鸡滴血于选好的墓地上，谓之"播土"。墓圹挖好，用朱砂于井内画八卦、龙及房子等，撒糯米，再杀一只鸡滴血井内，谓之请"地脉龙神"。待灵枢抵达，井内烧纸钱，孝子跪拜，谓之"暖井"，移枢入穴，封土垒坟。出殡后第三天，孝家要到坟上祭扫。届时用小猪、鸡、豆腐等供祭，烧化香亭、纸马，谓之"复山"。丧事到此便告结束。以后每年清明合家备祭品到墓前祭扫。

（六）传统节日

布依族有许多传统节日，其中春节、端午节、中秋节等与当地汉族基本相同，而"三月三"、"六月六"等节日则具有浓厚的民族特色。

三月三：每年农历三月初三或三月第一个虎场天（寅日）举行，主要内容是祭山神、扫寨赶鬼，预祝丰收。届时，外人不准进寨。清《南笼府志》上说："其俗每岁三月初三宰牛祭山，各聚分肉，男妇筛酒，食花糯米饭"，"三、四两日，各寨不通往来，误者罚之。"在贵阳附近村寨，则举行"对歌会"。相传这天谁的歌声最动听，天上的歌仙就会给他（她）一副金嗓子，故又称为"仙歌节"。

六月六：每年农历六月初六或六月第一个虎场天举行，主要内容是祭田神、土地神和山神。祭毕，用鸡血沾染各色纸，或做旗，或做成大鸟形状，分别插在每块田中。有些地方在这一节日期间订立乡规民约，由寨老监督执行，保护社会财产安全。许多地区还举行规模宏大的"玩山"活动，如长顺县的董郎河两岸，当天游玩的人绵延五六里；镇宁县扁担山地区参加"玩山"的有万人以上；兴义县的男女老幼则着盛装赶"查白场"。

（七）文学艺术

布依族文学艺术丰富多彩，包括神话、传说、故事、诗歌、寓言、童话、谚语等，可分为书面文学和口头文学两大部分。其题材广泛，意境优美，内容健康、语言生动、富于想象力，而且有独特的格律和韵律。神话传说如《洪水朝天》、《十二个太阳》、《报老多采青石盖天》、《赛胡细妹造人烟》、《卜丁射太阳》、《茫茫耶寻谷种》、《三兄弟找水》等。这些神话传说，有的反映了布依族先民为求生存、不屈不挠地与大自然作斗争的情景,有的反映了布依族远古时期氏族内婚制阶段的遗影,有的则反映了布依族人民善良朴实、机智勇敢的形象,表达了他们热爱乡土、向往幸福的愿望。

布依族民歌非常丰富,有的用布依语演唱,有的用汉语演唱。用布依语演唱的,一般押腰韵,或押首尾韵,押尾韵的极少。用汉语演唱的,大多数为尾韵相押。民歌分叙事歌、情歌、即兴歌等几种。民歌是布依族人民日常娱乐和传递思想感情的重要工具。

布依族民间乐器主要有姊妹箫、铜鼓、唢呐、箫、笛、月琴、四弦胡,以及锣、鼓、钹等。铜鼓是布依族十分崇敬和珍爱的传统乐器,平时由专人保管,遇到隆重节庆,才专门举行仪式,击鼓为乐。铜鼓不仅可以作独奏乐器,同时也可以作"小歌"①的伴奏乐器。

布依族的舞蹈主要有"织布舞""伴嫁舞""狮子舞""龙舞""铜鼓刷把舞"以及"花包舞""糠包舞",等等。它们是布依族生产生活和风俗习惯的综合艺术,表现形式多种多样,生动活泼,深受人民群众喜爱。

贵阳、安顺等地区流行的布依地戏,多在春节期间组织演出。有专门的戏班子,演员面具多为三国时期人物及布摩等。因平地表演,不搭戏台,故称"地戏"。还有黔西南一带的布依戏,演出规模宏大,需搭戏台,设置布景;过去有的地方还设戏楼。剧目繁多,内容丰富,情节曲折,歌乐优美。

第三节　布依族使用的语言及其基本特征

布依族使用的语言主要有布依语和汉语,分布在贵州省黔南布依族苗族自治州的部分布依族还使用属于壮侗语族侗水语支的臬话和锦话。下面分别对这些语言的基本结构特征作一简要的介绍。

一　布依语及其基本特征

布依语属汉藏语系壮侗(也称侗台)语族壮傣语支,与同语族的壮语、傣语、侗语、水语、黎语、仫佬语、毛南语等关系密切,在语音、词汇、语法等方面有很多共同特征,同时也有自己的一些特点,下面对布依语的基本特征作简要介绍,其中语音方面主要以布依文试行方案的标准音点望谟话为例。

(一)语音方面

布依语共有声母 32 个。其中塞音声母 3 个,只有清不送气塞音一组,即/p/、/t/、/k/;送气音

---

① 布依族民歌的一种。

只用来拼读现代汉语借词;浊塞音/ʔb/、/ʔd/有明显的前紧喉成分,不是纯粹的浊辅音;塞擦音/tɕ/为本族语音系固有,/ts/、/tsh/和/tɕh/只拼读现代汉语借词。鼻音有/m/、/n/、/ȵ/和/ŋ/,均为浊鼻音,没有对应的清化鼻音。擦音组有清擦音/f/、/s/、/ɕ/、/h/,个别地区还有清擦音/ɬ/,浊擦音/w/、/z/、/j/,部分地区有浊擦音/ɣ/,/w/和/v/常常可以自由变读。边音有/l/。布依语的腭化和唇化音声母都不发达,腭化音声母有/pj/、/mj/和/ʔj/ 3 个,唇化音有/kw/、/ŋw/和/ʔw/ 3 个。

布依语共有 87 个韵母,其中元音韵母 27 个,带辅音韵尾的韵母 60 个。元音韵母中,单元音韵母 6 个,复元音韵母 21 个。单元音韵母有:/a/、/e/、/u/、/i/、/o/、/ɯ/,其中/-i/、/-u/、/-e/和/-a/可以做韵尾,与别的主要元音构成复合元音韵母。单元音/a/、/e/、/o/带韵尾时有长短之分。辅音韵尾有鼻音/-m/、/-n/、/-ŋ/和塞音/-p/、/-t/、/-k/,部分地区有鼻音韵尾/-m/和塞音韵尾/-p/,少数地区塞音韵尾只剩下一个并不十分明显的/-ʔ/。

布依语固有声调 8 个,其中 6 个舒声调,2 个促声调。古汉语借词的声调已经完全融入布依语固有的声调系统中,现代汉语借词的声调与各地汉语方言接近。布依文标准音点望谟布依语的声调系统见表 1-1。

表 1-1 布依语古代汉语借词和固有词声调系统

调类	调值	古代汉语借词		布依语固有词	
一	24	wa¹(花)	si¹(丝)	na¹(厚)	ʔdi¹(好)
二	11	la²(锣)	ɕɯ²(时)	na²(田)	mi²(不)
三	53	ku³(九)	tɕe³(解)	na³(脸)	ni³(债)
四	31	ma⁴(马)	zu⁴(酉)	na⁴(舅舅)	li⁴(有)
五	35	kwa⁵(过)	si⁵(四)	na⁵(箭)	ni⁵(小)
六	33	mo⁶(墓)	kwi⁶(跪)	na⁶(獭)	ri⁶(地)
七	35	pet⁷(八)	ɕik⁷(尺)	nak⁷(重)	pit⁷(鸭)
八	33	mak⁸(墨)	ɕip⁸(十)	lak⁸(深)	ȵip⁸(缝)

表 1-2 布依语现代汉语借词声调系统

汉语调类	阴平	阳平	上声	去声
望谟话 调值	33	31	53	24
例字	fei³³tɕi³³(飞机)	min³¹tsu³¹(民族)	tsan⁵³lan⁵³(展览)	hao²⁴tsao²⁴(号召)
	phin³³jin³³(拼音)	lo³¹si³¹(落实)	juŋ⁵³kan⁵³(勇敢)	ŋao²⁴jin²⁴(奥运)

(二)词汇方面

布依语词汇按音节构成可分为单音节词和多音节词,按词义构成可分为单纯词和合成词。合成词的构成方式主要有附加式、并列式、修饰式、主谓式、动宾式、补充式和通称加专称等几种。附加式由前加成分加词根构成,多数前加成分都具有一定的词汇意义,在数量结构中充当量词,少数前加成分意义已经虚化,对名词具有较强的依附性,离开特定的名词就不能表达完整的意义。布依语的后加成分较少,只有少数几个不表示任何词汇意义的音节或音节重叠形式可附加在形容词或副词之后表示程度的加深,部分动词之后也可附加一些无词义的双声或叠韵结构表示动作的情貌。修饰式合成词有偏正式和正偏式两种,本民族语固有词为正偏式,即中心词在前,修饰成分在后;现代汉语借词绝大多数为偏正式,即修饰语在前,中心语在后。如布依语的"白菜"为/pjak³⁵ ɣaːu³³/①(即"菜 + 白"),但现代汉语借词"红旗"一般不再按固有词的构成方式改为"旗红"。通称加专称实际上也是修饰式合成词的一种。其他几种合成词的构成方式与汉语基本相同。

布依语的词汇一词多义现象比较普遍,同音词也比较多,需要借助特定的语境才能正确辨别词义。同音词主要是语音发展所造成的,塞音韵尾脱落是产生同音词的一种主要方式。

布依语中有大量来自汉语的借词,可笼统地分为早期(古代)借词和现代借词两大类。

(三) 语法方面

布依语基本词类有名词、动词、形容词、数词、量词、代词、副词、助词、连词、介词、感叹词等类。量词丰富是布依语的主要特征,除了专用的量词以外,不少名词和动词还可以临时借用为量词。数词本身只能做基数词,表序数时需要在数词之前加/ta³¹/,相当于汉语的"第"。在"数 + 量 + 名"结构中,数词一般放在最前面,但数词/ʔdeu³³/"一"只能放在名词的后面,而且常常可以省略。代词分为人称、疑问和指示三种,第一、二人称代词通过词汇形式来区分单复数,第三人称采用单数加前加成分的形式表示复数。多数地区第一人称复数有包括式和排除式之分。

布依语的基本句子顺序为"主 + 谓 + 宾"。名词做主语或宾语受定语修饰时,基本顺序是中心语在前、修饰语在后。副词修饰动词或形容词时,通常也出现在被修饰成分之后,但有时也出现在被修饰语之前。布依语的句式以单句为主,复句用得比较少,复句中使用的大多数关联词都借自汉语。

(四) 地域变异

在布依语内部,各地的词汇和语法结构具有很大的一致性,语音也有比较整齐的对应规律。根据语音差异和部分词汇的不同,可把布依语划分为三个土语,即第一土语、第二土语和第三土语(或按通行地区分别称为黔南土语、黔中土语和黔西土语)。

第一土语通行于贵州省的安龙、贞丰、兴义、册亨、望谟、罗甸、独山、荔波等各县(市)全境和兴仁、关岭、镇宁、紫云、惠水、长顺、平塘等县部分地区。云南省罗平县一带的布依族使用的语言也属于该土语。

第二土语通行于以贵阳市为中心的贵州中部地区,包括贵阳、贵定、龙里、安顺、平坝、清

---

① 本章所采用的布依语材料如未特别说明,均来自笔者母语——贞丰县北盘江镇布依语。

镇、织金、黔西各县（市）全部和惠水、长顺、都匀三县的大部分以及平塘县的小部分地区。

第三土语通行于贵州省西部，包括六盘水市、普安、晴隆各县（市）和镇宁、关岭两县的大部分以及紫云、兴仁等县的小部分地区。

二 汉语及其基本特征

汉语是汉民族的母语，也是我国的通用语言。布依族除主要使用本民族语——布依语以外，绝大多数都通晓汉语。在汉语处于强势的汉—布依双语地区，汉语在布依族日常生活中所发挥的作用大于本民族语；在已经放弃本民族语的布依族地区，汉语是唯一的交际语言。

布依族地区通行的汉语属汉语西南官话的贵州土语，以贵阳话为代表。各地布依族所讲的汉语在语音上又稍有不同，大致可分为以下七个片区：

（1）黔南东部片区：包括荔波、三都、独山、都匀中南部、麻江、福泉、平塘中部、东部和南部；

（2）黔南北部片区：包括贵定、惠水、平塘北部、都匀西北部、龙里、贵阳市郊、清镇、长顺等地；

（3）黔南西部片区：包括罗甸、望谟和紫云南部、册亨的部分地区；

（4）黔西南中部片区：包括贞丰和兴仁、册亨、安龙、镇宁、关岭等县相邻地区；

（5）黔西南西部片区：包括安龙部分地区、兴仁部分地区和兴义；

（6）黔中片区：包括普安、晴隆、盘县、六枝、关岭部分地区、镇宁大部分地区、安顺、平坝、普定等地；

（7）黔西北片区：包括黔西、织金、水城、大方、金沙、威宁等地。

其中黔南东部片区特征较为明显，阳平调读作高降（51）。黔南西部片区与黔西南西部片区声调较为低平，如阴平调读作 33、上声读作 43，在语感上与布依语比较接近。

20 世纪 80 年代以来，由于地区之间的交流更加频繁，贵州各布依族地区的汉语方言在语音上逐渐与省会城市贵阳的汉语语音趋同，尤其是黔西南中部片区和黔中片区最为明显。例如布依族所讲的汉语由于受母语的影响，与当地汉族说的汉语有些不同。布依语第一土语没有送气塞音和塞擦音，因此，讲汉语时凡遇到该读送气的字多读作不送气：

汉语词汇	当地汉语方言读音	布依族读音
汽车	tɕhi¹³ tshe³³	tɕi¹³ tse³³
砍柴	khan⁵¹ tshai³¹	kan⁵¹ tsai³¹
排队	phai³¹ tui¹³	pai³¹ tui¹³
退伍	thui¹³ wu⁵¹	tui³¹ wu⁵¹
区长	tɕhi⁵⁵ tsaŋ⁵¹	tɕi³³ tsaŋ⁵¹
红旗	hoŋ³¹ tɕhi³¹	hoŋ³¹ tɕi³¹
工钱	koŋ⁵⁵ tɕhian³¹	koŋ³³ tɕian³¹

客气	khe³¹tɕhi¹³	ke³¹tɕi¹³
宽敞	khuan⁵⁵tshaŋ⁵¹	kuan³³tsaŋ⁵¹
山坡	san⁵⁵pho⁵⁵	san³³po³³
批评	phei⁵⁵pin³¹	pei³³pin³¹
扑克	phu³¹khe³¹	pu³¹ke³¹
他们	tha⁵⁵mən⁵⁵	ta³³men³¹
太阳	thai¹³jaŋ³¹	tai¹³jaŋ³¹
特务	the³¹wu¹³	te³¹wu¹³
提篮	thi³¹lan⁵⁵	ti³¹lan³³
笼头	loŋ³¹thou³¹	loŋ³¹tou³¹
厕所	tshe³¹so⁵¹	tse³¹so⁵¹
坚持	tɕian⁵⁵tshi³¹	tɕian³³tsʅ³¹

在交际过程中,有些人由于过分注意区别送气与不送气,结果把一些本来不送气的辅音也读成了送气音,出现矫枉过正的现象。如把"赶场(即赶集)"/kan⁵¹tshaŋ³¹/读成/khan⁵¹tshaŋ³¹/,"革命"/ke³¹min¹³/读成/khe³¹min¹³/,"高级"/kao³⁵tɕi³¹/读成/khao³³tɕhi³¹/。

上述这种现象不仅在以布依语为主要交际工具的布依族聚居地区存在,在一些布依语已经濒危的地区也很普遍。如在贵阳市郊的一些布依族村寨。

各地布依语都区分鼻音/n/和边音/l/,但与当地汉族以及其他少数民族一样,布依族讲汉语方言时也不区分边音和鼻音。通常表现为:韵母主要元音为前高元音时,无论/n/、/l/,均读作/n/,如"李"/li²¹⁴/(普通话)读作/ni⁵¹/,"你"/ni²¹⁴/(普通话)也读作/ni⁵¹/,"粮"/liaŋ³⁵/(普通话)读作/niaŋ³¹/,"娘"/niaŋ³⁵/(普通话)也读作/niaŋ³¹/;"拿"/na³⁵/(普通话)读作/la³¹/,"辣"/la³⁵/(普通话)也读作/la³¹/,"南"/nan³⁵/(普通话)读作/lan³¹/,"蓝"/lan³⁵/也读作/lan³¹/。

有些地区部分人的汉语口语中出现把塞擦音读成摩擦音现象,如把"茶"/tsha³¹/读成/sa³¹/,"车"/tshe⁵⁵/读成/se³³/或/ɕe³³/等。

部分地区,如罗甸、望谟一带,当/h/与合口呼韵母相拼时,多数人的口语中常常将/h/混读成零声母,如把"黄"/huaŋ³¹/读成/waŋ³¹/,跟"王"混淆,把"会"/hui¹³/读成/wəi¹³/,跟"卫"混淆等。

/h/和/f/在一定条件下相混是贵州部分地区汉语方言的特征之一,分布在这些地区的布依族所讲的汉语也同样具有这些特点。如镇宁、安顺一带的布依族说汉语时,常常把"开会"/khai³³hui¹³/读成/khai³³fei¹³/,"回忆"/hui³¹ji¹³/读成/fei³¹ji¹³/等。

词汇方面,各地布依族所说的汉语与当地汉族基本相同。仅部分地区由于受母语的影响,出现按布依语的习惯构词的现象。如布依语的修饰式合成词结构为中心语在前,修饰语在后,与当地汉语方言正好相反,受此影响,布依族在说汉语时,偶尔也会出现这样的结构。在局部地区,如望谟县的岜赖一带,存在一种较为特殊的汉语使用情况。由于该村大多数是布依—汉双语人,在用汉语交流时,常常受到布依语思维方式的影响,部分词汇不能用正确的汉语形式表达出来,而是采用其同音异义形式。如:"捎口信"一词布依语为/taŋ³⁵/,这一语音形式在汉语中还有"板凳"的意思;"邀请、约"一词布依语为/ɕiə¹¹/,这一语音形式汉语还有"黄牛"的意思;于是,"你不叫我,我就不约你"这句话就被一些人说成"你不板凳我,我就不黄牛你",类似的情况还很多。这种语言形式最初是由于汉语水平有限,表达时受母语干扰造成的,后来被一些人故意渲染,成了一种普遍存在的不健康的语言现象了①。

语法方面的差异也是很细微的,较典型的是副词"先"、"后(赶后)"后置。如"我先走,你随后来",说成"我走先,你来赶后","你先吃(饭),我们后面再吃",说成"你吃先,我们吃赶后"等。这种现象显然也是受布依语影响的结果,而且对当地汉族也产生了一定的影响。试比较:

$$ku^1\ pai^1\ kuan^5,\ muŋ^2\ ma^1\ ðiaŋ^2\ laŋ^1 \quad\quad 我先走,你随后来。$$

我　走　先　　你　来　随后

$$muŋ^2\ kuuŋ^1\ kuan^5,\ ðau^2\ kuuŋ^1\ ðiaŋ^2\ laŋ^1 \quad\quad 你先吃(饭),我们后面再吃。$$

你　吃　先　　我们　吃　随后

总的来说,布依族说的汉语与当地汉语无论在语音方面,还是在词汇和语法方面,差异都是很小的。随着人们汉语水平的不断提高,语音、词汇和语法方面的偏误和差异也在不断减少。

三　莫话及其基本特征

"莫话"是居住在贵州省黔南布依族苗族自治州境内自称为/ʔai²maːk⁸/的布依族所使用的语言,使用这种语言的人全姓莫,所以当地的汉族称他们为"莫家"。莫家主要分布在荔波县甲良乡的阳凤村、方村乡的双江村和播尧乡的地莪村一带,与甲良交界的独山县也有少数莫家分布。目前,能说莫话的大约在 15000 人左右,一部分莫家人已转用布依语,不讲莫话。

从音系结构和基本词汇分析,莫话应属侗水语支语言。但由于长期与布依语接触,加之同属于一个民族,因此除了与布依语同源的词汇以外,还有不少是从布依语中借用的。莫话内部差异较小,不同村寨的莫话之间仅在语音上表现出细微的差别。

莫话有 50 个声母,其中,有单辅音声母 28 个,清塞音声母有送气和不送气两套(/p/、/t/、/k/、/ph/、/th/、/kh/),/ȶ/和/ȶh/略带擦音,不完全是塞音。/ʔ/没有送气的。带先喉塞音声母除了/ʔb/、/ʔd/以外,还有/ʔɖ/和/ʔg/两个。还有一个双唇的纯浊塞音/b/。鼻音声母只有一套,即/m/、/n/、/ȵ/、/ŋ/。擦音有清、浊两套,即/f/、/s/、/ɕ/、/h/和/v/、/ʐ/、/z/、/j/。

---

① 过去有学者把这种现象称为"白眼借",其他布依族地区也存在这种语言使用现象,如把"啤酒"翻译成/lau⁵³naŋ²⁴/,/lau⁵³/义为"酒","naŋ²⁴"义为"皮","啤"无法译成布依语,故以"皮"代之。随着时间的推移,使用的人多了,这样的词汇也就被大众普遍接受了,把"白酒"称为/lau⁵³haːu²⁴/就是一个很好的例子。

/v/和/w/是两个独立的音位。边音声母只有/l/一个。塞擦音有/ts/。莫话的腭化音和唇化音声母都比较发达，其中腭化音声母有/pj/、/phj/、/bj/、/tj/、/ʔdj/、/lj/、/mj/7个，唇化音声母有/tw/、/nw/、/lw/、/tsw/、/sw/、/zw/、/ɬw/、/ɬhw/、/ʔɖw/、/ȵw/、/jw/、/kw/、/khw/、/ʔgw/、/ŋw/15个。

莫话有 62 个韵母，其中有单元音韵母 6 个，即/i/、/e/、/a/、/o/、/u/、/ə/。复合元音韵母 10 个，其中带/-i/尾和带/-u/尾的各 5 个，即/ai/、/a:i/、/oi/、/ui/、/əi/、/iu/、/eu/、/au/、/a:u/、/əu/。带辅音韵尾的韵母 46 个，做韵尾的辅音有鼻音/-m/、/-n/、/-ŋ/和塞音/-p/、/-t/、/-k/6 个。单元音/i/、/e/、/a/、/o/、/ə/可以跟 6 个辅音韵尾结合，只有/u/没有唇音收尾的韵母。

莫话有 10 个声调，其中 6 个舒声调，4 个促声调。促声调除高平调 55 调以外，其余 3 个调值分别与舒声调中的第二、三和五调相同。因此，莫话的实际调值为 7 个，即 11、31、323、52、35、13 和 55。

语法方面，莫话人称代词单数第一人称和第二人称用在动词后面时，通过增音表示物主关系和受事关系。如第一人称单数:/ʔe²/"我"，用在动词后面读/te²/，表示"我的"（物主）和"V我"（受事）。第二人称单数:/ʔŋ²/"你"，用在动词后面读/teŋ²/，表示"你的"（物主）和"V你"（受事）。

莫话有/tho²/和/tə²/两个助词，/tho²/跟动词、形容词结合，放在动词、形容词前面。/tə²/放在代词、名词之前，带助词/tə²/的结构都具有名词性质。这两个助词的功能和意义都相当于汉语的"的"。/tə²/还可以放在修饰语之后，中心语之前，相当于汉语结构助词"的"的位置。

莫话数量词修饰名词是放在名词前面，只有/ʔdeu¹/"一"放在名词后，与布依语相同。

四 锦话及其基本特征

锦话①是贵州省黔南布依族苗族自治州荔波县播尧乡一些自称为/ʔai³ɬam¹/的布依族使用的语言。使用这种语言的人主要分布在该乡的太阳村、昔村一带，跟说莫话和布依语的人杂居在一起。目前使用锦话的大约 3000 余人。

锦话属于侗水语支语言，有不少词汇跟布依语相同，其中一些是来自原始侗台语的同源词，一些是从布依语中借用的。

锦话有 55 个声母，其中单辅音声母 33 个，清塞音声母有送气和不送气辅音两套，即/p/、/t/、/k/和/ph/、/th/、/kh/。/ɬ/和/ɬh/稍带摩擦，不是纯粹的塞音。/ʔ/没有相对的送气声母。浊塞音声母有 4 个，带有较明显的先喉塞，即/ʔb/、/ʔd/、/ʔɖ/、/ʔg/。/ʔɖ/也稍带摩擦，接近/ʔd/，不是纯粹塞音。鼻音声母有单纯的两套，即/m/、/n/、/ȵ/、/ŋ/、/m̥/、/n̥/、/ȵ̥/、/ŋ̥/。摩擦音声母有清辅音/f/、/s/、/ɕ/、/h/和浊辅音/v/、/z/、/j/7 个。/j/有单纯的和清化的/jˀ/一对;边音声母也有单纯/l/

① 说"莫话"和说"锦话"的布依族都分布在黔南布依族苗族自治州的荔波县，日常交往比较频繁。但语言学界习惯按语言使用者的自称将它们视为不同的语言。20 世纪 90 年代后期出版的《莫语研究》（杨通银著）则将锦话视为莫话的一个方言。本书依前说。

和清化边音/l̥/,除双唇浊擦音/w/外,还有一个带前喉塞的/ʔw/。锦话的腭化音和唇化音都比较丰富,共有腭化辅音声母 10 个,即/pj/、/phj/、/bj/、/mj/、/tj/、/dj/、/nj/、/lj/、/zj/、/hj/。唇化辅音声母 12 个,即/tw/、/lw/、/sw/、/zw/、/ɬw/、/ɬhw/、/ɳw/、/jw/、/kw/、/khw/、/ŋw/、/hw/。唇化声母几乎只跟/a/韵结合,只有/kw-/有两个跟/e/韵组合的词。锦话里,腭化和唇化音声母的词都不多,/nj-/、/zj-/的例词分别只有一个,/mj-/也只有两个;唇化类中除/kw/、/sw/以外,其他各个声母也只有一个例词,看来这类声母正在趋于简化。

锦话有 65 个韵母,其中单元音韵母 6 个:/i/、/e/、/a/、/o/、/u/、/ə/,每个元音单独成韵时都是长的。复合元音韵母 10 个,由主要元音和做韵尾的单元音/-i/、/-u/构成。其中收/-i/尾和收/-u/尾的分别有 5 个,即/ai/、/aːi/、/oi/、/ui/、/əi/、/iu/、/eu/、/au/、/aːu/、/əu/。带辅音韵尾的韵母 49 个,几个单元音都可以带韵尾构成复合韵母。做韵尾的辅音有鼻音/-m/、/-n/、/-ŋ/和塞音/-p/、/-t/、/-k/。

锦话有 9 个声调,包括 6 个舒声调,3 个促声调。促声调中有两个调的调值与舒声调相同,因此,锦话的声调实际调值只有 7 个,即 11、31、33、53、35、13、55。其中 35 和 31 分别为舒声调 2、5 调和促声调 8、9 调的调值。

语法方面,锦话数词通常在量词前面,一起放在名词之前修饰名词。只有/ʔdeu¹/“一”位置跟别的数词不同,放在名词或“量词 + 名词”结构之后,这一点与布依语相同,但在连数时,/ʔdeu¹/却又放到量词前面。人称代词单数第一人称、第二人称表示物主关系时用增音手段。单数第一人称/ʔəu²/“我”、第二人称/ʔŋ²/“你”用在助词/tə²/后面表示物主关系时变成/təu²/“我的”、/tiŋ²/“你的”。指示词修饰名词或量词时,都放在后面;修饰量名组合时,放在名词的后面。

第四节　布依族语言使用类型概述

根据目前所掌握的材料,不包括全部转用汉语以及使用莫话、锦话等情况,布依族语言使用大致可以分为如下三种类型,即布依族母语强势型(布依—汉双语类型)、汉语强势型(汉—布依双语类型)和布依族母语濒危型。下面分别对各种类型的具体语言使用情况进行详述。

一　母语强势型(布依—汉双语类型)

在布依族分布比较集中的一些地区,布依语在日常生活中发挥着极其重要的作用,它是家庭和社区(即自然村寨)内部唯一的交际语言,在跨社区语言交际中充当主要的、有时甚至是唯一的交际工具。与此同时,在社区内部个别场合以及社区之间部分场合的语言交际中,汉语也发挥着相当重要甚至不可替代的作用。不过,从语言使用的总体情况来看,布依语处于相对强势的地位。我们把这些地区称为母语强势型双语类型,即布依—汉双语区。

　　在这些地区,布依族除极个别人以外都熟练掌握本民族语①,杂居或散居在这些地区的汉族或其他少数民族也不同程度地掌握布依语,并在很多的场合用来跟布依族或其他少数民族进行交流。如分布在望谟、贞丰、镇宁等县的苗族、瑶族和仡佬族等都不同程度地兼通当地的布依语,局部地区的少数民族甚至放弃了本民族语言而转用布依语。布依族多数掌握当地汉语方言并能熟练用于交际,在校学生、教师、乡镇政府机关干部、有外出打工、当兵或经商经历的人大多能流利地用普通话进行交流,长年在家务农的人有少部分能听得懂,但不会讲。还有少数人兼通当地的某种少数民族语言,但仅用于有限的交际场合。在布依族分布密度较高,且自然环境较为闭塞、交通不便的地区,有相当一部人只掌握本民族语言,与不懂布依语的人交流时常常需要翻译,他们当中大多是年过六旬的妇女和部分学龄前儿童。另有一部分人,虽然也掌握第二语言(汉语),但语言能力较低,无法用于正常的交际,因此也常常被看成是只懂母语的单语人。这些人通常是未接受过学校教育或只上过一两年学且没有离开过家乡的中年人,以女性居多。

　　在母语强势型双语地区,学校教育仍然以汉语为主,课堂教学使用汉语以及汉语普通话,部分地区在低年级以布依语进行辅助性教学。目前,个别地区乡镇中心学校或村办学校由政府开办了一些双语试点班,进行布依—汉双语教学;布依族学生课外与本民族同胞交流时普遍使用本民族语,与汉族或其他少数民族同学交流时多使用汉语。乡镇一级政府机关的工作语言是当地汉语方言,一些布依族干部比例较高的乡镇,日常事务或同事之间交流也常使用本民族语。布依族群众到政府办事也常用布依语。在布依族聚居地区的农村集市,布依语的使用频率也比较高。通常情况下,布依族成员之间在集市上都使用母语交流,其他民族与布依族交流有时也使用布依语,但多数情况下还是以汉语为主要交际工具。

　　这一类型我们分别选择了望谟县桑郎镇、蔗香乡乐康村、贞丰县沙坪乡砍碰村以及镇宁县扁担山乡凹子寨村的语言使用情况作为个案进行深入的分析研究。

二　汉语强势型(汉—布依双语类型)

　　在布依族和汉族杂居地区,以及少数散居于汉族或其他民族聚居地区的布依族村寨或村落群,人们在保留并使用本民族语言的同时,在很多领域、很多场合还兼用汉语。在家庭成员之间母语仍然是主要的,在很多家庭甚至是唯一的日常交际用语。在村寨内部,本民族成员之间的交际仍然主要使用本民族语,但由于与汉族和其他少数民族杂居,在日常生活中不同民族之间的交往频率远远高于布依族聚居地区。因此,村寨中用汉语进行交流的场合也比较多。不同村寨本民族成员之间,交际过程中是否使用母语通常要看双方关系密切的程度以及交谈的话题。机关干部、教师等知识阶层的交流多数情况下用汉语。总体而言,汉语在日常生活中

---

　　①　20世纪90年代以来,一些青年人外出打工,与外族人结婚生子后又带回家乡定居,其配偶和子女通常只掌握汉语。这种现象在各地都存在。

所发挥的作用大于母语。我们把这样的地区称为汉语强势型双语类型,即汉—布依双语区。

在汉语强势型双语区中,绝大多数人母语仍然非常熟练。在一些相对偏远的村寨,也还有少量只掌握本民族语的单语人。儿童中少数在入学前以母语为主要交际工具,多数在学会母语的同时通过看电视、听广播或与同村、邻村汉族伙伴交往学会了汉语。少数与外族联姻的家庭(媳妇来自汉族或其他少数民族)已经开始出现家庭双语现象,外出工作(包括在外打工)并与外族结婚的家庭已经出现不再向下一代传授母语的现象,汉语单语人开始增多。

属于这一类型双语区的多数人都能用汉语进行交际,并能听懂普通话,必要时还能用普通话与外乡人进行交流。但本地人之间,尤其是本民族成员之间从来不讲普通话。学校的教学和交际语言主要是普通话和汉语方言,布依族母语只在小范围内通行,如布依族居住相对集中、村寨规模较大的行政村村办小学。除个别村办学校布依族老师偶尔会对低年级布依族学生用母语进行辅导以外,各地都没有开展过任何形式的双语教学。

乡村集贸市场一般以汉语为主要交际工具,母语交际只在相互认识的本民族成员之间进行。乡镇政府机关工作语言基本上使用汉语,同民族的机关干部之间谈工作也很少使用母语。分布在这些地区的汉族或其他少数民族也有兼通布依语的,有的还讲得很流利。

这一类型我们分别选择了贞丰县北盘江镇岜浩村、金井村①、贞丰县长田乡、黔西县五里乡罗家寨的语言使用情况作为个案进行深入的分析与研究。

三　母语濒危型

在布依族聚居、散居或杂居地区,都有相当一部分人完全放弃使用本民族语言而转用汉语,有些村寨,即使是最年长的人也回忆不起当初他们或者他们的祖父辈使用布依语的情况,这种情况有两种可能,其一,他们本来是汉族或别的少数民族,近期才改为布依族;其二,他们的祖先确实使用过布依语,但因放弃的时间太久,现在已经无法追忆当初的情景了。在一些村寨中,部分80岁左右的年长者尚能依稀记得自己或自己的父辈乃至祖父辈使用本民族语言的情形。我们把这种情况称为母语消失。

20世纪中期以来,在布依族散居、杂居甚至聚居的部分地区,由于各种因素的影响,人们的语言观发生了改变,在很多场合少说甚至不说母语,部分家庭不再向子女传授母语。族际婚姻使部分布依族家庭出现只讲汉语的单语人,家庭双语现象越来越普遍。随着母语使用者的逐渐减少,在很多村寨,母语的交际范围缩小到家庭或社区的部分交际场合。到20世纪80年代,这些地区已经出现了母语交际功能的衰变,发展到今天,成了布依族母语濒危区。

目前,部分地区布依族母语已经濒危,从汉语强势型双语向汉语单语过渡。在布依族母语濒危地区,布依语仅仅保留在一些老年人的记忆中,语言残缺不全,部分人只记得一些常用词汇,能讲一些简单的句子,不具备组句成篇的能力;少数老年人,尤其是妇女,虽然掌握的词汇

---

① 岜浩村和金井村虽然同属于北盘江镇,但岜浩村为汉、布杂居,而金井村为布依族聚居,语言使用情况不尽相同。

要多一些,能用母语讲述一些较简单的故事,能用母语唱本民族民歌,但日常生活中大多数人都不用布依语进行交际了。在部分母语保存得稍微好一些的村寨,还有相当一部分三四十岁的人在少数场合仍用母语进行交际,但多数人已经只能应付简单的交流。他们的母语词汇量较少,很多概念要借助汉语来表达,组词成句能力较差,只能讲一些简单的日常用语,复杂的句子比较困难,更不能组句成篇,个别人能用母语唱本民族民歌。儿童只有极个别人懂母语。母语的使用局限于家庭,社区内部用母语进行交流的情况较少,仅个别场合老年人偶尔使用,跨社区的母语交际更少见。

这一类型我们选择了贵阳市花溪区的大寨村、白云区的都拉乡、乌当区偏坡乡的偏坡村、新堡乡的马头新寨村、望谟县复兴镇的岜赖村的语言使用情况作为个案进行详细的分析研究。

第二章 母语强势型（布依—汉双语类型）
个案研究

第一节 母语强势型布依—汉双语现象的地区
分布及成因分析

布依语的三个土语区都不同程度地存在母语强势型布依—汉双语现象。目前,第一土语区母语强势型双语现象分布范围要广一些,黔西南的大多数地区和黔南罗甸县大多数乡镇、惠水县西南角的部分乡镇、长顺县南部以及荔波县全境都还以布依语作为主要交际工具;第三土语区虽然目前主要使用母语的范围不大,但分布相对集中;相比之下,第二土语区主要使用母语的范围较小,而且很分散。以下按土语分别对各地母语强势型双语现象的分布进行介绍。

一 第一土语母语强势型双语区

第一土语主要分布在黔西南州南部、黔南州的大部分地区以及安顺市镇宁和关岭两县的南部。这是布依族人口分布最集中、母语通行范围最广的地区,贵州省三分之二以上的布依族分布在这里,其中近80%仍主要以布依语作为交际工具。此外,分布在云南省罗平县的布依族也使用这一土语。

（一）黔西南布依族苗族自治州

黔西南州布依语分属第一、第三两个土语,南部的兴义、安龙、贞丰、兴仁、册亨和望谟6个县除望谟的局部地区使用第三土语以外,其余地区均使用第一土语。

望谟县有布依族人口186183人（2005年）,占全县总人口的69.88%。全县所辖18个乡镇中,绝大多数乡镇布依族人口占50%以上,其中部分乡镇高达90%,全县1460个自然村寨当中,有将近一半（706个）是布依族聚居村。除个别布依族或布依族与其他民族杂居的村寨以外,绝大多数都通行布依语,多数村寨都有一些母语单语人,大部分人兼通汉语。

册亨县有布依族人口158019人,占全县总人口的73.4%,是布依族人口比例最高的一个县。全县14个乡镇都有布依族分布,其中布依族占总人口90%以上的乡镇就有6个,坝赖镇高达

99%。多数乡镇都有大片相连的布依族村寨群。除县城少数人已转用汉语外,县境内布依族均以本民族语作为主要的交际工具,有相当一部分母语单语人和汉语交际能力较低的准双语人。

贞丰县有布依族人口 152825 人（2006 年），占全县总人口的 42%。全县所辖 13 个乡镇均有布依族分布，居住密度较大的主要是鲁贡、鲁容、沙坪、白层等乡镇，连环、珉谷、者相、北盘江 4 个乡镇的一些村寨也比较集中，者相镇董岗以南的北盘江沿岸布依族所占比例在 90% 以上。

安龙县有布依族人口 150300 人（2006 年），占全县总人口的 35%，在全县绝大多数乡镇都有分布，较集中的有戈塘、万峰湖、龙山以及南盘江沿岸的坡脚等乡镇，其中坡脚乡以布依族为主体的少数民族占全乡总人口的 95% 以上。县境内布依族近 50% 已转用汉语，大部分以汉语作为主要交际工具，同时兼通本民族语，处于从汉—布依双语向汉语单语过渡阶段。县境南部沿南盘江地区的万峰湖镇和坡脚乡一带以布依语作为日常主要的交际工具。

（二）安顺市

安顺市布依语分属第一、第二和第三土语，其中第一土语主要通行于镇宁、关岭和紫云三县南部与黔西南州贞丰、望谟以及黔南州的长顺、罗甸等县毗邻地区，目前镇宁布依族苗族自治县南部的几个乡属母语强势型双语类型。

镇宁县有布依族人口 164000 多人（2004 年），占全县总人口的 46.7%，所辖 4 镇 12 乡均有布依族分布。其中第一土语主要分布在县境南部的打帮、良田、六马、简嘎 4 个乡，布依族人口所占比例都比较高，如简嘎乡总人口 11000 人（2003 年），以布依族为主体的少数民族人口占全乡总人口的 98.3%。六马乡总人口 19200 人，以布依族为主体的少数民族也占 90% 以上。少数民族人口较少一些的良田乡也占到 82.15%[①]。这 4 个乡的布依族完全可以用本民族语交流，而且与周边贞丰、望谟、关岭、紫云等县的布依族用本民族语交流也不存在任何障碍。目前这一地区布依族日常生活中主要以布依语作为交际工具。

（三）黔南布依族苗族自治州

黔南州布依语分属第一和第二两个土语，其中第一土语分布在罗甸县全境、惠水县西南部、长顺县南部、独山县和荔波县全境以及三都水族自治县南部。

罗甸县有布依族人口 158494 人，占全县总人口的 53.90%。全县所辖 7 镇 19 乡都有布依族分布。布依语在罗甸县境内通行范围比较广，除县城及部分乡镇集贸中心使用汉语较多以外，多数场合都用布依语。在一些场合中，布依语甚至起到族际语的作用。多数人兼通汉语，边远地区还有相当一部分布依语单语人。

惠水县有布依族人口 161759 人（2006 年），占总人口的 38%。全县所辖 25 个乡镇中，布依族人口占 50% 以上的有 7 个，个别乡镇（如长安乡）布依族人口接近 100%。布依语第一土

---

① 少数民族所占总比例，布依族占其中的绝大多数。

语通行于县境西南部，目前该地区主要以布依语作为交际语言，大部分人同时兼通汉语。

长顺县有布依族人口 81022 人，占全县总人口的 35.8%，其中县境南部的敦操、代化、睦化等乡镇布依族使用第一土语。

独山县是全国布依族人口最多的一个县级行政区，据 2006 年统计，全县布依族人口 21 万多，占总人口的 61.18%，18 个乡镇均有分布，其中布依族占总人口 95% 以上的有 5 个乡镇。但独山县布依族母语保存得不是很好，只有县境中南部布依族还使用母语，约占全县布依族人口的 40%，最南端的麻尾、黄后等乡镇目前布依语仍发挥着重要的交际功能，属布依族母语强势型布依一汉双语区。

荔波县有布依族人口 93681 人，占全县总人口的 54.6%，除少数在县城和集镇出生或长期生活的布依族以外，绝大多数人主要使用布依语，同时兼通汉语。另有一部分布依族使用属于壮侗语族侗水语支的莫话和锦话，但也都兼通布依语和汉语。

三都水族自治县有布依族人口 5 万余人，其南部周覃一带的布依族主要使用布依语，属第一土语。

云南罗平县布依族使用的也是布依语第一土语，目前仍作为主要交际语言。

二　第二土语母语强势型双语区

布依语第二土语主要分布在黔南布依族苗族自治州、安顺市、贵阳市和毕节地区的部分县，但目前仍以本民族语言作为主要交际工具的只有黔南州的少数地区和安顺市的局部地区。

（一）黔南布依族苗族自治州

平塘县有布依族人口 107473 人，占全县总人口的 40.1%，县境各乡镇均有分布，使用的布依语分别属于第一和第二土语。其中，第二土语主要通行于县境北部的掌布、新塘等乡镇。目前仅掌布乡的部分布依族村寨以母语作为主要的交际工具。

惠水县南部、东南部和东部的太阳、雅水、斗底、宁旺、岗度等乡镇通行的布依语也属于第二土语。目前岗度、雅水等乡镇的布依族仍以母语作为主要的交际工具。

长顺县中部及北部地区布依族所使用的布依语也属于第二土语，多数地区仍通行。

（二）安顺市

安顺市北部地区、西秀区南部、平坝县全境布依族通行布依语第二土语。目前，紫云北部与西秀区毗邻地区仍以布依语作为主要的交际工具。

平坝县有布依族人口 29452 人，占总人口的 9%，均使用布依语第二土语，主要通行于县境的大坝、马路、活龙、羊昌、蒙古等乡，其中白云镇路塘村的浪塘、路家庄、马卯等村寨，蒙古乡的本寨、王官庄、河头寨、蒙古、四甲等村寨，羊昌乡的安脚寨、唐保唐、烂坝等村寨，活龙乡的桥头、普马、大寨等村寨主要以布依语为交际工具。

西秀区有布依族人口 62497 人,占全区总人口的 8.1%,除少部分使用第三土语的布依族居住在区境北部以外,绝大部分分布在新场、岩腊、鸡场、杨武、黄腊等乡镇,使用第二土语,其中黄腊布依族苗族乡、东屯乡、双铺镇等乡镇的多数布依族村寨仍主要使用本民族语,属母语强势型双语区。

三 第三土语母语强势型双语区

第三土语通行于黔西南州的晴隆、普安两个县以及望谟县的局部地区、六盘水市全境、安顺市的镇宁、关岭两县的中北部地区、普定县中南部、毕节地区威宁县的新发乡以及四川省宁南县等布依族分布地区。目前,通行第三土语的多数村寨母语仍发挥着重要的交际功能。

(一) 黔西南布依族苗族自治州

晴隆县有布依族人口 71000 多人 (2003 年),主要分布在光照、中营、大田等乡镇,县境北部与六枝特区和关岭县毗邻地区通行布依语第三土语,目前在这些地区,布依语仍然作为人们日常交流的重要工具,少数偏远的村寨还有少量母语单语人。

普安县有布依族人口 23639 人,占全县总人口的 9%,主要分布在县境中部和东部与晴隆县以及六盘水市盘县相邻地区。部分村寨仍主要以布依语作为交际语言。

望谟县打易镇二泥、长田一带的布依族使用布依语第三土语,在家庭、村寨以及村寨之间都通行。

(二) 安顺市

关岭布依族苗族自治县有布依族人口 78000 万多人,占总人口的 23.98%。所通行的布依语分属两个土语,其中县境中北部关索、坡贡、永宁、白水等乡镇布依族所使用的第三土语目前仍是该地区主要的交际语言。

镇宁县境北部的扁担山、丁旗、城关、募役、江龙等乡镇布依族使用第三土语,其中扁担山乡是县境北部布依族最集中的地区,全乡总人口 16768 人,其中布依族有 15398 人,占全乡总人口的91.83%。布依语在这一地区不仅是布依族内部的交际工具,在部分场合甚至起到族际交际媒介的作用。

(三) 六盘水市

六盘水市有布依族人口 97174 人,占全市总人口的 3.5%,人口总量和比例虽然都比较低,但分布相对集中,而且各聚居点母语保存、使用得都比较完好,所使用的布依语均属第三土语。

六枝特区有布依族人口 35772 人,占全区总人口的 6.6%,主要分布在特区南部、西南部和西部的落别、中寨、箐口、洒志、毛口、陇脚等民族乡,其中多数村寨所使用的布依语与镇宁、关岭、晴隆等县毗邻地区的布依族语言可以进行无障碍交流。

水城县有布依族人口 41255 人，占全县总人口的 6%，主要分布在县境中部和南部发耳、都格、鸡场、顺场、花嘎、新街、野钟、果布嘎、米箩、猴场、红岩等民族乡。多数地区布依族主要用本民族语进行交际。在县境南部花嘎、红岩、猴场等布依族乡的一些偏远村寨，还有大量只掌握本民族语的单语人。

四 母语强势型双语现象成因分析

在多数地区，布依族母语之所以能形成强势语言，在交际功能上与汉语形成有效的良性互补，可以从以下五个方面进行分析。

（一）密集的人口分布格局

上文所述的布依族母语强势型双语区大多是布依族人口分布密度相对较高的地区。在县一级行政区，布依族人口在 15 万以上的就有 6 个，其中布依族人口占所在县总人口最高的达 75%（册亨县），其余各县也都在 50% 左右。从各县布依族主要分布的乡镇来看，人口比例更是远远高于当地其他民族。有些乡镇布依族比例接近 100%，如贞丰的鲁容乡、册亨的岜赖镇、望谟的蔗香乡、惠水的长安乡等。有些县（市、特区）虽然布依族绝对人口数并不是很高，但在特定区域内分布相对集中，如六枝、水城等县（特区）。布依族人口的高密度分布使布依语在本民族内部得以广泛通行，并成为区域性强势语言①。

（二）相对封闭的自然环境

在布依族分布集中且母语处于强势的地区，自然环境大多相对封闭，山高路险，交通不便，直到新中国成立初期，很多地方都还没有通公路，人们出行常常需要翻山越岭，从边远的山村到县城要走好几天的山路。现在，各地交通虽然有了较大的改观，但也只是相对而言，与发达地区相比，还有很大的差距。封闭的环境一方面成了制约布依族地区经济发展的一个不利因素，但另一方面又成了保护布依族母语和传统文化的一道天然屏障。过去，正是由于这一天然屏障，使历代中央封建王朝的民族同化政策未能在这些地区得到实施。历代派驻布依族地区的官吏以及文化传播者甚至派往镇压布依族人民反抗的军人，绝大多数都反过来接受了布依族的语言和传统文化，改穿布依族服装，遵行布依族的礼仪，他们的子孙后代完全融入到布依族当中，成为布依族的一员。今天，各地布依族当中，仍不乏声称自己的祖先来自江西、湖广等汉族地区的，其中虽有些纯属牵强附会，但也反映出布依族文化具有极强的包容性。

---

① 布依族分布密度高的地区并不都是布依族母语强势型双语区，安龙、平塘、都匀、独山等县（市）布依族人口都在 10 万以上，都匀、独山甚至超过 20 万，但这些地区的布依族绝大多数已放弃本民族语言而转用汉语，其原因我们将在第四章进行分析。

（三）相对滞后的文化教育

过去，由于交通闭塞，又远离汉文化中心，直到 20 世纪 50 年代之前，汉语文教育在这些地区还处于相对落后的状态。以望谟县为例，到 1949 年，全县仅有公立小学 4 所，私塾 10 多所，初中 1 所，且因当时政局动荡而停办。其他如幼儿教育、成人教育等均为空白。当年适龄儿童入学率仅为 8%，文盲率高达 90% 以上。除了官、商家庭的子弟以外，包括布依族在内的绝大多数穷苦百姓完全丧失了入学接受教育的机会。新中国成立后国家对少数民族地区的文化教育高度重视，但由于各方面发展未能跟上，起色不是十分明显。1988 年，望谟县民委对原新屯和平绕两个乡的坝关、孔怀、纳林、打造、洛化、青艾、向阳 7 个布依族村寨进行调查，其文化结构如下：

7 寨总人口 1879 人；

小学文化程度：156 人，占总人口的 8.30%；

初中文化程度：78 人，占 4.15%；

高中文化程度：15 人，占 0.8%；

大专文化程度（工农兵学员）：1 人，占 0.05%；

文盲和半文盲：1629 人，占 86.70%（以上均含在校生）①。

可见，在布依族聚居地区，汉文化教育水平还处于相对滞后的状态，而在这些地区，学校教育是绝大多数人接触汉语、学习汉语和使用汉语的主要途径。

综上所述，由于交通和文化教育发展的相对滞后，延缓了汉语对布依族聚居区的冲击，使布依族母语在这些地区处于强势。

（四）浓郁的母语文化氛围

长期以来，布依族母语强势型双语区始终保持着浓郁的母语文化氛围。在这些地区，母语除了在绝大多数传统生活领域中发挥着强劲的交际功能以外，还担负着文化创造和传承的职能。在贞丰、望谟、册亨、安龙、罗甸、镇宁等县的布依族聚居地区，能用布依语创作和演唱本民族民歌的人比比皆是，绝大多数村寨都有人能用本民族语讲述本民族的长篇故事和传说。各种节庆和婚庆都有专门的主持人用母语作长篇致辞。母语在宗教文化氛围中发挥着不可替代的作用，布依族所信仰的宗教主要是本民族传统的融原始宗教和祖先崇拜于一体，并吸收了一部分道教和佛教因素的摩教。各地摩教都有经文，内容详略不等，但都互有关联，均用本民族语吟诵。多数地区流行用汉语方块字记录布依语语音的经文抄本，作为在宗教场合使用和代际传承的媒介；部分地区没有经文抄本，主要以口授心记的形式传承。除了宗教经文以母语作为主要（在部分地区母语甚至是唯一）的媒介以外，在各种宗教场合，母语也是主要的交际媒

---

① 见贵州省民族事务委员会民族语文办公室编（张和平主编）《贵州民族语文研究》，贵州民族出版社，1993 年，第 216 页。

介,主持活动以母语为主。在这样的氛围中,人际交流使用的也主要是母语。

(五)稳定和睦的民族关系

在布依族母语强势型双语区,主体民族为布依族,但同时也分布着汉族以及其他少数民族,如苗族、彝族、仡佬族等。他们或与布依族邻村而居,或杂居在布依族村寨中,相互之间长期彼此往来,和睦相处,相互学习对方的语言。布依族民间流行与别的民族互结"干亲"或"干兄弟"、"干姊妹"的习俗,一旦结成这样的关系,便情同一家,逢年过节,相互之间往来犹如亲戚一般。生活在这些地区的汉族以及其他少数民族,不但不会歧视布依族语言,反而会主动学习布依语,在很多场合用它与布依族或其他民族进行交际。这样,布依语不但通行于本民族内部,还在一定范围内成为不同民族之间相互交流的媒介。

第二节 望谟县桑郎镇布依族语言使用情况个案研究

一 基本情况

桑郎镇位于望谟县东南部,是望谟县的东大门,也是黔西南州的东大门。其东边为黔南州的罗甸县,南边为本县的昂武乡,西边是本县的纳夜乡,北边靠本县的乐旺镇和安顺市的紫云县。西距望谟县城 67 公里,东离罗甸县城 64 公里,南距红水河羊里码头 32 公里。境内平均海拔 425 米,最高峰 1137 米,最低处 316 米,其中山谷相间,河溪交错,形成很多盆地,群山拔地而起,山高坡陡,悬崖峭壁环生。境内仅有一条公路(泥沙路)连接望谟和罗甸之间,路况较差,交通不太方便。

桑郎镇共辖 11 个行政村,42 个自然村,63 个村民小组。据 2005 年年底统计,全镇共有 2020 户,10053 人,有布依、苗、汉、壮 4 种民族分布,少数民族人口占全镇总人口的 98%,布依族人口占总人口约 90%。各村人口及民族分布情况详见下表。

表 2-1 桑郎镇人口及民族分布情况①

村名	人口	民族构成情况	主要自然村	备注
桑郎	3426	布依、苗、汉	老长里、马岭岗	调查点
南碑	1090	布依	乡老、鲁王、南碑	调查点
纳绒	1271	布依	白艾、翁贡、纳绒	
白桑	1047	布依	白桑、牛寨、岜孟	调查点
油寒	605	布依、苗	交林、油寒、翁唐	
打搞	451	布依、汉、苗	同庆、打搞	
冗立	558	布依、苗	油歪、冗立	

---

① 此表及表中数据均由桑郎镇政府办公室提供,在此谨表感谢。

木夜	277	苗	木夜	
卡加	629	苗	卡加、邑依托、红岩洞、拢岗、卡从	
述里	399	布依	述里	
打林	300	布依	打林	
合计			10053	

二　调查过程简述

调查时间：2006 年 7 月下旬（共 4 天）。

调查点：南碑、桑郎和白桑 3 个行政村（共 5 个自然村）。

调查方法：问卷调查、重点访谈和实地观察。

此次调查共发放调查问卷近 400 份，回收有效问卷 351 份，有效问卷比例达 87.75%。受访者基本信息分类列表如下。

表 2 - 2　受访者基本信息表（N＝351）

基本信息		受访人数	比例（%）	基本信息		受访人数	比例（%）
有效问卷数/问卷数		351/400	87.75	文化程度	初中	85	24.22
性别	男	171	48.72		高中（含中专）	48	13.68
	女	180	51.28		大专以上	8	2.28
年龄段	19 岁以下	76	21.65	职业	学生	76	21.67
	20—29	53	15.10		在家务农	209	59.54
	30—39	81	23.08		在家务农兼经商	21	5.98
	40—49	41	11.68		教师	13	3.72
	50—59	53	15.10		退休人员	11	3.14
	60 岁以上	47	13.39		外出经商	6	1.72
民族	布依族	336	95.73		农闲时外出务工	5	1.42
	其他民族	15	4.27		长年外出务工	2	0.56
文化程度	文盲	106	30.19		待业	3	0.85
	小学	104	29.63		其他	5	1.42

上表中的数据显示，受访者中性别比例基本均衡。年龄段除 20 岁以下和 60 岁以上外，中间分别以 10 岁作为一个年龄段进行划分，共分为 6 个年龄段，其中 19 岁以下和 30—39 岁这两个年龄段受访者比例较高，其他年龄段分布比例基本均衡。调查过程中，对其他民族的调查主要采取重点访谈的形式，如对桑郎村马岭岗苗族村寨的调查主要通过对村民组组长王天龙的访谈，了解该村苗族村民布依族语言的掌握情况以及他们对布依族及其语言的看法。因此，回收的问卷中其他民族所占的比例较低。从所从事的职业来看，在家务农的受访者占的比例较大，他们受教育程度也比较低，绝大部分没有上过学，相当一部分只读过小学低年级。

三　语言使用情况

从人口分布情况来看，桑郎镇是一个典型的布依族聚居地区。这里的布依族日常生活中主要以母语（布依语）作为交际工具，绝大多数地区在家庭内部、村寨以及相邻村寨之间，都只通行布依语，杂居在布依族村中的一部分汉族和苗族也会讲布依语，有些人甚至讲得很流利。

大多数布依族除精通母语以外，也通晓汉语，不过汉语交际能力因人而异。在桑郎镇，布依族使用汉语的场合并不多，家庭成员之间使用汉语的情况也只出现在镇上的少数家庭中。村寨以外的一些场合，如学校、集市、政府机关等，使用汉语的频率相对高一些。

每个村都有一些母语单语人，其中以妇女和儿童居多。儿童在入学前一般只接触本民族语，上学以后才学汉语，大多数中老年妇女由于日常生活中接触汉语的机会较少，汉语交际能力较差，相当一部分老年妇女甚至听不懂汉语。青年人大多数外出打工，不仅通晓地方汉语，很多人还能讲一口流利的普通话，但在家主要使用布依语。

桑郎镇的布依语均属布依语第一土语，各村之间的布依语没有任何差别，不同村寨布依族之间用母语交流基本上不存在任何问题。

桑郎镇通行的汉语属北方方言西南官话的贵州土语，但当地布依族所讲的汉语与贵阳话所代表的贵州土语有所不同，主要表现在语音方面；语法上也常常会出现一些受布依语影响的痕迹，如修饰语后置等①。

四　语言使用特征

（一）年龄特征

桑郎镇是一个典型的布依族聚居区，布依语通行范围较广，使用场合也比较多，因此，各年龄段的受访者在母语（布依语）的使用方面所表现出的差异并不是十分明显。

此次调查的受访者中，10岁（含10岁）以下的仅4人，比例较低。但通过实地观察，我们发现儿童在母语使用方面并不存在任何问题。在布依族村寨中，学龄前儿童与其他家庭成员之间的唯一交际语言就是布依语，与村中的伙伴交流也主要是布依语，广播、电视等现代媒体是他们接触汉语的主要途径，但在上学之前，很少有人能够流利地用汉语进行交流。入学以后，在低年级阶段，布依语仍是儿童的主要交际语言。多数儿童通常要到10岁左右才能较流利地用汉语进行交际。

11—19岁这一年龄段的受访者共74人，其中布依族71人，苗族2人，汉族1人。除1人未上过学在家务农以外，其余73人均为在校学生，两位苗族受访者均来自离桑郎镇不远的马岭岗苗族村，听得懂布依语但不会说。汉族受访者戚红，父亲是来自江苏的汉族，母亲是南碑

---

① 详见第一章第三节。

村的布依族,小时跟父亲先学会汉语,稍后随母亲及村中伙伴学会布依语,目前布依语说得一般,听的能力强一些。其余 71 名布依族受访者母语非常熟练或比较熟练。

20—55 岁这几个年龄段的受访者共 170 人,其中苗族 5 人,汉族 2 人,壮族 1 人,其余 162 人为布依族。这一年龄段是家庭生活和社会生活的主力,与外界接触较多。他们大多有外出学习或打工的经历。在外打工或上学时,汉语方言(或普通话)是其主要的交际语言,而且还有机会接触到汉语的多种方言,相反,使用母语的机会少了。此次调查由于不逢年节,打工者返乡的较少。但从受访者提供的信息来看,短暂离开母语环境并没有使他们的母语能力降低。40—55 岁这一年龄段外出打工者虽然较少,但作为家庭生产生活的主力以及社会生活的生力军,他们与外界的交往也比较频繁,在语言交际的过程中,语码转换的频率也比较高。不过,由于布依语作为桑郎镇社会生活中的主要交际语言,而他们的生活范围也主要在桑郎镇,因此,尽管汉语的能力较强,但母语的能力并没有因此而减弱。

56 岁以上这一年龄段的受访者共 66 人,绝大多数是在家务农的农民,少数是桑郎镇政府机关或学校退休在家的老师和干部。这一年龄段的受访者母语水平最高,能用母语讲述长篇故事的大多在这一年龄段。他们中一部分人的汉语能力较弱,尤其是农村 60 岁以上的女性,大多数不会讲汉语。他们的生活范围基本上离不开母语通行的区域,即使到镇里赶集或办事,也多以母语交际,并尽量回避用汉语交流。相比之下,镇里的受访者,尤其是受教育程度较高的受访者,汉语水平要高得多,双语转换的能力也要强得多。在交流过程中,他们大多能在母语和汉语之间进行快速的语码转换。

(二) 性别特征

在桑郎镇的布依族当中,不同性别在语言使用方面所表现出的差异比较突出。

首先,在青少年这一年龄段,女性对语言的感悟能力和模仿能力要强于男性。在同样熟练使用母语的情况下,女性的双语能力要比男性强。对在校生和有外出打工经历的受访者进行普通话听说能力调查的结果显示,普通话水平较高的女性占 64%,而男性只占 36%。

40 岁以上的女性母语能力较强,但汉语能力普遍又低于男性。在这一方面,几个调查点的情况又不完全相同,桑朗村是镇政府所在地,又是当地的农村集贸市场,每隔 7 天便有本镇周边村寨、邻近乡镇,甚至望谟县城和罗甸县一些乡镇的人来这里做买卖。使用的语言不仅有布依语,还有汉语、苗语等,因此,镇里的布依族接触汉语的机会要比村里的多。桑郎村人除极个别老年妇女以外,一般都会说汉语。男性不懂汉语的更少见。南碑村距离桑朗镇不到 2 公里,情况与桑郎镇基本相同。但在白桑村的几个自然寨中,妇女不会说汉语的现象却比较普遍。在调查过程中,常常碰到一些需要翻译的受访者,而这些受访者基本上都是女性。

五 不同场合的语言选用情况

在桑郎镇,布依族语言的使用几乎遍及人们日常生活的所有领域。在熟练掌握布依语的人群当中,各种话题都可以用布依语来表达。而汉语主要用于学校教育,政府机关以及商店、医院等场合。

（一）家庭用语

布依语几乎是所有家庭唯一的交际语言。除极个别家庭以外①,在绝大多数家庭中,成员之间的交流都使用本民族语。即使有不会布依语的客人来访,主人也只有在与客人交流时使用汉语。南碑村42位受访者中,除1人因从外地迁来,父亲（汉族）对布依语还不太熟练而使用汉语外,其余41人在家庭日常交际中都只使用本民族语。

（二）社区用语

所调查的各个点,布依语都是村寨（社区）内部本民族成员之间的主要交际语言,在一些村寨,布依语甚至是唯一的交际语言。同村村民之间,几乎所有的场合都要用本民族语,汉语只有在极个别场合才会偶尔使用,如开会传达文件、向他人转述广播电视上的新闻内容等情况。有些村寨甚至开会也用布依语。外出打工的年轻人回家后相互之间偶尔也会用汉语交流。在村中遇到来访的外村人或外地人时,语言的选用一般视对方的情况而定。如果双方认识,且都会说布依语,无论是不是布依族,都可以用布依语交流;如果双方不认识,则先用汉语与来客进行交流,待相互熟悉后,再转用布依语;如果对方是汉族,则继续使用汉语。南碑村村民之间以及与外来人员之间交际语言选用情况见下表。

表 2 - 3　南碑村村民社区内交际语言选用情况表（N＝42）

交际对象 语言	熟人		陌生人②	
	人数	比例（%）	人数	比例（%）
布依语	41	97.62	14	73.68
汉语	1	2.38	5	26.32

镇政府或其他机关的布依族干部入村一般都用布依语直接与村民交流,汉族干部入村时一般要带上会讲布依语的,或在村里找一个双语能力强的做向导,村干部或村小学的教师常常充当翻译角色。

（三）跨社区用语

桑郎镇辖11个行政村,42个自然村,其中有三分之二以上的自然村是布依族聚居村,而

---

① 近年来在布依族聚居地区开始出现因婚姻关系进入布依族家庭的汉族或其他民族女性,这种婚姻关系是促成布依族家庭双语现象的主要因素。另外,一些人外出到镇里或县城工作,与其他民族结婚,他们的后代也常常以汉语作为第一语言。

② 42名受访者中有23人放弃这一项。原因有二,其一,部分人汉语能力有限,没有完全理解所提的问题,未作回答;其二,部分布依语单语人由于担心无法与对方交流,通常不会主动与陌生人攀谈。因此,这一项按 N ＝ 19 计算比例。

且多数是连成一片的。对于绝大多数人来说,邻近村寨之间的交流通常也使用布依语,即使与苗族或汉族村寨之间在很多情况下也可以用布依语交流。对一些人来说,是否使用本民族语要看与对方的熟悉程度来定。如果与对方熟悉,则使用布依语;如果交际方是个陌生人,则先用汉语进行试探;如发现对方也是布依族,则改用布依语。白桑村村民与外村村民之间交际语言选用情况如下表。

表 2 - 4　白桑村村民社区外交际语言选用情况表(N=157)①

交际对象 语言	熟人		陌生人	
	人数	比例(%)	人数	比例(%)
布依语	147	93.63	80	73.39
布依—汉双语	3	1.91	13	11.93
汉语	7	4.46	16	14.68

(四) 其他场合的语言选用情况

1. 学校的语言选用情况

桑郎镇除了镇中心小学以外,基本上各村都有自己的村办小学。学生大都来自本村的布依族,教师也基本上是本地土生土长的布依族,只有镇中心小学有来自外地的老师。无论是中心小学还是村办小学,都没有实行规范的双语教学。村办小学在低年级自发地采取简单的母语辅助教学手段,汉语是主要的教学语言。学生在课堂上也主要使用汉语,通常为当地汉语方言,语文课要求用普通话朗读。课后自由交流时则主要用布依语,绝大多数的学生和老师在课后都倾向于用本民族语进行交谈,但老师谈工作还是以汉语为主。

2. 农贸市场上的语言选用情况

桑郎镇是望谟县东南部较大的农村集贸市场,是该镇以及周边乡镇甚至罗甸县毗邻村寨的村民进行农副产品交易的主要场所。由于该镇主体民族是布依族,因此,布依语自然就成了人们在市场上最主要的交际工具。但汉语也发挥着较为重要的作用,不同民族之间的交流主要使用汉语。布依族与其他民族之间如果相互比较熟悉,且对方也精通布依语,也可用布依语进行交流。外来的汉族商户通常只会讲汉语,如果遇上听不懂汉语,或听得懂但不会说汉语的布依族妇女,往往要借助翻译。因此,外来的汉族或其他民族商户通常都需要学会一些布依语。多数受访者认为布依语是当地最方便的语言。白桑村布依族在当地集贸市场上的语言选用情况见下表。

---

① 白桑村是桑郎镇的一个行政村,包括白桑、牛寨、岜孟三个自然村寨,均为布依族,共抽取调查对象 192 人,其中壮、汉、苗各 1 人,其余为布依族。对表中的第一个问题,共有 34 人放弃,有效问卷 157 份,第二个问题有 83 人放弃,有效问卷 109 份。放弃的原因同上。

表 2 - 5 白桑村村民农贸市场交际语言选用情况表（N＝192）

语言 人数/比例	布依语	汉语	布依—汉双语	多语①
人数	126	25	38	3
比例(%)	65.63	13.02	19.79	1.56

3. 政府机关和医院的语言选用情况

政府机关干部当中布依族占较大比例。他们之间的交流多数情况下也用本民族语，一些干部虽然来自其他乡镇，但母语与桑郎布依语相通，交流基本上不成问题。部分汉族干部由于长期与布依族打交道，尽管日常生活中不用布依语交流，但大都能听懂一些比较简单的布依语，个别人甚至还能用布依语进行交流。村民到政府机关办事时选用什么语言与接待人员的身份有关，通常情况下使用布依语的频率要比汉语高一些，有时要使用两种甚至两种以上语言。医院也是人们经常出入的场所，语言选用情况与政府机关基本相同。桑郎镇布依族在政府机关和医院语言选用情况见下表。

表 2 - 6 桑郎镇布依族在政府机关和医院交际语言选用情况表②

语言 人数/场合	布依语		汉语方言		布依—汉双语		普通话	
	人数	比例(%)	人数	比例(%)	人数	比例(%)	人数	比例(%)
政府机关(234)	92	39.32	84	35.90	52	22.22	6	2.56
医院(228)	102	44.74	75	32.89	45	19.74	6	2.63

六 语言文字态度

(一) 语言态度

人们对待语言文字的态度因性别、年龄、受教育程度等因素而异。对语言能力的评价，有77.67%③的受访者认为自己的布依语能力最强，讲得最流利；7.23%的受访者认为布依语和汉语的水平相当。认为自己汉语能力强于母语的有 37 人，占11.01%。有 74.64%的受访者对布依语的交际功能持认可的态度，认为布依语是当地最方便的交际工具，其中包括个别其他民族的受访者。但同时也有 13.39%的受访者在这一点上认同汉语，有 8.83%认为布依语和汉语都一样方便。关于哪一种语言最好听，有 42.10%的受访者选择布依语，16.67%认为汉语和布依语都好听，26.90%人受访者选择汉语，而选择普通话的只有 12.28%。这表明大部分受访者在情感上倾向于布依语，其中也包括部分其他民族的受访者。选择布依语和汉语的受访者认为，一种语言是否好听，应该从是否听得懂这个角度来判断。在家庭交际语言的选择上，有73.82%的受访者（包括个别其他民族的受访者）倾向于布依语，14.71%倾向于汉语方言，

---

① 3 人中，2 人选用布依语、汉语和苗语，1 人选用布依语、汉语和普通话。
② 桑郎镇抽样数 351，其中布依族 336。针对到政府机关办事语言选用的问题，234 人作了回答，针对到医院看病选用语言的问题，228 人作了回答。表中各项比例分别为所占这两个数的比例。
③ 这一比例不包括其他民族的受访者。

2.94%选择普通话①,有 5.59%的受访者对此抱无所谓的态度。问卷关于子女在家转用其他语言(主要是汉语方言和普通话)的态度,符合回答条件的受访者 246 人②,放弃回答这一问题的 15 人。认为"无所谓"的有 96 人,占 39.02%;认为"很高兴"的 128 人,占 52.03%;只有 7 人对这一现象感到"很不高兴"。对子女外出打工回家不说母语的态度,符合回答条件的受访者 157 人③中,27 人放弃回答,116 人认为"无所谓",占 73.88%;只有 18 人对这一现象感到"很不高兴",占 11.46%,而且其中有 6 人不符合回答这一问题的条件。以上数据表明,桑郎镇布依族绝大多数人的语言态度是倾向于开放的,对家庭成员语言转用采取的是宽容的态度。在调查过程中我们通过访谈了解到,儿童的汉语水平对其学业产生至关重要的影响,因此,很多家长都鼓励自己的子女学习汉语,多讲汉语,在镇政府所在地的桑郎村,有个别家长甚至鼓励自己的孩子从小就只讲普通话。受这一思想倾向的影响,人们对外出打工回乡的人在语言使用上的变化就不是十分在意了。当然也有一部分人认为作为布依族,在自己的母语文化氛围内应该使用本民族语,而且,这种氛围也对那些外出打工返乡的青年人形成了无形的压力,多数人尽管在外地能讲比较流利的汉语,甚至普通话,一旦回到家乡,便不自觉地改口讲布依语了。

关于学校语言选用情况,符合回答条件的受访者共 235 人④,其中 109 人放弃回答,28 人在校时喜欢用布依语跟本民族同胞交谈,占回答问题的受访者总数的 22.22%;44 人选择汉语,占 34.92%;26 人选择普通话,占 20.63%。选择布依语,同时又选择其他语言的有 23 人,占 18.25%,他们认为,本民族语和汉语有不同的分工,汉语方言和普通话用于课堂,课外则主要讲本民族语,或根据交际对象的不同,分别使用不同的语言。关于学校的教学语言问题,251 名受访者中,除 23 人放弃回答以外,228 人认为应该用普通话教学,占回答这一问题总人数的 69.51%;69 人选择汉语方言或当地汉语方言与普通话并用,占 21.04%;而只有 26 人选择使用布依语或布依语、汉语方言以及普通话并用,占 7.93%。可见,人们普遍认识到汉语,在学校教学中的重要性,但同时又忽略了母语在民族聚居地区启蒙教育中的必要性。

(二) 文字态度

望谟县是布依族人口分布较为集中的地区之一,而且布依语保存使用得较好,因此 20 世纪 50 年代新布依文方案创制以后,便以该地区作为主要的推行试点。20 世纪 80 年代初修订的布依文方案,标准音点从原来的龙里县羊场改为望谟复兴镇(即望谟县城)。当时的望谟县布依族文字推行工作搞得很好,是各地学习的榜样。20 世纪 90 年代以后,民族文字工作走入低谷,各地的布依文推行工作陷入停顿状态,望谟县也不例外。

尽管桑郎镇是望谟县布依族人口分布比较集中的地区之一,但先后两次轰轰烈烈的布依

---

① 当地一部分人所理解的普通话不是严格意义上的普通话,而是各民族都能听得懂的话,即当地汉语方言。
② 我们将子女具备语言交际能力的受访者年龄上限确定为 25 岁,25 岁以下的受访者回答此问题视为无效。
③ 我们将子女具备外出打工条件的受访者年龄上限确定为 38 岁。38 岁以下的受访者回答此问题视为无效。
④ 即接受过小学以上学校教育的受访者。

族新文字方案推行工作都没有在当地的布依族群众中产生太大的影响。在所有受访者中,只有 30 人知道布依族有自己的本民族文字,仅占 8.55%；18 人听说过本民族有新创的拼音文字,占 5.13%；而接受过培训的只有 3 人,仅占 0.9%。关于什么文字适合在布依族当中推广,将近 99% 的受访者对此不置可否,只有 1 人认为是布摩用的传统方块字,3 人认为是新创的拼音文字。不过,将近 60% 的受访者认为布依族应该有本民族的文字,31.33% 对此不置可否,仅有 5.41% 的受访者认为没有必要。58.97% 的受访者认为作为布依族的一员,在有条件的情况下应该学习本民族文字,29.06% 不置可否,8.26% 的受访者认为没有必要,表明大多数的母语人对本民族文字还是有所期待的。

桑郎镇及周边地区布依族宗教除本土的原始宗教以外,主要是外来的道教,日常的宗教活动由巫师主持,丧葬等较大的活动则请道士来操办。巫师一般不用书,做仪式时所用的巫词用心记口诵。道教所用的经书均为汉文,多数识字的人都能看得懂,因此,这一带没有其他布依族地区广泛流传的用汉字记录布依语语音的摩教经书,绝大多数受访者也不知道有这种文字存在。

第三节　望谟县蔗香乡乐康村布依族语言使用情况个案研究

一　基本情况

蔗香乡位于望谟县南部,西邻本州的册亨县,南隔红水河与广西的乐业县相望,南北盘江在此交汇形成红水河的源头,具有得天独厚的地理优势。全乡辖 9 个行政村 51 个村民组,共 3150 户,16459 人,居住着布依、苗、汉 3 个民族,其中以布依族为主体的少数民族占总人口的 99% 以上。

乐康村是蔗香乡下属的一个行政村,位于乡境北部,距望谟县城 33 公里。全村共 413 户,总人口 1661 人,除少数从外地迁来的汉族以外,均为布依族,是蔗香乡最大的一个布依族自然村。1992 年未跟蔗香并乡前,这里是乐康乡政府所在地。全村由上院、中院、下院以及望蔗公路沿线的坝牛新村四部分组成,乐康河由北向南从村中流过,将上院和中、下院分隔开,上院在河的西岸,中院和下院在河的东岸,中院和下院之间相隔仅 400 米。1988 年望谟至蔗香的公路建成后,乐康村才通了公路。2004 年,全县最长的石拱桥——乐康桥建成,结束了乐康村汛期来往不便的历史。2005 年,乐康至渡邑公路开通,2007 年底,车路正式从上院和中院穿过。至此,乐康村上、中、下三部分畅通无阻。

乐康河流域是望谟县境内布依族人口分布密度较高的地区,以乐康村为中心,向北有双河口、里来、纳亮、标行、交乱以及大观乡的拉羊、纳岸等自然村寨;沿河向南有平翁、坝若、从丈、坝从、坝朝等村寨;乐康至渡邑公路沿线有上交相、下交相、交颂、纳翁等村寨;西边的望谟至蔗香的公路沿线有麻山移民新村、乐维、乐社、林楼、里平等村寨。形成了一个以布依族为主体的村落群,除下交相和麻山移民新村为苗族村寨以外,其余均为布依族聚居村。

二 调查过程简述

调查时间:2008 年 1 月下旬(共 4 天)。

调查点:蔗香乡乐康村上院、中院和下院 3 个村民组。

调查方法:问卷调查、重点访谈和实地观察。

此次调查共发放调查问卷近 81 份,回收有效问卷 81 份,有效问卷比例达 100%。受访者基本信息分类列表如下。

表 2 - 7　受访者基本信息表(N=81)

基本信息		受访人数	比例(%)	基本信息		受访人数	比例(%)
有效问卷数/问卷数		81/81	100	文化程度	小学	25	30.86
性别	男	49	60.49		初中	26	32.10
	女	32	39.51		高中(含中专)	13	16.05
年龄段	19 岁以下	14	17.28		大专以上	3	3.71
	20—29	18	22.22	职业	学生	13	16.05
	30—39	26	32.10		在家务农	53	65.43
	40—49	9	11.12		在家经商	2	2.47
	50—59	3	3.70		机关干部、教师	4	4.94
	60 岁以上	11	13.58		护士	1	1.23
民族	布依族	79	97.53		退休人员	1	1.23
	其他民族	2	2.47		农闲时外出务工	3	3.71
文化程度	文盲	14	17.28		长年外出务工	4	4.94

三 语言使用情况

布依语是乐康村布依族的母语,是人们日常生活中重要的交际用语。目前,全村除一位山东籍老人(汉族)外,男女老少都会说一口流利的布依语,就连从本县新屯镇汉族村寨搬迁过来的唐姓和冉姓人家也会说地道的布依话。布依语也是乐康村布依族与周边村寨的本族人交流使用的主要语言,有时甚至与附近村寨的苗族同胞也用布依语进行交流,虽然与周边地区布依语有些不同,但差别非常细微,不会影响交流。乐康是当地一个历史久远的农村集贸市场,每隔 6 天(过去每隔 13 天),周边村寨的各族群众都要到这里赶集,县城以及其他乡镇的商贩也会来做生意。由于布依族是当地的主体民族,布依语自然就成了乐康集市上使用的主要语言,在特定场合甚至可以充当族际语。外地来的商贩为了与当地群众交流,也会临时学一些简单的布依语来应急,有些人实在学不会,就预先请人将自己的产品广告语翻译成布依语,让人帮录下来,拿到市场上播放。

汉语在乐康村的使用场合很少,只有远方的汉族客人到来时才用得上。近几年来,一些家庭为了让子女懂得汉语,在孩子牙牙学语时就教他们学说汉语。乐康村布依族所讲的汉语在语音、词汇、语法方面的特征与第一土语大多数地区的布依族基本相同（详见第一章第三节）。

四　语言使用特征

（一）年龄特征

在乐康村,不同年龄段的人在语言使用方面的差别主要表现为语言交际能力的不同,在母语使用方面呈现出女强男弱的趋势,而汉语的使用则正好相反。

本次问卷调查没有涉及 10 岁以下的儿童,这方面的信息主要来自对教师、村干部以及家长们的采访,村委会提供的"乐康村家庭成员语言掌握情况表"也给了我们极大的帮助。据了解,乐康村 10 岁以下的儿童都掌握流利的母语,现在电视、广播等各种媒体都很普及,村里的孩子很早就有机会接触和学习汉语。此外,很多家长为了让自己的子女作好上学的准备,都尽可能地为孩子学习汉语创造条件,因此多数学龄前儿童都能听懂汉语,有些孩子还能用汉语进行简单的交流。

10—19 岁这一年龄段的受访者共 14 人,除 2 人在家务农,经商以外,其余 12 人均为在校生。其中高中生 5 人,初中生 6 人,小学生 1 人,均能熟练使用布依语,同时也完全通晓汉语,其中 11 人还能熟练使用普通话。无论在家与家长还是在村子里与同族人交谈,这一年龄段的人都习惯于使用本民族语,只有 1 人在村里与人交流时使用汉语。而在集市、医院、乡政府机关等场合,选择使用汉语的情况更多一些。

20—39 岁这一年龄段的受访者共 44 人[①],其中绝大多数在家务农,7 人长年在外打工或农闲时外出做零活。在语言使用方面,这一年龄段无论母语还是第二语言（汉语）的交际能力都较强。第一语言均为布依语,多数人在掌握母语的同时,也掌握了汉语。汉语能力普遍较强,除 5 位女性受访者不懂汉语或汉语交际能力稍弱一些以外,其余 39 人都会汉语,30 人能用普通话进行交际,占该年龄段受访者总数的 68.19%。该年龄段汉语能力强的原因之一是受教育程度普遍较高,44 人当中未受过教育的仅 8 人,均为妇女,占该年龄段总数的 18.18%；8 人当中有两名妇女因长年在外打工,汉语也比较熟悉,甚至会说普通话。受过大专以上教育的 3 人,其中 2 人为当地教师,1 人在读。上过高中的 6 人,初中 15 人,这三个文化层次占该年龄段受访者总数的 54.54%。虽然调查过程中接触到的外出务工人员不是很多,但通过与其中一部分人交谈,我们对乐康村外出打工者的语言生活有所了解。乐康村目前有相当一部分中青年人在外地打工,主要集中在浙江和广东两省,福建、广西等省区也有少部分,其中仅浙江省黄岩市就有乐康籍打工人员 30 人左右。他们平时在单位都只能讲普通话,逢年过节相聚时都

---

① 该年龄段在外打工的比例比较高,此次调查期间适逢多数外出务工人员因气候原因未能返乡过节。

讲自己的本民族语言。一位在外打工的年轻人说:"平时因为上班,跟外省人在一起,逼着讲普通话,过节时老乡在一起用家乡话交谈,很开心!"

40—59岁的受访者12人,其中11人在家务农,1人为当地小学教师。除来自广西德保的李春笔母语为壮语,布依语水平一般,其余11人布依语均非常流利。在绝大多数场合均以布依语作为主要的交际工具,布依语的使用频率高于汉语。从总体情况来看,这一年龄段的女性汉语交际能力普遍较低,有相当一部分是只掌握本民族语的单语人,在这一年龄段的12位受访者当中,有3人完全不会汉语,1人只能讲一些较简单的汉语。调查结果显示,该年龄段掌握汉语的共9人,其中3人还会讲普通话。

60岁以上的受访者共11人,其中在家务农9人,占该年龄段的81.82%;2人为退休机关干部,占18.18%;汉族1人。在语言使用方面,这一年龄段母语能力普遍较强,包括接受采访的汉族村民唐某以及以汉语作为第一语言的布依族村民陆某在内,都能讲一口流利的布依语,部分老人还能用布依语讲述长篇故事。除2人目前只能讲本民族语以外,多数人都通晓汉语,其中3人还能讲普通话。在家庭、社区与不同社区的本民族交流时,这一年龄段的人多选择本民族语。

(二)性别特征

在乐康村,性别不同,语言掌握、使用的情况也有所不同,主要表现在母语和第二语言(汉语)的交际能力和双语使用频率等方面。

通常情况下,女性多数以母语作为唯一的交际工具,尤其是五六十岁以上的老年妇女,基本上不会汉语,30多岁至50来岁的中年妇女有一部分虽也懂一点汉语,但通常只具备听的能力,不能说,或者说的能力较弱。30岁以下的女性一般都通晓本族语和汉语,多数人在双语言交际能力上与男性没有差别①。在此次随机抽样的81位受访者当中,男性49人,占60.49%;女性32人,占39.51%。32名女性受访者中,目前主要以母语进行交际的有8人,除2人曾经上过小学以外,其余均为文盲。6人掌握本民族语,同时通晓当地汉语方言。17人除母语和当地汉语方言之外,还掌握普通话,其中多数人文化程度在初中以上,1人虽然未上过学,但长年在外打工,也能用普通话交际。

相比之下,男性的第二语言能力普遍比女性要高一些。在接受调查的49位男性受访者当中,除1人只能讲本民族语以外,其余48人均熟练掌握布依、汉两种语言。其中33人还能用普通话交流,占男性受访者总数的67.35%。在家庭、社区和跨社区本民族成员之间的交际当中,男性与女性一样,也主要使用布依语,但在集市、医院、政府机关等场合,男性比女性更倾向于使用汉语。

通过对调查材料的综合分析,大致可以得出这样的结论:乐康村不同性别在语言掌握和使

---

① 此次问卷调查未能充分反映乐康村不同性别在语言使用方面的差异,主要原因在于不懂汉语的女性往往对调查采取回避的态度,相关材料主要通过访谈以及对村民日常语言生活的观察获得,此外,村委会所提供的"乐康村家庭成员语言掌握情况表"对这方面的情况也作了重要补充。

用方面的差别主要是由受教育程度和性别的不同造成的。乐康村布依族的汉文化教育起步比较早。早在清朝中、后期，乐康村就已经开始设立私塾，道光、光绪两代，上院王氏家族就先后有两人被授予文林郎荣誉称号。直到解放初期，该村的私塾才停办。尽管汉文化教育历史比较悠久，但由于过去受"重男轻女"封建思想的严重影响，只有男孩能够有机会接受教育。这种状况到新中国成立后相当长一段时间都没有改观。目前，乐康村 60 岁以上的女性大都没有上过学，很多人连汉文名字都没有，只能随夫、随子甚至随孙取名。因此，受教育程度低是造成妇女汉语交际能力弱，甚至不会汉语的主要原因。影响妇女汉语交际能力的另一因素是长期以来所形成的"女主内、男主外"的社会角色分工。传统的布依族社会是一个自给自足的农业社会，妇女的主要职责是养儿育女，纺纱织布，以做家务活为主，同时承担一些轻便的农活。而男子除了要负担沉重的农活以外，农闲时还要外出做些零活，挣钱养家糊口，因此，交际范围比妇女广，接触和使用汉语的机会也比妇女要多得多。

不过，随着社会的开放和布依族地区文化教育的普及，20 世纪 80 年代以后，乐康村布依族语言使用方面的性别差异正逐渐缩小。在学校教育方面，无论男女都享有平等的权利，而且得到国家法律保障。在社会交往方面，女性与男性也是平等的，如今，女孩跟男孩一样，也能外出打工、做生意，传统的社会角色分工已经完全被打破。因此，在语言掌握和使用方面，无论是母语还是汉语，30 岁以下的女性已经跟男性没有多大区别。

五 不同场合的语言选用情况

（一）家庭用语

布依语是乐康村布依族家庭唯一（或主要）的交际语言，除个别家庭因为与其他民族（目前主要是汉族）联姻，在部分场合必须使用汉语以外，绝大多数家庭都主要使用本民族语。早在 50 多年以前，就有外地人因为谋生来到乐康定居下来，如上院山东籍老人韩某，入赘布依族家庭，定居乐康已经有 50 多年，至今还只是能听懂布依语，不会说。他与家庭成员之间的交流只能用汉语，而他的妻子和儿女却时常对他说布依语。从本县新屯镇迁来的唐某，虽然是汉族，因过去长期生活在布依族地区，早就学会了一口流利的布依语；从广西德保入赘到乐康下院的李某，也能讲一些布依语，但不是十分流利。在调查的 81 位受访者当中，3 人以汉语作为第一语言，1 人以壮语为第一语言，他们小时候曾经历过一段时期的家庭双语，但目前与家人交流均主要使用布依语。在多数布依族家庭中，无论长辈对晚辈、晚辈对长辈还是平辈之间，没有特殊情况一般都不会转用汉语。但少数家庭，尤其是有人在外工作的家庭，已经开始有子女放弃母语（布依语）而转用汉语，在这样的家庭中，长辈之间、长辈与多数晚辈之间仍以布依语进行交流，但与个别未入学的孩子之间却不得不用汉语，跟子女交谈对于那些汉语程度低的老年人来说实在是一件苦差事。受访者中有 1 人与配偶交谈时使用汉语方言和普通话，这是个别长年在外打工的青年人为赶时髦而逐渐养成的语言交际习惯。

（二）社区用语

这里所说的社区指乐康村的 4 个组成部分，即上院、中院、下院以及坝牛新村，共 413 户，村民之间除长年在外打工很少回家和多年在外工作的人以外,大多相互认识。因此,彼此见面一般都用本民族语打招呼或交谈。根据村委会提供的材料,乐康村目前全村人口 1600 多人,其中有 10 多位汉族是先后因婚姻关系或别的原因进入乐康村的,现在只有山东籍的韩姓老人还不会说布依语,其他人的布依语水平与本村土生土长的布依族已经没有什么区别,在村里与其他人相遇时也主要使用布依语。在随机选取的 81 位受访者当中,有 77 人在本村与熟悉的人相遇打招呼时使用布依语,占受访者总数的 95.06%;有 2 人选择使用布依—汉双语,占2.47%;只有 1 人选择使用汉语,占 1.23%。乐康村过去曾经是乡政府所在地,现在虽然没有了政府机关单位,但仍然是当地比较繁荣的农贸市场,因此往来的人比较多,其中多数是周边村寨的布依族,其他乡镇来的,有熟人,也有陌生人。语言使用方面,在与自己所熟悉的本民族人交流时通常只用布依语;如果遇到自己不认识的陌生人,但从外表可以判断出是本民族时,绝大多数人也使用布依语,少数人先用母语试探,若对方讲布依语,便用布依语与之交流,否则转用汉语。乐康村村民社区语言选用情况详见下表。

表 2 - 8   乐康村村民社区内交际语言选用情况表（N＝81）

交际对象　　语言	熟人		陌生人	
	人数	比例（%）	人数	比例（%）
布依语	77	95.06	65	80.25
汉语	2	2.47	6	7.40
布依—汉双语	2	2.47	10	12.35

说明:"熟人"主要指本村人,"陌生人"指非本村人。

(三) 跨社区用语

跨社区交际用语指乐康村村民到别的社区与本族人交流时选用的语言。蔗香乡是布依族聚居乡,全乡除两个苗族村寨以外,其余村寨均为布依族。乐康河沿岸及周边地区分布着不少布依族村寨,乐康是望谟几个大的布依族自然村之一,通过联姻等关系,与周边布依族村寨都有密切的往来,因此,不同村寨村民之间有不少是相互认识的。乐康村的布依族到别的村寨与本民族的人交往时,如果彼此相识,主要使用布依语;如果互不相识,但通过服饰、外貌特征可以判断是本民族时,大多数人通常也习惯用本民族语交际;部分人则先用汉语进行试探,如果对方是布依族,且愿意用本民族语交流时,随即改用布依语;如果对方是汉族,或虽是布依族但不愿意用本民族语交际时,则继续使用汉语。麻山移民新村和下交相是蔗香乡仅有的两个苗族村,都是从外地迁到蔗香乡来的,其中下交相离乐康较近,而且搬来的时间较长,多数人已经学会讲布依语。因此,乐康村的布依族与这个村的苗族交流时,常常也可以使用布依语。麻山新村离乐康大约 9 公里,从麻山乡搬过来仅 10 余年,该村的苗族多数还不会讲布依语,而且与乐康村很少往来,因此彼此之间一般只讲汉语。

表 2-9　乐康村村民社区外交际语言选用情况表

交际对象 语言	熟人(79)		陌生人(63)	
	人数	比例(%)	人数	比例(%)
布依语	73	92.41	54	85.71
汉语	2	2.53	8	12.70
布依—汉双语	4	5.06	1	1.59

近几年农村人口的流动量比较大，如娶远方的媳妇或是招汉族女婿入赘等等，有时会遇到汉族来客，人们在交往时也会用上汉语。因此，在外村，在没确定对方的身份时，少部分人还是先用汉话跟人打招呼。调查显示，选择布依语的男性的比例为 61.22%，而女性为 71.85%。

（四）其他场合的语言选用情况

1. 学校的语言选用情况

乐康小学创办于 1956 年，从创办之时起就一直是完小。创办之初，教师多来自外地，比如从都匀师范、贵定师范等学校毕业以后分配到乐康小学，大多不会讲当地的布依语，只能用汉语进行教学，因此当时的学生在学校与老师之间的主要交际语言也是汉语，不少人还能用普通话进行简单的交际。20 世纪七八十年代以后，本地布依族教师增多。在教学过程中，为了帮助学生理解教学内容，教师常常用布依语辅助解释，课外师生之间的交流也用布依语，致使一些学生汉语水平提高速度缓慢，有些学生甚至到小学毕业都无法用汉语进行正常的交流。90 年代以后，学校逐渐意识到了这个问题的严重性，采取了一些措施，其中较有效的办法是：低年级由本地布依族教师任课，对汉语水平差的学生适当采用布依语辅助教学，高年级则由外地汉族教师任课，目的是全面提高学生的汉语能力。如今，学龄前布依族儿童通常都具有一定的汉语听说能力，有些儿童汉语能力甚至超过本民族语，跟汉族孩子没有多大区别。因此，老师在课堂上基本可以全用汉语授课，但学生课后与本民族师生之间的交流仍然以布依语为主。在随机抽取的 81 位受访者中，正在上学或接受过学校教育的受访者共 67 人，其中 61 人回答了学校语言选用的相关问题，他们中大部分在学校与本民族师生交际时倾向于选用本民族语。详见下表。

表 2-10　乐康村村民学校交际语言选用情况表（N=61）

语言 人数/比例	布依语	汉语方言	普通话	布依语—汉双语
人数	37	16	3	5
比例(%)	60.66	26.23	4.91	8.20

2. 农贸市场上的语言选用情况

乐康是蔗香乡的两个农村集贸市场之一，即除了乡政府所在地蔗香以外的另一个农村集市——乐康场。乐康场历史比较悠久，民国时期就已经是一个较大的农产品集散地。每隔 6 天（过去每隔 13 天），周边村寨的各族群众都要聚集在这里进行各种农产品的交易，县城以及周边乡镇的商贩也前来做生意,有时甚至还有广西、湖南、四川等省区的一些流动商贩。因此,尽管乐康是一个纯粹的布依族村,但在集日里,不同民族、不同语言背景的人混杂其中,语言使用情况相当复杂,多数人用布依语,此外还有汉语,苗族同胞之间使用苗语。通常情况下,在这种场合,乐康村本村村民之间语言使用方面没有发生变化,因交际场景多语因素的存在而转用汉语的情况比较少见。与来自邻村的同族人交流时也主要使用本民族语,相互不太熟悉或不认识的人通常先用布依语,如果对方是汉族或虽是本民族但不愿用本族语交流,再改用汉话。而对于那些用汉话大声叫卖的商贩,则直接用汉话跟他们交流,不懂汉话的就请旁边的人代为翻译。对于讲普通话的商贩,多数村民还是用当地汉话与之打交道,较少用普通话进行交流。望谟县布依族主要使用布依语第一土语,本县打易镇以及离乐康村不远的纳夜乡还分布着一些操第三土语的布依族,逢赶集的时候,乐康场坝上经常能见到他们的身影,服装有明显的特征,语言也有很大的差异。虽然知道他们也是布依族,但乐康村的布依族与他们之间也只能用汉语进行交流。

除了乐康本村的农贸市场以外,乐康村民还经常去赶蔗香场和大观场。蔗香是现在的乡政府所在地,由于交通比乐康方便,前来赶集的人要比乐康场的多,但其中的绝大多数也是当地的布依族,因此,语言使用情况也与乐康场大致相同。相比之下,大观汉族所占的比例要高一些,乐康村布依族到那里使用汉语的频率也相对比本村集市和蔗香场要高。调查数据详见下表。

表 2-11 乐康村村民农贸市场交际语言选用情况表（N=81）

语言 人数/比例	布依语	汉语	布依—汉双语	其他情况①
人数	39	19	20	3
比例（%）	48.15	23.46	24.69	3.70

3. 政府机关和医院的语言选用情况

1992年望谟县乡镇机构建、并、撤之前,乐康村是当时的乐康乡政府机关所在地,当时的乡政府机关干部大多为布依族,因此,村民们到乡政府办事时主要使用布依语,有时乡干部向群众传达上级精神也需要用布依语。对过去的乐康乡政府机关来说,布依语是他们主要的工作语言。1992年以后,乐康乡撤销,并到蔗香,乐康村民跟乡干部见面的机会就少了,认识的人也少了,加上近几年汉族干部的比例增加,乐康村村民偶尔到乡政府办事也多用汉语交流,只有非常熟悉的人才用本民族语。医院的语言选用情况与乡政府机关的相似②,选择使用汉话和布依话的人数基本相同,详见下表。

---

① 1人选择使用普通话,1人使用汉语地方话和普通话。
② 乐康村只有村级卫生室,而乡卫生院距乐康也比较远。若生病,村民们一般都选择到县城治疗,县城医院也有很多布依族医生,这里受访者所回答的是到县城医院看病时的语言使用情况。

表 2－12　乐康村村民在政府机关和医院交际语言选用情况表（N＝81）

场合 \ 语言	布依语		布依—汉双语		汉语		其他情况	
	人数	比例（%）	人数	比例（%）	人数	比例（%）	人数	比例（%）
政府机关	27	33.33	20	24.69	28	34.57	6	7.41
医院	25	30.86	22	27.16	27	33.33	7	8.65

六　语言文字态度

（一）语言态度

布依语是乐康村村民日常交际的主要工具，几乎所有的场合都要用到布依语，绝大多数人对自己的母语交际能力都非常自信，认为自己的母语能力超过第二语言——汉语，即使是多年生活在布依族当中的一些汉族人也觉得目前自己的布依语能力与汉语相似。在调查到的81位受访者中，有75人觉得自己母语讲得比汉语更流利，占受访者总数的92.59%；1人觉得自己的布依语水平与汉语相当，占1.23%；3人觉得自己汉语能力比母语强一些，占3.71%；1人认为自己的普通话、汉语方言都比布依语强。在语言的交际功能方面，有76人觉得布依语在当地的交际功能超过汉语，与汉语相比使用起来要方便一些；只有3人认为使用汉语方便。在乐康村村民的传统生活领域中，布依语不仅能准确地表达人们在思想，充分满足交际的需要，而且，对于布依族来说，母语更能充分地表达他们的情感，因此，在大多数人的心目中，母语的作用自然要比汉语大。从前文所分析的各种场合语言使用情况来看，人们在语言行为方面也倾向于本民族语。

在乐康村人的心目中，母语始终摆在重要的位置，多数人在情感上也倾向母语，其次是汉语，当问及哪种语言最好听时，多数人不由自主地选择母语，然后才是汉语，或者把母语和汉语放在同等的地位上。乐康人对其他语言了解得较少，比如离他们不远的一个村寨里就有苗族，使用苗语，但乐康人很少有懂得苗语，用苗语来作为交际工具更罕见。

多数乐康人都希望家里人以母语作为家庭交际语言，在81位受访者当中，希望家人使用布依语的有63人，占77.78%；11人希望使用汉语，占13.58%；另有4人希望使用布依—汉双语。

但与此同时，多数家长对子女在家使用汉语持开放、宽容的态度。我们把子女具有语言交际能力的最低年限确定为24岁，在81位受访者当中，有52人符合这一条件，其中37人对子女在家使用汉语感到"很高兴"，占这一人群的71.15%；11人觉得"无所谓"，占21.15%；只有4人对此"很不高兴"，占7.69%。关于子女外出打工后放弃本民族语言的问题，许多人也对此持宽容的态度。在81位受访者中，有28位受访者发表了自己的意见，其中14人觉得"无所谓"，占50%；4人对此感到"很高兴"，占14.29%；1人会感觉到"不习惯"，占3.57%；9人对此感到"很不高兴"，占32.14%。家长们对子女在母语环境中使用汉语甚至放弃母语的行为持宽容的态度通常出于两个方面的原因：一是出于教育方面的考虑，前文对此已作分析；二是想让子女更快更好地融入现代主流社会。多数家长认为，现代的年轻人大多在外读书或打工，能讲一口流利的汉语甚至普通话对他们将来谋生会有很大的帮助。

就本地学校教学语言的选用问题,我们对村办小学教师李宗豪父子进行了重点访谈。据他们介绍,县教育管理部门要求各级各类学校都要采用普通话授课,乐康村小学也不例外,只能用民族语或当地汉语方言授课的老师将无法通过考核。他们认为,尽管乐康村布依族儿童当中目前还存在小学低年级阶段汉语不熟练甚至不会讲汉语的情况,但也没有采用双语教学的必要,完全不懂汉语的毕竟是少数。而且,母语教学会让学生产生对母语的依赖,对汉语水平的提高不利,因为到高年级阶段对汉语的要求更高,很多教学内容是母语无法解释清楚的。他们的意见很具代表性,在接受调查的 81 位村民中有 70 人对学校教学语言问题发表了自己的意见,其中 21 人认为本村学校应该采用地方汉语教学,占 30%,有 37 人认为应该采用普通话教学,占 52.86%,只有 12 人认为应该采用布依语或布依—汉双语教学,占 17.14%。

(二) 文字态度

20 世纪 80 年代中期,望谟县曾经轰轰烈烈地开展过新创布依文方案的推广工作,县政府和民族工作部门投入了大量的财力和物力,开办民族语文教学师资培训班,在一些布依族聚居地区进行布依族新文字的试点推行工作,取得了一定的成绩。但在乐康调查时我们却发现,当地布依族群众对布依族新文字了解得很少,81 位受访者当中只有 8 位知道有本民族新创文字,1 人在学校学习过布依文。乐康接受汉文化教育的时间比较早,与其他地方相比,汉文化水平相对较高,但民间用汉字抄录本民族宗教经文的情况并不多见。调查数据显示,绝大多数人不知道有本民族传统文字,77.78% 的受访者没有见过用汉字抄录的布依族宗教经书或不认识其中的文字,只有 7.41% 的受访者认识其中的一些字但读不准。在布依文文种的选择上,只有两人发表了自己的看法,其中 1 人觉得应采用传统的宗教文字,即方块汉字,另有 1 人认为应该采用拼音文字。关于是否应该有本民族文字的问题,有 58 人认为应该有,占 71.60%;只有 6 人觉得没有必要,占 7.40%;15 人说不清是否应该有。56 人觉得作为布依族的一员应该学习本民族的文字,占 69.13%;13 人觉得没有必要学习,占 16.04%;10 人说不清是否应该学习;个别人则采取观望的态度,即"如果别人学,自己也去学"。

人们对本民族文字了解不够、关心不够,是因为传统文字长期以来只掌握在少数宗教职业者手中,没有在群众中广泛流传。再者,由于这种文字自身存在诸多缺陷,无法得到广大布依族群众的认可,对这种无法广泛交流的文字缺乏应有的兴趣。布依族新文字尽管已创制了半个多世纪,但未纳入国家教育体系,因此,多数人从实用的角度考虑,不关心这种文字也是情理之中的事。

第四节　贞丰县沙坪乡砍碰村布依族语言使用情况个案研究

一　基本情况

沙坪乡位于贞丰县东南部,乡政府驻地沙坪村距县城 46 公里,贞(丰)望(谟)公路穿境而过,东南与望谟县乐元镇隔北盘江相望,西与册亨县岩架镇、庆坪乡毗邻,北与本县鲁贡镇相接。全乡辖14个行政村81个村民组,总人口17723人,主要有布依和汉两个民族,其中布依族占总人口的85%,除石柱、坡兰、破岩以及乡政府所在地沙坪为汉族村寨以外,其余村寨均为布依族聚居,是贞丰布依族分布比例较高的乡镇之一。境内平均海拔780米,最高海拔1165米,最低海拔324米,为典型的喀斯特地形。全年平均气温19—20℃,冬无严寒,无霜期长,日照时数多。

者砍村是沙坪乡下属的一个行政村,全村共412户,2077人,由两个自然村5个村民组组成,砍碰是者砍村两个自然村当中的一个,共96户,498人,均为布依族,有罗、潘二姓,其中罗姓占绝大多数。砍碰村(自然村)距乡政府所在地——沙坪约5公里,贞(丰)望(谟)公路由村前经过。村子坐落在半山腰上,村民以种植玉米和甘蔗为生,由于水源缺乏,稻田较少,自然条件较差。

二　调查过程简述

调查时间:2008年1月下旬(共3天)。

调查点:贞丰县沙坪乡者砍村砍碰一、二组。

调查方法:问卷调查、重点访谈和实地观察。

此次调查共发放调查问卷75份,回收有效问卷75份,有效问卷比例达100%。受访者基本信息分类列表如下。

表 2 – 13　受访者基本信息表（N＝75）

基本信息		受访人数	比例（%）	基本信息		受访人数	比例（%）
有效问卷数/问卷数		75/75	100	文化程度	扫盲班	2	2.67
性别	男	43	57.33		小学	31	41.33
	女	32	42.67		初中	6	8
年龄段	19岁以下	8	10.67		高中（含中专）	2	2.67
	20—29	13	17.33		大专以上	1	1.33
	30—39	21	28	职业	学生	3	4
	40—49	14	18.67		在家务农	58	77.33
	50—59	9	12		机关干部	1	1.33
	60岁以上	10	13.33		农闲时外出务工	2	2.67
民族	布依族	75	100		长年外出务工	11	14.67
文化程度	文盲	33	44				

说明:男性受访者的比例略高于女性,从年龄上看,中青年受访者占的比例较高,文化程度普遍偏低,小学以下文化程度在80%以上,这也是该村目前文化教育所面临的一个严峻问题。职业方面,在家务农者占绝大多数,长年外出务工人员占一定比例。

三 语言使用情况

目前,砍碰村布依族日常交际所使用的主要是本民族语言——布依语,属于布依语第一土语(也称黔南土语),与贞丰县中南部、册亨、望谟两县在地域上相连的这一大片地区布依语口音完全相同,交流上没有任何困难。布依语是砍碰村家庭、社区(村寨)内部日常交流的唯一语言,与邻村布依族之间的交际也主要是布依语。村中绝大部分妇女无法用汉语与外界交流,因此,不懂布依语的访客只能与村中部分中青年男性交流,与女性之间的交流需要借助翻译。儿童入学前大多数也只能讲本民族语。

汉语仅限于学校、集市、医院、政府机关等场合与其他民族交流时使用,有时在集市上,交际双方都是布依族也使用汉语。目前,对于砍碰村村民来说,汉语在社会交流中所发挥的作用远不及本民族语,但村民中除部分妇女和儿童以外,既掌握布依语又通晓汉语的双语人占大多数。

砍碰村布依族所使用的汉语在语音上与本县(贞丰县)大多数地区汉族人所讲的汉语(属汉语西南官话贵州土语)大体相同,由于受本民族语无送气音声母的影响,常常把汉语中爆破音、塞擦音的送气与不送气音相混,部分人常常会把汉语中的舌尖擦音/s/发成舌面擦音/ɕ/。声调方面,砍碰村一带的布依语声调以中平调字居多,受此影响,地方汉语中读高平调的字布依族常常也读成中平调。基本特征与第一土语多数地区布依族所讲的汉语相同(详见第一章第三节)。

四 语言使用特征

(一) 年龄特征

在砍碰村,除了0—3岁语言能力还处在发展完善当中的儿童以外,各个年龄段的人都完全具备母语交际能力,在各种场合都能用母语与本族人进行交流。不同年龄段在语言使用方面主要表现为第二语言(汉语)能力和双语使用频率的不同。通常情况下,20—49岁之间的语言人第二语言能力比中老年人和儿童的要强一些,而且汉语的使用频率也要比其他年龄段的高一些。

砍碰村儿童接触汉语的时间通常都在六七岁,即入学以后。目前,在一些经济条件好的家庭,儿童可以通过电视、广播接触和学习汉语,但与家人和村中同伴的交流主要还是布依语。通常情况下,儿童要在上学两三年后才能用汉语进行正常的交流。此次调查未将10岁以下的儿童包括在内,从村委会提供的"砍碰村家庭成员语言掌握情况一览表"[①]中我们统计出,3—9岁的儿童共77人[②],其中仅有5人能用汉语交流,占6.49%,其余绝大多数不懂汉语,或只能听

① 入村调查期间,者砍村村委会根据我们的要求提供了该村所属的砍碰寨一、二组各家庭成员母语和汉语的掌握情况,以下统计数据一方面来源于我们自己的随机抽样调查,一方面来源于村委会所提供的材料。

② 3岁以前的儿童母语能力都还在发展过程中,在砍碰村那样的环境条件下,接触和学习汉语的可能性不大。

懂,不会说。

砍碰村 10—19 岁这一年龄段共 101 人,根据村委会所提供的材料,100% 使用母语,41 人能用汉语进行交际,占该年龄段的 40.59%,不懂汉语的将近 60%。在这一年龄段,我们共选取了 8 人进行问卷调查,其中 3 人为在校学生,2 人分别为初中和小学毕业后长年外出务工者,3 人未上过学在家务农,在校生当中除 1 名小学生还不会讲汉语以外,另外两人均能熟练地使用双语,外出务工者还能讲普通话,而在家务农的 3 人都只会母语。这一年龄段大多数人在各种场合都用本民族语进行交际,其中的两名初中生和另一名长年外出务工的女性在村寨以外的多数场合则倾向于使用汉语。

20—39 岁这一年龄段的全村共有 156 人。村委会提供的材料显示,该年龄段 100% 掌握使用本民族语,112 人既掌握母语,也通晓汉语。同时,由于大部分人长年在外务工,或曾经有过在外打工的经历,除当地汉语方言以外,有相当一部分人还掌握了普通话。在抽样调查的 75 位受访者当中,该年龄段共有 34 人,占抽样总数的 45.33%,其中 8 人为母语单语人,其余 26 人为布依一汉双语人,26 人中还有 10 人掌握普通话。在家庭和本社区（村寨）,以及在其他村寨与熟悉的人交际时,基本上都使用本民族语,但在本村以外的其他场合,比如与陌生人交谈时,相当一部分人选择本民族语和汉语,或直接用汉语交流。

40—59 岁这一年龄段全村共有 97 人,掌握双语的比例仅次于上一个年龄段。在村委会提供的材料中,62 人能用汉语进行交流,占该年龄段总数的 63.92%;1 人汉语水平一般,34 人为母语单语人,占该年龄段总数的 35.05%。与上一个年龄段相比,该年龄段的人主要在家务农,外出务工的相对较少。在随机抽取的 75 位受访者中,该年龄段共 23 人,其中有外出打工经历的 5 人,目前长年在外打工的只有 2 人。因此,掌握普通话的人比较少。23 人当中,普通话讲得较流利的仅有 2 人,能讲一些的 2 人,听得懂不会说的 3 人,其余受访者均听不懂普通话。语言选用方面,与本村人交流时,绝大多数人只讲本民族语,在外村,选用汉语的比例也不如前一年龄段那么高,与陌生人交往时完全选用汉语的仅 1 人,视交际对象灵活使用两种语言的 5 人,其余均使用本民族语。在乡集贸市场、医院、政府机关等场合,选用布依一汉双语的情况也远远高于只选用汉语。

该村 60 岁以上的村民共 38 人,年龄最大的 83 岁。根据村委会提供的材料,该年龄段的村民中完全使用母语的 23 人,占 65.53%;60—69 岁的 27 人当中能用汉语交际的 12 人,汉语水平一般的 2 人,完全使用母语的 13 人;70 岁以上的 11 个人当中懂汉语的只有 1 人,完全使用母语的 10 人,占 90.9%。在语言选用方面,该年龄段的人多数场合都倾向于使用本民族语。

（二）性别特征

砍碰村布依族不同性别在语言使用方面所表现出来的差异也主要体现在第二语言的能力和不同场合双语的使用频率上。通常情况下,女性掌握第二语言的比例低于男性,而女性即使懂汉语,在各种场合中也比男性更倾向于使用母语。

根据村委会所提供的砍碰村（自然村）人口数据，该村总人口为 498 人，其中男性 254 人，占 51%，女性 244 人，占 49%，除两名从外村嫁到砍碰的汉族妇女以外，全村人均以布依语作为第一语言。目前该村所有村民均能讲一口流利的布依语（不包括 3 岁以下儿童），就连嫁到该村的两名汉族女子也能用布依语与村里人交流。

汉语交际能力和使用频率的不同是本村不同性别的村民在语言使用方面的主要差异。村委会提供的数据显示，244 位女性村民中有 169 人不会汉语，3 人汉语水平一般，两项加起来占 70.49%。其中 70 岁以上的 8 位女性均不会汉语，9 岁以下不会汉语的比例也高达 96.08%。20—39 岁这一年龄段的女性汉语掌握得稍好一些，但也仍有半数以上的人无法用汉语交际。

由于多数女性只掌握母语，语言使用方面，在很多交际场合都没有选择的余地，只要对方都是本民族，均以母语作为交际工具。遇到必须使用汉语的情况时，往往借助翻译或采取回避的策略。在调查过程中多数中老年妇女反映，在集市上，遇到本地布依族时都用布依语与他们交流。当地布依族多，在进行一些农产品或农用商品的交易时，语言沟通上一般不会出现问题，而且当地的部分汉族也能讲布依语，遇到布依族妇女买东西时也常常会迁就她们，即使商贩不会讲布依语，通过简单的汉语也能完成交易。在集贸市场上，除了商品交易之外，妇女们很少用汉语与他人交流。到医院或乡政府，她们通常都只找本民族的医生和干部，遇到不讲布依语的，则回避交流。

少数妇女汉语比较熟练，尤其是上过学或有过外出打工经历的妇女，在我们随机选取的 32 名女性受访者中，能讲普通话的有 9 人，其中 4 人长年在外打工，其余 5 人目前虽在家务农，但都有过外出打工的经历。具备双语能力的女性在语言选用方面多数情况下仍倾向于本民族语，在跟陌生人交流时也只有少数人根据交际对象的语言使用情况在汉语和母语之间作选择。

相比之下，砍碰村男性村民的汉语能力比女性要强一些。全村 254 名男性中，只有 85 人不会汉语，占 33.46%，低于女性（70.49%）。其中多数集中在 19 岁以下这一年龄段，包括目前还没有语言交际能力的婴幼儿和 3—6 岁没有接触过汉语的儿童。20 岁以上的成年男性不会讲汉语的仅占少数。在村委会提供的数据中，一些具备简单的汉语交际能力，但平时不经常使用的人也被计算到不会汉语的人群当中。如果除去这部分人，掌握汉语者的比例要高一些。

20—49 岁这一年龄段的男性当中，相当一部分有过外出打工的经历，在随机抽取的 43 位男性受访者里面，16 人曾经外出打过工，7 人目前长年在外，2 人农闲时外出做零活。这些人除当地汉语方言以外，一般都掌握一些普通话，43 人当中有 20 人具备用普通话交际的能力，占 46.51%，其中 9 人讲得比较流利。在外打工时，多数人一般都能用普通话应付日常的交流。

在语言选用方面，男性比女性显得更灵活些，主要原因在于男性具备双语能力的人多于女性，与外界交流的机会多。在家庭和社区范围内，男性与女性一样都以母语作为唯一的交际语言。而在社区以外的多数交际场合中，具备双语能力的男性更倾向于视交际对象的语言实际来选择交际语种，少数人在集市、医院、机关等交际场合中只使用汉语，个别人在一些场合甚至选用普通话。

除上述两方面的主要特征以外，不同的受教育程度、不同的职业在语言使用方面也表现出一些差异，但不是十分明显，不再赘述。

五　不同场合的语言选用情况

（一）家庭用语

布依语是砍碰村布依族所有家庭唯一的交际语言。调查问卷中，与语言使用情况有关的部分涉及家庭用语的共有 6 项，前 5 项所有受访者均选择了布依语，因此，对于砍碰村所有的家庭来说，母语是家庭成员之间交际必不可少的语言。首先，家庭中中老年女性大多数都是母语单语人，对她们来说，任何情况下都不可能选用汉语。即使家中有其他民族的客人来访，她们也不具备用汉语交谈的条件。其次，多数家庭中 10 岁以下的儿童通常也只能讲母语，少数儿童尽管掌握一定的汉语，但跟陌生人交流起来还存在较大的困难。

从村委会提供的全村人口资料来看，该村目前有两个家庭娶了汉族媳妇，但均来自本地（沙坪乡），从小接触并使用布依语。因此，没有给所在家庭的语言选用造成影响。

（二）社区用语

砍碰村是布依族聚居村，整个自然村 96 户均为布依族，因此，在村寨内部，村民之间的交流基本上都是布依语。在 75 名受访者中，只有 1 人在本寨与熟悉的人交谈时会选择使用布依—汉双语。据该受访者说，如果交际对象是本民族，肯定要用布依语，但如果是外地的本民族朋友，口音与本地不同，用本民族语交流起来很困难，就只能使用汉语。大多数只选择本民族语的受访者一方面由于自身汉语能力的限制，另一方面也可能是忽略了交际对象语言条件，把"认识的人"局限在当地本民族成员范围内。近几年，砍碰村村民广泛种植甘蔗，成熟后大批量销售到附近的一个白糖厂。因此，经常有一些陌生人进村采购和运输甘蔗，这些陌生人当中有汉族，也有布依族，砍碰村村民在与这些陌生人交流的时候，大多数人选择使用母语，部分人根据对方的情况选择使用布依语和汉语，个别人则完全使用汉语。砍碰村村民在社区内语言选用的具体情况详见下表。

表 2－14　砍碰村村民社区内交际语言选用情况表（N＝75）

交际对象 语言	熟人		陌生人	
	人数	比例（%）	人数	比例（%）
布依语	74	98.67	53	70.67
汉语	0	0	3	4
布依—汉双语	1	1.33	19	25.33

（三）跨社区用语

砍碰村所属的沙坪乡是布依族聚居地区，布依族人口超过全乡总人口的 85%，多数村寨都是布依族聚居村。砍碰村位于沙坪乡的中心地区，周边有者丫、尾列、落六、者索、尾俄等村寨，均为布依族，与砍碰村都有密切的往来，在语言使用方面，目前也均以本民族语作为主要的交际工具。砍碰村布依族在本村以外的各种场合与周边村寨的人交往主要使用本民族语言，尤其是熟人之间,与不认识的人交流时,多数也使用本民族语,部分人根据交际对象的情况选择使用本民族语和汉语,只有个别人使用汉语。详见下表。

表 2-15　砍碰村村民社区外交际语言选用情况表 (N=75)

交际对象 语言	熟人		陌生人	
	人数	比例(%)	人数	比例(%)
布依语	68	90.67	48	64
汉语方言	1	1.33	24	32
布依—汉双语	6	8	2	2.67
布依—汉—普通话	0	0	1	1.33

女性在跨社区语言交际方面通常都倾向于本民族语,由于不会讲汉语,多数人采取回避与陌生人交际的策略。选择使用布依—汉双语的人多数为男性,年轻人居多,女性使用双语的均在 40 岁以下。长年在外打工的年轻人一部分与陌生人交际时习惯使用汉语,只有跟非常熟悉的本民族人在一起时才使用布依语。

(四) 其他场合的语言选用情况

1. 学校的语言选用情况

砍碰与者丫两个自然村一起组成者砍(行政)村,村里有完小一所,设在者丫,距离砍碰约 2 公里,村里的孩子小学阶段大多就近上村办小学,初中阶段上沙坪中学。与各地学校一样,尽管砍碰村是一个布依族聚居村,全村除个别外村嫁进来的汉族妇女以外,没有汉族杂居,学龄儿童也基本上是布依族,但当地学校教学语言仍主要是汉语,各种课程均以普通话授课。2006 年在与县教育部门领导座谈时,他们曾介绍该地区是县里实施双语教学的试点,但经了解,所谓双语教学也仅仅是在低年级采用母语辅助,对教学内容作一些解释而已,并非真正意义上的双语文教学。近几年,由于社会经济发展迅速,一方面,布依族与外界的交往日渐频繁;另一方面,电视、广播等各种现代音像媒体在布依族村寨逐渐得到普及,多数儿童在入学前已经有条件接触和学习汉语,为学校的汉语教学作了一些准备。因此,尽管大多数儿童在低年级阶段还不能用汉语进行交流,但对用汉语教授的课程内容已经基本上能够接受。

多数受访者(包括在校生和曾经上过学的村民)在课外与老师和同学交流时喜欢使用当地汉语方言,部分人倾向于使用本民族语,少数人根据交际对象的语言使用习惯分别选择使用布依语或汉语,只有极个别人使用普通话。详见下表。

表 2-16　砍碰村村民学校交际语言选用情况表 (N=34)

语言 人数/比例	布依语	汉语方言	普通话	布依—汉双语	布依— 普通话
人数	8	21	2	1	2
比例(%)	23.53	61.75	5.89	2.94	5.89

2. 农贸市场上的语言选用情况

距离砍碰村最近的乡村农贸市场是乡政府所在地沙坪，由于距县城和其他乡镇比较远，平时主要是本乡群众到这里来赶集。沙坪乡主体民族为布依族，以布依语作为交际工具，杂居在布依族村寨之间的汉族大多也会讲布依语。因此，布依语在一定范围内可以起到族际语的作用。在沙坪场坝上，除与一些从外地来工作或做生意的人无法用布依语交流外，跟绝大多数人都能说布依语。在砍碰村随机抽样调查的 75 位受访者中，多数人在集市上倾向于用本民族语，相当一部分人根据对方的语言使用情况选择汉语或布依语，完全使用汉语的只占少数。详见下表。

表 2-17　砍碰村村民农贸市场交际语言选用情况表（N＝75）

语言 人数/比例	布依语	汉语	布依—汉双语	视情况而定
人数	39	9	25	2
比例（%）	52	12	33.33	2.67

通常情况下，女性（包括一些会讲汉语的妇女）在集市上均倾向于使用母语，在选择使用布依语的 39 名受访者中，有 25 人是女性，占 64.10%，而选择汉语的除 1 人为女性以外，其余均为男性。选择双语的也大多为男性。

3. 政府机关和医院的语言选用情况

沙坪乡政府机关以及医院等部门的领导和工作人员当中，有相当一部分是布依族，其中又有一些来自其他乡镇，虽然都懂本民族语言，但口音与当地布依语不完全一样，用本民族语交流起来常常会觉得有些别扭。因此，平时多用汉语交流。不过，遇到不会讲汉语的布依族群众来办事时，常常也会用布依语来接待。而对于前来办事的群众来说，不会讲汉语的人在语言上自然没有选择的余地；会讲汉语的人往往要与特别熟悉的干部才会用本民族语进行交际。关系一般的通常都要看对方愿意用什么语言。常常需要在汉语和布依语之间进行转换。先用汉语，如果接待的干部改用本民族语，则用本民族语与之进行交流，否则，继续使用汉语。在医院，与本民族医生之间使用本民族语的频率要高一些。砍碰村村民在政府机关和医院的语言选用情况见下表。

表 2-18　砍碰村村民在政府机关和医院交际语言选用情况表（N＝75）

语言 场合	布依语		布依—汉双语		汉语		其他情况①	
	人数	比例（%）	人数	比例（%）	人数	比例（%）	人数	比例（%）
政府机关	32	42.67	26	34.67	14	18.66	3	4
医院	34	45.33	28	37.33	10	13.33	3	4

六　语言文字态度

（一）语言态度

在砍碰村，绝大部分村民对自己的母语能力感到非常自信，也有少数人觉得自己汉语和母

---

① "其他情况"包括在交际中选择普通话，或视交际对象语言使用情况而选择交际语种。

语能力相当，只有个别人认为自己的汉语能力超过母语。在 75 位受访者当中，认为自己布依语讲得最流利的有 66 人，占受访者总数的 88%，认为汉语和布依语水平一样的有 5 人，占 6.67%，有 3 人认为自己的汉语讲得比本民族语更流利，占 4%。

绝大多数人对本民族语在当地的交际功能持认可的态度，普遍觉得布依语是当地最方便的语言。在 75 位受访者当中，有 63 人认为在当地使用布依语交际更方便一些，占 84%；有 5 人认为能掌握使用汉、布依两种语言更加方便，占 6.67%；只有 7 人认为用汉语交流起来方便，占 9.33%。事实上，用什么语言交流起来方便是相对的，沙坪虽然是一个布依族聚居乡，但杂居的汉族也不少，尽管其他民族绝大多数也通晓布依语，但在他们自己的生活范围内，还是习惯使用自己的母语，布依语到了其他民族的生活领域内所能发挥的作用毕竟还是有限的。此外，在学校、医院、政府机关，有相当一部分人只能用汉语交际，有些人虽然也精通布依语，但在办公场所更习惯用汉语思维和交流。砍碰村的布依族当中只能讲本民族语的人到了这些场合常常会感到自己的语言能力很有限，用本民族语交流起来不如汉语那样得心应手。因此，在认为汉语交流起来更方便的受访者当中，也有一些是布依族母语单语人。

大多数人在情感上还是倾向于本民族语，在关于"本地哪一种语言更好听"这个问题上，46 位受访者选择了布依语，占受访者总数的 61.33%；23 人选择了汉语，占 30.67%；4 人认为布依语和汉语都好听，占受访者总数的 5.33%。但当我们用布依语、当地汉语方言和普通话三者进行对比让受访者选择时，有 25.33% 的受访者选择普通话，45.33% 选择布依语，只有 22.67% 的受访者认为当地汉语方言好听，6.67% 认为布依语和普通话好听。

在砍碰村，绝大多数人都希望自己的家人在家里使用布依语，只有少数人希望使用当地汉语方言或普通话。在 75 位受访者当中，希望在家里讲本民族语的有 63 人，占受访者总数的 84%；希望使用当地汉语方言的只有 6 人，占 8%；只有 1 人观念较为开放，不仅希望家里人使用汉语，还希望他们使用普通话。相当多的家长对子女转用汉语的行为持宽容的态度，在已经当了家长的 56 人当中，有 32 人对子女在家使用汉语感到"很高兴"，占这一人群的 57.14%；有 15 人对这种行为感到"无所谓"，占 26.79%；只有 9 人觉得这种行为是不可取的，对此感到"很不高兴"。人们之所以对转用汉语的现象如此宽容甚至支持，主要原因还是在于对文化教育的渴求，多数人意识到，只有把汉语学好，孩子在学校的学习才能跟得上其他民族的同学，家庭的汉语氛围对孩子学习汉语无疑是有帮助的。在子女因外出打工而放弃母语转用汉语这个问题上，相当多的人也是很宽容的，在砍碰村的 75 位受访者当中，有子女在外打工或子女接近可外出打工年龄的共 32 人，其中有 18 人对子女打工回家使用什么语言觉得"无所谓"，占这一人群的 56.25%；有 5 人甚至对这种行为感到很高兴或表示支持，占 15.62%；只有 9 人对这种行为感到"很不高兴"，占 28.13%。

砍碰村目前的教育状况还比较落后，从抽样调查的情况来看，文盲率占 44%，而村委会所提供的材料显示，全村近 500 人，除去学龄前儿童，没有接受过教育的比例高达 80%。多数人把如此高的文盲率归咎于汉语能力，而汉语能力低下又主要是长期使用母语造成的。因此，认为学校应该给孩子提供更多学习汉语的机会，教学语言应该以汉语，甚至普通话为主。75 位受访者中,大多数人认为学校应该用汉语教学,也有相当一部分人认为应该采用普通话,认为应该采用布依语的只占少数,而只有一小部分人觉得在学校教学过程中有必要采取双语教学。相关统计详见下表。

表 2 - 19　砍碰村村民学校教学语言选用情况表（N＝67）

语言 人数/比例	汉语方言	普通话	布依语	布依—汉语①
人数	30	18	12	7
比例（%）	44.78	26.87	17.90	10.45

说明:75 位受访者中,有 8 人没有对学校教学语言的选用问题发表看法。

（二）文字态度

砍碰村的布依语与布依文标准音点望谟复兴镇的布依语比较接近,两地之间的布依族用本民族语交流起来没有任何障碍,这对于布依族文字在当地的推广是一个有利的条件。但通过调查了解到,砍碰村布依族对本民族文字却知道的很少,这一方面是由于群众文化程度普遍较低所造成的,另一方面则是由于民族文字的推广和宣传力度不够。在砍碰及其周边地区,布依族传统的摩经文献也比较少。摩经文献以汉语方块字作为载体,用汉字记录布依语语音,将本民族传统的宗教祭祀经抄写、装订成册。这一工作要求宗教职业者具有相当高的汉语文水平,而这正是砍碰村及其周边村寨的布依族所欠缺的。调查过程中我们没有发现砍碰村有本民族的宗教经文。在 75 位受访者中,知道本民族有自己文字（包括传统的摩经文字）的只有 8 人,占受访者总数的 10.67%,而认识本民族文字的更是少之又少,在 8 位知道本民族文字的受访者中,只有 3 人认识一些本民族文字,但不能读,其中,认识传统文字的 1 人,认识新文字的 2 人,他们都没有参加过任何形式的培训。在选用哪种文字作为布依族文字这个问题上,只有知道布依族新文字的两位受访者发表了自己的看法,1 人认为应该采用拼音文字,1 人觉得用摩经文字更合适一些,但都没有阐述各自的理由。

受访者中,多数人都认为本民族应该有自己的文字,也有相当一部分人由于文化水平有限,说不清楚这一问题,只有极少数人认为没有创制布依族文字的必要;有一部分人认为应该学习本民族文字,但比例不是太高。详见下表。

表 2 - 20　砍碰村村民文字态度统计表（N＝75）

文字态度 人数/比例	是否应该有本民族文字			是否应该学习本民族文字		
	应该有	没必要	说不清	应该学	没必要	说不清
人数	37	5	33	30	25	20
比例（%）	49.33	6.67	44	40	33.33	26.67

---

① 7 人当中有 2 人认为应该用布依语与汉语地方话教学,5 人认为应该用布依语和普通话教学。

第五节　镇宁县扁担山乡凹子寨村布依族语言
使用情况个案研究

一　基本情况

扁担山乡位于镇宁西北部山区,距国家著名风景区黄果树瀑布 7 公里,距贵黄(贵阳—黄果树)、镇胜(镇宁—胜竟关)高速公路 6 公里。全乡总面积 49.05 平方公里,辖 24 个行政村,106 个村民组,总人口 16768 人,其中布依族有 15398 人,占全乡总人口的 91.83%;汉族 781 人,占 4.66%;苗族 589 人,占 3.51%。除洋寨、棉寨为汉、布依杂居,大抵拱为汉族聚居,上坝为苗族聚居以外,其他 20 个行政村全部是布依族,是典型的布依族聚居乡。境内有白水河、扁担山河、麻元河流经,有安庄至落别公路、大抵拱至麻元水库公路经过,交通较为便利。

凹子寨村是扁担山乡下属的 24 个行政村之一,距乡政府所在地不到 1 公里,共有 5 个村民组,278 户,1238 人,除少数从外地嫁到本村的汉族以外,均为布依族,聚居在一个自然村,总称为凹子寨村。寨中有罗、韦、伍、陈四姓,其中罗姓人口占绝大多数。

二　调查过程简述

调查时间:2008 年 1 月 20—23 日(共 4 天)。

调查点:扁担山乡凹子寨村 5 个村民组。

调查方法:问卷调查、实地观察和重点访谈。

此次调查共发放调查问卷 110 份,回收有效问卷 102 份,有效问卷比例达 92.72%。受访者基本信息分类列表如下。

表 2 – 21　受访者基本信息表 (N＝102)

基本信息		受访人数	比例(%)	基本信息		受访人数	比例(%)
有效问卷数/问卷数		102/110	92.72	文化程度	小学	48	47.06
性别	男	52	50.98		初中	32	31.37
	女	50	49.02		高中(含中专)	6	5.88
年龄段	19 岁以下	17	16.67		大专以上	2	1.96
	20—29	24	23.53	职业	学生	14	13.73
	30—39	16	15.68		在家务农	55	53.92
	40—49	10	9.80		长年外出务工	27	26.47
	50—59	15	14.71		退休人员	2	1.96
	60 岁以上	20	19.61		农闲时外出务工	1	0.98
民族	布依族	102	100		待业	3	2.94
文化程度	文盲	14	13.73				

说明：受访者共110人，均为布依族，性别比例均衡，共分为6个年龄段，其中青年段比例较高，大部分是外出打工返乡人员，这对于了解外出务工人员语言使用情况非常有利。

三　语言使用情况

凹子寨村布依族的母语属布依语第三土语，与该村周边十几公里范围内布依族村寨的语言基本相同，相互交流起来没有什么障碍。布依语是凹子寨村日常生活中主要的交际工具，也是这一地区布依族相互交流的主要语言。在凹子寨村，无论老幼都通晓布依语，除个别家庭由于与汉族或别的民族联姻，家庭成员中有不会布依语的，在少数场合使用汉语以外，绝大多数家庭都以布依语作为唯一的交际语言。布依语也是村中本民族内部主要交际语，只有当外族客人来访时，相互之间才偶尔使用汉语。村中有相当一部分老年人和学龄前儿童只讲布依语，但大多数人为布依—汉双语人。

汉语是凹子寨村布依族与外界交流的主要工具，当有不懂布依语的客人来访时，绝大多数村民可以用汉语与他们进行交流。凹子寨村及其周边村寨的布依族所使用的汉语属西南官话贵州土语，但与当地汉族所讲的汉语在语音上稍有不同，在声、韵、调几个方面都有所表现。汉族人以及长期在外工作的布依族人所讲的汉语比较接近贵阳话。

在声母方面，布依族容易把/h/读成/f/，如"飞机"说成"挥机"，"开会"说成"开费"，"皇帝"说成"房帝"等。与布依语第一土语（望谟、册亨一带）不同的是，凹子寨村一带的布依语本身有送气辅音，因此，在说汉语时一般不会出现送气音与不送气音相混的问题。

韵母方面的差异较少，主要表现为韵母/ian/中的韵腹/a/靠后，开口度较大。但这种现象目前只出现在部分中老年人的口语中，年轻人由于与外界接触较多，加之接受学校教育，多数人发音与汉族没有差别。

布依族所讲汉语在声调方面与当地汉语差别如表2－22。

表 2－22　凹子寨村布依语与当地汉语的声调差异

声调 变体	阴平调值	阳平调值	上声调值	去声调值
汉语方言	55	31	51	24
布依族汉语	33	21	53	55

四　语言使用特征

（一）年龄特征

凹子寨村布依族不同年龄段的人在语言使用方面有所差别，主要表现在汉语交际能力和汉语、布依语的使用频率两个方面。

10岁以下未列入此次问卷调查的对象，但通过对村干部、退休教师和部分家长进行访谈，并从村委会所提供的"凹子寨村家庭成员语言掌握情况一览表"中我们了解到，10岁以下的儿童主要的交际语言是母语,6 岁以下的学龄前儿童中,绝大多数只掌握母语,很少有在入学前就能用汉语熟练交流的。7 岁左右入学后,虽然在学校接受汉语强化训练,具有一定的口头交际能力,但回到家中与父母交流时使用的仍然是布依语。调查得知,20 世纪 80 年代以后出生的人学会汉语的时间比此前出生的人普遍要早一些,一般在入学后一两年即能用汉语交流,而 80 年代以前出生的人多数都在 10 岁以上,少数人甚至到十五六岁才会讲汉语。未上过学的人(多数为妇女)通常只会母语。

10—19 岁的受访者共 17 人,其中在校生 13 人,4 人中学毕业后在家待业或务农,第一语言均为布依语,目前均能用布依语、当地汉语方言和普通话进行交际。与家人、村里人交流时主要使用布依语,但与外村人交流时比成年人更倾向于使用当地汉语方言,在学校与本民族师生交谈时,仅有 5 人倾向于用布依语,其余的人倾向于使用当地汉语方言和普通话。

20—29 岁的受访者共 24 人,除 1 人目前正在上学,2 人在家务农以外,其余 21 人均长年在外地打工,每年在家乡生活的时间平均不超过 1 个月。此次调查适逢春节,绝大多数外出打工者都返乡与家人团聚。通过调查和观察发现,目前该年龄段在村中仍主要使用布依语,即使是跟一起外出打工的同龄人交谈,布依语仍然是他们的首选,只有跟不认识的来访者交谈时才使用汉语。据了解,他们到外地打工时通常结伴而行,往往三五个同村人到一个城镇甚至一个公司(企业)或工地做工,即使做零活,也常常是几个同乡人或同村人在一起租房居住,上班时间主要使用普通话。据一位在浙江打工的受访者介绍,一些比较正规的公司要求职员上班期间必须使用普通话,他自己也觉得用家乡话跟单位的同事交流显得不太礼貌,对对方不够尊重。另一位在广东打工的受访者说,普通话能力往往决定你能否找到一份好工作。因此,一旦离开家乡,他们都要拼命地练习普通话,有时甚至跟本省人在一起也说普通话。但工作之余与本民族(本乡本村)同胞在一起时还是更倾向于用本民族语进行交流,对于那些在单位中没有同乡做伴的人来说,能找到一个本民族同胞说上一两句本民族话是很难得的。绝大多数人回到家乡,听到自己的母语都感到非常亲切。在调查过程中,当我们问那些有子女在外打工的家长,如果他们的子女回家"只讲汉语,不讲布依语,甚至声称自己忘了本民族语,他们会很不高兴、很高兴还是无所谓"时,少数受访者回答"很不高兴",相当一部分成年受访者则对类似问题感到迷惑,因为在他们看来,外出回家后不讲母语这样的情况根本不可能会发生。尽管现在凹子寨村村民的语言态度都比较开放,长辈不会对青年一代的语言生活、语言选择横加责难,但浓郁的母语文化氛围和难以割舍的母语情结使他们一旦踏上这块久别的故土,便会自然地选择了自己的母语。

30—49 岁这一年龄段的受访者共 27 人,其中 6 人长年在外打工,1 人农闲时外出打工,其余 20 人均在家务农。在语言使用方面,这一年龄段具有"承上启下"的特点,既有与青年人相同的地方,也有与 50 岁以上老年人相似的特征。母语是他们多数场合使用的语言,但由于该年龄段对外交往比较频繁,而且他们中多数人都有过外出打工的经历,因此汉语交际能力也都比较强,除少数妇女用汉语交流有些困难以外,没有不懂汉语的情况。

50 岁以上这一年龄段的受访者共 35 人,均在家务农,其中两人原在外工作(国家正式职工），现退休在家。该年龄段的语言使用特征是：在村寨内部各种场合，母语（布依语）是唯一的交际工具，大多数人为双语人，既掌握母语，也熟练掌握汉语，在与外村人或外族人的交流过程中视情况不同交替使用。少数人是母语单语人，在各种场合，包括与不同村寨甚至相互认识的不同民族之间的交流也都使用母语。

（二）性别特征

在 102 名受访者中，男性为 52 人，占 50.98%；女性为 50 人，占 49.02%。在语言使用方面，男性和女性分别表现出各自的特征。

女性，尤其是中年以上女性，母语使用的频率普遍比男性高。在绝大多数场合，女性均以母语作为主要的交际语言，在村寨以外的很多场合中，女性比男性更倾向于选用母语。族际交往中[①]，部分女性会选择布依语与对方交流，而男性通常不会这样做。这种情况一方面反映了女性对母语功能价值的认同度普遍高于男性，另一方面也反映出女性汉语交际能力与男性之间的差距。我们将村民的汉语能力分为熟练、一般、简单、不会四个等级，并对该村五个村民组当中的一、二、三 3 个村民组家庭成员语言掌握程度作了全面的统计，从中可以看出不同性别在母语和汉语掌握程度上的差异。详见下表。

表 2 - 23　凹子寨村一、二、三 3 个村民组不同性别村民第二语言（汉语）掌握情况表

等级 性别	熟练		一般		简单		不会	
	人数	比例(%)	人数	比例(%)	人数	比例(%)	人数	比例(%)
男性（362）	301	83.15	27	7.46	12	3.31	22	6.08
女性（304）	200	65.79	40	13.16	26	8.55	38	12.5

说明：第一列括号中的数字为对该项做出有效回答的人数，后同。

成年男性通常都是熟练的双语人，汉语水平较差或者不会说的通常都是学龄前儿童或刚入学不久的小学低年级学生，成年人当中只有少数人，尤其是老年人用汉语交流起来比较困难。女性汉语水平处于"一般"这一层次以下的除了学龄前儿童以外，45 岁以上的中老年人也比较多。

据初步统计，从外地嫁到凹子寨村的汉族妇女共 5 人，在该村生活时间最长的有七八年，短的有一两年，其中一人目前已熟练掌握布依语，另外一人水平一般，其余 3 人还没有学会。

凹子寨村布依族除不同年龄和性别在语言使用方面存在一些差异之外，其他方面，如不同职业、不同受教育程度的人在语言使用特征上也存在一些不同。通常情况下，接受过学校教育的人，都具有双语交际的能力；但一些中年以上年龄的女性，由于生活领域局限在家庭、村寨和村寨周边范围内，没有外出打工的经历，与其他民族交往也比较少，日常生活中以母语作为主要的交际语言，即使早年曾上过学，汉语交际能力也比较低。

---

① 　主要指相互认识，而且知道对方会讲布依语。

五 不同场合的语言选用情况

（一）家庭用语

在凹子寨村，布依语是绝大多数家庭唯一的交际语言，随机抽取的102位受访者当中，除1人在家与子女交际时使用汉语以外，其余的受访者无论与长辈、同辈还是晚辈交流，一律用布依语。因此，单从抽样调查的情况来看，布依语在家庭内部的交际使用率达100%。但此次未将族际婚姻家庭作为抽样调查的对象。在5个外来的汉族媳妇当中，除1人目前布依语掌握得比较好，基本能用于日常交际以外，其余4人还只能使用汉语，因此，在这几个家庭中，汉语交际在一定程度上还是不可缺少的。另外，一些年轻人结婚后，双双到外地打工，在外地生孩子，后来又把子女带回村，这些在外地出生的孩子通常以汉语作为第一语言，这也是造成部分家庭使用双语的原因之一。但总体看来，局部范围内的家庭双语并没有对凹子寨村语言使用产生影响，相反，一些外来的妇女经过一段时间与布依族接触、交流以后，逐渐学会了布依语。在外地出生，以汉语作为第一语言的儿童，回到家乡一段时间，通过与家人、同伴的交往，也完全能用本民族语进行交流。

（二）社区用语

社区（即村寨）内部也主要以布依语作为交际语言，与村中熟悉的人交流基本上都使用布依语，如果有外村或外地客人来访，通常要看对方的情况，多数情况下，如果对方是布依族，也懂布依语，就用布依语交流，否则用汉语。多数妇女由于汉语交际能力有限，在遇到陌生人时，往往采取回避交流的策略。只有当对方主动交流下才予以回应。对于少数只懂本民族语的老年妇女而言，在村中无论与本村还是与来访者交流，都只能使用布依语。

在凹子寨村，村干部通过喇叭发布口头通知一般也使用布依语，但如果传达上级文件则用汉语。扁担山乡是一个布依族聚居乡，乡政府机关中也有不少布依族干部，他们下乡到凹子寨村时通常也用布依语与村民进行交流。

表2-24 凹子寨村村民社区内交际语言选用情况表（N=102）

交际对象 语言	熟人		陌生人	
	人数	比例（%）	人数	比例（%）
布依语	101	99.02	51	50
汉语	0	0	10	9.81
布依语—汉双语	1	0.98	37	36.27
视情况而定	0	0	4	3.92

说明：这里的"熟人"主要指本村人，"陌生人"指非本村人。

数据显示，布依语可以说是凹子寨村村民之间交际的唯一语言。而在与陌生人交流的过程中，选择本民族语的也不在少数。

（三）跨社区用语

凹子寨村所属的扁担山乡共有 24 个行政村，其中除上坝全部为苗族，大抵拱（乡政府所在地）全部为汉族（布依族仅 8 人），洋寨和棉寨为布依、汉杂居以外，其余 20 个行政村均为布依族聚居。这些村寨的布依族同凹子寨村一样，都完好地保存使用本民族语言。此外，与凹子寨村相邻的还有黄果树管理区白水镇和关岭县坡贡镇的一些布依族聚居村寨，都与凹子寨村有密切的往来。凹子寨村的布依族无论是在本村，还是在别的地方与邻近村寨的本民族相遇，只要双方认识，或通过服饰、体貌特征能判断对方是布依族，都以布依语作为首选的交际语言。如果相互不认识，又无法判断对方的民族身份时，则选用汉语。与汉族和苗族之间的交流主要使用汉语，但在一些场合，少数精通或略通布依语的汉族或苗族也会主动使用布依语。凹子寨村村民在本村以外与人交际时语言的选用情况如下表。

表 2 - 25　凹子寨村村民社区外交际语言选用情况表（N＝102）

语言 ＼ 交际对象	熟人		陌生人	
	人数	比例（%）	人数	比例（%）
布依语	70	68.63	28	27.45
汉语	8	7.84	18	17.65
布依—汉双语	22	21.57	47	46.08
视情况而定	2	1.96	9	8.82

在外村碰到的"熟人"有可能是本族人，也有可能是其他民族，同时还要考虑对方的语言交际习惯。因此，交际语言倾向于母语的比例要明显低于在本村。与陌生人交际时在语言的选用上更加谨慎，选择本民族语的绝大多数为女性和老年人[①]，更多的人倾向于使用双语。

外村人来到凹子寨村，与该村村民之间的语言交流实际上也可以算作跨社区语言交际，上文已经作了分析。从统计数据来看，同样是与"陌生人"交际，在村内和村外，语言选用的倾向会有所不同，这可能与人们对交际环境的适应性有关。

（四）其他场合的语言选用情况

1. 学校的语言选用情况

由于离乡政府所在地比较近，凹子寨村没有设教学点，村里的孩子从小学到初中都上乡里的学校。在学校，教学语言基本上用普通话，即使在小学低年级，对布依族学生用母语辅助教学的情况也比较少，最多是在课后辅导时偶尔使用，不存在任何形式的双语教学。扁担山乡虽然布依族人口占的比例较大，但乡政府所在地大抵拱为汉族聚居，另外，乡内其他村寨的汉族和苗族也有到中心学校来上学的。因此学生课外的语言使用就不限于布依语了。在抽样调查的 102 位受访者中，63 人对学校语言使用的问题作了回答，其中 2 人没有上过学，为无效问卷。具体选用情况详见下表。

---

① 在别的村寨用本民族语与陌生人交流的 28 位受访者当中，女性 20 人，占 71.43%，50 岁以上的 19 人，占 67.86%。

表 2-26 凹子寨村村民学校交际语言选用情况表（N＝61）

语言 人数/比例	布依语	汉语方言	普通话	布依— 汉双语	布依— 普通话	汉语方言 —普通话
人数	14	15	2	16	3	11
比例（%）	22.95	24.59	3.28	26.23	4.92	18.03

普通话是课堂教学用语，但课后交流很少有人使用，这种情况在贵州各地，包括汉族聚居地区甚至大、中型城市情况基本相同。通过调查了解到，多数人觉得布依语在本民族同学之间、本民族师生之间可以起到沟通感情的作用，但在谈学习情况时，没有汉语那么方便，因此有相当一部分人倾向于选择使用双语，即本民族语和汉语方言。总体看来，在学校这个特定场合中，倾向于选择本民族语的比例要略高于选用汉语方言和普通话。

2. 农贸市场上的语言选用情况

乡政府所在地大抵拱是扁担山乡唯一的乡村集市，本乡以及邻近乡镇一些村寨的村民每6天都要到这里赶一次集。由于扁担山乡布依族人口比例较高，加上邻近地区其他乡镇，如关岭县坡贡镇的翁寨等都是布依族聚居的村寨，因此，在大抵拱赶集的人当中，布依族也占绝大多数，在集市上的语言交际中，布依语占绝对的优势。当地的一些汉族或其他少数民族在与布依族进行交易时，也常常会用简单的布依语与他们进行交流。但布依族主动与其他民族或虽为布依族而彼此不认识的人交流时，多数情况下还是选用汉语。凹子寨村布依族在当地农贸市场上的语言选用情况见下表。

表 2-27 凹子寨村村民在农贸市场交际语言选用情况表（N＝102）

语言 人数/比例	布依语	汉语	布依—汉双语	其他情况①
人数	21	12	58	11
比例（%）	20.59	11.76	56.87	10.78

在集市上完全使用布依语进行交际的大多是不懂汉语或汉语交际能力较差的妇女、老人和儿童，完全使用布依语的21人当中，女性15人，50岁以上中老年人15人，都在70%以上。完全选用汉语的12人当中，除3人在40岁以上外，其余9人均在24岁以下，长年在外打工或正在上学，由于长期在汉语环境中生活，逐步形成了在母语环境中（即家庭和本社区内部）以汉语作为主要交际语言的习惯。

3. 政府机关和医院的语言选用情况

地方政府机关对外办公时通常使用汉语，但在民族聚居地区，常常也会用到当地主体少数民族的语言。扁担山乡的主体民族是布依族，乡政府机关中也有不少布依族干部，面对本乡90%以上的布依族群众，为了做好群众工作，常常也需要用到本民族语言。对群众来说，用母

---

① 有4人选用普通话，7人根据对方的身份确定使用什么语言，即如果对方是布依族就选用布依语，如果是汉族就选用汉语。

语与本民族干部进行交流是增进感情的最佳方式,但在交际过程中他们常常会顾及干群之间地位的差距,只有彼此非常熟悉时才使用母语,与汉族干部、关系一般或不认识的本民族干部通常都选择汉语。完全使用本民族语的人一部分是汉语交际能力有限,到政府机关办事时只找本民族干部,用本民族语交流,一部分则与语言使用习惯有关,或受环境对语言使用的影响,完全选用汉语者通常出于后一种原因。与政府机关不同,医院对人们语言选用的约束要少一些,患者与本民族医生之间用本民族语言进行交流的要求也要强烈一些。因此,选用母语的比例也比较高。凹子寨村村民在政府机关和医院的语言选用情况见下表。

表 2－28　凹子寨村村民在政府机关和医院交际语言选用情况表（N＝102）

场合＼语言	布依语		布依—汉双语		汉语		其他情况①	
	人数	比例(%)	人数	比例(%)	人数	比例(%)	人数	比例(%)
政府机关	18	17.65	34	33.33	38	37.26	12	11.76
医院	22	21.57	43	42.16	30	29.41	7	6.86

六　语言文字态度

（一）语言态度

凹子寨村布依族无论男女,无论哪一个年龄段,对自己的母语能力普遍感到自信。在接受调查的 102 位受访者当中,认为自己母语讲得最流利的有 95 人,占 93.14%;有 6 人觉得自己布依语和汉语水平相当,占 5.88%;只有 1 人觉得自己汉语水平超过母语。多数人对布依语在当地的交际功能持肯定的态度,有 85 人认为母语在当地交流起来最方便,占 83.33%;只有 12 人认为汉语要方便一些,占 11.76%;4 人认为汉语和布依语一样方便,占 3.93%。但多数人同时又强调,布依语在本地虽然要方便一些,但如果要走出扁担山,到外地去打工,还是应该学好汉语,尤其是学好普通话。可见人们对本民族语言的功能有比较客观的认识。

在关于"本地哪一种语言更好听"这个问题上,有 67 位受访者选择本民族语,占 65.69%;13 人选择汉语,占 12.75%;14 人认为布依语和汉语都好听,占受访者总数的 13.73%。可见,绝大多数人在情感上还是倾向于本民族语。但当我们用布依语、汉语地方话和普通话三者进行对比让受访者选择时,有 50.98% 的受访者选择普通话,33.33% 选择布依语,8.82% 认为哪种语言都好听,只有 6.86% 的受访者认为地方汉语好听。可见,作为国家通用语言和传媒主要载体的普通话在多数人心目中的地位高于母语。

在家庭语言选用上,绝大多数人倾向于本民族语言,有 85 人希望家人对自己讲布依语,占受访者总数的 83.33%;只有 5 人希望家人讲汉语,占 4.90%,其中 3 人为在校学生,之所以选择汉语可能出于对学习的考虑,1 人长期在外打工,1 人在家务农;5 人希望家人讲普通话,占

---

① 到政府机关办事有 6 人选择使用普通话,6 人选择视情况而定;在医院,有 2 人选择普通话,有 5 人选择视情况而定。

4.90%，受教育程度均在初中以上，其中 2 人为初中在校生，1 人 18 岁，中学刚刚毕业，在家务农，准备外出打工，2 人在家务农，有子女在外打工；有 4 人希望在家中使用布依—汉双语，占 3.92%。

在对待子女转用汉语这个问题上，凹子寨村的家长们普遍持宽容的态度。32 人对子女用汉语交际感到很高兴，占符合选答该问题条件的受访者总数（64 人）的 50%；14 人觉得使用什么语言都无所谓，占 21.88%；只有 18 人对此感到"很不高兴"，占 28.13%。在子女因为外出打工而放弃母语这个问题上，持包容态度的也占多数，符合条件的 61 位受访者当中，39 人觉得"无所谓"，甚至"很高兴"，占 63.93%。村民罗国泰在这个问题上有自己独到的见解，他认为，现在青年人的社会交往比老年人要广得多，比老年人"见多识广"，现代社会千姿百态，在很多方面老年人没有资格跟年轻人谈经验，语言使用方面也是一样，他们放弃本民族语言自有他们的道理，不应该用保守的观念去约束他们，而是应该理解他们，支持他们。但也有不少人对此持相反的观点，61 位受访者当中，有 22 人对这种行为持反对态度，占 36.07%。尽管人们对待青年人转用汉语的行为普遍持宽容的态度，但在实际的语言生活中，真正放弃本民族语言而转用汉语的现象非常罕见，除个别儿童因在外地出生，不会说布依语以外，几乎所有外出打工者回到母语环境中之后，都会自觉地使用母语。在调查过程中，当问到子女语言转用问题时，少数家长的回答是"支持他们讲汉语，但问题是根本不会出现这样的情况"。

关于学校的教学语言问题，有不少受访者意识到，儿童在刚入学的时候，汉语接受能力较差，对他们的学习成绩和学习积极性会产生不利的影响，因此建议在低年级采用母语辅助教学或母语与汉语（包括普通话）双语教学，但绝大多数人还是认为应该直接使用汉语方言或普通话教学。相关统计详见下表。

表 2 - 29　凹子寨村村民学校教学语言选用情况表（N＝102）

语言 人数/比例	布依语	布依—汉双语	汉语方言	普通话
人数	19	15	30	38
比例（%）	18.63	14.71	29.41	37.25

（二）文字态度

凹子寨村布依族对本民族的文字普遍缺乏了解。在 102 位受访者中，只有 33 人知道本民族有自己的文字，其中包括本民族民间宗教人士（布摩）用来记录本民族经文——摩经（扁担山一带叫做"古谢经"）的方块汉字，而听说过或见过本民族新创拼音文字的只有 7 人。摩经文字是扁担山一带比较常见的一种宗教文字，当地布依族很多宗教场合都要用到这种文字记录的经书，但到目前为止，这种文字的流传范围还仅限于宗教职业者，对于大多数布依族群众来说，还非常陌生。尽管有不少人知道这种文字的存在，但真正认识的并不多，在凹子寨村 102 位受访者当中，只有 5 人对这种文字很熟悉，9 人认识其中的一些字，但读不准，其余的人都不认识。

扁担山一带的布依语属于该语言的第三土语（也称黔西土语），与布依文方案的标准音点——望谟话有较大差别。20 世纪 80 年代中期，该地区虽然有人参加过布依文培训，但布依文在当地并没有得到推行，主要原因在于文字所代表的语言与日常生活中的语言不一致，多数人认为学习布依文是一种负担。受访者当中只有 14 人对布依族文字应该采用的文种提出了自己的看法，其中 6 人认为应该推行布摩文字，即用来记录摩经的方块字；9 人认为应该推行拼音文字；受文化水平限制，大多数受访者对这一问题没有清楚的认识。不过，60% 以上的受访者都觉得作为一个民族，布依族应该有自己的本民族文字，而 66.67% 的受访者认为，作为布依族的一员，应该学习和掌握自己民族的文字。

第六节　母语强势型双语区语言使用特点

在布依族母语强势型布依—汉双语区，布依语是人们日常语言生活中的主要工具，同时，绝大多数人又都兼通汉语，个别地区甚至有兼通三种语言（除汉语和布依语外还兼通苗语、彝语或别的少数民族语言）的多语人，但人们用这些少数民族语言进行交流的场合很有限。部分场合的交流要借助汉语，一些场合（如学校、医院等）的交流主要使用汉语。因此，布依族母语强势型双语使用特征包括布依语的使用特征和汉语使用特征。

一　母语使用特征

（一）广泛的使用领域

在布依族母语强势型布依—汉双语区，布依语的使用范围十分广泛，涉及除个别场合以外的几乎所有领域，包括家庭、村寨以及跨村寨的大多数交际场合。

1. 布依语是家庭唯一的交际语言

在布依族母语强势型双语区，布依语是所有布依族家庭成员之间的交际语言，在家庭语言生活中，除非有不懂布依语的客人来访，否则一般不会改用别的语言[①]。现在，尽管家长对子女的语言使用持相对宽容的态度，但子女在家中与父母交流时，通常只使用母语。在母语强势型双语区，外出学习、打工或当兵的青年人，回到家中一般也都使用母语。尽管他们当中多数人已经学会了普通话，但浓郁的母语氛围给他们造成了一种无形的压力，使他们一回到这样的环境中就会不由自主地恢复母语交际的本能。

我们对望谟县桑郎镇南碑、白桑、桑郎 3 个村、蔗香乡乐康村、镇宁县扁担山乡凹子寨村、贞丰县沙坪乡砍碰村的布依语使用情况的调查结果显示，在家庭语言交际中，无论是晚辈对长

---

① 主要是汉语，在母语强势型双语区，尽管也有人兼通当地别的少数民族语言，但很少会在家庭语言交际中使用，即使有懂这种民族语言的客人来访，通常也主要用汉语与其交流。

辈、长辈对晚辈,还是平辈之间,选用母语进行交际的比例都在99%以上。

2. 布依语是社区(村寨)内部本民族成员之间唯一(或主要)的交际语言

布依族喜欢聚族而居,通常以一个家族或几个互为姻亲关系的家族同住一个自然村寨,很少有多民族杂居一村的情况出现,这种现象在母语强势型双语区较为普遍。村寨规模通常大小不等,大的村寨一般三四百户,目前布依族单一民族聚居的最大的自然村寨是贞丰县的必克村,共604户,近3000人。村寨是人们社会交际活动主要的场所之一,除个别特殊场合以外,村民之间的交际均使用本民族语言。调查发现,在母语强势型双语区,人们在社区语言交际中倾向于使用母语的比例都非常高,如望谟县桑郎镇南碑村共120多户,除1户外来的汉族以外,均为布依族,抽样调查结果显示,42名受访者中除1人在村中与认识的人交流使用汉语,其余均使用布依语,占受访者总数的98%。而包括镇政府所在地桑郎村在内的所有调查点,342名布依族受访者中有318人与村中同族交流时使用本民族语,占受访者总数的93%[①]。

3. 布依语是跨社区(村寨)语言交际的主要媒介

在布依族聚居的地区,除了同村居住的村民之间具有密切的亲缘关系以外,相邻的村寨之间常常也有较为密切的关系,或为姻亲,或为血缘关系,以一山、一水或一片稻田相隔的不同村寨常常是从一个大寨分出来的。在布依族聚居地区,"上××","下××"的村寨名随处可见,从地名即可分析出这些村寨之间的关系。

在布依族母语强势型双语区,村寨之间的交流也以本民族语作为主要的工具,尤其是在相互认识的本民族成员之间,无论哪一个年龄段、什么职业、何种文化程度,都用本民族语进行交际。村中有客人来访时,如果知道对方是布依族,即使相互间不认识,一般也用本民族语打招呼。有时人们也通过服饰、外貌判断来者的民族成分,再确定用本民族语还是汉语。如果无法判断,则先以汉语进行试探性的交际,待了解对方的身份后,再确定是否转用语言。在一些地区,老年人由于不懂汉语,无论来者是什么民族,都一概以本民族语与其进行交际。而近年来,年轻人在跨社区之间的交际有优先选用汉语的倾向,尤其是与陌生人交流时。在对桑郎镇布依族就跨村语言选用进行调查时,264份有效问卷中,有229人与熟人交际时首选本民族语,占86.72%,其中女性123人,男性106人;汉语和布依语同时选用的12人,占4.55%;只选择汉语的23人,占8.71%。在与陌生人交际时,选择本民族语的112人,占有效问卷(185份)的60.54%,其中女性62人,男性50人;同时选用本民族语和汉语的有20人,占有效问卷的10.81%,其中女性5人,男性15人;只选用汉语的50人,占有效问卷的27.02%,其中女性15人,男性31人。以上调查数据表明,在母语强势型双语区,人们在跨社区交际语言的选用方面,绝大多数倾向于本民族语,而女性又占其中的多数。桑郎镇仅仅是众多布依族聚居区的一个代表,在布依族分布比例较高的县,布依族居住密度比桑郎镇高的乡镇还很多,如望谟县的蔗香乡、贞丰

---

① 在桑郎镇,尽管布依族人口占90%以上,但在镇政府所在地,近十多年来也逐渐有一些从外地到此经商、工作、上学等的外地汉族或其他少数民族,从而影响了布依语的使用。

县的鲁容乡、惠水县的长安乡、镇宁县的扁担山乡等,布依族占当地总人口比例都在 95% 以上,布依族母语在跨社区之间的语言交际所发挥的作用也远远大于桑郎镇。

4. 布依语在乡镇集贸中心担负重要的交际功能

在布依族聚居地区,乡镇政府所在地通常都是当地的农村农贸市场,一些幅员辽阔的乡镇,农村农贸市场往往不止一个。在布依族聚居区的农贸市场上,前来赶集交易的绝大部分是当地或周边乡镇的布依族村民,少数是杂居在布依族村寨中或布依族村寨之间的汉族或其他少数民族。因此,多数情况下,集市上的交际语言为布依语,在布依族聚居区的一些农贸市场,即使外来的汉族或其他少数民族,通常也会临时学习一些简单的布依语,用来应付与当地布依族讨价还价。在桑郎镇的调查结果显示,有 84.6% 的受访者认为在当地使用布依语最方便,80.52% 的受访者在集市上只使用或主要使用布依语。

近年来,由于农村市场经济的快速发展,从外地到布依族聚居地区经商的人不断增多,有些人甚至在当地定居下来,而这些人要想在短期内学会当地的布依族语言也有一定的难度,为了方便与这些人做生意,当地布依族在交易时不得不改用当地汉语,一些外出打过工的年轻人甚至用普通话与他们交际,这样一来,布依语在当地农贸市场上的交际功能渐渐削弱。

5. 布依语在政府机构、学校和医院等场合的交际功能

在布依族聚居地区的县、乡（镇）两级政府机构和机关单位中,布依族干部所占的比例通常都比较高。新中国成立初期,在望谟、册亨等县,一些县级机关部门召开会议通常都可以用布依语。20 世纪 80 年代以后,虽然这样的情形已不存在,但是在县级部门的布依族干部中,本民族在一起闲聊或讨论事情时通常也用母语。在乡镇一级的布依族干部当中,母语目前也已基本被排斥在公务语言之外。但在一些布依族分布密度较高,而且布依族干部较多的乡镇,部分场合的公务语言也结合使用布依语。政府机构对外办公的主要语言为汉语,但布依族干部在面对本民族群众,尤其是自己熟悉的人时,通常也用本民族语。布依族群众到政府机构办事的时候,通常主动使用本民族语的比例并不是很高。对桑郎镇的调查结果显示,到政府部门办事用布依语的有 93 人,占该项有效问卷数的 38.27%;根据交际对象的情况选择使用布依语和汉语的 52 人,占 21.40%;只使用汉语的 89 人,占 36.63%;另有 4 人选择使用普通话（均为 20 岁以下的男性）。在普通群众的心目中,政府机关是神圣、庄严的地方,那里的人讲的是官话,打的是官腔,是很难亲近的。因此,在与交际对象不熟悉的情况下,即使知道对方是本民族,人们也不敢贸然用本民族语去跟对方交流,以免对方认为自己是在套近乎。所以,到政府机构去办事,即便是在布依族聚居的桑郎镇这样的地方,布依语的使用频率也不高。

布依族聚居地区的各类学校目前实行正规的民—汉双语教学的很少,只有惠水、安龙、望谟、罗甸等县的个别乡村级小学在低年级开设了由政府有关部门资助的双语班,望谟的一些村办小学自发地在小学低年级采用布依语辅助教学。因此,迄今为止,各类学校的教学语言主要

是汉语①。但在村办小学,学生课外的交际语言主要还是本民族语,教师与教师之间,教师与学生之间也以布依语作为主要的交际工具。在乡镇中心学校(中小学),本民族成员之间的交流绝大多数情况下用本民族语,有其他民族在场时转用汉语或布依—汉双语并用。

在布依族聚居地区乡镇一级医院中,尽管也有相当一部分当地土生土长的医生,但与其他部门相比,外来人员和其他民族成员所占的比例要稍微高一些,而且由于行业术语较多,因此,医院内部成员之间的交际基本上以汉语为主,其中布依族成员之间的交际领域只限于日常生活事务。在医患双方都是布依族的情况下,双方交际语言的选用要看与对方熟悉的程度和是否需要而定,如果与对方很熟悉,而且有些病情非用布依语才能向对方解释清楚时,通常都要选用布依语,医生如果与病人不认识,一般都选用汉语,只有在对方汉语交际能力差,医生需要用布依语向其解释一些情况时才会用布依语。在医患关系中,患者通常有求于医生,所以,为了拉近双方的情感距离,在得知对方也是布依族的情况下,通常会主动用本民族语与其进行交流。对桑郎镇的调查结果显示,229 份有效问卷中,有 65% 以上的患者(或到医院办事的其他人)用布依语同医生交流,或主要使用布依语,同时根据交际对象和交际场景的变化使用汉语以及其他语言。选择使用汉语的接近 35%。另有个别人选择使用普通话。

(二) 丰富的表达形式

语言表达形式丰富、生动,语言体裁多样化是语言具有活力的表现。在母语强势的布依—汉双语区,由于母语应用范围广,使用频率高,在日常的语言生活中,母语人的语言能力不断得到锤炼,语言对客观事物的反映,对人们思想感情的表达不仅清楚、精确,表达形式也丰富多彩。用母语演唱的民歌、讲述的故事在民间广为流传。在宗教领域,有布依族民间的布摩通过母语传承的本民族祭祀经,并且还流传有用汉字抄写的宗教经书。这些书面和准书面的语言来自口头语言,经过若干代人的反复应用,不断提炼、升华,成为布依族语言的精华部分,又通过民歌手、故事讲述者和布摩的日常语言生活,回到广大的老百姓日常用语当中,使人们日常语言交际变得更加丰富多彩。

1. 语言本体结构能充分满足日常交际的需要

所谓满足交际需要是指在人们的日常生活的交际话题中,本民族语的词汇系统和语法结构足以实现人们对客观事物和概念的表达,而且在一些领域有丰富多彩的表达形式。

首先表现为词汇量的丰富。在布依族母语强势型双语区,布依语的词汇系统涵盖布依族传统生活领域的方方面面。布依族是一个历史悠久的稻作农耕民族,有关水稻耕作方面的词汇极为丰富,各土语都有大量相关词汇,如第一土语关于水稻的品种就有/hau⁴ka³/(稻谷的统称)、/hau⁴sian¹/(黏米)、/hau⁴sian¹zai⁵/(粳稻)、/hau⁴ɕut⁸/(糯稻)、/hau⁴na²/(水稻的统称);关于"稻田"有 /na²/(田的统称)、/na²la:p⁸/(泡冬田)、/na²zam⁴ɕeŋ⁴/(冷水田)、/na²wan¹/(种子

---

① 在很多地区,除语文课的课文朗读采用普通话以外,其他课程的课堂教学语言均为地方汉语。

田）、/na²tɕa³/（秧田）、/me⁶na²/（老板田）、/na²fɯ²/（荒田）、/na²ɕau⁴/（早稻田）、/na²pa³zam⁴/（水口田）、/na²kok⁷ʔba:n⁴/（寨脚田）等；关于"水稻"的耕种有/ma⁵wan¹hau⁴/（浸种）、/tok⁷wan¹/（撒种）、/pja:u⁵wan¹/（撒种）、/lok⁷tɕa³/（扯秧苗）、/lit⁸tɕa³/（择秧苗）、/ʔdam¹tɕa³/（栽秧）、/ʔdam¹na²/（插秧）、/sem²tɕa³/（补栽秧苗）、/ʔda:i¹na²/（薅秧苗）、/zɯɯ⁴kok⁷tɕa³/（壅秧根）、/ɕai¹na²/（犁田）、/tɯ²na²/（耙田）、/taɯ²zam⁴/（守水口）、/ha:i¹zam⁴/（开田水）、/ha:i¹ta:ŋ⁴na²/（放水口）、/tuŋ¹ta:ŋ⁴na²/（堵水口）、/zip⁸hau⁴na²/（收水稻），等等。此外，同一个行为动作，不同的实施对象可以用不同的动词来表示，使语言的表达更加精确、细腻。如在第一土语，"看"这一动作分别有/nen⁶/（看里面）、/jau⁵/（看远处）、/ɕim¹/（仔细看）、/ŋa:ŋ¹/（张望、看高处）、/pjam⁵/（偷窥）、/sau²/（瞥一眼）、/ŋo⁶/（探头探脑地看）、/ŋaŋ⁴/（下意识地看）、/tiŋ²/（盯着看）等；"洗"这一动作分别有/soi⁵/（洗¹）、/za⁵/（洗²）、/ziaŋ⁴/（洗³）、/ɕa:t⁷/（洗⁴）、/sak⁸/（洗⁵）等。丰富的词汇使人们对客观事物的表达游刃有余，在日常的语言交际中，绝大多数的母语人在自己熟悉的话题范围内，所需要的词语都可以做到信手拈来，很少会出现临时想不起而用汉语替代的现象。在传统的生活领域中，人们对于用母语交际充满信心。

其次是完整和相对稳定的本民族语语法结构。在布依族母语强势型双语区，人们用母语来表达传统生活领域中的各种话题时，很少会出现语法结构不能满足需要的情况，交际者根据交际内容的需要自然而然地用本民族语的语法结构去组织语言，日常的交际语言以单句、短句为主，篇章的语义粘连和连贯主要通过语境来实现，表达十分流畅。虽然偶尔也有借用现代汉语句法结构的情况，但从整个话语篇章来看，结合得自然、紧密。人们在日常生活的语言交际中，通过高频率地使用母语，使语言能力不断得到加强。

熟语、惯用语的频繁使用。熟语和惯用语是人们在日常生产生活中不断总结、积累起来的语言成分，这些语言成分以简练的结构形式表达丰富、深刻的思想内涵，受到布依族群众的广泛欢迎。在布依族地区，人们通常以熟语、惯用语的掌握程度作为衡量一个人母语能力的标准。在布依族村寨中，熟练掌握各种熟语、惯用语和典故的人很受尊重，哪家有贵客来访都要请这样的人去作陪，邻里纠纷、家庭矛盾都要请他们去帮助调解，村寨之间的纠纷常常也要请他们出面调停。在语言使用方面，他们是大家学习的榜样。熟语中使用频率最高的是谚语，家长或村中的长辈在告诫晚辈时常常要用一句谚语作为开头或结尾，谚语中又以传承经验、让人吸取教训的"古训"居多。

综上所述，在母语强势型双语区，母语本体结构的丰富和完整使之能够充分满足人们日常语言交际的需要。

2. 文学语言的口语化使语言的表达更加精彩

布依族是一个很有诗歌创作天赋的民族，今天的布依族聚居地区常常被人赋予"诗乡歌海"的美誉。过去，在布依族村寨中，十三四岁的少男少女大多都有出口成章的语言才能。男女青少年彼此交友，谈情说爱，靠的就是流利的语言表达，以此博得对方的倾心爱慕。他们在交谈过程中，虽然多数时间并不是以歌相对，而是一种对白，但所说的话是讲究韵律的，经常采用比兴、排比、对仗等修辞手法，实际上相当于以直白的形式来讲述歌词。这样一种在特殊交际场合使用的语言形式常常有意无意地被带到日常交际的语言中,使交际语言变得充满生机和活力,尽管目前在很多布依族地区,由于社会转型造成人们生活方式的改变,使很多传统的娱乐方式、交际方式不再流行,但由部分民族民间歌手保存下来的布依族语言精华仍然对人们的语言生活产生影响。

在布依族母语强势型双语区,目前还流传着很多用本民族语言讲述的民族民间故事,这些故事通常需要具备超强的记忆能力和能够应用本民族语言进行演说甚至演唱的人才能讲述,而且只有具备这种能力的人讲出来的故事才精彩、生动,大家才喜欢听。故事讲述者一方面通过他的故事使民族民间文化得到传承,另一方面也通过讲故事这种方式使其生动的语言对日常交际语言产生影响。

在宗教祭祀场合念诵的经文是布依族宗教职业者经过若干代人的传承和提炼加工而成的,尤其是用方块汉字记录誊写成书的经卷更是将长期以来以口耳形式相传的语言固定下来,大大减少了其在代际传承过程中出现的变异。布依族宗教经文内容丰富,语言凝练、生动、优雅。虽然经文语言不能直接用于日常口头交际,但熟知经文内容的经师——布摩在日常语言交际中会不自觉地应用经文当中的一些语言表达形式,从而使口头语言的生动性不断得到加强。

总之,在布依族母语强势型双语区,由于本民族传统文化和各种文学形式在民间仍然具有较强的活力,并不断对母语交际产生影响,日常交际语言不断从这些准书面形式的语言中吸取养分,使语言的内涵和表达形式不断得到发展。

(三)母语单语人及其语言使用特征

1. 部分地区布依族母语单语人情况调查

中国社会科学院民族学与人类学研究所孙宏开先生将单语人的存在视为语言是否有活力的条件之一,根据他的研究,布依族母语目前可以算是一种"有活力的语言"(孙,2006)。布依族目前究竟有多少只掌握本民族语言的单语人?谁也没能给出一个准确的答案,20世纪90年代初喻翠容在《中国布依族的双语现象》(喻,1993)中提供了一个布依族双语人的数据,但没有说明数据来源①。

20世纪80年代中后期,中国社会科学院等科研和民族事务机构曾组织对民族自治地区民族语言的使用情况进行调查,发现在贵州黔南、黔西南两个自治州和安顺市的镇宁布依族苗族自治县、关岭布依族苗族自治县和紫云苗族布依族自治县的一些布依族村寨都不同程度地存在着只会讲本民族语言的单语人。详见下表。

表 2-30 部分地区布依族语言掌握使用情况表

语言水平 抽样点	抽样总数	双语人	比例(%)	单语人	比例(%)	准双语人	比例(%)
龙里栗木寨	149	117	78.52	26	17.45	6	4.03

---

① 喻翠容发表在贵州民族出版社1993年出版的《布依语文论集》中《中国布依族的双语现象》一文第160页写道:"布依族历史上没有文字,通用汉文。人口总数约为212万(1982年),其中有54.4%的人使用双语。"

平塘拉抹	71	33	46.48	15	21.13	23	32.39
望谟纳林	53	31	20.26	47	30.72	75	49.02
贞丰冗塘	97	11	11.34	68	70.10	18	18.56
镇宁石头寨	115	83	72.17	24	20.87	8	6.96
镇宁油寨	78	29	37.18	32	41.03	17	21.79
紫云河林	118	3	2.54	104	88.14	11	9.32
紫云卡柞	100	53	53	16	16	31	31
关岭大平村	96	62	64.58	18	18.75	16	16.67
合计	977	422	43.19	350	35.82	205	20.99

说明：本表根据《中国少数民族语言使用情况》（中国藏学出版社，1994 年 12 月）所提供的数据表编制而成。双语人主要指掌握布依、汉两种语言的人，同时也包括部分兼通当地其他少数民族语言（如苗语）的人；准双语人指第二语言水平较低，但又基本能应付日常交际的人。不同年龄层次第二语言掌握的程度有所不同，但表中未进一步划分。

1994 年出版的《贞丰县志》对该县布依族语言使用的总体情况进行了统计，详见下表。

表 2-31　1990 年贞丰县布依族语言使用情况表

类别＼项目		掌握语言	比例（%）	类别＼项目		掌握语言	比例（%）
男性	成年人（16 岁以上）	布依语	100	女性	成年人（16 岁以上）	布依语	100
		汉语	90			汉语	70
							95
	少年儿童（16 岁以下）	布依语	95		少年儿童（16 岁以下）	布依语	80
		汉语	90			汉语	

该书还对本县布依族聚居和杂居地区的语言使用情况进行了对比，详见下表。

表 2-32　1990 年贞丰县牛场乡、纳翁乡布依族语言使用情况比较

类别＼项目		掌握语言	比例（%）		类别＼项目		掌握语言	比例（%）	
			牛场乡	纳翁乡				牛场乡	纳翁乡
男性	成年人（16 岁以上）	布依语	95	100	女性	成年人（16 岁以上）	布依语	100	100
		汉语	99	40			汉语	95	20
	少年儿童（16 岁以下）	布依语	50	100		少年儿童（16 岁以下）	布依语	60	100
		汉语	100	50			汉语	100	30

说明：本表引自 1994 年出版的《贞丰县志》第 149 页，表中所提到的牛场乡和纳翁乡目前已分别合并到该县的北盘江镇和鲁容乡。从目前语言使用实际情况来看，当时统计的牛场乡的数据可能有些偏差，如 16 岁以下少年儿童掌握布依语的比例太低，这种偏差有可能是抽样点造成的。

20 世纪 80 年代末，望谟县相关部门对本县两个乡三个布依族聚居村语言使用情况进行全面调查，发现各村仅使用母语的单语人均在 60% 以上，其中坎边乡纳望村竟高达 87.82%。

详见下表。

表 2 - 33　望谟县部分村寨布依族母语单语人情况调查表①

名称\项目	总人口	双语人		准双语人		母语单语人	
		人数	比例(%)	人数	比例(%)	人数	比例(%)
新屯乡纳林村	305	8	2.62	75	24.6	222	72.78
坎边乡纳望村	509	18	3.54	44	8.64	447	87.82
坎边乡交迈村	473	87	18.39	81	17.12	305	64.49
合计	1287	113	8.78	200	15.54	974	75.68

说明:表中三个村均为布依族单一民族聚居村。双语人指既熟练掌握本民族语,同时又精通汉语(地方话)的语言人;准双语人指熟练掌握母语,但第二语言能力较差的语言人;单语人指仅掌握母语者。

2006 年 7 月和 2008 年元月,中央民族大学"布依族语言使用情况个案研究"课题组先后对望谟县桑郎镇、蔗香乡乐康村、贞丰县沙坪乡砍碰村、镇宁县扁担山乡凹子寨村等进行了调查,发现当地布依族母语单语人也占相当大的比例,如桑郎镇的 351 名受访者中,完全不懂或略懂汉语的有 66 人,占受访者总数的 18.80%。

以上调查仅限于民族自治州、县的极少数地区,所掌握的材料十分有限,包括自治地区在内的很多地方都没有调查到,如布依族聚居而且目前母语处于强势的册亨、罗甸、惠水西南部、荔波、六盘水市、镇宁县南部等地区的布依族母语单语人情况都没有相关调查和统计。因此,就目前而言,很难给出一个确切的布依族母语单语人的数据。

2. 布依族母语单语人的语言使用特征

在布依族母语强势型双语区,母语单语人在语言使用方面不同年龄和性别层次都表现出不同的特征。

首先,从年龄层次来看,布依族母语单语人多数集中在老龄和儿童两个层次,其中主要是 60 岁上的老年人。形成这一现象的原因如下:其一,目前 60 岁以上的老人出生、成长的年代是布依族地区社会相对封闭的时期,交通不便造成人们生活圈、交际范围狭小,交际对象主要是使用母语的人群;其二,他们成长的时代布依族地区教育相对落后,加上在偏远的布依族村寨,人们的文化教育意识薄弱,对子女的教育不够重视,很多人都没有接受过学校教育,自然也就失去了学习汉语的机会;其三,在今天的母语强势型双语区,母语仍然是家庭唯一的交际语言,儿童从咿呀学语到语言能力的发展成熟阶段,接触的主要是母语,直到进入学校才开始学习汉语。

不过,这一状况近年来在很多地区正不断发生变化,外出打工潮的经久不衰和学校教育的普及使布依族的价值观和语言观逐渐改变,越来越多的人意识到只有上学读书,只有走出大山才有希望摆脱困境,才有希望脱贫致富。而无论是上学读书还是走出大山,学习汉语都是非常必要的。因此,很多家庭都在创造条件让孩子在入学前就接触汉语,广播、电视的出现为此创

---

① 见贵州省民族事务委员会民族语文办公室编(张和平主编)《贵州民族语文研究》,贵州民族出版社,1993 年。

造了有利的条件。如今，即使在比较偏远的山区，听广播、看电视已经不是什么难事，即使做不到家家有电视机或收音机，至少每村一两台或者四五台是能做到的，部分有条件的儿童通过看电视、听广播，自发地学会汉语，再通过自发的形式把从广播、电视上学会的语言（汉语）传授给同龄伙伴，这样，在入学前，大部分儿童通过自发学习的手段，已经掌握了汉语，或至少能听懂大部分，能说简单的日常用语。因此，目前，在多数布依族母语强势型双语区，学龄前儿童中只能讲本民族语的单语人已经越来越少了。

其次，从性别层次上来看，多数地区布依族母语单语人当中，女性所占比例通常高于男性。如20世纪80年代末对贞丰布依族语言使用情况调查发现，16岁以上成年人当中男性母语单语人为10%，女性为30%；16岁以下男性儿童单语人为10%，女性为20%[①]。2006年中央民族大学"布依族语言使用情况个案研究"课题组对望谟县桑郎镇的调查，在60多名母语单语人中，女性有52人，占80%。

女性单语人多于男性的原因：客观上，在布依族母语强势型双语区，女性的社交范围多限制在本民族成员的生活圈，与外界接触较少，使用其他语言的机会少于男性；主观上，女性无论在语言态度还是在语言行为上多趋于保守，在语言情感认同和价值功能认同方面通常都比男性更倾向于本民族语。不过，这种情况目前也在逐步改变，最近的调查表明，越来越多的女性，包括一些老年女性，在语言态度方面渐渐趋向于开放。比如，在调查人们对家庭语言选用以及对家庭成员因语言环境改变而转用汉语所采取的态度时，倾向于汉语的128人，占受访者总数351人的36.47%，其中女性51人，占39.84%。

此外，学校教育的缺失也是布依族母语单语人长时期存在的一个因素。在布依族母语强势型双语区，母语单语人通常都是从未接受过任何学校教育的人，其中包括两个人群，其一是目前还没有上学的学龄前儿童，另一部分是60岁以上童年时期没有机会上学的老人。一部分过去虽然也上过几年学（通常是初小），但辍学回到母语环境后长期使用本民族语，最后也成了母语单语人，这类人一般都在50岁左右，尤其以妇女居多。在望谟县桑郎镇抽样调查的60多位单语人当中，从未受过教育的48人，占73.85%，其中女性41人，占63.08%。

二 汉语及其他语言的使用

（一）汉语的使用特征

首先，从交际范围来看，在布依族母语强势型双语区，汉语主要应用于如下领域。

1. 学校教学与交际

在布依族聚居地区，20世纪80年代初开始布依—汉双语教学，虽然曾一度激起布依族群众，尤其是热衷于本民族文化的布依族有识之士对本民族语言文字的热情，对部分地区布依族的文化教育也确实起到了一定的促进作用，但由于投入的人力和物力不够，规模较小，未能在

[①] 数据来源于贞丰县史志征集编纂委员会编《贞丰县志》，贵州人民出版社，1994年，第149页。

布依族地区全面铺开,因此,对布依族所产生的影响不是很大。目前,除部分县(市)在个别地区搞双语教学试点以外,绝大多数地区学校教育所使用的语言主要是汉语,学生课外与本民族同学之间交流时,多数人也倾向于使用汉语,部分人倾向于使用本民族语,部分人则根据不同情况分别使用布依—汉双语或布依—汉—普通话,另有少部分人倾向于使用普通话。与其他民族交流也主要使用汉语。在望谟县桑郎镇就学校语言使用情况进行的调查结果显示,在学校喜欢用本民族语(布依语)与本民族同胞交流的占 22.22%,喜欢用汉语方言交际的占 34.92%,喜欢根据不同交际对象和场合分别使用布依—汉双语或布依—汉—普通话的占 18.25%,喜欢用普通话的占 20.63%。语言态度方面,在学校内,人们不仅倾向于汉语方言,而且更倾向于普通话。有 16.46% 的受访者认为在学校老师应该用汉语方言进行教学,认为应该用普通话教学的占 69.51%,只有 4.88% 的受访者认为应该用本民族语进行教学。可见,在学校这个环境中,汉语方言和普通话所发挥的功能远远超过布依族母语。

2. 乡镇政府机关办公与交际

在布依族母语强势型双语区,汉语也是乡镇以上政府机关的主要工作语言,机关部门开会要用汉语,各种公文、报告只用汉语文,对外办公原则上也必须用汉语,而且要求说普通话,很多服务机构,如邮局、税务所等都张贴有"请说普通话"的标语。但很多布依族地区目前的语言使用现状使相关的规定和要求根本无法实施,即面对大量的布依族母语单语人和汉语能力不足以应付日常交际的布依族群众,政府机关干部和工作人员不得不经常在汉语和布依语之间转换,而用普通话直接与对方交流的情况更是少见,除非对方是外地人,不会讲布依语,也听不懂当地汉语方言,而且办事人员又愿意用普通话与对方进行交流。在政府机关中,外来的干部平时基本上只讲汉语,必要时也学一些简单的布依语日常用语,以备不时之需。布依族群众到机关部门办事遇到非本民族干部时也需要说汉语。桑郎镇的调查结果显示,有 36.63% 的受访者到政府机关办事时只使用汉语,与使用布依语的比例(38.27%)比较接近,说明在政府机关这一交际场合,汉语和布依语所发挥的功能是基本相同的。用普通话与政府工作人员交流的则只有 1.65%,多为在校学生。而在一些相对偏远的布依族地区,在政府机关办事时人们选用布依语的比例要远远高于汉语。如贞丰沙坪乡的砍碰村,18.67% 的受访者到政府机关办事时使用当地汉语方言,而使用布依语的则高达 42.67%,仅有 4% 的受访者使用普通话。

3. 乡镇一级医院、商店等场合的汉语使用情况

医院、商店等机构虽然都属于服务性质的行业,但对语言的使用没有硬性的要求,语言的选用通常由于部门职工民族成分所占比例的不同而有所不同。有些地区虽然是布依族聚居区,而且布依语在社会交际中也处于强势的地位,但医生、护士、商店职工中汉族的比例较大,相互之间的交际还是以汉语为主。反之,如果布依族占的比例大,则主要选用布依语。医生和患者之间的语言交际也视交际双方的情况不同而在语言选用上可能会有所不同(见前文)。在桑郎镇,布依族群众到医院看病与医务人员或其他患者之间的交际用本民族语的比例(44.74%)要高于汉语(35.90%),而在乐康村,受访者在医院使用汉语的比例(33.33%)则要高

于使用本民族语（30.86%）。

4. 社区（布依族村寨）或社区之间汉语的使用情况

在布依族母语强势型双语区，汉语在村寨内部以及不同村寨之间所发挥的作用是有限的。在不同村寨之间，只有当交际双方彼此不认识或不愿意用母语与对方交流时才会使用汉语。不懂布依语的其他民族成员进入布依族村寨通常用汉语进行交际。同一个村寨的布依族成员之间在村内交际时很少用汉语。

5. 家庭成员之间汉语的使用情况

除了有族际婚姻的家庭以外，通常情况下，通晓本民族语言的家庭成员之间基本上不用汉语进行交际，在家庭内部，只有当不懂布依语的客人来访时，才有可能偶尔使用汉语。

6. 汉语在宗教祭祀场合的使用情况

多数布依族聚居地区，布依族宗教祭祀场合使用的语言都是本民族语，在经文中偶尔会穿插使用一些汉语语句或段落。多数情况下，经文是使用汉语方块字抄录的，但读的是布依语语音。在黔南、黔西南的一些地区，布依族信奉道教，包括丧葬仪式在内的大多数宗教活动都采用道教的礼仪，因此，从经文到主持仪式所用的语言都是汉语。

（二）汉语交际能力

在布依族母语强势型双语区，根据居住地区、性别、年龄、受教育程度的不同，布依族母语人的汉语能力有所差异。从居住地区来看，边远地区的布依族母语人比文化中心区及其周边地区母语人的汉语能力普遍要低一些；从性别来看，女性比男性普遍要低一些；从年龄层次来看，老年人和儿童比中青年人要低一些；从受教育的情况来看，文化程度高的比没有接受过学校教育或受教育时间短的要高一些。但在性别这个层面上，相同文化程度和阅历的情况下，女性的汉语能力通常又高于男性。

汉语的语言能力可以分为语言知识和语言交际能力两个方面，通常情况下，受学校教育的时间越长，汉语知识越丰富。但语言交际能力跟语言知识往往不成正比。在布依族地区，常常会发现一些文化水平并不高甚至是文盲的人能够用汉语滔滔不绝地表达自己的思想。我们把布依族地区母语人[①]的汉语交际能力分为三个层次，即强、中、弱。

汉语交际能力强的布依族母语人与汉语单语人没有什么区别，他们能根据场景的需要随时进行语码转换，两种语言的思维能力相当。这部分人绝大多数接受过长期的汉语文教育，或长期生活在汉语环境中，如在校学生、学校教师、乡镇以上的国家机关干部等。一部分人目前的母语能力明显低于汉语，这是由于长期使用汉语所造成的。望谟县桑郎镇语言能力抽样调查显示，351位受访者中有43人认为自己的汉语能力比母语强，其中19人为在校学生，5人在外经商，2名学校教师，3名机关干部，其余为在家务农的村民。

———————————

① 不包括只会讲本民族语言的人。

汉语水平中等的布依族母语人日常主要以母语作为交际工具，在汉语交际场合中也能正常交流，但语码转换速度较慢，在某些话题上不是十分流利，需要借助母语思维，再翻译成汉语，讲汉语时在语音上有较明显的母语痕迹，语法结构有时也会套用本民族语，通常情况下不能用汉语作长篇的口头演讲。这类人绝大多数是通过社会交际学会汉语的，母语使用频率要高于汉语，一部分人虽然也接受过较长时间的学校教育，但长期生活在母语环境中。一部分人虽然有过外出打工的经历，但由于交际能力有限，在外地打工期间，经常接触的也主要是来自同一地方的本民族同胞，用汉语交际的机会较少，汉语交际能力也未能得到提高。

在布依族母语强势型双语区，有相当一部分母语人目前汉语交际能力只能应付简单的日常交际。这部分人日常生活中主要使用母语，汉语只有在非说不可的时候才说上几句，如在集市上购物或卖东西的时候身边没有人帮助翻译。他们的汉语带有明显的母语痕迹，尤其是语音方面，很多在布依族地区生活过的汉族人通过口音就可以判断交际对象是否是布依族，甚至知道是哪个地方的布依族。当然即使汉语水平很高的布依族母语人也存在口音特征，汉语交际能力弱的布依族母语人使用汉语时在词汇和语法方面也会表现出一些特点，如掌握的汉语词汇较少，在交际过程中常常会套用本民族语的语法规则。语言知识的欠缺常常导致很多这一水平层次的人在交际过程中显得很不自信，在陌生人面前不敢讲汉语，甚至回避交流。目前布依族地区的很多单语人实际上属于这一类，我们可以称之为"假性单语人"或称"潜在双语人"，只要具备一定的条件，经过一段时间的训练，他们就可以转化为真正的布依—汉双语人。

（三）其他语言的使用特征

在布依族母语强势型双语区，除布依语和汉语以外，还有苗语、仡佬语以及黔南布依族苗族自治州荔波县西部地区一部分布依族使用的莫话和锦话，荔波县北部以及三都水族自治县南部周覃镇一带的布依族多数都讲水语。

在布依族聚居地区分布着几个支系的苗族，不少地区布依族和苗族还形成了交错杂处的局面，多数情况下是苗族村寨散落在布依族村落群之间，有些地区甚至有苗族和布依族共处一村的现象，如在布依族分布密度较高的黔西南州望谟县，有苗族村寨 266 个，布依族和苗族杂居的村寨 8 个，布依族居住相对集中的贞丰县者相、珉谷、连环等乡镇也有布依族和苗族杂居的现象。

黔西南州的苗语分别属于东部和西部两个方言，其中西部方言分属不同的次方言，相互之间很难用母语进行交流。因此在布依族聚居地区，不同方言的苗语分别对其所在地的布依族产生影响，地区不同、两个民族之间的关系不同，影响的程度也不一样。但在布苗杂居地区，都或多或少有一些兼通苗语的布依族母语人，他们能用苗语与苗族同胞进行交流，有些还非常熟练。

在布依族聚居区，仡佬族是一个人口相对较少的民族，而且居住比较分散。目前还保存使用本民族语的有贞丰县连环乡的坡帽，镇宁县简嘎乡的凉山、丁旗镇的比贡、茅草寨，晴隆县光照镇孟寨村的梧桐组，六枝特区箐口乡的居都村等。这些村寨的仡佬族语言在该民族的日常生活中都不同程度地发挥着交际功能，但对布依族的影响并不大，只有少数杂居在仡佬族村寨中的布依族掌握仡佬语，如贞丰连环乡坡帽村的两户布依族都熟练掌握布依语，但这种情况并不普遍。

在布依族聚居地区也分布有一些瑶族，如黔西南州望谟县的油迈瑶族乡、黔南州荔波县的瑶山和瑶麓两个瑶族乡。这些地区的瑶族都有自己的民族语言，但只通行于本社区，对布依族影响不大，在望谟县的瑶族分布区，只有少数布依族能听懂瑶语，但不能交流。

莫话和锦话的使用者均为布依族，分布在黔南布依族苗族自治州的西北部，他们中的多数人同时也掌握当地的布依语，当地说布依语的布依族也有懂莫话和锦话的，但其影响力也仅限于讲莫话和锦话的社区。

黔南布依族苗族自治州荔波县北部及其相邻的三都水族自治县南部周覃镇一带是布依族和水族杂居地区，这里的布依族与水族之间平时交往密切，因此大多数人都兼通水语，但只用于与水族同胞之间的交流，与本民族交流仍使用本族语，与汉族及其他民族交流时则使用汉语。

第三章　汉语强势型(汉—布依双语类型)个案研究

第一节　汉语强势型汉—布依双语现象的地区分布及成因分析

目前,布依语三个土语区都分别有这样一些地区,布依语和汉语在交际功能上处于均衡状态,或汉语处于强势,其中第一土语属于这一现象的地区较广,黔南和黔西南两个自治州、安顺市的关岭布依族苗族自治县等地区,都有不少与汉族杂居的布依族村寨既保存使用母语,同时在很多场合使用汉语。第二土语区除个别相对聚居的村落群以使用母语为主以外,大部分目前仍使用母语的村寨与外界交流时都主要使用汉语。与一、二两个土语区相比,第三土语区到目前为止母语使用状况要好一些,但仍有不少地区的布依族由于与汉族杂居,汉语在日常生活中所发挥的作用超过本民族语。

一　第一土语汉语强势型双语区

(一)黔西南布依族苗族自治州

黔西南布依族苗族自治州除少数地区的布依族以外,绝大多数使用布依语第一土语,大部分地区以本民族语作为主要交际工具,属于母语强势型布依—汉双语(见第二章)。安龙、贞丰、兴仁等县的部分地区,望谟县的局部地区,册亨县的东部、北部部分村寨,虽然布依语在很多场合仍然发挥着主要作用,但在与当地其他民族交流时(有时甚至在本民族内部交流),汉语已经成了不可缺少的工具。

安龙县大多数乡镇都有布依族分布,部分乡镇布依族人口比例还比较高。但只有个别乡镇,如县境西南沿南盘江流域的万峰湖、坡脚等乡镇布依族主要使用本民族语,属母语强势型布依—汉双语区,其余大部分地区都已转用汉语,东部的兴隆、北部的平乐、龙山、笃山等乡镇的布依族村寨在部分场合保存使用母语,与外村人交流主要使用汉语。

册亨县是全国布依族人口比例最高的县,14个乡镇中布依族比例在90%以上的有6个,而北部和西部的坡妹、庆坪、冗渡三个乡镇相对而言汉族的比例要高一些,尽管部分比较偏远的布依族村寨日常生活中还以本民族语为主要交际工具,但与汉族杂居或乡镇政府所在地较近的地区,汉语所发挥的作用要大于布依语。

贞丰县布依族主要分布在南部的四个乡镇和县城周边地区。北部的龙场、小屯、挽澜、者相、北盘江、长田、平街等乡镇属于汉、布依、苗杂居，多数村寨的布依族仍使用本民族语，但仅限于家庭、村寨内部以及邻近村寨本民族成员之间的多数场合使用，在多民族参与的交际场合则以汉语为主。

兴仁县有布依族 50210 人，占全县总人口的 11.8%，分散居住在县境东部、东北部的大山、新马场、百德、巴玲等乡镇，使用布依语第一、三土语，但目前多数地区已放弃使用。第一土语仅东北部靠近贞丰县平街乡的部分布依族村寨仍在使用，而且仅限于家庭内部和村寨内部的部分场合。

兴义市布依族人口 12.9 万（2006 年数据）①，占全市总人口的 17.35%，目前以布依语作为日常主要交际工具的布依族居住在泥凼、仓更、洛万、三江口、巴结、仓江等沿南盘江流域的乡镇，以及从天生桥水电站库区搬迁到下五屯、马岭、郑屯、万屯、则戎等乡镇（或办事处）的布依族。在沿江的乡镇中，局部地区还有汉族讲布依语的现象。

（二）黔南布依族苗族自治州

黔南布依族苗族自治州平塘县最南端的四寨镇，独山县南部的下司、甲里、尧棒、董岭、上司等乡镇的部分布依族村寨也属于汉语强势型双语区。

（三）安顺市

安顺市关岭布依族苗族自治县南部的板贵、花江、断桥等乡镇使用的也是布依语第一土语。但目前部分村寨已放弃母语，只有板贵乡的田坝、坡蝉、中寨，花江镇的文山以及断桥镇的部分村寨仍在家庭、村寨以及与邻近村寨的本族人交流时使用母语，多数情况下使用汉语。

二　第二土语汉语强势型双语区

（一）黔南布依族苗族自治州

布依语第二土语分布在贵州省黔南布依族苗族自治州的大部分地区，包括平塘县的东北部、都匀市的西北部、惠水县除西南角以外的大部分地区、长顺县除南部以外的大部分地区以及贵定、龙里两县全境。

平塘县北部新塘乡的西关一带部分布依族村寨目前仍在使用本民族语，但整个周边环境则以汉语为主。

惠水县使用第二土语的多数地区都属于汉—布依双语均衡或汉语强势型双语，如南部的断杉、羡塘、甲戎、太阳、雅水、斗底和东部的宁旺、岗度等乡镇。

都匀市有布依族 190347 人，占全市总人口的 41%，使用的布依语分属第一和第二土语。绝大多数地区已经转用汉语，布依语目前仅通行于西北部与平塘、贵定两县毗邻的摆忙、平浪、石龙、江洲等乡镇部分较偏僻的村寨，属第二土语。

---

① 　文中所引数据如未作说明，均为 2000 年第五次全国人口普查数据。

贵定县有布依族近 13 万人,占全县总人口的 53%(2006 年数据),主要分布在县境中南部的巩固、沿山、昌明、云雾、盘江、新巴、抱管、瑶上、猴场堡等乡镇,多数地区已转用汉语。目前只有巩固乡的石板、腊利、巩固等村寨,沿山镇的底治、星光等村以及昌明镇的打铁等村的布依族还讲本民族语,但仅限于家庭和村寨内部少数场合,对外交流以汉语为主。40 岁以下的中青年人母语交际能力已经远不及汉语,儿童只有极少数人会讲本族语,母语的代际传承问题已经非常突出。粗略估计,全县会讲本民族语言的布依族仅占本民族人口总数的 8% 左右[①]。

龙里县有布依族 34259 人,占全县总人口的 17.8%,主要分布在莲花、羊场、水场、湾寨、谷龙、哪旁等乡镇,目前只有羊场、莲花、水场、湾寨等乡镇的部分村寨还讲布依语,其他多数地区或已经转用汉语,或只有中老年以上使用布依语。20 世纪 50 年代中期,布依族第一套拉丁字母文字方案创立,以龙里县的羊场布依语作为标准音点,并在当地推行,说明当时龙里中南部的布依族还有良好的母语生态,但现在语言使用情况已经发生了很大变化。

长顺县中部和北部也使用布依语第二土语,目前多数地区仍保存使用本民族语,同时兼通汉语。

(二)安顺市

在安顺市境内,第二土语主要通行于西秀区南部和平坝县,这些地区目前只有少数几个聚居程度较高的村落群仍以母语为主要交际工具,属于母语强势型双语(见第二章),多数村寨的布依族日常交际主要使用汉语。母语限于家庭和村寨内部的多数场合,但仍保存得比较完好,部分村寨还有个别母语单语人。平坝县有布依族 29452 人,占总人口的 9.0%,均使用布依语第二土语,主要分布在县境的大坝、马路、活龙、羊昌、蒙古等民族乡,其中蒙古布依族乡的多数村寨使用本民族语,同时汉语也很流行,属于汉语强势型汉—布依双语。

(三)毕节地区

毕节地区布依族总人口 64850 人,散居在全地区的 8 个县(市),其中黔西县 20800 人,织金县 15900 人,是贵州西北地区布依族相对集中的两个县。全地区共有 7 个以布依族为主体的民族乡,即黔西的钟山布依族彝族乡、五里布依族苗族乡,织金县茶店布依族彝族苗族乡、金龙彝族苗族布依族乡,大方县大水彝族苗族布依族乡,金沙县大田彝族苗族布依族乡和威宁县新发布依族乡。目前,多数地区的布依族已经放弃本民族语言,只有织金、黔西、赫章、威宁等县的部分地区仍在使用,其中织金、黔西两县的布依语属第二土语。

黔西县布依族人口主要集中在钟山和五里两个民族乡,目前仍保存使用布依语的只有五里乡中心村及其周边的一些村寨。钟山乡除个别从外地嫁过来的妇女还在使用布依语以外,绝大多数人已经转用汉语。2001 年黔西、织金、大方交界地的洪家渡水电站开始建设,库区的

---

① 本材料由贵定县民宗局退休干部王发杰提供。

一部分布依族搬迁到黔西县城关镇,目前绝大多数人还在使用母语,但年轻人尤其是儿童的语言使用已发生很大变化,进城后出生的儿童基本上不讲布依语,10 岁左右的儿童由于长期处于汉语的语言环境中,母语交际能力已开始退化。

织金县的布依族主要分布在茶店和金龙两个民族乡,目前基本上都保存使用本民族语言,其中茶店乡红艳村的一部分布依族作为库区移民搬进了黔西城关镇。

三　第三土语汉语强势型双语区

(一)黔西南布依族苗族自治州

在黔西南州,布依语第三土语主要通行于北部的普安、晴隆两县和兴仁县的东北角。在这一地区,布依族所占比例都比较低,但相对集中,部分村寨目前主要以本民族语作为交际工具,属于母语强势型双语(见第二章)。但多数地区,如晴隆县中南部的鸡场、碧痕以及北部的大田、中营等乡镇,兴仁县东北部北盘江沿岸的一些村寨则主要使用汉语,母语仅在家庭和村寨内部使用,普安多数地区布依族语言的使用情况与此类似。

(二)安顺市

安顺市关岭布依族苗族自治县中西部的永宁、岗乌、沙营、新铺等乡镇也是该县的布依族聚居区,但也有大量汉族和其他少数民族分布。这一带的布依族已有少数放弃本民族语言,或部分保存本民族语言,日常生活中主要使用汉语,大部分地区目前在村寨范围内以及跨村寨的多数场合仍使用本民族语言,同时使用汉语。镇宁县北部和中部的部分地区情况与此类似。

普定县有布依族 17000 余人,占全县总人口的 4.2%,主要分布在后寨布依族乡和陇嘎布依族苗族乡。在家庭、村寨以及相邻的村寨之间,母语发挥着重要的交际功能,但整个大环境以汉语为主,属汉语强势型汉—布依双语地区。

(三)六盘水市

六盘水市水城县中部是一个多民族杂居区,主体民族为汉族,发耳、都格、顺场、米箩等民族乡的布依族多数使用本民族语,而与当地汉族和彝、苗、仡佬等少数民族交流时则使用汉语,属于汉语强势型双语。

盘县有布依族 16072 人,仅占全县总人口的 1.4%,集中分布在县境东北部的羊场布依族白族苗族乡。该乡赶场坡一带与毗邻的水城县西南部花嘎乡布依族基本上连成一片,语言完全相同,平时主要用母语交流,其他地区则在使用母语的同时,在很多场合也使用汉语。六枝特区西部和北部多数布依族村寨语言使用情况与此类似。

(四)毕节地区

毕节地区威宁彝族回族苗族自治县有布依族 7863 人,占全县总人口 0.7%。其中县境最南端的新发布依族乡分布相对集中,共有 3776 人,占全县布依族总人口的 48.02%,其余分布在县境西部牛棚镇(乡)的王寨、红岩一带。新发布依族乡使用的布依语属第三土语,是该土语比较特殊的一个方言点,目前布依族聚居的村寨仍以母语作为主要的交际工具,但在整个大环境中用得最多的还是汉语。牛棚镇(乡)王寨等地的布依族使用的是布依语第二土语,目前只有五六十岁的老年人才偶尔使用。

四　汉语强势型双语现象成因分析

在部分布依族地区,汉语和布依语双语均衡发展,或汉语处于相对强势的地位,造成这一语言使用现象的原因主要是各民族分布的格局、自然环境和人文生态环境相对开放、文化教育和社会经济发展状况等。详述如下。

(一)多民族杂居的分布格局

与汉族或其他少数民族杂居是布依族的主要分布格局。即使是在以布依族为主体民族的地区,仍有汉族或其他少数民族杂居其中。在布依族主要分布的贵州省各县(市或区),布依族人口占所在县总人口 50% 以上的有 5 个。从各县整体布依族的分布情况来看,属于大聚居、小杂居,即聚居的情况多于杂居。人口比例在 35%—49.9% 的有 7 个,属于杂居多于聚居。人口比例在 15%—34.9% 的有 11 个,属于杂、散居。同时也有局部聚居的情况存在。人口比例在 15% 以下的县,虽然也有布依族集中分布,但以散居为主,绝大多数人分散在当地汉族或其他少数民族的村寨或村落群当中。例如,据 2000 年第五次全国人口普查,黔西县有布依族 17000 多人,其中 4299 人分布在五里布依族苗族乡,3882 人分布在钟山布依族彝族乡,属于集中分布,其余 8000 多人分散在其他各乡镇,无法形成相对聚居的村落群。杂居和散居的局面极大地限制了布依族母语的使用,布依族母语只有在家庭和村寨内部等场合使用,跨村寨之间使用的场合较少。在杂居地区,由于与汉族或其他少数民族交错杂处,交际对象语言背景复杂,而汉族往往又是这些地区人口占优势的民族,因而汉语自然成了区域优势语言和各民族之间相互交流的媒介。

(二)相对开放的自然环境

多数汉语强势型汉—布依双语区,不仅人口分布呈杂居的格局,自然条件也相对好一些,交通相对便利,经济文化发展速度相对较快。生活在这些地区的布依族与外界的交流相对频繁。由于地处交通要道,黔南、黔西南的一些以布依族为主体的小镇历史上就是商贾云集之地,长期以来逐步形成了当地重要的农村商品交易市场,生活在这些小镇及其附近地区的布依族尽管人口比例较高,但早已成为既使用本民族语又使用汉语的双语人。20 世纪 80 年代以来,随着我国改革开放步伐的不断加快,在这些地区,汉语在很多交际场合逐渐取代了布依语的地位,成为当地强势语言和各民族之间相互交流的媒介。

（三）相对发达的汉文化教育

布依族地区受汉语、汉文化影响的历史比较久远。早在西汉初年，封建中央王朝不但开始有规模地向布依族地区移民，而且选派官吏到布依族地区，一方面加强对少数民族的管理，同时对包括布依族在内的各少数民族进行教化，主要是传授中原的儒教文化。不过，由于当时南方地区大多为"夷多汉少"的人口分布格局，迁入布依族地区的早期汉族大多融入布依族当中。汉文化的传播，除了在语言上留下一些词汇借用的痕迹以外，没有导致布依族文化发生根本性的变化。布依族地区受汉文化影响最为显著的时期始于明代。明朝初年，中央王朝在贵州境内沿古驿道设置军事据点，并将随军家属安置在据点附近开荒种田，与当地布依族及其他少数民族形成了交错杂处的局面。为了解决随军家属子女以及地方汉族地主、官吏子女的文化教育问题，中央政府开始在有军事据点的地方及所在的州、县开办学堂。除了让汉族子弟接受文化教育以外，还对少数民族中的上层阶级进行教化，让少数民族在学习汉语、汉文的同时接受中原汉人的传统礼仪。一些家境阔绰的布依族子弟在这一时期学会了汉语、汉文，取得了功名，为同族人树立了榜样。在一些地区，学汉语、习汉文一时形成了风气，到明清之际，自然条件比较好的地区，布依族懂汉文的已经不少。清朝中后期黔南独山的莫氏父子便是布依族接受汉文化教育且成就卓著的典型代表。

近现代以来，在布依族分布的大部分地区，汉语文教育得到了进一步的发展，尤其是 20 世纪 80 年代以后，布依族对汉语文教育更加重视。在汉、布依杂居地区，几乎村村都办有学校，布依族的教育水平与当地汉族距离逐渐缩小，个别村寨布依族的汉语文教育水平甚至高于同村或邻村的汉族和其他少数民族。人们已经意识到儿童在学校的学习成绩在很大程度上受其语言能力的影响，为了让孩子在学校能与汉族孩子一样站在同一起跑线上，很多布依族家长在孩子习得母语的同时加强对其进行汉语能力的培训，有些家长在家甚至只跟孩子讲汉语，把母语作为第二语言通过社会交往来学习。这样一来，使得汉语在家庭、社会和学校等交际场合都得到了强化。

除上述几点较为突出的外在客观原因以外，部分地区布依族语言观念的改变，尤其是对母语功能价值认同感的淡薄也促使汉语在该地区交际功能得到加强，在很多领域取代了布依语的交际职能。

第二节　贞丰县北盘江镇金井村布依族语言
使用情况个案研究

一　基本情况

北盘江镇位于贞丰县北部，是贞丰县通往省会贵阳的必经之路。全镇总面积 107.86 平方公里，关（关岭）兴（兴仁）高等级公路由东北向西南从境内穿过，目前亚洲最高的公路桥横跨该镇东北部的北盘江大峡谷。该镇辖 20 个行政村 136 个村民组①，居住有汉、布依、苗等民族，总人口 30872，其中布依族 14819 人，占 48.6%。

金井村是北盘江镇下属的一个行政村，由金井、下坝、施红、纳乃、纳曼、老鹰岩、青冈林、岩脚寨 8 个自然村构成，其中前 4 个村为布依族聚居村，后 4 个村为汉族村。全村总人口 1253 人，布依族占 60%以上。自然村金井包括 3 个村民组，共 175 户，711 人，均为布依族，是北盘江镇最大的布依族聚居村，有梁、罗、廖、王、韦五姓，其中梁姓最多，占全村总户数的三分之一以上，其次为罗姓。不同姓氏之间都有一定的亲缘关系。

金井距镇政府所在地约 5 公里，黔西南州的交通大动脉——关兴公路由村北 2 公里处经过，有一条乡村公路与县道相连，交通非常方便。村内有历史悠久的人文景观，清道光元年由村民捐资修建的一座石拱桥至今仍保存完好。道光十一年由廖姓村民集资修建的水井今天仍在使用。

二　调查过程简述

调查时间：2006 年 7 月下旬、2008 年 2 月上旬，两次（共 3 天）。

调查点：金井村（自然村）。

调查方法：问卷调查、重点访谈和实地观察。

调查过程中共发放问卷 97 份，回收有效问卷 97 份，有效问卷比例为 100%。受访者基本信息分类列表如下。

表 3－1　受访者基本信息表（N＝97）

基本信息		受访人数	比例（%）	基本信息		受访人数	比例（%）
有效问卷数/问卷数		97/97	100	文化程度	文盲	34	35.05
性别	男	57	58.76		小学	35	36.08
	女	40	41.24		初中	27	27.84
年龄段	10—19	21	21.65		高中（含中专）	1	1.03
	20—29	5	5.15	职业	学生	20	20.62
	30—39	12	12.37		在家务农	74	76.29
	40—49	25	25.77		外出经商	2	2.06
	50—59	11	11.34		农闲时外出务工	1	1.03
	60 岁以上	23	23.72				
民族	布依族	97	100				

说明：课题组在金井村调查期间，40 岁以下这一年龄段的中青年人绝大多数在外地打工，不利于了解该年龄段目前的语言使用状况。不过，在调查过程中，通过与曾经有过外出打工经历的人员以及外出打工者的家属座谈，从侧面了解到一些相关信息，可弥补这部分材料的缺陷。

---

①　2008 年初行政村整合前的数据。

三　语言使用情况

金井村是北盘江镇最大的布依族聚居村,全村 170 余户均为布依族,仅有少数几个从外地嫁到本村的其他民族的妇女。村内通行布依语,在多数场合,布依语发挥着极其重要的交际功能。金井村出生的人基本上都以布依语作为第一语言（母语）。由于村中没有汉族,儿童在学习语言的过程中只接触到母语,因此,多数学龄前儿童都是母语单语人,老年女性中也有少数人只讲母语,虽然听得懂汉语,但交际能力有限,只能讲一些较为简单的日常用语。嫁到该村的其他民族妇女目前也能讲简单的布依语,但多数场合仍以汉语作为交际工具。儿童大多在 10 岁左右开始使用汉语,15 岁以上基本上都能熟练掌握双语,外出打工者都不同程度地掌握普通话。

在金井村的多数家庭,布依语是唯一的交际语言,家庭内部若无特殊情况一般不会转用汉语。少数家庭由于与其他民族联姻,在很多场合需要使用汉语,出现双语并用的现象,不过随着外来的媳妇们布依语水平逐渐提高,使用汉语的现象也在逐渐减少。族际婚姻家庭的子女基本上都以布依语作为母语。不过也有一些在外地打工时出生的孩子,在家主要使用汉语,虽然家中长辈也在不断地教他们讲本民族语言,但布依语水平还是远远低于汉语。在村寨内部,本民族成员之间一般只讲布依语,与其他民族（即外地媳妇）多数讲汉语,妇女们为了提高她们的布依语能力,经常跟她们讲布依语。与外村同族之间也主要讲汉语。总体而言,金井村布依族母语的使用频率要比汉语高得多。

在本地集贸市场,金井村布依族村民之间也以本民族语作为主要的交际工具,与其他村的本民族相遇时,无论与对方熟悉程度如何,只要有交际的需要,一般都用本民族语。汉语一般在与陌生人或知道对方是汉族时使用。到镇政府机关办事时,通常根据交际对象的语言使用情况来确定使用什么语言。

金井村布依族所使用的布依语属于第一土语,与周边村寨乃至贞丰县北部大部分地区的布依语在语音、词汇、语法方面都没有任何差异,用母语交流不存在任何障碍。金井村布依族多数人讲汉语时带有明显的母语特征,如声调低平、塞音、塞擦音不分送气和不送气,少数人在词汇、语法方面也会受本民族语的影响,如副词后置等。

四　语言使用特征

（一）年龄特征

金井村布依族不同年龄层次在语言使用方面的差异主要表现为双语使用能力和使用频率的不同。

9 岁以下儿童未列入调查的范围,他们的语言使用情况主要通过对部分家长进行访谈而间接获取。儿童在家通常只讲本民族语,大多数儿童入学前基本上不会汉语。主要原因是,该村是一个布依族聚居村,儿童从一开始学习语言就生活在母语的环境中,没有机会接触汉语。不过现在村里很多家庭都有了电视机,多数儿童通过看电视能掌握一些普通话,但只限于听的能力有所提高,缺乏交际实践。个别家庭的子女是父母在外地打工时出生的,最初以汉语作为第一语言,在家主要讲汉语,不过家长也教他们讲一些简单的布依语。

10—19岁这一年龄段的受访者共21人,均为在校学生,其中小学生9人,初中生12人。2人在外地出生,以汉语作为第一语言,1人布依语水平一般,1人只能应付简单的日常交际;其余19人均以布依语作为母语,小时候通过家庭和社区环境中习得。这些人不仅母语熟练,还能用汉语进行交际,多数人能讲普通话。这一年龄段的受访者在家庭、村内交际时使用本民族语的频率都比较高,但出了本村,多数人都倾向于使用汉语。如在本镇集市上选择使用汉语(包括汉语普通话)的比例就高达90.46%。

20—39岁这一年龄段的受访人数最少,总共只有17人,其中20—29岁5人,30—39岁12人。除1人经营小商品店、1人农闲时外出务工以外,其余17人均在家务农,部分人有过外出打工的经历。这一年龄段大多数具有熟练的双语交际能力,外出打过工的人一般都会讲普通话。除1人因娶汉族媳妇,在家多使用汉语以外,其余均用本民族语与家人进行交流。在本村和周边村寨与本族人交流时,这一年龄段一般都使用本民族语言,但在镇上、学校、政府机关、医院等场合的交际中,绝大多数倾向于使用汉语,少数人根据交际对象的语言使用情况而选择交际用语,只有个别人倾向于使用本民族语。

40—59岁这一年龄段的受访者共36人,占受访者总数的37.11%。其中40—49岁25人,50—59岁11人,目前均在家务农,仅3人有过外出打工的经历。除外村嫁进来的1名妇女以外,其余受访者均以布依语作为母语,同时兼通汉语,6人(具有小学以上文化水平)会讲普通话。这一年龄段的受访者在家庭、社区范围内交际时,除个别人以外,基本上都使用布依语。在外村与熟悉的本族人交际时也以母语为主,而与不熟悉或不认识的人交际时通常要视对方的情况而定。在集市、政府机关等场合则主要是用汉语,如果对方是本民族,且愿意用母语交际,则使用母语。

60岁以上的受访者共23人,占受访者总数的23.71%,均在家务农,母语均为布依语。其中2人为母语单语人,其余都兼通汉语。这一年龄段在家庭、社区以及跨社区与本族人交际时均使用母语,个别人因家庭成员中有不懂布依语的外族人,在与家庭交际时偶尔使用汉语。在集市等其他场合的交际中,与其他年龄段一样,多数人也以汉语为主要的交际工具。

综上所述,金井村布依族各年龄段在语言使用方面的差异主要表现在各个场合母语和汉语的使用频率上。在第二语言(汉语)能力方面,儿童和60岁以上的老年人有一部分不懂汉语,但多数能用汉语进行简单的交际,少数人比较流利;其他各年龄段在这方面没有多大差别。

(二)性别特征

在金井村,不同性别在语言使用方面最突出的特点是,中老年女性在第二语言(汉语)交际能力上普遍低于男性,而40岁以下、10岁以上男女之间在双语能力上差别不是十分明显。但总体而言,男性汉语水平要比女性高一些。

在母语能力和母语使用方面,除了嫁到本村的汉族或其他民族以及从已转用汉语的布依族地区嫁到金井的妇女以外,绝大多数妇女布依语讲得都非常流利。近年来,金井村与外民族通婚的情况比较普遍,据不完全统计,目前全村(自然村)有外地嫁过来的妇女 25 人,其中有汉、苗、彝等民族,多数人到村里生活两三年以后都基本能用布依语进行交际,有些甚至讲得很流利。但此次调查主要对象是布依族,因此没有把这部分人包括进来。在接受调查的 40 位妇女当中,以布依语作为母语而且讲得非常流利的共 38 人,占女性受访者的 95%,另有 2 人以汉语作为第一语言,其中 1 人目前布依语水平一般,1 人只听得懂不会说。在家庭语言使用方面,除以汉语作为母语的 2 人以外,其余均以布依语作为主要交际语言。在村内与本族人交流时,也倾向于使用本民族语,即使在外村,使用本民族语的也占绝大多数。其他场合大多数人主要使用汉语。

57 位男性受访者中,3 人以汉语作为第一语言,54 人以布依语作为母语。但目前除 1 人布依语水平较低,在各种场合都使用汉语方言或普通话以外,其余 56 人都以布依语作为主要的交际语言,同时又兼通汉语,38.60% 的男性受访者还不同程度地掌握普通话。在全村男性村民当中,除部分学龄前儿童以外,没有一人不懂汉语①,但由于交往范围、文化程度、生活阅历的不同,每个人的汉语能力也有所差异。在家庭、社区和跨社区语言交际中,男性与女性一样,都倾向于使用布依语,而在集市、医院、政府机关等场合,男性比女性使用汉语的频率要高一些。

除不同年龄段和性别在语言使用方面表现出一定的差别外,职业和文化程度的不同在语言使用方面也有所不同。一般说来,长年在外打工者在语言选用方面比在家务农者更倾向于汉语,在校生的普通话能力比其他层次的人强一些,接受采访的 21 位在校生当中,能用普通话交际的有 16 人,占 76.19%,占该村所有会讲普通话的受访者总数的 53.33%。

五　不同场合的语言选用情况

(一)家庭用语

在金井村,绝大多数家庭日常生活中主要以布依语进行交际,少数家庭因族际联姻,家庭成员中有不会讲布依语或布依语交际能力较差的人,某些场合需要用汉语进行交际。根据村委会提供的材料,这样的家庭目前有 20 余户。外来的妇女当中,目前大多已经掌握布依语,因此,家庭使用汉语的现象也随着外来人口布依语水平的不断提高而减少。在接受调查的 97 位受访者中(因婚姻关系嫁到该村的其他民族妇女未列入调查之列),除 3 人以汉语作为第一语言、幼年时与父母主要以汉语进行交流以外,其余 94 人都以布依语作为母语,从小在家就以布依语进行交际。目前在家中与父母、配偶或子女所用语言都是布依语。

在调查中还发现,极个别家庭虽然夫妇俩都是布依族,熟练掌握母语,上一辈在家甚至以母语作为唯一的交际语言,但现时他们跟子女的交流却主要使用汉语。五六岁的子女只会讲一

---

①　此信息是在与村委会主任和比较了解本村情况的村民座谈时获取的,调查问卷中没有体现出来。

点简单的本民族语。据受访者介绍,之所以这样做也是迫不得已的。金井村向来文化教育水平较低,过去很多家庭都不送孩子上学,现在实行九年制义务教育,儿童入学率提高到 96%,但由于很多儿童汉语水平低,入学后接受能力差,学习跟不上,中途辍学的比较多,小学升初中的升学率只有不到 40%,目前金井村全村在读高中生只有 1 人。因此,为了让子女将来学习能跟得上,村民从幼儿园开始就把他们送到镇里去,入学以前就接受汉语普通话教育,在家很少跟他们讲布依语,甚至不讲。在布依族杂居地区,这种现象开始普遍起来。尤其是在那些家长有一方在外工作的家庭中,家长跟子女只讲汉语,甚至只讲普通话的情况已经不是个别现象。

(二) 社区用语

社区用语指金井村内部日常交际中使用的语言,包括本村村民之间交流用语和外村人到金井村的交流用语。在北盘江镇,金井村是最大的布依族聚居的自然村,本族语是村民之间日常交流使用的语言,对一些人来说甚至是唯一的语言。从问卷调查来看,村中目前只懂本族语的单语人并不多[①],但实际上很多老年妇女都无法用汉语交际。因此,在社区(村寨)范围内,多数场合都只能讲布依语,而汉语则仅仅为少数村民使用。由于村子里母语氛围较浓,附近村寨的布依族到金井做客或办事时,也主要使用布依语。近 10 多年来,村里年轻人大量外出打工,很多农田无人耕种,外地的一些汉族到该村租用闲置土地来种植蔬菜或其他经济作物。这些外来户与当地人之间的交流只能用汉语,使得金井村布依族在本村范围内选用汉语的场合增多,频率不断提高。金井村布依族在社区内语言交际的情况详见下表。

表 3 - 2　金井村村民社区内交际语言选用情况表 (N = 97)

交际对象 语言	熟人		陌生人	
	人数	比例(%)	人数	比例(%)
布依语	93	95.88	65	67.01
汉语	4	4.12	13	13.40
布依—汉双语	0	0	6	6.19
视情况而定	0	0	13	13.40

在村内所碰到的"熟人"既指本村人,也指外村来做客的熟人,"陌生人"指非本村人。村内遇到陌生人时,在无法判断对方族别的情况下,多数人的策略是先用汉语进行试探,如果对方会讲布依语,则马上进行语码转换。

(三) 跨社区用语

在 2008 年年初行政村整合之前,金井村本身是一个布依族聚居村,所在地区虽然是汉、布

---

① 问卷调查数据显示,金井村真正意义上的布依族母语单语人只有 1 人,但实际上该村 60 岁以上妇女很多都不具备用汉语进行交际的能力,中年妇女当中有个别人虽然会讲一些汉语,但由于日常生活中主要与本民族打交道,使用汉语的机会不多,真正到需要用汉语交流的时候,常常难以开口。这一现象之所以没在问卷上体现出来主要是调查过程中调查员使用的语言是当地汉语,部分调查员甚至用普通话,汉语能力差的村民无法接受采访。

依杂居区,但在其周边方圆5公里范围内,还分布着十几个规模不等的布依族村寨（自然村）。近的有下坝、纳乃、施红、坡色、岜浩、白树田、鸟寨、坡厂大寨、马桑林、郎冲坡、弄联、木角、旗上等,都是布依族聚居村或以布依族为主的汉、布依杂居村。金井村布依族与这些村寨都有各种亲戚关系,平时来往密切。由于在本社区内部主要使用母语,加上相当一部分人汉语讲得不是十分流利,因此到别的村寨做客或办事时,也以本族语为主要的交际工具,尤其是与熟人之间。与相互认识但不熟悉的人交流时通常也主要使用本民族语,但如果在交际过程中对方转用汉语,则改用汉语。与陌生人交流时,主要使用汉语。具体使用情况详见下表。

表 3－3 　金井村村民社区外交际语言选用情况表（N＝85）

交际对象 语言	熟人		陌生人	
	人数	比例(%)	人数	比例(%)
布依语	80	94.12	54	63.53
汉语	5	5.88	19	22.36
布依—汉双语	0	0	10	11.76
视情况而定	0	0	2	2.35

到外村时与熟人用汉语交际的5人当中,有2人本身以汉语作为第一语言,布依语不是十分熟练,另外3人当中,有2人是在校中学生,1人是文化程度较高的年轻人,有外出打工的经历。在农村与不相识的人发生语言交际涉及的内容通常都比较简单,如问路、简单寒暄等。因此,一旦决定使用什么语言,一般很少在中途进行语码转换,除非先用布依语,发现对方听不懂再转用汉语,反之亦然。

金井村周边也有不少汉族村子,如同属一个行政村的就有4个,这些村寨也有少数人会讲简单的布依语,但是金井村布依族与他们来往时都使用汉语。

（四）其他场合的语言选用情况

1. 学校的语言选用情况

几年以前,金井村自己有一所村办小学,招收本村以及附近村寨的儿童入学。学生主要是布依族,教师也来自本村,熟悉本民族语。课堂上主要采用汉语进行教学。由于少数学生入学之前没有接触过汉语,因此,在教学过程中随时需要用布依语辅助。据原在该村小学任教的退休老师梁老师介绍,母语辅助教学主要在一、二年级的语文课上采用,数学课偶尔用之,三年级以后基本上就不用了。学校办在村里的时候,由于学生主要是布依族,课外交流以布依语为主,学生与老师之间、老师与老师之间的交流也多用布依语。受访者中有35人回答了"学校交际最喜欢使用什么语言"这一问题,其中9人选择布依语,4人选择使用双语（即布依语和汉语）。这些人大多是在村办小学上过学的。

2000年以后,村小学迁至离金井村2公里左右的施红寨边关（关岭）兴（兴仁）公路旁,教师由县教育部门安排,有布依族,也有汉族,学生也不仅仅是本村的,还有外村的部分汉族儿童也在这里就近上学。因此,老师、学生之间的交际语言主要是汉语,部分学生与老师之间的交际采用普通话。现在,教育管理部门规定课堂教学语言只能采用普通话,加之近年来金井村布依族儿童入学前的汉语水平也普遍比过去高,因此,母语辅助教学只是在课后辅导时偶尔采用,课堂上基本不用。金井村布依族学校语言选用情况详见下表。

表 3－4　金井村村民学校交际语言选用情况统计表（N＝35）

语言 人数/比例	布依语	汉语方言	普通话	布依— 汉双语	布依— 普通话
人数	9	13	9	3	1
比例（%）	25.72	37.14	25.72	8.57	2.85

2. 农贸市场上的语言选用情况

金井村所属的北盘江镇有两个乡村集市,一个是原牛场区政府[①]所在地——牛场,距金井村约 5 公里;另一个是目前的北盘江镇政府所在地——三岔路,在牛场往北约 1 公里处,距金井村约 6 公里,两个集市间隔 3 天。此外,在距金井村 10 多公里外的者相镇还有一个乡场,在牛场集市的前一天。但金井村主要还是就近赶牛场和北盘江镇两个集市。北盘江镇为汉、布依两个民族杂居,布依族人口仅占全镇总人口的 48%,大多数村寨的村民是汉族,而且在集镇附近。因此赶集时,本地人和附近乡镇以及县城前来做生意的人合在一起,汉族的比例要远远高于布依族。调查数据清楚地反映出在集市上金井村布依族多数倾向于使用汉语。但通过与村干部以及村里一些比较了解情况的群众座谈,了解到金井村村民在集市上的语言选用情况并不完全取决于交际场合,而主要取决于交际对象,同时还取决于交际者本身的双语能力。通常情况下,中老年妇女的交际对象多集中在自己所熟悉的本民族成员,交际语言为本民族语,汉语的使用仅限于与不认识的商贩讨价还价,用语比较简单。而男性交际范围广一些,但与相互认识的本民族交际时主要还是使用布依语。年轻人,尤其是学生和外出打工者,与同龄人交流时用汉语交流的频率比较高;而与自己认识的本民族长辈或年长者交谈时一般只用布依语。由于北盘江镇属于布依、汉杂居区,集市上的主要用语是汉语,因此,汉族商贩或购物者为迁就布依族而学习甚至使用布依语的情况基本不存在。金井村在集市上语言选用情况详见下表（表中数据仅供参考）。

表 3－5　金井村村民农贸市场交际语言选用情况表（N＝97）

语言 人数/比例	布依语	汉语	布依—汉双语	视情况而定
人数	6	63	13	15
比例（%）	6.19	64.95	13.40	15.46

3. 政府机关和医院的语言选用情况

---

① 20 世纪 80 年代初这一级行政机构已撤销。

由于镇政府机关主要以当地汉语方言作为办公语言,有些服务机构甚至要求职工和前去办事的人讲普通话,加上北盘江镇政府机关当中布依族干部较少,因此不少汉语交际能力较低的金井村村民到政府机关办事时也只能使用汉语,偶尔碰上自己熟悉的布依族干部也讲本民族语。问卷调查数据显示,有 77.11% 的受访者到政府机关办事时使用汉语,16.87% 视情况而定,3.61% 使用布依—汉双语,只有 2.41% 完全使用布依语。少数人完全使用布依语往往是因为他们汉语交际能力较低,很少到镇政府,偶尔去一趟也只找本民族干部或工作人员,尽量避免使用汉语。北盘江镇医院中布依族医护人员比较少,汉语也是主要的交际工具,金井村村民在当地医院的语言使用情况与镇政府机关基本相同。详见下表（表中数据仅供参考）。

表 3-6　金井村村民在政府机关和医院交际语言选用情况表

语言 场合	布依语		布依—汉双语		汉语		其他情况①	
	人数	比例(%)	人数	比例(%)	人数	比例(%)	人数	比例(%)
政府机关(83)	2	2.41	5	6.02	64	77.11	12	14.46
医院(91)	2	2.21	5	5.49	70	76.92	14	15.38

六　语言文字态度

（一）语言态度

在北盘江镇,金井村是一个比较典型的布依族聚居村,有着相当浓厚的母语和民族文化氛围。除了少数从外村或外地嫁进来的妇女以外,村中无论男女老少,都以本民族语作为主要的交际工具。20 世纪七八十年代以前,外地人进村,如果没有懂布依语、熟悉本村情况的人带路,可以说寸步难行。会讲布依语且说话带布依语口音的人在村里用汉语问路没人理睬,布依族干部到村里跟老百姓讲汉语,也被认为是"打官腔",不受群众欢迎。本村人外出回来后跟家里人、村里人讲汉语更会受到人们的讥笑和责骂;与外民族通婚的情况几乎没有。

但是自 20 世纪 90 年代中期以来,随着打工潮的兴起,村里人与外面的世界开始有了接触和了解,家乡贫穷的生活状况和大城市的繁华、富裕形成了鲜明的对比,使金井人的心理产生了极大的落差,加上外出打工族往往都是文化水平不高、涉世不深的青年人,当他们操着一口带有家乡布依话口音的普通话在寻找工作的过程中四处碰壁时,便把这一切都归咎于自己的母语。于是,怨恨、嫌弃本民族语言,觉得本民族语言"土气"、"难听"的心理便在人们心里逐渐萌生,并在青年人当中蔓延,形成一种趋势,导致人们对本民族语言文化态度的转变。

首先,表现为在外人面前不承认自己会讲布依语或说自己的布依语讲得不好。这种现象在其他村调查时也曾碰到,但没有金井村那么突出。在受访的 97 人当中,认为自己汉语讲得比布依语流利的有 8 人,其中有 70 多岁的老人,也有三四十岁的中青年人,但以 20 岁以下的青少年居多,有 3 人更是声称自己普通话讲得比布依语流利。但事后核实得知,其中除个别人因第一语言

---

① 到政府机关办事有 12 人选择视情况而定;在医院,有 1 人选择普通话,有 13 人选择视情况而定。

为汉语,布依语水平确实不如汉语以外,其余绝大多数平时都说一口流利的布依话,部分人说汉语时还带有很重的母语口音。前文提到的在集市、政府机关等场合语言选用情况普遍倾向于汉语也反映出人们在公共场合(尤其是汉族较多的交际场合)尽量隐瞒自己民族身份的心理。

其次,与所调查的周边村寨对比,金井村布依族在语言情感方面倾向于母语的比例也要低一些。受访的 97 人当中,认为本民族语好听的有 42 人,占 43.30%;认为汉语方言好听的 33 人,占 34.02%;其余 22 人则认为哪种语言都好听。当我们让受访者判断布依语和普通话哪种语言好听时,有 80 人发表了自己的看法,其中认为布依语好听的有 27 人,占 33.75%;认为普通话好听的 40 人,占 50%;其余 13 人认为两种都好听。对这一问题的回答反映出金井村布依族对本民族语言的情感认同已经开始出现危机。

第三,对于子女在家使用汉语的态度也充分反映村金井村布依族在语言态度上的重大转变。过去,偶尔有人在村里跟长辈讲汉语都会受到众人的谴责,更不用说在家里。而现在,人们却对这种现象普遍持宽容的态度。在受访的 97 人当中,有家长身份的 70 人,其中 35 人对子女在家讲汉语持"无所谓"的态度,占 50%;33 人觉得子女会讲汉语是一件好事,应该感到"很高兴",占 47.14%;而对此感到"很不高兴"的只有 2 人,仅占 2.86%。

第四,对子女放弃母语转用汉语持宽容态度。在接受调查的 97 位受访者中,65 人对子女打工返乡后放弃母语转用汉语的语言行为所持态度发表了自己的意见,其中 63 人对此感到"无所谓",甚至"很高兴",占 96.92%;只有 2 人对此感到"很不高兴",仅占 3.08%。当问及这样的语言态度会不会造成母语丢失时,一些受访者说,现在村里人基本上都会说本民族话,嫁到本村的其他民族经过几年的学习以后,也都慢慢学会了布依语,打工回来的年轻人在外虽然都说汉语,甚至普通话,但一回到村里,都只说布依语,想丢也丢不了。这说明人们对语言态度有可能导致母语危机这一问题没有认识到。

第五,关于本村学校是否应该使用母语教育的问题大多数人给出了否定的回答。在接受调查的 97 位受访者当中,只有 2 人认为应该采用布依语进行教学,这有利于汉语水平不高的儿童对教学内容的接受和理解;3 人认为应该采用布依语和普通话进行双语教学;而其余受访者(92 人)均主张采用汉语方言或普通话教学,占受访者总数的 94.85%。

但大多数人对母语在本地的交际功能持认可的态度。在受访的 97 人当中,有 82 人觉得布依语在本地(主要指本村及周边村寨之间)使用起来比较方便,占受访者总数的 83.51%;有 4 人觉得布依语和汉语一样方便,占 4.12%;只有 11 人认为汉语更方便一些,占 11.34%。在家庭语言的选用方面,尽管多数人对子女在家使用汉语持宽容的态度,但希望家人使用母语的还是占相当大的比例。在 97 位受访者中,希望家人讲布依语的 80 人,占 82.47%;而希望家人讲汉语的仅 10 人,占 10.31%。

(二)文字态度

文字态度主要指村民对本民族传统文字和新创文字的态度。传统文字即布依族民间用来记录本民族宗教经文的方块文字,绝大多数是汉字,少数是自创土俗字。金井村老一辈人中有些人过去读过私塾,有一定的汉语文水平,他们以汉语方块字作为记音符号,将本民族的宗教经文抄写成书。这种文字和以这种文字抄写的经文在金井村流传了好几代人,但由于绝大多数人汉语文水平低,只知道有这种文字存在,真正掌握并使用的人仅占少数。

新创文字指 20 世纪 50 年代创制的布依族拼音文字,80 年代中期曾经在贞丰县的部分地区推行,但影响力非常有限,金井村村民当中知道有这种文字的只有极个别人。

在所有 97 位受访者中,知道本民族有自己文字,包括传统文字和新创文字的共有 9 人,其中知道并认识传统文字的人要多一些,知道新创文字(同时也知道传统文字)的仅 2 人。

对于本民族是否应该有自己的文字,绝大多数受访者持肯定的态度。多数人认为,作为布依族的一员应该学习和掌握本民族文字。与文字态度相关的情况统计详见下表。

表 3－7　金井村村民文字态度统计表（N＝97）

文字态度 人数/比例	是否应该有本民族文字			是否应该学习本民族文字		
	应该有	没必要	说不清	应该学	没必要	说不清
人数	52	6	39	56	7	34
比例(%)	53.61	6.18	40.21	57.73	7.22	35.05

第三节　贞丰县北盘江镇岜浩村布依族语言使用情况个案研究

一　基本情况

岜浩村是北盘江镇下属的一个行政村,2008 年年初整合之前由岜浩、麻窝、小水井 3 个自然村组成,现在自然村增加到 8 个,其中布依族聚居村两个,汉族聚居村 4 个,汉布杂居村两个。岜浩是该村 8 个自然村中的 1 个,居住着汉、布依两个民族。本文所指的岜浩村是自然村,而不是行政村。

村名"岜浩"系布依语音译,义为"白色的悬崖",坐落在北盘江西岸的一个山谷之中,四面群山环抱,村前一片农田,关岭至兴仁的高等级公路自东向西从村前经过。岜浩村共有村民107 户,近 500 余人,其中布依族有 65 户,有周、罗、梁、谢四姓,以周、罗二姓居多;汉族 42 户,有王、黄、汪、李、陈五姓,以王姓居多。村中布依、汉两个民族之间长期以来一直和睦相处,关系非常融洽,虽然没有相互通婚的现象,但往来比较密切,里无论哪个民族,只要一家有事,全村都会倾力相助。岜浩村与周边的村寨之间交往也比较频繁,村民们相互之间都很熟悉。

岜浩有村办小学一所,属整个行政村,但目前仅设有一至三年级,3 个自然村的儿童在这里上学,在校生 70 余人,教师 4 人,办学条件尚有待完善。

二　调查过程简述

调查时间：2006 年 7 月下旬和 2008 年年初，两次（共 4 天）。

调查点：岜浩村两个村民组。

调查方法：问卷调查、重点访谈和实地观察。

共发放问卷 80 份，回收有效问卷 72 份，有效问卷比例占 90%。受访者基本信息分类列表如下。

表 3 - 8　受访者基本信息表（N＝72）

基本信息项		受访人数	比例（%）	基本信息项		受访人数	比例（%）
有效问卷数/问卷数		72/80	90	文化程度	文盲	25	34.72
性别	男	33	45.83		小学	20	27.78
	女	39	54.17		初中	15	20.83
年龄段	10 岁以下	8	11.11		高中（含中专）	10	13.89
	10—19	15	20.83		大专以上	2	2.78
	20—29	11	15.28	职业	学生	15	20.83
	30—39	16	22.22		在家务农	42	58.33
	40—59	13	18.06		教师	3	4.17
	60 岁以上	9	12.50		农闲时外出务工	2	2.78
民族	布依族	65	90.28		长年外出务工	10	13.89
	汉族	7	9.72				

说明：岜浩村目前 20—35 岁这一年龄段的青年人绝大多数长年在外打工，调查期间多数人没有返乡，因此，这一年龄段的受访者比例偏低。

三　语言使用情况

岜浩村是一个典型的布依、汉杂居村。村里通行布依、汉两种语言。布依族基本上都熟悉本民族语言，同时又兼通汉语，只有个别老人汉语交际能力稍弱一些。村里的汉族由于长期与布依族生活在一起，绝大多数都听得懂布依语，相当一部分人能用布依语进行简单的交流，少数人比较熟练，但只有在个别场合才使用。汉族内部一般不讲布依语。

在岜浩村，布依语主要通行于布依族家庭以及本民族内部，布依族与邻村本族之间交流多数情况下也用本民族语。在别的村寨与本民族交流时，语言选用通常根据该村布依族的实际情况。岜浩村周边有不少布依族聚居和汉、布依杂居村寨，目前母语保存使用情况较好，在这些村子里，人们主要使用布依语。但在部分村子，布依语只在家庭和本村本民族内部使用，对外使用汉语。在学校、集市、医院、政府机关等场合，布依语只在交际双方非常熟悉，而且都习惯使用布依语的情况下才使用，中青年人一般都习惯使用汉语，尤其是在外参加工作的。外出打工者回到村里多数都使用本族语，少数人在村里与同龄人交流时，使用汉语的频率高于母语,但与家庭成员和长辈交流时只讲布依语。个别家庭由于与汉族或不会讲布依语的布依族联姻,开始出现家庭双语现象,子女母语教育危机开始萌芽。近年来,有一方在外工作的家庭已经不再向子女传授本民族语言。

邑浩村布依族的汉语交际能力总体上比邻村的布依族强一些。除少数中老年妇女以外,一般都能在汉、布依两种语言之间就日常生活的各种话题随时进行语码转换,6 岁以上基本上没有母语单语人。男性和在本村出生的女性所讲的汉语一般不带本族语的口音,这是汉布两个民族、两种语言长期接触、交流的结果。

四　语言使用特征

（一）年龄特征

邑浩村不同年龄段的布依族村民在语言使用方面存在一些差异,通常表现为母语能力和汉语使用频率的不同。

母语能力包括交际能力和语言结构的掌握。通常情况下,中老年人的母语能力比青少年强,词汇量多,在交际过程中借用的汉语成分少,传统生活领域内的各种话题都能用本民族语言来表达,很少进行语码转换。而青少年本民族语词汇通常较为有限,很多概念无法用本族语准确表达,在用母语交际的过程中常常要借用很多汉语词汇甚至语法结构,一些涉及现代生活的话题完全要转用汉语。

邑浩村布依族儿童通常都熟练掌握两种语言。从开始学习讲话（通常在 1 岁半到 2 岁之间）到 6 岁,是儿童语言发展完善的阶段。初期主要跟家长学习母语（布依语）,外出跟村里的同伴玩耍后一方面进一步完善自己的母语,同时向汉族同伴学习汉语,与此同时,汉族儿童也学习布依语。个别布依族家庭已经不教子女讲本民族语,但通过与同伴接触也能学会本族语,不过不如其他儿童熟练。在接受采访的 8 名 9 岁以下（5—9 岁）儿童当中,布依族 6 人,汉族 2 人,除 1 名布依族儿童以外,均熟练掌握双语,其中 5 人以布依语作为第一语言,3 人以汉语作为第一语言。

10—19 岁的受访者共 15 人,其中布依族 14 人,均以布依语作为第一语言,同时兼通汉语;汉族 1 人,母语为汉语,布依语水平一般。这一年龄段多数为在校生,5 人初中或小学毕业后外出打工,多数人只跟长辈或年龄比自己小的同族人讲布依语,与同龄人交际使用汉语的频率较高。这主要是因为在学校这一环境中形成与不熟悉的人打招呼只用汉语的习惯,而且基本上都会讲普通话,但除了外出打工者以外,在本村以及本地一般都不用普通话交流。

20—39 岁受访者共 27 人,其中布依族 25 人,均熟练掌握母语和汉语,多数人长年在外打工或在当地政府机关、学校工作,不同程度地掌握一些普通话;汉族 2 人,母语为汉语,兼通布依语。这一年龄段多数长年在外打工,部分人虽然现在在家务农,但也都有过外出打工的经历。语言使用方面,在家一般只使用布依语,只有 1 人在家与子女讲汉语;村寨内部,与本民族长辈、晚辈和年纪比自己小得多的平辈之间主要讲布依语;同龄人之间关系好的,布依、汉两种语言都使用,选用的语种根据交际场合和谈论的话题来决定。在本村以外,这一年龄段的人通常根据交际场合、交际对象来确定使用的语种。与同族长辈,尤其是长辈亲戚一般只讲本民族语;关系好的朋友之间,使用汉语的频率通常高于布依语。与不认识的本民族成员之间一般也只使用汉语。这种语言使用现象表明,中年以下母语水平已经明显下降,很多话题已经无法较准确地用母语来表达。同龄人之间,尤其是朋友之间交流时涉及的话题较广泛,为了能充分表达思想,只能借助汉语。而不同年龄段、不同辈分之间,除了礼节性的问候、简短的寒暄以外,需要表达的内容不多,母语就足以应付了,因此,多数情况下以母语为主。这一年龄段的汉族人大多是童年时期学会布依语的,但随着年龄的增长,布依语的使用频率减少,水平也随之降低。通常情况下,只有在交际场景中布依族成员占多数时,他们才会偶尔讲一两句布依语。

40—59岁受访者共19人,其中布依族18人,均熟练掌握布依语。除个别妇女用汉语交际稍有困难以外,绝大多数都通晓汉语,部分目前正在打工或有过打工经历的人能用普通话进行简单的交际。这一年龄段在家主要使用本民族语,在村里与本民族交流时也多用布依语。在别的村寨或集市上,用布依语交流的频率也比前面几个年龄段的要高,母语能力也强一些,词汇量要丰富一些。汉族受访者1人,布依语比较熟练,能用布依语与同村布依族就日常生活中的一些话题进行交流,但一般只与汉语交际能力较差的女性交流时才使用。

60岁以上的受访者9人,其中布依族8人,熟练掌握本民族语,2名妇女汉语交际能力一般,其余都兼通汉语。这一年龄段的受访者均在家务农,没有外出务工的经历,但日常生活中接触和使用汉语的机会很多,因此,多数人用汉语交流不存在问题。在家通常只使用布依语,尤其是与第三代之间。只有当不会布依语的客人来访时才会改用汉语。在村寨内部与本民族成员之间也以本民族语为主,跨村寨之间的交际多数人倾向于选择本民族语,但一般要看对方的语言使用情况。这一年龄段母语交际能力和母语知识都比前面几个年龄段的强,传统生活领域内所有话题都可以用本民族语交谈,其中几位老年人能用本民族语讲述长篇故事。汉族受访者1人,母语为汉语,布依语水平一般,通常只听得懂,无法就特定话题完整地用布依语进行交流。但在调查中发现,这一年龄段的汉族老人当中有几个人能用布依语进行流利的交谈。

(二) 性别特征

在岜浩村,由于布依族和汉族长期接触、交流,男性以及在该村出生的女性都具有较强的汉语交际能力,而从外村嫁到岜浩村的布依族妇女说汉语往往存在一定的困难,这是岜浩村布依族不同性别在语言使用方面存在的主要差别。

本村出生的女孩一般从小就能接触到汉语,而且在语言学习方面,女孩往往比男孩要稍强一些。因此,在岜浩村出生、成长起来的女性都具有较强的双语能力,所说的汉语与该村汉族女孩没有什么区别。该村20世纪90年代中期以来先后有4名布依族女孩考取学校,其中两名当了老师,这种情况在周边布依族村寨并不多见。岜浩村布依族主要与周边坡色、坡厂、金井、猫猫寨等布依族村寨联姻,这些村寨均为布依族聚居,在家庭和村寨范围内,母语的交际功能都超过岜浩村。这些村由于与汉族接触较少，儿童一般到 10 岁左右才能学会汉语，稍微内向的一些孩子到十四五岁都还不能用汉语进行正常的交流。过去，这些村寨的布依族在子女教育方面存在明显的重男轻女思想，因此，女孩的汉语能力都比男孩差。从这些村嫁到岜浩村的妇女有不少在最初一两年的时间几乎无法用汉语进行交流，需要经过几年时间，汉语水平才能得到提高。

男性的汉语交际能力高于女性，这与他们长期生活在双语社区，与汉族长期交往有关。此外，男性受教育程度普遍比女性高。在岜浩村，尽管女孩也有接受高中以上学校教育的，但总体来看毕竟是个别现象，而男性各种教育层次的人都有，在外当教师、机关干部、医生等 10 余人当中，绝大多数是男性。部分家庭目前还存在重男轻女的现象，尽管国家实行九年制义务教育，但一些家庭女孩最多小学毕业就回家务农或外出打工了。

在各种场合的语言交际中，女性比男性更倾向于使用母语。在调查的 72 位受访者当中，女性在家庭、社区与家庭成员和本民族成员之间交际时使用母语的比例均为 100%，而男性分别为 98% 和 95%。通常情况下，向子女传授母语的任务由女性承担；但个别家庭为了让子女从小习得汉语，由父亲承担这一任务。即父亲与子女讲汉语，而母亲仅偶尔教他们讲一点本民族语。在跨社区语言交际中，女性使用母语的情况也比男性普遍。与本民族亲戚朋友交谈时，无论何种场合，女性均使用本民族语，不考虑交际对象的年龄、性别等因素；而男性则视对方情况而定，与长辈、儿童、异性以及关系一般的同龄人交谈时，主要使用本民族语，与熟悉的人或关系密切的朋友交谈时则更倾向于使用汉语。72 位受访者中本社区以外选择与本民族交际使用母语的女性占 95%，男性为 72.35%；选择使用汉语的女性占 3.25%，男性占 13.32%；有部分受访者根据对方语言使用情况或语言交际场景的不同交替使用布依—汉双语。调查材料详见下表。

表 3-9　岜浩村布依族不同性别语言选用情况表（只计百分比，%）

性别	场合\语言	家庭			社区内				社区外			
		父母	夫妻	子女	长辈	平辈	晚辈	汉族	亲戚	熟人	密友	生人
男	布依	100	96	96	100	52	93	12	94	83	37	22
	汉	0	4	4	0	48	7	88	6	17	63	78
女	布依	100	100	100	100	90	100	46	100	92	95	33
	汉	0	0	0	0	10	0	54	0	8	5	67

说明：岜浩村受访者总数为 72 人，其中男 33 人，女 39 人，表中各项数据均为受访者在各种场合与不同交际对象所使用语言占符合该项条件的受访者的比例，如在家庭中夫妻之间交际选用的语言，男性符合条件的有 25 人，其中 24 人用布依语交流，占符合条件的 25 人当中的 96%。社区内"汉族"一栏指布依族与本村汉族人交流时的语言选用情况。

（三）职业特征

按目前所从事职业的不同，岜浩村布依族村民大致可分为三大类：即在家务农、在本地学校和政府机关等部门工作（包括在外读书的高中以上学生）、长年在外地打工。在岜浩村布依族当中,从事不同职业的人在各种场合的语言选用、语言态度等方面也存在一定的差异。

目前在家务农的绝大多数是妇女和老人,在语言使用方面通常趋于保守。与家庭成员、社区内部本民族之间的交际主要使用布依语,只有当不会说布依语的汉族客人来访时,家庭成员之间偶尔才会改用汉语。在社区内部本民族集会时通常只用本民族语,有汉族在场,且谈论的话题涉及在场者时,则使用汉语。在本社区以外,与熟人交流时他们也比其他两个职业群体更倾向于使用本民族语。

岜浩村在县以下学校、机关、医院等部门工作以及在外读书(高中以上)的共 10 余人。这在当地布依族村寨中是屈指可数的。在语言使用方面,这一群体使用汉语的频率远远高于本民族语。在单位,他们的工作语言为汉语。由于北盘江镇是布依、汉杂居地区,学校和各机关单位的布依族干部所占比例都比较低,因此,很少有机会使用本民族语言。他们当中绝大多数在工作单位安家,与汉族通婚,家庭语言主要是汉语,与子女交流也只用汉语,很少有向子女传授本民族语言的。有些家庭虽然夫妻双方都是布依族,但长期生活在汉语的环境中,加上工作的需要,家庭生活中也渐渐习惯于使用汉语思维和交流,对子女也只讲汉语,只有当他们自己的父母或亲戚来访时才使用布依语。与本民族同事之间,甚至与本村在外工作的本民族之间也主要使用汉语。在外读书的学生,语言使用情况与此基本相同。

岜浩村从 20 世纪 90 年代初开始陆续有人外出打工,以青年人居多。大部分人在初中毕业以后外出打工(少数人小学或高中毕业,个别人中专毕业)。17—50 岁除极个别人以外,大多数都有外出打工的经历,主要到广东、福建、浙江等沿海各省。通过与一些长年在外打工的人交谈,我们对这一特定人群的语言生活有了初步的了解。通常情况下,他们要在布依语、地方汉语和普通话之间进行转换。与本村本民族同胞单独在一起时,只讲布依语,给家里人打电话,讲的也是布依语。与本村汉族同伴或本地(包括云、贵、川、渝)老乡或准老乡在一起时,讲地方汉语,在打工单位与当地人或别的省份的人在一起时则讲普通话。外出打工者大多是结伴而行的,一人独自在一个地方的情况比较少。即使是因找工作需要而不得不单独到某个地方,也不会离开一同出门的伙伴太远。因此总有机会在一起讲自己的母语(布依语)。这样即便他们在外一两年才回家一趟,对布依语也不会感到生疏,长时间没听到家里人讲母语,一旦听到会产生亲切感。到目前为止,岜浩村外出务工的布依族青年当中,无论在外多长时间,没有一人说自己已忘记了母语。

(四)汉族使用布依语的情况

岜浩村汉族人口占本村总人口的三分之一强,主要使用汉语,相当一部分人兼通布依语。7 位汉族受访者中,除 1 人只听得懂不会说以外,其余的人都会讲一些布依语。

按熟练程度不同,岜浩村的汉族掌握布依语的情况大致可分为三种:其一,少数人讲得非常流利。成年人中不少于 5 人,儿童要多一些,主要是两族儿童之间相处的时间比较多。岜浩村有不少汉族人在童年时代都能讲一口流利的布依语,但后来由于布依语使用频率的降低,一些词汇遗忘了,很多场合不敢开口说,渐渐地就变得生疏了。其二,多数人听得懂,能讲一些简单的日常用语,但平时很少主动开口讲。其三,部分人听得懂一些,但基本上不会讲,主要是从外村(或外地)嫁到岜浩村的汉族妇女,老年妇女因到本村居住时间较长,慢慢地也学会一些简单的词语。在岜浩村,汉族绝大多数场合使用汉语。虽然与布依族同处一个村寨,彼此关系也不错,但平时主动用布依语同布依族进行交流的情况很少。通常情况下,只有当布依族村民使用了布依语,出于礼貌,汉族村民才会用布依语回应。儿童使用布依语的环境要相对自由一些,语码转换也比较迅速。

五 不同场合的语言选用情况

(一)家庭用语

在岜浩村布依族家庭内部,布依语是主要的交际语言。除个别家庭由于与汉族联姻,在一些场合使用汉语以外,多数家庭绝大多数场合都使用布依语。目前,布依族与汉族联姻的家庭有两户(不包括在外安家的国家公职人员),其中一户招女婿上门,另一户娶了汉族媳妇,均不会讲布依语,只能听懂一部分。另有一户虽然娶的也是布依族媳妇,但所在村已经转用汉语,尽管嫁到岜浩村已有 20 多年,但布依语只听得懂,不会说,这些家庭均使用双语,当不会讲布依语的媳妇、女婿在场时讲汉语,不在场时讲布依语,他们的子女也都以布依语作为第一语言。

父母与子女之间绝大多数使用布依语。汉、布依联姻的家庭中,汉族一方与孩子交流只能用汉语,而布依族一方则用布依语。由于家庭以外主要是布依语的语言环境,因此孩子掌握布依语的速度和语言能力都超过汉语。个别家庭尽管夫妻双方都是布依族,夫妻之间的交际也以布依语为主,但对孩子只讲汉语。

在外安家的国家公职人员大多是布依、汉联姻家庭,妻子多为汉族,不懂布依语,子女也基本上只会汉语。逢年过节回岜浩村时,会对村里布依族家庭的语言生活带来一些影响,不过是暂时的,一旦他们离开,一切又都恢复如初。

表 3-10 岜浩村村民家庭内交际语言选用情况表

交际者关系 人数/比例 语言		父亲与 子女之间	母亲与 子女之间	夫妻之间	子女与 父亲之间	子女与 母亲之间
布依语	人数	12/20	17/26	47/50	38/46	40/46
	比例(%)	60	65.38	94	82.61	86.96
汉语	人数	2/20	2/26	3/50	2/46	2/46
	比例(%)	10	7.69	6	4.35	4.35
布依— 汉双语	人数	6/20	7/26	0	6/46	4/46
	比例(%)	30	26.92	0	13.04	8.70

说明:表中数据系 2006 年暑期和 2008 年年初两次调查所得,"人数"一项为符合该项的所选语言人数与受访者总数之比。

（二）社区用语

芭浩村是典型的布依、汉杂居村，在社区范围内，多数场合的交际涉及双语的使用，因此，语言的使用频率取决于所处的场合。通常情况下，在全村村民参加的宗教祭祀活动中，布依语的使用频率比较高。芭浩村的宗教祭祀活动分两种情况：一是隆重节日宗教祭祀，每年三次，即"三月三"（每年农历三月第一个虎场日，通常在三月初）、"六月六"（每年农历六月第一个虎场日，通常在六月初）以及春节前夕，其中前两次只有布依族参加，春节前夕的扫寨两个民族都参加。扫寨活动的当天傍晚举行一次会餐，每户派一人。前两次参与集会的只有布依族，祭祀语言为布依语，参与者的交际语言也主要是布依语。春节前夕的集会虽有汉族参加，但不是主体，因此布依语也是主要的交际语言，汉语在其中也发挥一定的作用。另一个重要的宗教活动是丧葬活动，布依族家中有人去世都要找本民族的布摩来超度亡灵，念诵摩经。摩经95%以上的内容为布依语，如有汉族亲友来祭奠亡灵，才用汉语念诵一小段经文。丧葬活动中的大多数仪式也要用布依语主持。因此，宗教祭祀场合主要使用布依语。

社区内平时的交际也视具体场合选用语言。布依族成员之间主要用本民族语交际，偶尔也用汉语，但女性更倾向于用本民族语；与汉族之间的交流一般只用汉语，在与布依语比较熟练的汉族交流时，部分妇女也会用布依语；汉族通常完全理解对方的意思，但仍用汉语回答，直接用布依语进行交谈的情况比较少见，一般只出现在儿童之间。

与来访的外村本民族客人交谈时，通常要根据对方的性别、年龄以及所在村的语言使用习惯来选择交际语言。老年人之间的交流主要使用本民族语，尤其是与女客，青年人之间的交际视情况分别使用布依语或汉语。在芭浩村周边有些布依族村寨青年人对外只讲汉语，芭浩村的青年人对来自这些村寨的本民族青年人一般也使用汉语。一些村寨则多用布依语，到芭浩村也享受使用本民族语的待遇。当然，多数情况下，选择使用什么语言与交际者之间的关系亲疏没有直接关系，主要考虑语言使用的习惯。

（三）跨社区用语

芭浩村周边10公里范围内虽然是汉、布依杂居地区，但是布依族人口比例比较高，分布着数十个布依族村寨。芭浩村布依族与这些村寨世代保持着联姻关系，往来比较密切。多数村寨布依族聚居程度都比芭浩村高，除个别村子以外，绝大多数都还保存使用本民族语言。芭浩村布依族到这些村寨走访时，多数情况下使用布依语，尤其是50岁以上的中老年人。青年人与长辈、妇女交际时才使用布依语，其他情况使用汉语的频率要高一些。与同龄人交流时，如果对方辈分比自己高，出于对对方的尊敬，通常也使用汉语。

芭浩村周边的汉族聚居村寨多数人都不懂布依语，只有个别人能听懂一些，或会讲一些简单的日常用语。因此，芭浩村布依族到这些村寨只讲汉语。

（四）其他场合的语言选用情况

1. 学校的语言选用情况

苗浩村有一所村办学校，也是整个行政村唯一的村办学校，但只有苗浩、麻窝两个自然村的儿童在这里上学。开设一至三年级，70余名学生，汉族和布依族学生各占一半，老师均为布依族。语文课以汉语普通话为教学语言，其他课程主要使用当地汉语方言授课，布依族学生绝大多数都能接受。对个别汉语程度较差的学生，老师一般课后用母语辅导，课堂上一般不采用双语教学。

课后的交流多是双语。布依族学生与本民族师生交流时以布依语为主，涉及教学内容时转用汉语，而与汉族同学交流时则只讲汉语。

苗浩村的孩子四年级以后都只能到镇里去上中心小学，虽然也有来自别的村子的布依族学生，但汉族占绝大多数。因此，不仅课堂上不采用任何形式的双语教学，就连课后交流也主要讲汉语。在镇中学上学的苗浩村布依族孩子语言使用情况与镇中心小学的情况基本相同。在接受调查的15名学生中，布依族学生13名，只有2人在学校中倾向于使用布依语，3人倾向于使用布依语和汉语，其余都使用汉语方言。

2. 农贸市场上的语言选用情况

苗浩村所属的北盘江镇有两个农村集贸市场，一个是原来的牛场老街，另一个是20世纪90年代发展起来的新市场，即北盘江场（当地称"三岔路"）。两个场相隔不到2公里。场坝周边汉族村子居多，逢赶集日其他乡镇甚至县城的商贩汇集这里，语言使用情况比较复杂，汉语是主要的交际语言。在场坝上，苗浩村布依族与本村同族相遇时主要讲本民族语，与外村同族一般要看与对方的关系如何，同时要看对方所在村的语言使用习惯。通常情况是，遇到长辈和亲戚时都要讲本民族语，遇到平辈或晚辈通常视对方情况而定，一般先讲汉语，如果交际过程对方转用本民族语则用本民族语交际。在双方不认识的情况下，通过着装和口音特征判断对方是否是布依族，如果是布依族则用布依语进行交际。在集市上进行交易时，本民族成员之间用母语交流可以拉近双方的感情，无论对哪一方都有好处。问卷调查数据显示，有21.15%的受访者在集市上与本族人交谈时用本族语（布依语），33.25%使用布依—汉双语，完全使用汉语的占45.60%。

3. 政府机关和医院的语言选用情况

北盘江镇政府机关中，布依族干部所占的比例不高，而且大多是20世纪七八十年代以后出生的中青年。他们当中部分人的母语基础不是很好，日常交际主要使用汉语。当地对外办公主要用汉语。只有当本村人或其他村本民族长辈、亲戚来办事时才使用布依语。苗浩村布依族群众到当地政府机构办事时，绝大多数人使用汉语。接受调查的所有布依族受访者中，到政府机构办事时使用汉语的占81.80%，使用本民族语的占6.06%，12.12%视情况而定。北盘江镇医院医生、护士以汉族居多，因此，在医院主要使用汉语。

综上所述，在苗浩村，布依语是人们唯一（或主要）的家庭交际语言。社区内部本民族成员之间也主要使用母语,汉语则作为不同民族之间的交际媒介。在一些场合,汉语的使用频率高于本民族语。岜浩村布依族在各种场合使用布依语的情况详见下表。

表 3-11　岜浩村布依语在不同场合的使用频率等级及语言转用情况表

序号	使用场合	频率等级	语言转用情况	备注
1	家庭	I	偶尔转用汉语	个别双语家庭以说汉语为主
2	丧葬及宗教祭祀场合	I	偶尔转用汉语	宗教祭词中有时夹杂有汉语,丧葬经文中有一小部分要用汉语吟诵,丧葬或宗教祭祀活动经常有汉族参与
3	婚礼、立房、节日及其他喜庆活动	II	有时转用汉语	婚庆、立房等活动汉族参与的比较多,因此转用汉语的频率也高于上述两种场合
4	与外村同族交流	II	有时转用汉语	平时熟悉的人主要用布依语交流,不熟悉或不认识的要先用汉语进行试探,如对方有意用布依语,则用布依语交流,否则转用汉语
5	赶集	III	经常转用汉语	在集市上遇到汉族讲汉语,遇到本民族的人也要转用汉语
6	到政府部门办事	IV	转用汉语的频率较高	政府工作人员多数是汉族,即使有布依族也主要使用汉语
7	本村学校教学	IV	课堂上较少使用布依语	村小学中来自本村和外村的汉族儿童较多,布依族儿童在入学之前也大多习得了汉语
8	与本村汉族交流	V	偶尔使用布依语,随时要转用汉语	多数情况下,汉族以本民族语回答布依族的问话,接下来的交谈只能转用汉语

六　语言文字态度

(一)语言态度

岜浩村布依族对自己的母语交际能力普遍感到自信,所有接受调查的村民(布依族)都觉得自己的布依语讲得比汉语流利。但对于母语的交际功能,有相当一部分人感到不及汉语,用起来不是十分方便,一些话题无法用布依语准确表达,而且认为在汉族占多数的交际场景中,使用布依语会给对方造成不必要的麻烦。在 72 位受访者(包括汉族)中,只有 20 人觉得在本地使用布依语方便,45 人觉得汉语更方便一些,另有 7 人觉得两种语言都差不多。尽管如此,多数人在情感上还是倾向于本民族语。用布依语与当地汉语相比,有 83.33% 的受访者认为布依语听起来亲切,9.72% 人为地方汉语好听,6.94% 觉得两种语言一样。与普通话相比,59.72% 的受访者认为布依语好听,而 29.17% 认为普通话好听,11.11% 认为两种语言都好听。

在家庭语言选用方面，多数人倾向于本民族语。在接受调查的 65 位布依族受访者中，61 人希望在家使用布依语，占 93.85%；只有 4 人希望讲汉语，占 6.15%。对子女在日常生活中使用汉语，多数人持相对开放的态度。31.58% 的家长觉得"很高兴"，44.74% 的家长觉得"无所谓"，只有 23.68% 的家长对此感到"很不高兴"。对于子女外出打工返乡后转用汉语，持宽容态度的占绝大多数。可见，人们的母语意识已经非常淡薄了。这与近 20 多年来社会不断开放，人们与外界的交往日渐频繁有着密切的关系。

在与村中年龄较大的几位长者座谈中我们了解到，岜浩村布依族母语意识是在 20 世纪 90 年代中期以来才有明显改变的，在此之前，虽然人们在村子中有很多场合不得不使用汉语，但母语意识还是比较强烈的。首先，他们在家庭内部必须使用本民族语，父母与子女之间的交流在任何情况下都只能用本民族语。父母问话时，若子女用汉语回答，会被视为对长辈不尊敬。若子女带汉族朋友到家，可用汉语跟朋友交谈，但与自己家人之间还得用布依语。年轻人在村中遇到本民族的长辈也必须讲本民族语。其次，年轻人外出工作、当兵或读书，不忘母语是他们的本分。家长虽然没有在这方面专门告诫、嘱托，但浓郁的本民族文化氛围以及以往人们对外出人员回乡后自称已忘记家乡话的人的嘲笑无形中形成了一种压力，使他们无论离家多久，走到何方，对母语的忠诚之心始终不移。

20 世纪 80 年代中后期以后，随着外流人口的逐渐增多，加之各种现代媒体的发展，村里人接触的新鲜事物越来越多，人们的思想意识（包括母语意识）以及价值观开始发生变化。村里几乎所有年轻人都有外出打工的经历，各种大小城市走了不少，"出远门"对于村民们来说已不是什么稀罕事儿，年轻人打工回乡后的言行举止即使出现一些"超凡脱俗"的举动，人们最多也就议论一下而已，不再像过去那样加以指责，甚至嘲笑、谩骂。其次，外出打工人员中有不少与汉族或其他少数民族结婚，这些族际婚姻家庭虽然不经常住在村里，对岜浩村布依族家庭的单语现象没有造成影响，但它们的出现使得村里的长辈们对他们的子女在家里频繁使用汉语甚至对长辈使用汉语渐渐从原来的无法容忍变为宽容。

岜浩村的双语现象产生于何时已无法追溯，但家庭双语现象的产生则始于 20 世纪 90 年代。一些家庭已从过去的临时双语发展成长期双语，出现了只能说汉语的单语人，汉语使用频率增多。与此同时，本民族内部使用汉语交流的频率也在不断增多。近几年来，已开始出现会讲本民族语的布依族村民之间经常用汉语交流的现象，或即使说布依语，但夹杂的汉语成分要比过去多得多；另一方面，汉族主动用布依语交谈的情况减少。布依—汉双语的天平已开始向汉语方面倾斜。

岜浩村布依族儿童在入学前多数就已经能够比较熟练地用汉语进行交际，听不懂汉语的仅有少数。因此，从实用的角度出发，人们都觉得在本村学校中没有开展布依语教学的必要，多数人觉得学校教师应该采用普通话教学。详见下表。

表 3 - 12　岜浩村村民学校教学语言选用情况表（N＝72）

语言 人数/比例	布依语	当地汉语方言	普通话	布依—汉双语
人数	2	10	56	4
比例（%）	2.78	13.89	77.78	5.55

（二）文字态度

岜浩村布依族对本民族新创拼音文字了解不多。在接受采访的 65 位受访者（布依族）当中，见过新创布依文的只有 5 人，他们没有人接受过任何形式的培训，也没有人自学过。绝大多数人都认为本民族应该有自己的文字，并认为作为布依族的一员对本民族的文字应该学习和掌握。

岜浩村的布摩在当地有一定的影响，目前共有 6 人，外村有一部分布摩是跟岜浩的师傅学习的。他们有自己的经书，都熟练掌握文字。除了布摩外，在岜浩村的布依族村民当中，还有相当一部分人认识摩经中的文字，并能照书诵读。但多数人对这种文字缺乏了解，他们只知道有这样的经书存在，对其中的内容、文字的应用情况一无所知。

第四节　贞丰县长田乡布依族语言使用情况个案研究

一　基本情况

长田乡位于贞丰县城西北部，东邻本县北盘江镇，南连小屯乡及者相镇，西接兴仁县回龙镇，北接本县平街乡。乡政府驻地金叶新村，距县城 36 公里，贵阳至兴义的 648 县道经乡政府驻地，另有关（岭）兴（仁）高等级公路从该乡东南角经过，具有一定的交通优势。全乡辖 7 个行政村①，94 个村民小组，共 70 个自然村寨。2007 年年末全乡总人口 20110 人，居住着汉、布依、苗、仡佬、瑶、白、黎等多种民族，其中布依族 4402 人②，占全乡总人口的 21.89%，主要分布在大占马田、长田、坡板、白坟、皂矾、郎所、旧屋基、坪寨、青冈林、官堡寨、尖坡、下布克、细尒下寨 13 个自然村。以上村寨多数为布依族聚居，但也有布依族和汉族或其他少数民族杂居一村的情况。总体看来，长田乡是一个布依、汉杂居乡，汉族人口占绝大多数，布依族以村落聚居的形式与汉族村落群形成交错杂处的局面，没有形成连片的村落群，是典型的杂、散居分布格局。

二　调查过程简述

调查时间：2006 年 7 月下旬（共 4 天）；2008 年 4 月电话回访，核实材料。

调查点：长田乡郎所、坪寨、皂矾、尖坡、长田、白坟等自然村。

---

① 2008 年行政村整合以前为 12 个行政村。
② 2007 年最新数据，长田乡政府办公室提供。

调查形式：问卷调查、重点访谈和实地观察。

调查过程中共发放问卷130份，回收有效问卷125份，有效问卷比例达96.15%。受访者基本信息详见下表。

表 3 – 13 受访者基本信息表（N＝125）

基本信息		受访人数	比例（%）	基本信息		受访人数	比例（%）
有效问卷数/问卷数		125/130	96.15	文化程度	扫盲班	5	4
性别	男	71	56.8		小学	56	44.8
	女	54	43.2		初中	27	21.6
年龄段	19 岁以下	27	21.6		高中（含中专）	11	8.8
	20—29	9	7.2		大专以上	1	0.8
	30—39	24	19.2	职业	学生	24	19.2
	40—49	25	20		在家务农	87	69.6
	50—59	24	19.2		教师	6	4.8
	60 岁以上	16	12.8		机关干部	2	1.6
民族	布依族	123	98.4		演员	1	0.8
	其他民族	2	1.6		农闲时外出务工	1	0.8
文化程度	文盲	25	20		长年外出务工	4	3.2

说明：本表是长田乡6个调查点（自然村）受访者的综合信息表。从年龄来看，以中老年占多数，20—29岁这一年龄段所占比例较低。主要原因是，调查期间该年龄段多数人在外打工，他们的语言使用情况主要通过向村里老年人询问而间接获取。

三 语言使用情况

长田乡共有70个自然村，其中13个自然村为布依族聚居或汉族与布依族杂居村，从整个大环境来看，杂居的特点非常突出，布依族的语言使用也或多或少地受到这种人口分布格局的影响。目前，各村布依族主要以本民族语言作为交际工具，除极个别从外地嫁到长田乡的妇女以汉语作为母语以外，各村都还没有出现以汉语或其他民族语言作为第一语言的现象。布依语是绝大多数家庭主要的交际用语，但由于族际婚姻家庭越来越多，家庭双语现象已经开始出现，少数家庭不再向子女传授母语。社区内部以及跨社区本民族成员之间的交际也以布依语为主，但在集市、学校、政府机关、医院等场合，多数人选择使用汉语或汉—布依双语兼用。在杂居村寨，与布依族同住一村的汉族或其他民族有些也兼通布依语，但通晓的程度有所不同，个别人熟练程度与当地布依族没有差异，但多数人只能应付简单的日常交流，无法用布依语进行深入交谈。与布依族村寨邻近的汉族村寨中，也有不少人能听懂甚至能讲一些简单的布依语，一般不用于交际。

长田乡布依语与贞丰县其他地方的布依语都属于第一土语，语言结构上没有太大差别，与邻近的北盘江镇多数地区的布依语相比，在语音上稍有不同。比如，北盘江镇邑浩村一带的布依语的舒声调有6个声调，而长田乡多数村寨只有5个调。详见下表。

表 3 – 14　长田尖坡村与北盘江岜浩村布依语声调比较

调值　　调类 比较点	第一调	第二调	第三调	第四调	第五调	第六调
长田尖坡	33	31	35	42	24	31
北盘江岜浩	33	31	35	42	24	11

　　与岜浩村布依语一样,长田乡尖坡村的布依语也有两个促声调,即第七和第八调,岜浩村两个声调的调值分别与第三和第六调相同,而尖坡村则分别与第三和第二调相同。

　　语音的其他方面,长田乡布依语也有自己的一些特点,主要表现在:(1) 中年以下多数人(从其他地区嫁到长田乡的布依族妇女除外) 发不准前紧喉声母/ʔb/和/ʔd/,常常混读为/m/、/n/或/b/、/d/;(2) 绝大多数人将鼻辅音韵尾/-m/发成/-n/或/-ŋ/,塞音韵尾/-p/在多数人的口语中变读为/-k/或脱落,辅音韵尾/-k/也有脱落的现象。

　　词汇方面,中青年以下已经无法用本民族语表达传统生活领域中的很多事物和概念,只能借用汉语词汇。

　　汉语是长田乡布依族的第二语言,除极个别人以外,很少有不会讲汉语的。多数村寨,学龄前儿童在家只讲本民族语,而在长田、尖坡等乡中心地区以及一些汉、布依杂居村,多数儿童在习得母语的同时也学会了汉语。当地布依族所用汉语属西南官话,除个别村寨一些妇女讲汉语时略带点儿布依语口音以外,多数与当地汉族没有任何区别。布依语中虽然没有送气音声母,但汉语中送气/不送气的区分对当地大多数布依族来说并不十分困难。

四　语言使用特征

(一) 年龄特征

　　年龄越低,母语水平也越低,汉语的使用频率越高,这是长田乡布依族语言使用在年龄方面的主要特征。部分村寨母语只在中老年人群当中使用,大多数青少年虽然也熟练掌握母语,但仅限于家庭或村寨内部部分成员使用,其他很多场合都使用汉语。

　　目前,多数村寨儿童都以布依语作为第一语言。通常情况下,儿童主要通过家庭习得母语(布依语),能走出家门与村里的同伴玩耍之后,一方面进一步加强和完善母语能力,同时也有机会接触、学习汉语。在公路沿线或乡政府所在地周边的一些村寨,部分家庭在传授母语的同时,还有意识地让孩子接触一些汉语。因此,除较偏远、布依族人口较多的村寨还有一些儿童入学以前不懂汉语以外,绝大多数村寨的儿童到入学年龄时都不存在不会讲或听不懂汉语的情况。

　　10—19 岁的受访者共 23 人,其中 20 人在校读书,1 人在艺术团工作,1 人外出打工,1 人在家务农。除 1 人以汉语作为第一语言,1 人同时习得布依语和汉语以外,其余 21 人都以布依语作为母语,基本上都会讲布依语、汉语地方话和普通话。在家与长辈用布依语,在村寨内部和邻近村寨与本民族交际时大多数都使用本民族语,其他大多数场合都只用汉语。

　　20—39 岁的受访者共 33 人,均为布依族,其中 28 人在家务农,1 人为教师,1 人上学,其余 3

人外出务工。33人当中,布依语非常流利的有31人(包括以汉语作为第一语言的人),1人布依语水平一般,1人只能讲简单的布依语,但都会讲当地汉语方言,其中14人具备普通话交流能力。在家庭语言使用方面,与长辈交谈时,32人用布依语,占96.97%,1人用汉语;与平辈(主要指配偶)用汉语的有2人,用布依语、汉语和普通话的1人;对子女使用汉语的3人,使用布依—汉双语的2人;在村寨内部和村寨之间,这一年龄段也倾向于使用本民族语,而在集贸市场、政府机关等场合,使用汉语的则占绝大多数。在各村,这一年龄段都是外出打工比例最高的,但由于调查期间不逢年节,绝大多数外出打工者没有返乡,对于他们在外地以及返乡期间的语言使用情况我们了解得不多。不过,通过与部分外出打工者的家人交谈,我们间接了解到,除了个别人在语言使用习惯、语言态度方面稍有改变以外,大多数人与在家时没有太大区别,即在家庭和社区仍然主要使用母语,汉语方言和普通话的交际能力比以前有所提高。

40—59岁这一年龄段的受访者共49人,布依族48人,瑶族1人;在家务农44人,教师2人,机关干部1人,外出打工2人,均以布依语作为母语①,而且在家庭、社区和跨社区的大多数场合都使用布依语。在集市,多数人倾向于使用布依—汉双语,部分人只使用汉语,完全使用布依语的也只占少数。在医院、政府机关,大多数人使用汉语,部分人使用布依—汉双语,只有极少数人使用布依语。

60岁以上的受访者共16人,布依族15人,瑶族1人;教师3人,在家务农13人,都以布依语作为母语。其中2位女受访者(年龄分别为75岁和80岁)目前只使用布依语,其余14人都通晓汉语,2人会讲普通话(分别具有高中和初中文化程度)。这一年龄段在家庭、社区和跨社区(与本民族成员)交际中,除个别人使用汉语或布依—汉双语而外,绝大多数都使用布依语。在集市上,这一年龄段使用布依语的比例远远高于其他年龄段,但在医院和政府机关办事时,虽然也有人使用布依语,不过比例都非常低。

(二)性别特征

调查问卷的数据统计结果显示,长田乡布依族不同性别在语言使用、语言态度等方面所表现出来的差异很小。比如在家庭、社区范围内母语和第二语言的选用比率都很相近,每一个问题的差距都在5个百分点以内。差异的大小与村寨所处的人文环境和自然环境有一定关系。在布依族分布较为集中的偏僻村寨,普遍存在母语交际能力女强男弱,而第二语言交际能力则相反的现象。整个长田乡的大环境是汉语处于强势地位,布依族村寨以外的交际场合都以汉语为主,但在家庭、社区范围内,母语仍然发挥着不可替代的作用。因此,母语能力女强男弱,与长期以来布依族男女社会分工的不同有着密切的关系。即男主外,女主内,妇女的生活圈子主要限制在家庭、社区范围内,交际对象以本民族成员为主,使用的语言也主要是本民族语。与此同时,由于接触汉语的机会比男性少,汉语交际能力也就普遍比男性低。妇女母语能力比

---

① 长田乡一带的瑶族没有本民族语言,杂居在布依族村寨中的瑶族家庭在语言使用方面与当地布依族完全相同。

男性强的另一个原因是与母语强势的布依族村寨联姻造成的。与长田乡相邻的者相、北盘江等乡镇,布依族分布比例都比较高,整个语言使用环境虽然算不上母语强势型双语区,但在一定范围内,布依族成片聚居,村落相连,母语不仅在家庭、村寨内部,甚至在相连的村寨之间都发挥着重要的交际功能。从这些村寨嫁到长田乡各布依族村寨的妇女自然会把长期形成的语言使用习惯带过去,影响夫家的语言生活。

与女性相比,男性在各种场合使用母语的频率相对要低一些。通过实地观察,以及对部分男性受访者的母语能力测试①,我们发现,有相当一部分人,尤其是中青年人对一些常用词汇都需要回忆才能说上来,语言中夹杂的汉语成分较多。

汉语交际能力方面,相当一部分女性虽然认为自己熟练掌握双语,但实际上汉语只限于简单的日常交流,尤其是中老年妇女。一些偏远的村寨中目前还有个别老年妇女不懂汉语。不过多数村寨,尤其是交通较方便、且离文化中心较近的村寨,中青年以下女性的汉语能力与男性基本没有什么区别。一些从已经转用汉语的布依族村寨中嫁过来的妇女只能讲汉语。

除年龄和性别以外,长田乡布依族不同职业、不同文化程度的人群在语言使用方面都各有自己的一些特征。如学生群体和在家务农者在本村与不相识的本族人用汉语交谈的比例分别为28%和8.05%,在别的村寨与认识的人用汉语交谈的比例分别为16%和4.60%,与不认识的人交谈时使用汉语的比例分别为20%和9.20%,反映出学生在社区内和跨社区与本民族交际过程中比在家务农者更倾向于使用汉语。

五 不同场合的语言选用情况

(一) 家庭用语

调查材料显示,在长田乡的布依族村寨中,布依语是家庭内部主要的交际语言。125位受访者除2人以汉语作为第一语言,1人同时学会汉语和布依语以外,其余122人均以布依语作为母语,说明母语的代际传承还没有出现危机。但少数家长在家与子女用汉语或布依—汉双语交际这一情况反映出,在个别家庭中家长与子女间的双语现象已经开始萌芽。在125位受访者中,90位家长②有4人在家与子女用汉语交际,4人用布依—汉双语交际。事实上,在长田乡等处于汉文化中心区或离文化中心区较近的村寨中,家庭双语现象已经非常普遍。早在20世纪70年代,长田村及其附近的一些家庭,双语现象就已经开始出现。当时的部分儿童(现在已人到中年)母语能力已经非常低,用母语进行日常交际已经有些困难,他们的子女如果仅通过家庭传授已经无法正常习得母语③。

族际婚姻的普遍存在也是家庭双语现象产生的一个主要原因。长田乡是一个以汉族为主

---

① 主要是通过一些家庭生活中常用的词汇和短句对受访者进行测试。
② 我们将25岁确定为子女具备语言交际能力的最小年龄。
③ 本材料由村委会的一名干部提供。此外,笔者20世纪70年代中期曾经与该村的一位同龄人长期接触,当时发现他在日常生活中很少用母语进行交际。

体的多民族杂居乡,周边乡镇虽然也有布依族分布,但人口比例都没有过半,算不上主体民族。再者,近 10 多年来,青年人外出打工与其他民族结婚的已经不是个别现象。由于乡内各个布依族村寨母语氛围都不是十分浓厚,加上大环境汉语处于强势,因此,外族妇女与布依族生活在一起学会布依语的情况并不多见。有的汉族妇女在布依族村寨生活了 20 多年都未能掌握布依语,而娶汉族妇女后所生子女成为汉语单语人的却比比皆是。

一些偏僻村寨的布依族家庭,本民族客人到家仍然以本民族语交际,只有当汉族客人或不会讲布依语的本民族客人来访时才讲汉语。在多数村寨,对来访的客人是否用本民族语交流常常要看他/她的身份或语言使用情况。如果来访者是妇女（中老年）或长辈,而且在家主要讲本民族语,则用本民族语与之交流;如果来访者是年轻人,且汉语讲得很好,则用汉语与之交流。与汉族讲布依语的情况基本上不存在。

(二) 社区用语

调查材料显示,长田乡布依族在社区内部主要以本民族语进行交流。125 位受访者中,在村内与相互认识的本民族成员交流时使用布依语的有 116 人,占 92.8%;只有 3 人用汉语,年龄在 17 岁以下;3 人用布依—汉双语;3 人未作出选择,占 7.2%。在本村与不相识的本民族成员交流时选用本民族语的有 96 人,占 76.8%;选用汉语的 15 人,占 12%,以尖坡和长田两个自然村居多;选用布依、汉双语的 12 人,占 9.6%,大多数在尖坡和长田两个村;1 人根据交际对象的语言使用情况选择交际用语。不管交际双方是否认识,只要知道是本民族同胞都用本民族进行交际,说明多数村寨有一定的母语氛围。

调查过程中发现,在布依族聚居的村寨,村内本民族成员之间母语的使用频率总体上比家庭母语的使用频率要高一些。一些族际婚姻家庭中会讲布依语的成员在家里的一些场合不得不使用汉语,但社区内与本民族成员之间交谈时却可以尽情使用母语。而在汉、布依杂居村或乡政府附近的村寨,汉语在村里处于强势,是族际交际语,布依语在本民族成员之外基本上不使用。有时,即使本民族成员在一起,受交际对象或交际场景限制,也不得不转用汉语。

与布依族杂居一村的汉族或其他少数民族多数人只能听得懂或会说简单的布依语。同村布依族与他们交流时通常只用汉语,但也有少数人布依语讲得非常熟练,布依族常常把他们当本民族成员看待。如普子村的瑶族村民以及尖坡村的个别汉族村民。

(三) 跨社区用语

长田乡 70 多个自然村寨中只有不足 20% 的村寨为布依族居住,而且其中有一些村寨还是布依、汉杂居村,不过分布比较集中。该乡布依族村寨主要分布在乡境东部和南部,尤其是东南角分布比较密集,村寨之间往来比较密切,相邻村寨村民之间无论是汉族还是布依族或其他少数民族,一般都相互认识。所以,不同村寨布依族之间如果相互认识,主要使用本民族语;如果相互不认识,但知道对方来自布依族村,通常也使用本民族语,或者由对方选择交际语言。

长田乡布依族在本村以外语言选用情况详见下表。

表 3 – 15　长田乡村民社区外交际语言选用情况表

交际对象 \ 语种		布依语	汉语	布依—汉双语	视情况而定
熟人	人数	111	8	2	1
(122)	比例(%)	90.98	6.56	1.64	0.82
陌生人	人数	81	15	16	2
(114)	比例(%)	71.05	13.16	14.04	1.75

到别的村寨,在知道对方是汉族的情况下,无论对方是否懂布依语,一般都只用汉语进行交际。

(四) 其他场合的语言选用情况

1. 学校的语言选用情况

在长田乡,无论是乡中心学校还是村办学校(行政村),都以汉语普通话作为教学语言。长田乡的布依族儿童,除个别较偏远的村寨还有少数入学时汉语水平较低,学习有些吃力的以外,绝大多数都熟练掌握双语,部分儿童的汉语能力甚至超过本民族语,少数人只懂汉语。此外,乡中心学校以及很多村办学校的老师大多是汉族,或虽是布依族,但本族语言能力不强,无法将教学内容用本民族语言准确地表达出来。因此,课堂上用布依语进行辅助教学的情况比较少,而且,多数人都认为没有用布依语解释的必要。学生课后交际大多也倾向于使用汉语方言甚至普通话,只有少数人在与本族师生交流时会使用本民族语,或布依—汉双语。125 位受访者当中有 50 人回答了有关学校交际语言选用的问题,相关数据统计详见下表。

表 3 – 16　长田乡村民学校交际语言选用情况表

用途 \ 语言		布依语	汉语方言	普通话	布依—汉双语	布依—普通话
课后交际	人数	8	30	8	2	2
(50)	比例(%)	16	60	16	4	4
教学语言	人数	4	21	90	3	0[①]
(125)	比例(%)	3.20	16.80	72	2.40	0

2. 农贸市场上的语言选用情况

长田乡境内过去有两个集市,一个是老长田乡乡政府所在地——长田村,另一个是现在的长田乡政府所在地——金叶新村(尖坡村),两地相距约 3 公里。20 世纪 90 年代以后,老集市由于交通不便,赶集的人渐渐少了,现在主要集中在贵(阳)兴(义)公路边上的金叶新村。此外,长田乡与北盘江镇相邻,赶集的时间也不冲突,因此,各村布依族到北盘江镇去赶集的也

---

① 另有 3 人选择地方汉语和普通话,持无所谓态度的 1 人,3 人放弃回答。

不少。逢金叶新村赶集时，北盘江镇以及附近其他乡镇各民族也前往，但整个集市以汉族或使用汉语的人居多。在集市上，长田乡布依族的语言使用情况也受整个环境的影响。在125位受访者中，有相当一部分完全使用汉语，使用布依语的只占少数。详见下表。

表3－17　长田乡村民农贸市场交际语言选用情况表（N＝125）

语言 人数/比例	布依语	汉语方言	布依—汉双语	普通话	视情况而定
人数	13	58	46	1	7
比例（%）	10.4	46.4	36.8	0.8	5.6

3. 政府机关和医院的语言选用情况

长田乡政府机关中布依族干部虽占一定的比例，但相互之间平时主要以汉语进行交际，讲布依语的很少。办公语言只用地方汉语，与外地人偶尔也说普通话，只有当本村的长辈或儿童来访时才讲布依语。布依族群众到乡政府办事时也主要讲汉语，如果乡干部中有自己的亲戚、晚辈，才使用本民族语。

长田乡目前只设有医务室，没有医院，稍严重的疾病都要送到县医院或北盘江镇医院。在医院中，医患之间的交流也主要使用汉语，如果遇到认识的布依族医生或护士，偶尔也讲布依语。

长田乡布依族在政府机关、医院语言选用情况详见下表。

表3－18　长田乡村民在政府机关和医院交际语言选用情况表

场合	语言	布依语	汉语方言	布依—汉双语	普通话	视情况而定
政府机关	人数	4	69	14	2	8
（97）	比例（%）	4.12	71.13	14.44	2.06	8.25
医院（119）	人数	10	76	26	1	6
	比例（%）	8.40	63.87	21.85	0.84	5.04

六　语言文字态度

（一）语言态度

长田乡布依族分布在该乡东部和东南部的大多数村寨。由于各村寨聚居程度不同，语言使用情况不同，语言态度也有所不同。

在母语的自信度方面，认为自己的母语能力不如汉语或仅与汉语、普通话水平相当的人较多。在125位受访者当中，觉得自己母语讲得最流利的仅占67.21%，这一比例比同一语言使用类型的其他调查点，如北盘江镇的岜浩、金井等（均在98%以上）要低得多；觉得汉语讲得最流利的占9.84%；觉得普通话最流利的2.46%，觉得母语和第二语言（包括汉语地方话和普通话）一样流利的20.49%。这一调查结果反映出，在相当一部分人的心目中，作为一种交际工具，母语已经不再是必不可少的了。在语言的功能价值认同方面，多数人对母语在本村甚至与邻村本民族之间的交际功能予以肯定,认为母语在本地交流起来最方便的占 76.8%,其余23.2%的受访者认为汉语最方便或者两种语言都方便。

在语言的情感认同方面,有 43.70%的受访者倾向于本民族语,23.53%倾向于普通话,只有3.36%的受访者倾向于当地汉语方言,27.73%的受访者认为哪种语言都好听。个别受访者认为英语或别的少数民族语言好听。

在家庭语言的选用方面,希望家里人跟自己说本民族语的占绝大多数,在所有受访者中占83.06%,8.06%的受访者希望家里人跟自己讲当地汉语方言,4.03%的受访者(主要是在校学生)希望家里人说普通话,其余受访者对此持无所谓的态度。事实上,调查数据仅反映出受访者在语言交际工具选择上的一种心理倾向,在实际的语言生活中,母语在家庭语言交际中所担负的职责目前还是无法替代的,除少数家庭因族际联姻在很多场合需要使用双语以外,绝大多数家庭内部交流仍以母语作为主要的交际语言。绝大多数家长对子女用汉语跟自己交流感到"无所谓"甚至"高兴",占受访者总数的 86.81%;只有 13.19%的受访者对此感到"很不高兴"或"不习惯"。多数家长对子女外出打工返乡后转用汉语的行为也持包容的态度,在 84 位家长中,有 70 位觉得"无所谓",占 83.33%;只有 16.67%对这种行为感到"很不高兴"或"不习惯"。

大多数家长对下一代"不忠诚"于自己母语的行为持宽容的态度与目前社会形势的发展密切相关。首先,学校教育只强调儿童要掌握好汉语,尤其是普通话,对布依语没有提出什么要求,另外,多数家长都有一种不正确的认识,认为掌握母语对孩子学习汉语会形成障碍,因此,为了使孩子在学校里学习能跟得上,他们都尽量给孩子们创造说汉语的机会。其次,长田乡目前教育水平相对落后,多数布依族孩子最多读到初中毕业就回家务农或外出打工,能升高中并考入大学的毕竟是少数。但不管是继续升学还是外出打工,都需要掌握好汉语,到沿海地区打工的还需要学好普通话。人们已经充分认识到母语在本民族传统生活领域以外交际功能上的局限性,只有学好汉语、掌握好普通话才能走遍天下。

(二) 文字态度

布依族文字包括两种主要类型,一种是布依族民间宗教职业者用来记录本民宗教经文的传统文字,系汉语方块字的借用;另一种是 20 世纪 50 年代中期创制的拼音文字,50 年代和 80年代中期在贞丰县部分地区曾经推行过。由于长田乡是布汉杂居地区,布依族分布相对分散,20 世纪贞丰县先后两次开展的布依族拼音文字方案推行工作都没有对该乡的布依族产生影响。因此,人们对本民族文字,尤其是本民族新创文字了解得很少。在调查的 125 位受访者当中,知道本民族有文字的只有 23 人,占 18.4%,其中大部分只见过传统文字。

用汉字作为载体记录的布依族宗教经文——摩经在长田乡很多布依族村寨都有,其中以坪寨韦廷进先生的所掌握的经书影响最大。但这种经书所采用的文字由于自身的很多缺陷,无法在广大的布依族群众中进行推广,虽然很多人都知道有这种文字存在,但很少有人意识到它是本民族的文字,能认识的人也不多,在调查的 125 位受访者当中,对这种文字非常熟悉的只有 8 人，均为当地的宗教职业者，另有 10 人认识其中一些字，但读不准。

绝大多数受访者说不清楚本民族文字应该采用哪种文字类型更适合，只有 3 人认为应该采用拼音文字。不过，多数人（受访者中的 64%）认为布依族应该有自己的本民族文字，并且作为布依族的一员也应该去学习。有关布依族文字方面的调查数据统计详见下表。

表 3－19　长田乡村民文字态度统计表（N＝125）

文字态度 人数/比例	是否应该有民族文字			是否应该学习民族文字		
	应该	没必要	不清楚	应该	没必要	不清楚
人数	81	7	37	79	5	41
比例（%）	64.8	5.6	29.6	63.2	4	32.8

第五节　黔西县五里乡罗家寨布依族语言使用情况个案研究

一　基本情况

黔西县位于贵州省中西部，是贵州省毕节地区布依族人口较多的一个县。根据 2000 年第五次全国人口普查统计，黔西县共有布依族 17447 人，占全县总人口的 2.5%，主要分布在该县的五里布依族苗族乡和钟山布依族彝族乡。此外，其他乡镇也有少量分布。

五里布依族苗族乡位于县境西南，是黔西县两个布依族乡之一，乡政府驻地距县城 21 公里，距省城贵阳 147 公里。全乡共辖 10 个行政村，116 个村民组，总人口 19800 多人，居住着汉、布依、苗、彝、仡佬等七个民族，其中布依族近 6000 人，占总人口的 30% 多，主要分布在中心、化布、方田、新乐等村。

中心村由罗家寨、班家寨、高家寨、冒沙井、从央寨等自然村组成，其中罗家寨和班家寨是布依族单一民族聚居村寨，其他村为布依族与汉、苗、仡佬等民族杂居。

罗家寨共 200 余户，1000 余人，以罗姓居多，故名罗家寨，此外还有姚、班、蒙、郭、王、谢、兰、李、唐等姓，均为布依族。目前，布依语仍是家庭和村寨内本民族之间的主要交际工具，同时多数人又都兼通汉语，是对外交流（包括与外村同民族交流）的主要语言。

村中有小学一所，学生 200 余人，主要是布依族子弟，也有外村其他民族的孩子；有教师 4 人，其中布依族 3 人，汉族 1 人。主要教学语言是汉语，偶尔也用布依语作为辅助工具。

二　调查过程简述

调查时间：2006 年 8 月上旬（共 1 天）。

调查点：五里乡中心村罗家寨。

调查方法：问卷调查、重点访谈和实地观察。

　　共发放问卷 71 份,回收有效问卷 70 份,有效问卷比例达 98.59%。受访者基本信息详见下表。

表 3 - 20　受访者基本信息表 (N＝70)

基本信息		受访人数	比例(%)	基本信息		受访人数	比例(%)
有效问卷数/问卷数		70/71	98.59	文化程度	文盲	14	20
性别	男	32	45.71		小学	30	42.86
	女	38	54.29		私塾	2	2.86
年龄段	19 岁以下	19	27.14		初中	16	22.86
	20—29	10	14.29		高中(含中专)	6	8.56
	30—39	10	14.29		大专以上	2	2.86
	40—49	13	18.57	职业	学生	19	27.14
	50—59	4	5.71		在家务农	44	62.86
	60 岁以上	14	20		机关干部	1	1.43
民族	布依族	67	95.71		退休人员	2	2.86
	其他民族	3	4.29		农闲时外出务工	4	5.71

　　说明:由于调查时间较短,无法对调查对象的语言生活进行仔细的观察,因此,入户填写问卷和重点访谈是此次调查最主要的调查方式。在充分考虑到年龄段比例和性别比例的基础上,受访者以随意的形式选取。由于调查期间不逢年节,外出打工者没有返乡,在家的多数是老人和小孩,结果导致 19 岁以下和 40 岁以上的比例偏高;不过总体看来也还在有效值范围内。

三　语言使用特征

　　通过问卷调查,并结合重点访谈,我们了解到罗家寨布依族目前仍以布依语作为主要的交际工具,从问卷调查结果来看,绝大多数人的布依语都非常流利。为了能对受访者布依语掌握的情况了解得更加清楚,我们将母语水平分为 6 个层次,即"非常流利"、"比较流利"、"一般"、"会说简单的"、"听得懂但不会说"以及"听不懂"。受访者母语水平在各个层次的详细分布情况见下表。

表 3 - 21　罗家寨村民各层次布依语水平统计表(N＝70)

水平 人数/比例	非常流利	比较流利	一般	会说简单的	听得懂不会说	听不懂
人数	59	5	3	1	1	1
比例(%)	84.28	7.14	4.29	1.43	1.43	1.43

　　上表反映该村布依族母语的总体使用水平,具体到不同年龄段、不同性别、不同文化程度,又分别表现出不同的特征,以下分别进行分析。

(一) 年龄特征

　　我们在对村长罗德礼进行访谈的过程中了解到,罗家寨布依族母语使用在年龄层次方面大致表现为:6 岁以下的儿童和 60 岁以上的女性使用母语的频率远远高于其他年龄层次,有些儿童在上学之前汉语说得不好,甚至有的孩子还不会说汉语,老年女性当中也有个别人汉语说得不是很流利。据罗村长介绍,他本人到 8 岁左右才学会汉语。通过进一步的调查发现,目前该村布依族母语的使用情况已有所变化。7 岁的受访者罗某尽管从小就在母语环境中熏陶,但也只能讲简单的日常用语。布依语已经不是人们从小习得的唯一语言。在从小习得汉语的 8 位受访者当中,10—19 岁这一年龄段的有 4 人,另外 4 人是从外村嫁过来的妇女,不过由于罗家寨良好的母语环境,通过与家庭成员以及村中伙伴、族人的交往,她们的布依语已达到很流利的水平。10—19 岁这一年龄段的受访者当中,母语水平"一般"的有 3 人,"听不懂"的 1 人,这表明,对于部分青少年来说,布依语已经不是他们日常生活中主要的交际语言了。

20—49 岁这一年龄段的受访者共 33 人。总体看来,母语水平都比较高,其中 30 人讲得"非常流利",3 人讲得"比较流利"①。这一年龄段的人社会交往比较广泛,接触汉语甚至普通话的机会比较多,而且其中有 3 人是以汉语作为第一语言习得的,能将母语保存使用得这样好,说明平时在村中用母语交流的频率比较高。我们以 44 岁的罗某作为语言本体的重点调查对象,发现有很多日常生活中较少使用的词汇他都能讲得出来,连词成句的能力也比较强。

在我们入村调查期间,这一年龄段的很多人还在外地打工,尤其是 20 多岁的年轻人。通过间接的了解,并参照目前留在村中的同一年龄段的受访者的语言使用情况,我们发现他们当中多数人母语掌握得都比较好,有个别人在外时间长了,刚回村时布依语讲得有些生疏,不过几天时间母语交际能力就恢复了,这在很大程度上得力于该村良好的母语生态环境。

50—79 岁这个年龄段共有 18 位受访者,除 1 位从外地嫁到本村的 50 多岁的妇女只听得懂不会说以外,其余 17 人母语讲得都非常流利,这个年龄层次是母语掌握得最好的。其中有几位 70 岁以上的老人是本村的布摩,熟悉本民族的风俗习惯,能吟诵用汉字记录下来的布依族经文,个别人还能用本民族语讲述民间故事。

(二) 性别特征

从抽样的情况来看,女性稍多于男性。但这并不是预先设计的,而是在随意选取受访者形成的结果。在入户填写问卷之前的访谈过程中,我们已经初步了解到该村语言使用的基本情况,即全村使用母语,因此,没有有意识地在受访者的性别比例上有所侧重。

入户问卷调查的结果显示,该村男女在布依语使用方面存在的差异确实是很细微的。布依语水平"非常流利"和"比较流利"的,男性为 29 人,占全部男性受访者的 90.63%;女性为 35人,占全部女性受访者的 92.11%,比较接近。布依语水平"一般"和"会说简单日常用语"的,男性为 3 人,占男性受访者的 9.38%;女性 1 人,占女性受访者的 2.63%。"听得懂但不会说"和"听不懂"布依语的各有 1 人,均为女性,占女性受访者的 6.25%。其中 1 人 57 岁,布依族,从织金县嫁到本村。问卷的选项反映出,该受访者小时候最先学会的是汉语,在娘家与家人交

---

① "非常流利"和"比较流利"之间的差别在于后者连词成句的能力较弱,语言表达不是十分顺畅。

流使用的也是汉语。由此可以判断,她的家乡已经放弃本民族语而转用汉语了,到罗家寨后经过长期的耳濡目染,能听得懂一些布依语,但不能张口说。与她相比,另外 2 位从外地嫁到罗家寨的其他民族的女性在语言适应方面却要强得多。1 人来自沙井乡,44 岁,仡佬族,最先习得的语言是汉语①,小时候在家与家人也主要以汉语进行交流,目前布依语非常流利,显然是嫁到罗家寨以后学会的。另一人来自沙树,38 岁,水族②,自小以布依语作为母语,到罗家寨后仍主要使用布依语;12 岁的罗某,可能随母亲报成水族,目前也讲布依语。

杂居地区少数民族的一个共同特点是族际婚姻比较普遍,罗家寨一带散居的布依族也不例外。由于与其他民族通婚,造成家庭双语现象的产生;另外,在杂居地区,由于相邻的各村之间,布依族母语使用情况不均衡,村寨之间本民族内部婚姻关系的建立也常常会打破原有的语言使用格局。

不过,从调查材料看,目前罗家寨布依族母语的使用并没有因族际通婚和跨地区(跨村寨)通婚而受到太大影响。受访的 38 位女性当中,从外村嫁到罗家寨的在 20 位以上,除来自织金的郭某以外,其余的人母语都非常流利。

(三) 文化程度特征

70 位受访者中从文盲到大专以上各个受教育层次都占有一定的比例,其中小学文化程度的比例较高,共 30 人,占全部受访者的 42.86%。30 人当中,有 9 人为在校生,21 人为已经过了上学年龄目前在家务农的村民。文盲 14 人,占受访者总数的 20%;私塾 2 人,占 2.86%;初中文化程度 16 人,占 22.86%。上面四项合计共 62 人,占全部受访者的 88.57%。与此前所调查过的其他布依族村寨相比该村村民的总体受教育程度处于中等偏上的水平。但问卷调查和实地观察的结果都反映出,母语的掌握程度和文化程度的高低并没有必然的关系,除目前在校的两名小学生和一名中学生母语水平稍低,一名初中刚毕业的学生不懂母语以外,其他人无论什么文化程度,母语都非常熟练。从年龄上看,这些在校学生母语水平低的原因可能是由于语言环境造成的。由于村小学只办到四年级,学生五年级以后就得转到乡中心小学,条件好一些的家庭甚至要送到县城去读。无论在乡里还是在县城,都只能寄宿,长期脱离母语环境母语能力下降,这也是很常见的事。个别孩子不懂母语可能是家庭双语造成的。

(四) 母语习得途径

在罗家寨,家庭传授是母语(布依语)习得的主要途径,绝大多数家庭都以布依语作为唯一的或主要的交际工具,儿童在家主要使用布依语,但也有部分十几岁的人在入学前以汉语作为交际语言,或从小就通过家庭习得汉语,在与同龄人或村中本族人的交往中学会布依语。在

---

① 沙井乡是黔西县唯一的仡佬族乡,与五里乡相邻。这里的仡佬族已基本上放弃母语而转用汉语了。
② 黔西北一带很多布依族自称"水族",当地汉族也常常这样称呼他们,有些布依族直接申报成"水族",语言和习俗跟当地布依族没有什么区别。

70 位受访者中,以布依语作为第一语言的有 59 人,占全部受访者的 84.58%;以汉语作为第一语言的有 8 人,占全部受访者的 11.43%;同时学会布依语和汉语的有 2 人;另有 1 人同时学会汉语方言和普通话,目前不会布依语。

家庭双语是影响儿童母语习得的主要因素。而家庭双语现象多数情况下是族际婚姻造成的。调查问卷中所反映出来的族际婚姻家庭只有两个,一家与水族联姻,另一家与仡佬族联姻,但实际存在族际联姻的家庭应该不止这些。除族际联姻外,与不再使用本民族语言的布依族村寨联姻也是造成家庭双语现象的原因之一。家庭双语现象的出现使儿童在语言使用上存在双语并用或倾向汉语的可能。不过,在母语文化氛围浓郁的罗家寨,一些人尽管在童年时以汉语作为第一语言,通过与村中族人的交往,多数也能学会并熟练掌握母语。在以汉语作为第一语言的 8 位受访者中,19 岁以下的有 4 人,布依语水平都比较高,其中"非常流利"的有 2 人,"比较流利"的有 2 人。但也有一些儿童在家庭习惯使用汉语,入学后又以汉语作为主要或唯一的交际语言;有些儿童甚至到远离母语环境的城镇就学,长期脱离布依语环境,母语水平下降或完全放弃母语。如从小以汉语方言和普通话作为主要交际语言的 18 岁受访者罗德艳,初中毕业,目前听不懂布依语。

四　不同场合的语言选用情况

与所有散居地区的布依族村寨一样,罗家寨的布依族母语也主要在家庭和本村范围内使用。

(一) 家庭用语

家庭是母语使用频率最高的场合,详见下表。

表 3 – 22　罗家寨村民家庭内使用布依语情况表

交际对象 人数/比例	父亲及男性长辈	母亲及女性长辈	配偶或平辈	晚辈
人数	52/70	55/70	42/50	38/48
比例(%)	74.29	78.57	84	79.17

以上数据表明,在罗家寨布依族家庭中,晚辈与长辈之间,长辈与长辈之间,长辈与子女之间,用母语交流的比例都非常高,可见布依语是大多数家庭唯一的交际语言。不过在长辈跟晚辈的交流中,汉语的使用已渐渐成为一种趋势。通常情况下,女性是保存、使用母语最好的人群,多数地区的调查都证明了这一事实,但在罗家寨,情况却正好相反,在用汉语跟子女交流的 9 名受访者中,女性就有 8 人,而且年龄多在 40 岁以下,除 1 人不会讲布依语外,其余 7 人布依语水平都很高,这是罗家寨布依族母语传承过程中潜在的危机。

(二) 社区用语

布依语在村寨内部本民族成员之间的交际中也发挥着不可替代的作用。目前,罗家寨没有真正意义上的母语单语人。问卷反映出,仅以布依语作为交际语言的有 2 人,其中 1 人 15

岁,布依语水平一般,显然不可能是布依语单语人,另外 1 人 75 岁,但在做问卷调查时,与调查员之间基本上不存在不能沟通的问题。因此,可以说罗家寨的布依族除了极个别只能讲汉语的单语人以外,绝大多数是汉—布依双语人,有相当一部分人还能讲普通话。尽管如此,人们在村中仍以布依语作为主要的交际工具。在 70 位受访者当中,在村里与熟人交流时使用布依语的有 55 人,占 78.57%,所谓"熟人"既包括本村人,也包括来自外村的同族人,用汉语交流的有 9 人,占 12.86%。根据交际对象和交际场合的不同既使用布依语也使用汉语的有 5 人,占7.14%。在布依族地区农村,居住在同一个村寨而相互间不认识的情况极少见。因此,在村里碰到的"不认识的人"多数是邻近村寨或远方来的人,这种情况仍用布依语交流的有 28 人,用汉语交流的有 22 人,根据交际对象的情况交替使用布依语和汉语方言以及普通话交流的有 7人。用布依语的人数多于用汉语方言和普通话的人数。以上调查数据反映出,布依语在罗家寨所发挥的交际功能强于汉语方言,更强于普通话。

(三)跨社区用语

罗家寨周边也有一些目前仍保存使用母语的布依族村寨,村与村之间相互认识的同族人交流时,多数人选择布依语作为交际工具,用汉语交流的只占少数,个别人根据情况交替使用布依语和汉语;与不认识的人交流时用汉语的场合多于布依语。详见下表。

表 3 - 23　罗家寨村民社区外交际语言选用情况表

交际对象＼语言		布依语	汉语方言	布依—汉双语	布依语、汉语方言和普通话交替使用
熟人	人数	49	10	3	—
(62)	比例(%)	79.03	16.13	4.84	0
陌生人	人数	15	21	6	2
(44)	比例(%)	34.09	47.73	13.64	4.54

(四)其他场合的语言选用情况

五里乡的布依族人口虽然占全乡总人口的 30%左右,但都集中居住在中心村周边的一些村寨,其他地方居住得比较分散,而且有些村寨已经放弃本民族语了。因此,布依语也主要通行于罗家寨附近的一些布依族村寨之间,离开这一地区,布依语的使用频率就大大降低了。如在本地的农贸市场,即乡政府所在地五里,同族之间用本民族语交流的只有 8 人,占全部受访者的 11.43%;根据交际对象的情况,交替使用布依语和汉语的有 14 人,占全部受访者的 20%;而选择用汉语交流的则多达 45 人,占 64.29%;选择用普通话或普通话与地方汉语交替使用的有 3 人,占 4.29%;而到医院看病则只有 2 人选择使用布依语,8 人使用布依语和汉语,55 人选择使用汉语。此外,到本地政府部门办事等,汉语的使用频率都要远远高于本民族语。

布依语的在各种场合的使用可扼要归纳为下表。

表 3 - 24　罗家寨村民在各种场合交际语言选用情况表

语言 ＼ 场合	家庭	村中	村际	农贸市场	乡医院	政府部门
布依语	+ / -	+ / -	+ / -	- /+	- /+	- /+
汉语方言	- /+	- /+	- /+	+ / -	+ / -	+ / -
普通话	-	-	- /+	- /+	- /+	- /+

说明："+"表示"选用"、"-"表示"不选用"，位置先后表示频率次序。

五　语言文字态度

（一）语言态度

通过问卷调查和访谈，我们发现罗家寨布依族在语言态度方面总体上是开放的，人们一方面认识到母语在家庭和社区交际中具有不可替代的作用，同时也意识到汉语在不同地区、不同民族之间日常交际以及文化教育中所发挥的重要功能。村中几乎所有人都具备双语交际的能力，部分年青人和在校学生在语言能力方面第二语言（汉语）比母语强，个别人甚至已经丧失母语能力。在所有受访者中，74.29%的人认为自己的母语比汉语要流利一些；17.14%的人觉得自己汉语比母语强，其中有一半以上是在校中、小学学生，其余的人都具备初中以上文化程度；8.57%的人觉得自己的母语能力和汉语相当；有 1 人觉得自己的普通话讲得比母语和汉语地方话都好。受访者当中有 60%认为当地最便于交际的语言是布依语，20%的受访者认为汉语更方便一些，20%的受访者认为布依语和汉语都方便。不过，在村里人们更倾向于使用母语，在乡里或城里则倾向于使用汉语。50%的受访者认为布依语是当地最好听的语言，28.57%的人认为布依语和汉语都一样好听，15.71%的人认为当地汉语方言好听，7.14%的人认为普通话最好听。

在家庭语言的选用方面，77.14%的受访者倾向于本民族语，14.29%的人倾向于汉语，4.29%的人（3 人，均为在校中、小学学生）倾向于普通话，只有 2 人持无所谓的态度。在对待对子女转用汉语的态度问题上，符合回答问题条件的受访者共 48 人，其中对此持"高兴"态度的 18 人，占 37.5%；持"无所谓"态度的 28 人，占 58.33%，只有 2 人对这种语言行为持反对态度，其中 1 人对此感到"很不高兴"，1 人"有点儿不高兴"。对于子女外出打工或上学回家后不讲母语的现象，78.38%的受访者持"无所谓"的态度，5.41%的人对此感到"高兴"，16.22%的人对此感到"很不高兴"或"有点儿不高兴"[1]。母语能否继续传承，取决于传承者的价值取向。在子女没有充足理由，或换了环境就放弃母语使用的情况下，父母很少或者甚至没有表现出"不高兴"，部分人甚至表现出"很高兴"，大多数人抱"无所谓"态度，这是一部分人开始放弃母语的深层原因。

在学校，人们的交际语言主要是汉语，而且，大多数人在这一环境中也倾向于使用汉语，只

---

[1]　在所有 70 名受访者中，子女具备外出打工能力者最年轻的 36 岁，这一年龄以上的受访者共 37 人。

有个别人倾向于使用布依语,或在课堂上使用汉语,课后则使用布依语与本民族交流。在教学语言的选用问题上,54.29%的人倾向于汉语普通话,25.71%的人倾向于汉语地方话,没有人主张在学校教育中单独使用布依语,仅有个别受访者认识到母语在启蒙教育阶段的作用,主张在低年级用布依语辅助教学,三年级以后只使用汉语方言或普通话。

(二) 文字态度

在布依族散居地区,罗家寨布依族文化程度总体来说还算是比较高的。在 70 位受访者中,未接受过学校教育的只有 14 人,占受访者总数的 20%;有 80%的人接受过小学以上的学校教育,所接触、使用的文字主要是汉字。罗家寨布依族有本民族的宗教"经师",布依语称 /tɕaːŋ²⁴ sɯ³³/,主要职责是主持村中宗教节日的祭祀活动、本村和相邻村寨本民族的丧葬活动以及平时村中小型的祭祀仪式,如祈福禳灾等。他们用汉字记录布依语语音,将经文抄写成书,在各种仪式上吟诵。但人们对这种文字缺乏必要的了解,很少有人把它看成本民族的文字,而当它是汉字或汉字的变体,认识的人很少,能流利诵读的人更是少之又少。在 70 位受访者中仅 2 名经师对这种文字比较熟悉,另有 4 人认识其中的一些字,但多数字读不出来。有 14.28%的受访者知道有本民族文字(包括传统文字和新文字)。只有 4 人听说过或见过本民族的新创文字,有 2 人学习过新创布依文,其中 1 人参加民委组织的培训,1 人自学。可见,人们对本民族语言的了解和关注程度都非常低。在选择何种文字作为本民族的推行文字这个问题上,98.57%的受访者不置可否,仅有 1 人认为用拼音文字比较适合。此外,70.18%的受访者认为布依族应该有本民族文字,29.31%的受访者不置可否,仅有 1 位受访者认为没有必要。同样有70.18%的受访者认为,作为布依族的一员,应该学会本民族的文字;25.86%的受访者说不清是否应该学,仅有两位受访者认为没有必要学习。由此可见,尽管人们对本民族文字的现状了解不够,但对本民族文字的热情还是相当高的。

第六节　汉语强势型双语区语言使用特点

在汉语强势型汉—布依双语区,母语(布依语)是家庭和社区(村寨)唯一或主要的交际语言,多数情况下,人们在家庭交际中只用母语,但有不懂布依语的客人到家时家庭成员之间偶尔也转用汉语,社区语言交际中涉及第二语言的场合比较多。由于汉族比例较大,多数情况下又与布依族杂居,彼此往来比较频繁,而在汉语强势型双语区中的布依族绝大多数都兼通汉语,因此,用汉语交流起来比较便利。与不同村寨本民族之间的交流多数情况下用本民族语,但也有不少场合要使用汉语。在多民族参与的交际场合,基本上只使用汉语。学校教学语言使用汉语方言和普通话,极少使用布依语。

一　语言使用特征

（一）布依语在各种场合的使用情况

在汉语强势型汉—布依双语区，多数情况下布依语的使用范围要小于布依语强势型双语区，但也有个别地区母语交际面较广，与母语强势型双语区相当。

1. 布依语在家庭成员之间的使用情况

在汉语强势型汉—布依双语区，多数情况下，母语仍然是所有布依族家庭成员之间的交际语言，除了少数族际婚姻家庭以外，绝大多数家庭中，长辈仍向子女传授母语，儿童在与父母及家庭中其他长辈之间唯一的交流语言是本民族语。与来访的客人交流时通常视对方的语言条件而定，对方如果是本民族，而且会讲本民族语，则用本民族语与之交流，否则视为对客人的不尊重；如果对方是汉族或其他少数民族，或虽是布依族但不会布依语，则使用汉语。客人在场时，家庭成员之间的交流也可转用汉语。现在，人们对家庭成员在家庭语言生活中偶尔转用汉语并不是十分反感。在这方面与二三十年前的态度大不相同。不过总体而言，在家庭语言交际中，本民族语仍然发挥主要的作用，在部分地区甚至是唯一的交际语言。

我们在贵州省贞丰县北盘江镇、长田乡以及毕节地区黔西县五里乡的调查结果反映了目前在杂居地区的布依族家庭语言生活中母语所发挥的重要作用，详见下表。

表 3 - 25　贞丰县和黔西县部分村寨布依族家庭母语使用情况表

地区	使用场合	第一语言		晚辈对长辈		长辈对晚辈		夫妻之间	
		人数	比例(%)	人数	比例(%)	人数	比例(%)	人数	比例(%)
贞丰县	邑浩村	31/33	93.94	26/27	96.30	32/33	96.97	22/24	91.67
	坡色村	52/58	89.66	39/41	95.12	52/58	89.66	33/36	91.67
	者颡村	164/166	98.80	134/135	99.26	164/166	98.80	117/122	95.90
	长田乡	122/125	97.6	114/116	98.28	123/125	98.4	89/91	97.80
	金井村	94/97	96.91	80/83	96.39	95/97	97.94	72/74	97.30
黔西县	罗家寨	59/70	84.29	51/70	72.86	62/70	88.57	43/50	86
	城南村	30/40	75	23/32	71.88	32/40	80	22/29	75.86

说明：表中"人数"一列"/"前的数目为实际选择该项的人数，"/"后的数字为该项有效选项的总数。使用布依语的情况包括完全使用布依语和主要使用布依语同时兼用汉语，后者占极少数。

表中数据显示，在上述两个县的部分布依族村寨中，尽管在家庭语言交际中已经开始出现使用汉语的现象，但母语的使用比例仍然非常高，其中贞丰县 5 个点的家庭母语使用比例大多在 90% 以上，而黔西县两个点家庭母语使用频率稍低一些，均在 90% 以下，黔西城关镇城南村的布依族尽管几年前刚从库区迁入，但由于在城市环境中缺乏原来的民族文化氛围，母语使用频率明显降低。晚辈对长辈、夫妻之间使用母语交际的比例都不足 80%，长辈对晚辈用母语交际的也不是很高（见上表），而且，在调查中我们发现，迁入县城以后出生的人基本上都不再讲本民族语，母语的交际功能已经开始出现衰变迹象。

2. 布依语在社区本民族成员之间的使用情况

在汉语强势型双语区,多数布依族村寨依然是本民族聚居,布依—汉杂居村寨比较少,所以在村寨内部本民族成员之间,布依语在很多场合仍然发挥着非常重要的作用,除个别因家庭原因只能讲汉语的儿童以外,绝大多数人在村里与本村人交往时主要使用布依语。在校学生尽管与同伴之间习惯用汉语进行交际,但回到村中与长辈(尤其是女性长辈)讲话时,均改用布依语。在一些布依—汉杂居村寨,由于布依族在文化教育等方面相对强于本村甚至当地的汉族以及其他少数民族,布依语在村中也取得了权威的地位,汉族与布依族交际时常常也使用布依语。

贞丰县北盘江镇的金井村在当地是一个较大的布依族聚居村,全村 170 余户没有一户汉族,近年来因族际婚姻而出现了一些汉语单语人,但目前村中本民族成员之间的交流主要还是布依语。调查显示,有 95.83%的受访者在村中与熟人交流时倾向于使用本民族语,67.71%的受访者与到访的陌生人交流时使用布依语,18.75%的受访者视来访者的情况选择交际语言,只有 13.54%的受访者直接使用汉语。同样在贞丰县,长田乡长田村 100%的受访者与本村人交流时用本民族语,66.66%的受访者与到访的陌生人交流时使用布依语,15.15%的人使用汉语,其余的受访者则视对方的情况而定。

在汉语强势型双语区,儿童在入学前不懂汉语的情况不是十分普遍,因此,在村办学校布依语所能发挥的作用仅限于本民族儿童之间课后的交际。

3. 跨社区(村寨)语言交际中布依语的使用情况

在汉语强势型汉—布依双语区,尽管布依族的聚居程度没有母语强势型双语区那么高,但很多地区仍然好几个布依族村寨连成一片,而且相邻村寨布依族之间大多有一定的亲缘关系。有些地区,布依族村落群之间常常会交叉分布着一些汉族或其他少数民族村寨,这是多民族杂居区常见的现象,而被隔开的布依族村寨之间又常常通过联姻的方式相互联系。如 20 世纪七八十年代,贞丰县北盘江镇岜浩村好几户布依族家庭与远隔 50 多公里的兴仁县百德乡(现为新马场乡)的一些村寨建立姻亲关系,与 60 多公里外的关岭县断桥乡一些布依族村寨也有类似的关系,这些不同地区的布依族村寨之间,不仅距离遥远,而且中间有若干个汉族或其他少数民族的村寨相隔,但这样并没有影响他们之间用本民族语进行交际。

调查显示,在汉语强势型汉—布依双语区,不同村寨布依族成员之间的交际过程中,布依语所发挥的作用仍然非常重要。贞丰县北盘江镇和长田乡几个调查点布依族跨社区母语使用情况详见下表。

表 3 - 26 　贞丰县北盘江镇和长田乡各调查点跨社区布依语使用情况表

使用场合 调查点		与熟人之间交际		与陌生人之间交际	
		人数	比例(%)	人数	比例(%)
北盘江镇	岜浩	57/72	79.17	29/72	40.28
	坡色	44/58	75.86	28/58	48.28
	金井	91/97	93.81	63/97	64.95
	者额	92/109	84.40	53/109	48.62
	老凹山	46/57	80.70	27/57	47.37

长田乡	普子	27/29	93.10	20/29	68.97
	长田	29/33	87.88	19/33	57.58
	尖坡	28/30	93.33	20/30	66.67
	郎所	22/26	84.62	16/26	61.54

说明：表中"人数"一列"/"前的数目为实际选择该项的人数，后面的数字为该项有效选项总数。

调查数据反映出，在杂居区，不同村寨之间布依族使用母语的比例还是相当高的，其中与熟人之间使用母语的比例又高于与陌生人之间。相比之下，岜浩村和坡色村（均为自然村）使用母语的比例低于其他几个调查点，原因在于，岜浩村村民将近三分之一为汉族，而在整个行政村，汉族人口又占60%以上，属于典型的汉语强势双语村，因此在与外村人交流时部分人形成了以汉语为主的习惯，尤其是与陌生人之间的交流。坡色村虽然全村均为布依族，但其周边村寨也是汉族占多数。由此看来，周边环境民族人口的比例对跨社区母语的选用也会产生一定的影响。

而在散居地区，跨村寨布依族成员之间交流时，母语的使用比例更低一些，如黔西县五里乡罗家寨，村寨之间本民族熟人交流使用本民族语的占70%，陌生人之间交流使用本民族语的则只有20%。黔西县城移民村由于周边没有布依族村寨，因此在与非本社区的人（无论是同族还是汉族）交流时，除了汉语，别无选择。

4. 布依语在乡镇集贸中心的使用情况

在布依族杂居地区，布依族所占比例通常不到50%，除了主要聚居区以外，大多数地区分布的是汉族，偶尔有个别村寨杂居有苗族或其他少数民族，少数村寨为布依族与汉族杂居。以贞丰县北盘江镇为例，布依族主要聚居在者额、猫猫寨、金井等几个行政村，岜浩（行政村）为布依族与汉族杂居，另有几个村几乎没有布依族或仅有几户布依族，全镇总人口30872人，其中布依族14819人，占48.6%。与北盘江镇相邻的长田和平街两个乡布依族所占比例更低。因此，在乡镇集贸中心，说汉语的人从总体上要比说布依语的人多。在杂居地区的农村集市上，布依语的使用通常在本民族内部相互认识的人之间，而且老年群体使用母语的频率高于中青年群体。在老年人中，女性使用的频率又高于男性。青年人跟老年人讲话时一般也只用本民族语，但青年人之间有相当一部分渐渐习惯于使用汉语。随着布依族地区城镇化的发展，一些地区的乡镇集贸中心附近的布依族村寨开始出现以讲汉语作为一种时髦的倾向，有外族人在场时，青年人之间基本上不用母语交流，只有在家跟父母交际时才使用。在市场交易过程中，本民族之间的母语交际通常也只是在相互认识的人之间进行。如果交际对象有明显的民族特征，比如妇女服饰，那么即使不认识也可以使用母语，但一般都是买者对卖者之间为了便于讨价还价时才如此，绝大多数的青年人，在知道对方是本民族的情况下，也很少会主动使用母语。

贞丰、黔西两县布依族在当地集市母语使用情况如下表所示。

表 3-27 贞丰、黔西县布依族母语在当地集市使用情况表

使用情况 调查点		布依族母语使用			
		39 岁以下		40 岁以上	
		人数	比例(%)	人数	比例(%)
贞丰县	坡色	2/58	3.45	24/58	41.38
	金井	8/97	8.25	23/97	23.71
	者额	16/109	14.68	27/109	24.77
	老凹山	3/66	4.55	21/66	31.82
	尖坡	6/30	20	11/30	36.67
黔西县	罗家寨	9/70	12.86	13/70	18.57
	城南	3/41	7.32	5/41	12.20

说明:表中"人数"一列"/"前的数字为实际选择该项的人数,后面数字为受访者总数。由于选项没有限定交际对象的民族成分,因此部分受访者同时选择了布依语和汉语;部分受访者选择"视交际对象情况而定",可理解为"如果交际对象是布依族就用布依语,如果是汉族就用汉语";仅选布依语的只有少数人。以上三种情况我们都一概视为在集贸市场这一语言交际场景中使用了母语。

表中数据反映出,在布依族与汉族杂居地区,农村集贸中心的语言使用主要倾向于汉语,尤其是青年人使用母语的比例非常低。

5. 布依语在政府机构、学校和医院等场合的使用情况

在布依族与汉族杂居地区的乡镇一级政府机构和机关单位,布依族干部所占比例通常要低于聚居地区,如贞丰县北盘江镇和长田乡近几年布依族干部一般在 20% 左右。办公语言极少使用布依语,干部之间日常交际使用布依语的也比较少,通常只有彼此非常熟悉,而且非常必要的时候才会使用布依语。原因有三:其一,目前在乡镇一级工作的干部绝大多数是 20 世纪 80 年代出生,少数出生于 70 年代,60 年代以前的已经很少,这一部分布依族干部长期把精力投入到学习上,离开母语环境时间较长,布依语已经比较生疏;其二,散居地区的少数民族干部有个别人存在鄙视本民族母语和传统文化的心理,这种心理通常会对本单位的本民族同胞产生不良影响,觉得在其他民族面前使用本民族语言是一件丢脸的事,在人数比例占相对少数的情况下,这样的心理往往会占上风;其三,布依族本身对来自不同地区的本民族语言有一种排异心理,只要语音上稍有不同,就会拒绝用布依语交际。如此一来,在同一个单位,即使都是布依族,但来自不同地区,使用本民族语言交流的频率也非常低。这样的例子在杂居地区乡镇机关中比比皆是。如 20 世纪七八十年代,一位布依族青年举家从望谟县(布依族聚居区)搬到北盘江镇(当时的牛场区)工作,平时夫妇之间交流均使用布依语,当地布依族也基本上能听懂他们的语言,但却很少有人用本民族语跟他们交流。

政府机关中的布依族干部对外办公使用的语言主要是汉语,只有与前来办事者关系密切时才会使用布依语。布依族群众到乡镇政府机构办事时选用的语言通常根据接待人员的民族成分而定。由于布依族干部比例较低,因此使用布依语的比例也相对要低一些。通常情况下,老年人去政府办事时,如果对方恰巧是自己认识的本民族同胞,一般都主动使用本民族语,相

比之下,青年人使用母语的概率要低一些。

与杂居地区相比,在布依族散居地区,乡镇一级机关中布依族干部的比例要更低一些,如在黔西五里乡政府,目前仅副乡长罗志一人是布依族,虽然布依语比较流利,但平时几乎没有交际对象,只有当本村布依族到乡里办事或赶集时才有机会使用。威宁县新发乡与黔西五里的情况基本相同。

杂、散居地区医院的布依语使用情况与当地乡镇机关大体相同。有些乡镇医院基本上没有布依族医生或护士,布依族群众到医院看病也自然就没有机会使用本民族语了。

与机关干部相比,中心学校（包括中、小学）布依族教师使用母语交流的情况更少见,即使是20世纪四五十年代出生的布依族教师,平时相互之间交流也只用汉语,这可能跟他们所从事的职业与汉语打交道较多有关。另一个原因,在汉语强势型双语区,能读到乡镇中心学校的布依族学生第二语言（汉语）交际已经不存在障碍,布依族教师在教学过程中无须再用本民族语言进行辅助教学,从而养成了在工作中完全不用本民族语言的习惯。学生之间的交流也只有在课后才偶尔使用母语。

村办学校语言的使用情况因各村的具体情况不同而存在一定的差异。以北盘江镇岜浩村为例。该村为典型的布依—汉杂居村,目前有村办小学一所,学生近100名,布依族和汉族各占一半,教师4名全是布依族。学校教学基本上可以不用布依语,老师课后与本民族学生交流多数情况使用本民族语,本民族学生之间的交流也主要是本民族语,尽管也有部分汉族学生精通布依语,但与汉族学生之间的交流则使用汉语。相距4公里左右的金井村布依族聚居的程度要高一些,部分儿童在入学前汉语程度还很差,有些甚至还不会讲汉语,村办学校中布依族的比例也明显高于汉族,因此,在教学过程中有时要以布依语进行辅助,学生课后的交流也经常使用本民族语。

（二）语言人的母语能力与母语的表现力

与母语强势型双语区相比,尽管汉语强势型双语区布依语的使用场合和使用频率都要低一些,但人们的母语能力普遍看来还是比较高,母语表达形式仍然相当丰富、生动。在传统的社会文化氛围中,多数人都能借助母语精确地反映客观事物和概念以及自己的思想。通常情况下,老年人的母语水平和能力比青年人高,在一些比较偏远的村寨,偶尔还能找到极个别只会讲母语的单语人。但在很多地区,年轻人的母语本体结构已经发生了变化,能用母语演唱本民族民歌的人已经很少,只有少数人能用母语讲述本民族的长篇故事。人们使用母语仅仅为了满足日常的交际,在语言应用过程中缺少创新的成分。

1. 语言人的母语能力差异

在杂、散居地区,人们的母语能力普遍不及聚居地区,不同的年龄层次又有所不同。总体而言,在同一区域内,老年人的母语能力比青年人强,但不同年龄段的人群中,个体又有差异。在老年人当中,女性的母语能力强于男性。在一些比较偏远的村寨中,个别老年女性只懂本民族语言,而男性普遍都具有双语交际能力,一些长期离开母语环境的老年男性在用母语交际时也常常会表现出不能得心应手。但总体而言,老年人母语应用能力通常要比同一环境中的青年人强。首先,由于词汇量丰富,他们用母语表达的事物、概念以及表达的准确度上要高于青年人,而青年人面对同样的话题,往往会在词汇方面碰到障碍。比如,随着布依族地区自然生态环境的变迁,很多动植物以及与这些动植物相关的人类活动在过去的一段时间里从人们的生活中消失了,而与这些活动相关的语言材料在不同年龄段的人们头脑中留下的印象是不同的,老年人由于在他们年轻时经常接触这些动植物,并参与过与这些动植物相关的生产活动,如狩猎、伐薪等,在语言应用过程中,碰到相关的词汇时,信手拈来,非常得心应手。再如由于社会的发展,一些传统习俗发生了变化,与这些习俗相关的词汇对于年轻人来说已经很陌生,而在现代社会中,相关的活动又大多借用汉语。其次,老年人用母语交际的场合比青年人多。在家庭语言交际中,家庭成员就传统生活领域中的话题进行交谈时,均使用母语,而一旦涉及一些过去的话题,青年人常常插不上话,原因往往在于他们的语言能力不足以应付这类谈话内容。在社区范围内的语言生活中,老年人之间的话题也主要围绕农事或者陈年旧事,使用的都是母语。而青年人的话题多围绕现代生活,尤其是现代化的城市生活、打工经历、娱乐玩耍等,涉及的汉语词汇比较多,有时干脆直接转用汉语。其三,与老年人相比,绝大多数青年人的母语结构已经发生了变化。以贞丰县北盘江镇一带(属于布依语第一土语)为例,语音方面,多数年轻人已经发不出鼻音韵尾-m和塞音韵尾-p、齿间辅音/θ/、/ð/等。例如:

汉语	青年人读音	老年人读音	音变情况
饱	?in^{24}	?im^{24}	-m 变-ŋ
三	sa:ŋ^{33}	θa:m^{33}	-m 变-ŋ、θ-变 s-
栽	?daŋ^{33}	?dam^{33}	-m 变-ŋ
水	zaŋ^{42}	ðam^{42}	-m 变-ŋ、ð-变 z-
捡	tɕik^{35}	tɕip^{35}	-p 变-k
(天)黑	lak^{35}	lap^{35}	-p 变-k

语法方面,在用母语进行交际的时候,年轻人往往借用更多的汉语语法结构,如当修饰式短语中有现代汉语借词时,年轻人倾向于直接照搬汉语的结构,而老年人倾向于用布依语固有的表达形式,"国家的土地",年轻人:"$\text{kue}^{31}\text{tɕia}^{33}\text{te}^{33}\text{zi}^{11}\text{na}^{31}$",老年人:$\text{ði}^{11}\text{na}^{31}\text{kue}^{31}\text{tɕia}^{33}$。

宗教职业者的母语能力要强于普通人。布依族宗教经文中蕴涵着大量日常口语中已经不用或者很罕见的布依语词汇,布依族宗教职业者——布摩经常接触这些经文,多数布摩(尤其是不识汉字者)甚至能把经文内容背诵下来,经文中丰富的词汇也对他们日常生活语言产生了影响,使他们成为母语最熟练的人群。

在青年人当中,不同性别在母语使用上没有体现出太大的差异,不过,在多语环境中,女性的语言使用能力通常比男性强。

2. 母语的使用主要满足日常生活中的交际需要

20 世纪 90 年代以后,随着"外出打工"潮的兴起,在布依族村寨中,中学毕业(部分人甚至只读完小学)没有继续上学的青年人绝大多数都涌向大城市,涌向沿海地区。布依族地区传统的社会生活发生了很大的变化,传统的娱乐方式、社交礼仪悄然退出社会舞台。过去男女青年在赶集日、各种传统节日以及立新房、结婚等喜庆场合"浪哨"、"浪冒"[1]已经不再流行,人们成群结队通宵对歌的盛况已经很难见到。在多数地区,除少数人,甚至极个别 50 岁以上的妇女还能用本民族语唱上一两首民歌以外,绝大多数人已经完全遗忘了[2]。二三十年前,四十几岁甚至更年轻的母语人都能讲长篇故事,而且语言生动优美,但今天,在布依族村寨中,即使是六七十岁的人已经不怎么善于用本民族语叙述长篇的故事了。今天在布依族杂、散居地区,布依族母语的主要功能是日常交际。由于缺乏书面语言,又少了民间文学这块提供丰富语言素材和锤炼语言的沃土,语言的表达形式明显有些单一。

二 汉语及其他语言的使用

(一)汉语的使用特征

在汉语强势型汉—布依双语区,汉语在人们日常的语言交际中所发挥的作用要大于布依语,它不仅是不同民族之间的交际用语,在局部范围内甚至是布依族成员之间的交际用语,个别家庭甚至出现了布依—汉双语并用的现象,少数布依族家庭开始出现了汉语单语人。以下是汉语在这一类型的双语区的主要应用领域。

1. 学校教学与交际

在布依族杂居地区的乡镇一级学校,汉语是学校教学唯一的语言,只有在极个别的情况下,在小学低年级,懂当地少数民族语言的双语教师偶尔采用民族语对汉语程度较差的学生进行个别辅导。通过我们对部分杂居地区的学校进行调查了解到,在中学阶段,语文课和外语课使用普通话教学,其他科目采用当地汉语方言,个别年纪大的老师教授语文课时也用汉语方言,只有朗读课文时才用普通话。小学阶段特别强调普通话教学,但也仅限于语文课。在村办学校,包括语文课在内的所有课程主要使用当地汉语方言,普通话只用于朗读。在一些布依族居住比较集中的村寨,课堂教学语言以汉语为主,但教师要随时用布依语进行提示或辅助解释,尤其是对低年级学生。随着学校学生民族构成的不同,学生课外交流的语言使用情况也不尽相同。在乡镇中心学校,汉族学生所占比例通常高于其他民族,交际语言自然以汉语为主;来自不同村寨的布依族学生之间的交流多数情况下也使用汉语;只有关系非常好,而且交谈的内容不想让其他在场的人知道时才使用本民族语。布依族与汉族杂居的村办学校,课后学生之间或师生之间的交际语通常是双语,布依族学生与本民族师生交流时使用母语,与汉族交流是使用汉语。老师与学生之间交流,高年级主要使用汉语,低年级以母语为主。在布依族聚居

---

① 布依族男女青年之间的一种社交活动,布依语分别为 naŋ³³saːu²⁴, naŋ³³ʔbaːu³⁵,意为谈情说爱。

② 在一些杂居地区,如贞丰县的北盘江镇一带,20 世纪七八十年代多数布依族村寨还保持着较浓郁的本民族传统文化氛围,当时十四五岁的男女青少年绝大多数都"能言善歌",而这些人今天已经 50 来岁。

村寨的村办学校,学生之间课后交流则很少使用汉语。在布依族与其他少数民族杂居村寨的村办学校中,不同民族学生之间的交流语言为汉语。

表3-28 贞丰县北盘江镇和长田乡几个调查点受访者学校交际语言选用情况表

调查点	语言	汉语方言		普通话		布依语	
		人数	比例(%)	人数	比例(%)	人数	比例(%)
北盘江镇	金井	14/37	37.84	9/37	24.32	14/37①	37.84
	坡色	23/33	69.70	4/33	12.12	6/33②	18.18
	者颡	27/46	58.70	7/46	15.22	12/46③	26.09
	老凹山	10/20	50	5/20	25	5/20④	25
	岜浩	6/13	46.15	0	0	7/13⑤	53.85
长田乡	长田	8/15	53.33	2/15	13.33	5/15⑥	33.33
	尖坡	6/12	50	4/12	33.33	2/12⑦	16.67
	普子	8/12	66.67	1/12	8.33	3/12⑧	25

说明:表中"人数"一列"/"前的数字为某一答案的有效选项人数,后面的数字为受访者总人数。

总体而言,在学校教学语言和交际语言的选用方面,人们无论是在语言态度还是在语言行为方面都倾向于汉语,即使有少数人倾向于本民族语,也只是有条件地使用,而不是任何场合都使用本民族语。

2. 乡镇政府机关办公与交际

在汉语强势型双语区,汉语是乡镇以上政府机关的唯一的工作语言,机关部门开会要用汉语,各种公文、报告用汉语文,对外办公只用汉语,很多服务机构还要求用普通话对外办公,机关中布依族干部之间日常交流多数情况下也用汉语;布依族群众到机关办事主要使用的也是当地汉语方言,只有遇上比较熟悉的本民族干部时才用母语。由于杂居地区布依族母语单语人比较少,很少有听不懂汉语的情况,因此,汉族干部到布依族村寨一般不需要带翻译,更不需要自己学习布依语。贞丰县长田乡的调查结果显示,有72.63%的布依族群众到乡政府办事时使用汉语;4人使用布依语,其中2人为布依语单语人,2人汉语能力较低;21.05%根据办公人员的民族和语言使用习惯来确定选用什么语言,通常为布依语和汉语;只有极少数人在这种场合选择使用普通话。北盘江镇者颡村⑨布依族聚居程度高于整个长田乡,但人们到镇政府

---

① 10人选择布依语;3人选择以布依语跟同学交流,以汉语方言或普通话跟老师交流;1人选择视情况而定,即根据对方的民族成分选择交际语言。

② 3人选择布依语;2人选择视交际对象的情况而定;1人选择上课使用汉语,下课用布依语。

③ 9人选择布依语;1人选择上课使用汉语,课后使用布依语;1人选择主要使用布依语,有时使用普通话;1人选择跟同学讲布依语,跟老师讲汉语。

④ 1人选择布依语;4人选择平时使用布依语,上课使用汉语。

⑤ 5人选择布依语;2人选择上课使用汉语,课外使用布依语。

⑥ 4人选择布依语;1人选择视情况而定,即根据交际对象的民族成分确定选择交际语言。

⑦ 均选择课堂使用汉语,课后使用布依语。

⑧ 1人选择布依语;2人选择课堂上使用汉语方言或普通话,课后使用布依语。

⑨ 行政村,包括上文表中的者颡和老凹山两个自然村。

办事时选择使用汉语的比例仍然很高。在全部受访者中，有 68.31% 的人选择使用汉语，23.24% 的人根据交际对象而定，只有 7.04% 的人选择使用布依语，而且其中绝大多数是女性。

3. 农贸市场上汉语的使用情况

在杂居地区农贸市场上，汉语发挥的交际功能远远大于布依语，不仅在不同民族之间，在布依族内部通常也使用汉语。在市场交易过程中，当交易在不同民族之间进行时，汉语是唯一的媒介。当交易在布依族之间进行时，分三种情况：（1）双方互不相识。又分两种情况：如果交际双方都是青年人，直接使用汉语；如果双方都是老年人，而且通过服饰或口音可以判断对方是本民族时，使用本民族语。在这种情况下，通常是购物的一方主动使用母语。（2）双方虽然认识，但交往不深。也分两种情况：如果双方都是青年人，一般直接使用汉语，除非有一方有意识地想把关系拉近；如果双方都是老年人，而且都是女性，一般使用本民族语言。（3）双方特别熟悉，在这种情况下，汉语交际一般只出现在青年人之间。在杂居地区，多数青年人，尤其是有外出打工经历的青年人在公共场合倾向于使用汉语。但如果双方来自同一个村，或其中一方平时主要使用母语，则用母语进行交流。贞丰县北盘江镇者颡村（行政村）的调查发现，有 57.67% 的受访者在本地集市上最喜欢使用汉语，而在布依族同样居住得相对集中的金井村，则高达 65.63%。

4. 社区（村寨）或社区之间汉语的使用情况

在汉语强势型双语区，村寨内部汉语的使用情况各异，甚至同一个地区的不同村寨不尽相同，这与该地区或该村的语言使用传统有关。在一些地区或一些村寨，尽管布依族居住相对集中，而且母语保存得也比较完好，但汉语在村民当中的使用却相当普遍。青年人之间的交流主要使用汉语，在校生回到村里与同伴之间的交流也以使用汉语为主。这些村寨的青年人与外村本民族之间基本上只讲汉语，除非有求于对方时才用本民族语。这样的村寨通常都离当地的集市或汉文化中心较近。如贞丰县北盘江镇周边的几个布依族村寨，20 世纪五六十年代就已经出现以汉语为主要日常交际工具的情况，到了七八十年代，大多数人放弃了母语，目前主要使用汉语。90 年代中期以后，随着当地城镇化的发展，又出现了一批这样的村寨。

另有一些地区或村寨，尽管布依族居住相对分散，或以少量的布依族杂居于汉族或其他少数民族之间，但汉语的使用仅限于不同民族之间，或有汉族参与的交际场合，本民族内部交流一般只用布依语。

5. 家庭成员之间汉语的使用情况

20 世纪 80 年代中期以来，尤其是 90 年代"打工潮"的兴起，杂居地区布依族与外民族之间联姻的现象逐渐增多，汉语的使用逐步从社会渗透到家庭，有族际婚姻的家庭从母语单语家庭变成双语家庭。异族配偶之间的交际只能使用汉语方言，有时甚至使用普通话。他们的后代通常也是汉语单语人，只讲汉语方言或普通话，祖父母为了与第三代交流，在家庭语言使用中也不得不做出一些让步。但也有将第三代培养成双语人甚至主要使用布依语的情况。

有些家庭，尽管夫妻双方都是布依族，但在对后代的语言教育上也采取了异乎寻常的举动,他们用汉语,而不是用母语对子女进行教育,这样的家庭通常是夫妻双方或一方在当地学校或机关单位工作。他们的子女虽然多数情况下在村里生活,但只讲汉语。

6. 民间文学和宗教祭祀场合的汉语使用情况

在杂居地区,布依族民间文学受到汉语深刻的影响,很多民间故事、神话直接用汉语讲述;但最典型的是民歌,很多地区,20 世纪七八十年代存在布依族民歌和汉族民歌并存的现象。在贞丰北盘江、长田一带,布依族用汉语演唱的民歌大致有两种曲调:一种与当地汉族完全一样,唱腔比较高昂,歌词以七言为一句,四句为一首,押一、二、四句的尾韵;另一种曲调稍微低沉、舒缓,与本民族民歌的唱腔比较接近,虽然也用汉语演唱,但词汇和句法特征常常流露出布依语的痕迹。在兴仁、关岭一带还流行一种叙事性的民歌,歌词句子长短不一,不押韵,就像日常生活的口语一样,但应用不少排比、比喻的修辞手段,唱腔比较高昂。

杂居地区布依族多数目前仍有本民族的宗教,各种宗教仪式主要用本民族语,但部分地区由于受道教的影响,从日常宗教祭祀到丧葬活动,都采用道教的礼仪。因此,在这些地区的宗教场合,人们主要用的是汉语。

(二) 汉语的语言交际能力及结构特征

在杂居地区,人们的汉语能力普遍较高,绝大多数人在汉语应用方面与当地汉族没有太大区别,差异通常表现在受教育程度方面,即对于大多数人来说,只有汉语知识水平的不同,没有汉语语言交际能力的不同。但在布依族居住相对集中的村寨,多数人,尤其是部分老年妇女和受教育程度相对较低的中年妇女,在使用汉语进行交际时会表现出一些与当地汉族不同的特征。

首先在语音方面,多数人不能正确区分辅音的送气与不送气,一部分人不能发送气辅音,因此,常常把该读送气音的读成不送气,一些不该读送气音的读成送气。例如:

汉语词	正确发音①	发音偏误	音变情况
车	tshe⁵⁵	tse⁵⁵	tsh—ts
瓶	phin³¹	pin³¹	ph—p
跑	phao⁵¹	pao⁵¹	ph—p
太(阳)	thai²⁴	tai²⁴	th—t
客气	khe³¹tɕhi²⁴	ke³¹tɕi²⁴	kh—k、tɕh—tɕ
倒退	tao²⁴thui²⁴	thao²⁴tui²⁴	t—th、th—t
领导	lin⁵¹tao²⁴	lin⁵¹thao²⁴	t—th
北京	pe³¹tɕin⁵⁵	phe³¹tɕhin⁵⁵	p—ph、tɕ—tɕh

类似的发音偏误在当地汉族母语人以及汉语较熟练的布依族人口语中一般不会出现。

---

① 地方汉语的发音,以当地汉族母语人的发音为准。

词汇方面也经常会出现一些用法上的问题，如使用不得体等。

语法方面，偶尔会出现语序颠倒的情况，如按照布依语的构词方式来构造汉语词汇、虚词用法不当等。

但总体而言，与布依族聚居地区相比，在汉语强势型汉—布依双语区，布依族母语人的汉语水平和汉语交际能力普遍要高得多。

在汉语文教育方面，杂居地区也普遍高于聚居地区，一些布依族村寨的汉语文教育水平在当地甚至比一些汉族村寨还要高。

（三）其他语言的使用特征

在汉语强势型汉—布依双语区，除布依语和汉语以外，还有苗、彝、仡佬等少数民族语言。

与布依族杂居范围最广的少数民族是苗族，苗语分黔东方言和川黔滇方言。贵州省黔南、黔西南两个布依族苗族自治州、安顺和六盘水两个地级市以及毕节地区都有布依族与苗族杂居的情况。上述地区的苗族仍完整保存使用本民族语言，在个别地区对布依族产生一定影响，如贞丰县龙场镇一些布依族村寨，大多数布依族人都会讲当地的苗语（黔东方言），部分人苗语讲得比布依语还要流利。安顺市普定县猫洞乡一带的布依族也有会讲当地苗语的。

仡佬族在贵州省黔西南州的贞丰、册亨、安龙、晴隆、安顺市的关岭、镇宁、普定、西秀、平坝、六盘水市的六枝等县（区）都有与当地布依族杂居的情况，而且这些地区的仡佬族都还保存使用本民族语言，分别属于该语言的四个方言，其中贞丰连环乡及与之毗邻的册亨县坡妹镇一带的仡佬族母语比较熟练，与当地布依族关系也比较密切，多数人都会说当地的布依语，但布依族会讲仡佬语的却并不多，只有少数人能讲一些比较常用的日常用语，而且不经常使用。其他地区布依族讲仡佬语的也比较少。

彝族在六盘水市和黔西北一带与当地布依族形成杂居。在这些地区，可以说，凡是有布依族分布的乡镇都有彝族。贵州西北部的彝族多数都还保存使用本民族语言，属彝语的东部方言，但除六盘水市的部分乡镇的个别布依族村寨以外，在大部分地区，彝语对布依族的影响都比较小。

第四章 母语濒危现象个案研究^①

第一节 母语濒危及消亡现象地区分布

一 母语濒危现象的地区分布

目前,布依语三个土语区分别都有一些村寨处于母语濒危状态,其中第二土语濒危现象的分布范围较广,黔南州的平塘、都匀、惠水、贵定和龙里等县,贵阳市所辖的各县、区和市,安顺市的平坝县和西秀区等都有不少布依族村寨中年以下的人不再使用本族语;第一土语的母语濒危现象也很突出,但分布比较零散,黔西南州安龙、兴义、贞丰、兴仁、望谟等县的局部地区,安顺市的关岭县局部地区,黔南州独山县中部等都有一些村寨布依族母语存在较为严重的代际传承问题。相比之下,第三土语母语濒危的范围比较小,目前水城县北部少数村寨只有个别老人还在使用布依语,普安、盘县等县的一些村寨也有中青年以下放弃使用母语的现象。

布依族母语濒危现象按程度不同可分为两种类型:一类为交际功能衰变型,另一类为濒临消亡型。

(一) 交际功能衰变型及其分布

交际功能衰变是语言濒危的初显阶段,表现为使用人口、交际场合趋于减少,交际范围趋于缩小,母语使用者高龄化现象显著,代际传承问题非常突出等。在很多布依族地区,目前本族语虽然还在一定范围内通行,但大多是四五十岁以上的人在有限的场合就传统生活领域中的一些话题交谈时使用,且以女性居多,中青年人掌握母语的人很少,而且不熟练。在布依语的第一、第二土语区都存在类似的情况。

1. 第一土语区

第一土语区有相当一部分地区出现布依族母语交际功能衰变的现象。

黔西南州贞丰县龙场镇的部分村寨,目前只有 40 多岁的人掌握使用母语,年轻人绝大多数已经转用汉语,北盘江镇个别村寨也有类似情况,如镇政府周边的坡厂街上、新寨、这吉等布

---

① 本章重点对布依族母语交际功能衰变及濒危现象进行个案研究,目前已经完全放弃母语,即母语消亡现象只列举出其分布地区,并简单说明形成母语消亡的原因,不进行详细的个案分析。

依族村寨（有些是布—汉杂居村寨），20 世纪 60 年代就已经不再向后代传授母语，如今四五十岁的中年人以及他们的子女都已经不会讲布依语，母语的交际只在老年人当中进行。兴仁县巴玲、大山、潘家庄、纳壁等乡镇，安龙县的龙山、普坪、德卧、戈塘等乡镇也有情况比较类似的布依族村寨。望谟县是黔西南州最大的布依族聚居县，绝大多数地区属母语强势型双语区，但距县城西北仅 5 公里的岜赖村情况却大不一样。该村属汉族和布依族杂居村，其中布依族人口占三分之二。目前 20 岁以下母语讲得流利的人已经不多，有相当一部分青年人听得懂本民族语，但不会说。人们日常生活中主要用当地汉语方言进行交流。

黔南州南部各县的布依族均使用第一土语，其中，罗甸县东部的个别乡镇存在母语濒危的现象，多数村寨只有 70 多岁的老年人会讲布依语；平塘县布依语第一土语主要分布在县境的南部地区，20 世纪 50 年代调查时西凉、凯西（现属都匀市）一带还能调查到比较完整的布依语材料，说明当时那些地区布依语保存、使用情况比较好，但近年来，仅四寨一带还有少数村寨中的部分人保存、使用母语；独山县中部的上司、下司、甲里、基长等乡镇布依族分布比较集中，但多数村寨只有 50 岁以上的老年人会讲本民族语，青年人多数能听得懂，只有个别人讲得比较流利，儿童一般只讲汉语；相比之下，荔波县是目前黔南州布依语保存最好的县，但城镇周边的一些布依族村寨，母语的交际功能已出现衰退现象，出生在城镇或长期生活在城镇的大多数人已放弃母语。

2. 第二土语区

第二土语区母语交际功能衰退现象最为突出。

（1）黔南布依族苗族自治州

黔南州惠水县中部、东部和北部地区布依族所使用的母语属第二土语。20 世纪 50 年代调查时，当地布依族还处于母语强势型双语区，个别村寨甚至还有不少只会本民族语言的单语人。目前，这些地区绝大多数人在日常生活中已经不用母语，部分村寨中老年人还懂母语但日常交际以汉语为主，母语仅限于家庭使用。贵定、龙里两县目前除少数地区还通行汉—布依双语以外，绝大多数村寨只有四五十岁以上的人才在有限的场合使用母语。

（2）贵阳市

贵阳市周边各区分布有将近 20 万布依族，其中花溪、乌当、白云等区分布较为集中。

花溪区有布依族 41446 人，占全区总人口的 12.2%，主要分布在贵筑、青岩、孟关、小碧、湖潮、黔陶和马岭等乡镇，目前全区境内大多数布依族村寨母语处于交际功能衰退状态，通常只有 50 岁以上的老年人掌握使用得比较好，但仅限于同龄人之间交际，家庭、社区都以汉语为主要交际工具。

乌当区有布依族 23597 人，占全区总人口的 7.3%，偏坡和新堡两个布依族乡分布较为集中，其中偏坡乡全乡总人口 1820 人，布依族人口占其中的 96.5%，新堡乡总人口 5746 人，布依族占 58.6%。在语言使用方面，均处于交际功能衰变状态。相比之下，偏坡乡情况要稍好一些，目前 20 岁左右还有个别人会讲本民族语，但由于使用的频率低，不是十分熟练。新堡乡布依族熟练掌握母语的人一般在 50 岁以上,这个年龄段以下懂母语的人占极少数。

白云区有布依族 15116 人,占总人口的 8.0%,主要分布在牛场和都拉两个布依族乡,其中牛场乡总人口 12418 人,布依族人口占 17.80%,集中分布在大林、石垄、瓦窑、新家田等村。目前瓦窑村、石垄村的白岩等布依族村寨还有部分人使用母语,但年龄大多在 50 岁以上,也主要是老年人在一起聊天时才使用。

贵阳市其他区县(市)布依族母语使用情况与上述三个区类似,修文、开阳、息烽三县布依语保存使用情况不是十分理想,多数地区目前已经不再使用布依语,仅个别偏远村寨有少数老人掌握一些简单的日常用语。清镇市有布依族 25017 人,占全市总人口的 5.3%,集中分布在麦格苗族布依族乡和王庄布依族苗族乡,其余各乡镇也有分布。目前,少数村寨 60 岁以上的老年人还使用母语,全村使用母语的情况已基本上不存在。

(3)安顺市

安顺市平坝县布依族集中分布的几个乡镇中,除羊昌乡和白云镇的路塘村目前母语保存使用得较好以外,其他多数乡镇,如活龙、蒙古等都已处于母语交际功能衰变状态。西秀区南部杨武、鸡场、新场、龙宫等乡镇中的绝大多数布依族村寨,目前只有 40 岁以上的人还在讲布依语,中青年人已基本放弃母语而转用汉语。

(二)濒临消亡型及其分布

在母语濒临消亡的地区,家庭、社区(村寨)内部一般不用布依语进行交流,掌握母语①的人一般都在 60 岁以上,个别村寨有 50 岁以下还能讲的,但大多只会讲一些简单的日常用语,多数人只听得懂不会说,平时只有老人聚在一起聊天时才偶尔讲几句。目前,布依族母语濒危区主要出现在第二土语区,即贵阳周边地区。第一土语区也有个别地区。第三土语区目前只有六盘水市个别村寨属于这种情况。

语言交际功能衰变是语言濒危的前奏,因此,在上述出现母语交际功能衰变的布依族地区,也同时存在母语濒危的情况。

1. 贵阳市

贵阳市周边的花溪、乌当、白云、小河等区县目前都有不少布依族村寨母语已经出现濒危。白云区牛场布依族乡的大林、新家田等村目前只有少数 60 多岁的老年人掌握母语,而且多数是女性,她们大多是从母语保存使用得较好的地区嫁过来的。新家田村目前母语比较熟练的 4 位老人均为女性,年龄也都接近 80 岁。白云区都拉乡全乡总人口 7620 人,其中布依族人口有 3962 人,占全乡总人口的 52%,小河、冷水和上水三个村(行政村)布依族分布较集中,均占本村总人口的 80% 以上。都拉乡布依族目前掌握母语的大多是女性,从外地嫁过来的比较多,男性懂母语的一般都在 70 岁以上。平时除少数妇女在聚会时偶尔说几句以外,基本上不

---

① 包括还记得或通过回忆能想起一些常用词汇,能讲一些简单的日常用语,但无法进行母语交际的情况。

用于交际。乌当区新堡乡绝大多数村寨布依族母语处于濒危状态。例如该乡上陇脚村距乡政府所在地约 7 公里，位于当地著名的旅游区香纸沟，全村目前会讲布依语的不足 10 人，年龄都在 60 岁以上，其中多数只会讲比较简单的日常用语，60 岁以下的人多数只听得懂一些，但不会说。周边多数村寨情况类似。

2. 黔西南布依族苗族自治州

黔西南州布依族主要使用第一土语，大多数地区属于母语强势型布依—汉双语，但目前也有相当一部分地区布依语正处于濒临消亡的阶段。

兴义市布依族主要分布在顶效、马岭、巴结、清水河、万屯等乡镇①，但目前除巴结镇沿南盘江一带的布依族还使用本民族语言以外，其他多数地区都已经转用汉语，只有少数村寨部分 70 多岁的老人还能讲一点简单的日常用语。安龙县龙广、普坪、戈塘等乡镇，贞丰县龙场、小屯等乡镇，兴仁县的巴玲、回龙、大山等乡镇的一些布依族村寨中，目前只有 60 多岁的老人掌握母语，但已经不用作日常交际，只有老人聚在一起闲聊时偶尔讲几句，或在一些比较特殊的场合使用，如在祭祀仪式上用布依语念诵几句祭词。

3. 六盘水市

六盘水市水城县北部金盆乡一带布依族居住比较分散，在当地是主体民族，甚至在少数民族当中所占比例都比较低。该乡罗家寨 20 世纪 50 年代调查时还能收集到比较完整的布依语材料，80 年代再次调查时布依语的交际功能已经出现严重衰变，只有少数 40 多岁以上的中老年人使用。目前，掌握母语的人多数已经 60 多岁，日常生活中已经不再使用母语。

二　母语消亡现象的地区分布

布依族母语消亡包括两种情况：第一种情况是，在一些布依族地区，目前虽然已经没有母语人，但有相关资料记载或在人们的社会生活中反映出历史上曾经有母语的存在；第二种情况是，在一些布依族地区，目前社会生活中没有任何痕迹能反映出历史上这里的人们曾经使用过本民族语言，但人们有一定的民族意识，而且社会生活习俗中反映出一定的民族文化痕迹。

布依族母语消亡的现象在各地区都存在，尤其以第一土语区范围最广。

黔西南州兴义市布依族目前用本民族语作为交际工具同时兼通汉语的人约占该市布依族总人口的 30%，主要使用汉语同时兼通本民族语的人约占 10%，而有 60% 以上的人已经放弃本民族语言。在很多布依族村寨，甚至成片聚居的布依族地区，很难找到一个会讲本民族语的。20 世纪 80 年代中期，笔者曾在兴义城区周边做过田野调查，当时在其城北一个小村发现一对 70 多岁的老年夫妇还能讲一些简单的日常用语，并收集了一些词汇，据了解，他们是村中唯一一家会讲布依语的。20 多年过去了，如果两位老人还健在，估计也无法再把母语传给他

---

① 根据兴义市民宗局提供的人口数据，这几个镇的布依族人口都接近或超过 1 万。

们的后代了。同一时期,中国社会科学院在该市坪东乡东贡村坡贡居民组①就布依族语言的使用情况进行了抽样调查,在 96 位受访者中,只有 1 人懂布依语,4 人略懂,其余 91 人不懂本民族语,调查结果与笔者的基本相同。该市顶效开发区也有一些布依族聚居村寨,如查白场是远近闻名的布依族文化旅游点,但那里的布依族已经不再使用本民族语言。

安龙县有几个乡镇的布依语目前正处于濒临消亡的状态,而就在同一地区,有不少布依族村寨母语的消亡过程已经完成,不少老人尚能回忆起他们的父辈、祖父辈使用母语的情形。贞丰县龙场镇何家寨一带的布依族 20 世纪 70 年代初母语就已严重濒危,目前只有极个别的老年人能回忆起少量单词。兴仁县部分乡镇的一些布依族村寨的情形比较相似,在一些地区,尽管目前已经没有人使用母语,但一些宗教职业者仍在祭祀仪式和丧葬活动中沿用祖辈传下来的经书,虽然他们大多不懂经书的内容,但念起来还是有板有眼的。

晴隆县布依族主要使用布依语第三土语,分布在县境东部和北部,属母语强势型双语区。县境南部的地久、箐口、屯上等地区的布依族过去曾经使用过布依语第一土语,但目前已经转用汉语②。

黔南州的平塘、都匀、独山使用布依语的地区大多已转用汉语,有些地区 20 世纪 50 年代语言调查时还有人在使用,说明是最近一二十年才消亡的,但有些地区目前人们已经很难追溯前人使用母语的情况,尤其是独山县北部和与都匀市西南部相邻的地区,从目前情况看,只有一些民间习俗可以证明这些人与布依族有一定的关系,如多数地区都过布依族的传统节日"六月六"。

第二土语母语消亡现象主要出现在黔南州和贵阳市的北部三县和毕节地区。

黔南州平塘县东北部的布依族过去使用的是布依语第二土语,相连的都匀市西部与其语言比较相近,20 世纪 50 年代调查时这一地区有两个点,语言材料都比较完整,说明当时母语保存使用得比较好。目前这一带除少数村寨还有少数人掌握布依语以外,大多数村寨都已经转用汉语。惠水县中部和北部多数乡镇也有类似情况。贵阳市北部的开阳、修文和息烽三县多数布依族村寨目前母语也已经消亡。

毕节地区属布依族散居区,人口分布较多的黔西、织金有一些布依族聚居村寨,但目前除少数地区还保存使用母语以外,多数地区都已转用汉语。黔西县的钟山乡是该县两个布依族乡之一,有布依族人口 3882 人,占全乡总人口的 15.32%,主要分布在治中村(原治中布依族乡)。2006 年在该村调查时,全村除两位从五里乡嫁过来的妇女能讲布依语以外,其他人都已经不讲了,只有几位 70 岁左右的老人还记得一些常用词,一位 60 多岁的老年妇女能唱布依语民歌,但不知道歌词的意思。

大方、金沙等县多数布依族村寨也已经放弃母语转用汉语。

第三土语母语消亡现象出现在水城北部布依族散居地区,如该县金盆乡的锁蒿村一带的

---

① 20 世纪 80 年代中期的行政建制,目前已有所变化。

② 见贵州省晴隆县县志编纂委员会编《晴隆县志》,贵州人民出版社,1993 年,第 69 页。

布依族目前只有一位 85 岁的老人会讲本民族语,他是当地有名的布摩,能非常熟练地念诵经文,会唱布依族民歌,但由于日常生活中没有人能跟他讲布依语,现在很多基本词汇都已经忘记了,经文的含义也无法准确解释。离金盆乡锁蒿村不远的南开乡罗家寨 20 世纪 50 年代初曾经作为布依语的一个调查点,80 年代中期笔者到该村调查时,能讲布依语的人已经寥寥无几,只有 50 岁以上的老年人熟练一些,50 岁以下的大部分人只能听得懂,不会讲。2004 年笔者在金盆调查时了解到当年笔者发音合作人中的一位已经去世,与他同龄的大多数人也已去世,目前会讲布依语的只有一、两个人。

安顺市西秀区北部的布依族语言属于第三土语,目前在城关、平上等乡镇的部分村寨中还通行,但在宋旗、华西、幺铺等乡镇的布依族村寨中,已经没有人使用布依语。20 世纪 80 年代,曾有学者在这一带收集到布依族经书。据调查者破译,其读音与邻近的镇宁北部布依语基本相同,说明过去曾经通行过布依语的第三土语。

此外,毕节地区的赫章、威宁等县也有相当一部分布依族放弃了本民族语。散居在遵义市红花岗、仁怀、遵义、余庆等县(市、区)以及铜仁地区个别县(市)的布依族全部使用汉语,据《遵义县志》记载,"境内布依族清代以后渐渐以汉语为通用语,少数老人讲布依语,吸收了一些汉语词汇……",说明该地区布依族放弃本民族语言已有 100 多年的时间[①]。

第二节 母语濒危及消亡现象成因分析

布依族有 300 多万人口,分布在贵州南部、西南部广大地区。尽管今天仍有将近 70% 的布依族以本族语作为交际工具,但在不少地区,布依族母语已经开始出现濒危势头,交际功能发生了衰变,局部地区已经濒临消亡,母语仅保存在极少数老年人的记忆当中。尤其令人深思的是,在不少布依族大片聚居的地区,母语已经完全消亡,如都匀、独山、平塘、安龙、兴义、惠水、贵定、龙里等县(市)的大部分地区。造成这些现象的原因是多方面的,大致可以从外部客观因素和内部主观因素两个方面来进行分析。

一 造成母语濒危和消亡的外部客观因素

(一)居住地分散

居住地分散是贵州省北部和西北部地区布依族的主要分布特征,较少有连成一片的村落群,尽管在多数县(市)都有布依族或布依族与其他少数民族共同建成的民族乡,但布依族在总人口中所占的比例都比较少。如在 20 世纪 90 年代初贵州省乡镇一级的行政机构建、并、撤之前,毕节地区 8 个县(市)30 个民族乡有布依族分布,其中布依族作为建乡民族之一的有 11

---

① 见贵州省遵义县志编纂委员会编《遵义县志》,贵州人民出版社,1992 年,第 227 页。

个,布依族人口最少的金沙县绿竹彝族苗族布依族乡仅有布依族 278 人;非布依族乡中,布依族人口最少的金沙县上山苗族乡仅有 103 人①。贵州省北部遵义市仅有布依族 3000 余人,人口稍多一些的红花岗区也只有 1000 余人,其余各市县布依族人口都非常少,散居的现象更为明显。人口居住分散一方面造成母语使用场合的减少和使用频率降低,另一方面造成大量的族际婚姻,汉语进入布依族家庭,逐步形成家庭双语制。与此同时,由于在整个社会大环境中汉语处于绝对强势地位,进入布依族家庭的汉语或其他民族语言人不可能在语音使用方面迁就布依族,最后导致家庭汉语单语制的产生,布依语作为一种交际工具完全退出社会历史舞台。这是布依族散居地区母语濒危并最终走向衰亡的原因之一。目前,遵义市各县布依族已经基本放弃母语,毕节地区除黔西、织金、威宁等县还有一部分布依族保存使用母语以外,大方、毕节、赫章、纳雍等县(市)多数地区的布依族母语或处于严重濒危状态,或已完全消亡。六盘水市北部的一些散居的布依族村寨也存在类似的现象。

(二) 邻近汉文化中心区

强势文化的冲击是弱势语言走向濒危并最终消亡的主要原因之一,今天处于濒危状态的所有语言无一例外。布依族母语濒危现象大多出现在邻近城镇、社会经济较为发达、交通较为便利、人们的汉文化水平普遍较高的地区,如贵阳市各区县、惠水县县城周边及其北部邻近贵阳的地区、平坝县沿公路、铁路的一些布依族村寨、龙里、贵定等县的大部分地区。这些地区由于地处省会贵阳周边,交通便利,社会经济相对发达,接受汉文化的时间比其他地区要早得多,形成布依—汉双语现象的时间也要比其他地区早。另一方面,从 20 世纪 30 年代末到 50 年代中期,由于各种原因进入贵州的外省人多分布在这一带,给这些地区的布依族带来先进文化并促进社会经济发展的同时,也对布依族母语的使用和传统文化的传承造成了冲击,由于长期受城镇主流社会文化的影响,人们的语言观念逐渐发生改变,多数人在语言态度和语言行为方面逐步倾向汉语,并最终放弃本民族语言。

(三) 外部社会的强大压力

历史上,一些布依族地区在语言使用和社会习俗方面曾经遭受过外部社会的强力干预。清朝中后期,黔西南安龙一带发生了布依族王囊仙、韦朝元率领的农民起义,即"南笼起义",后遭清政府镇压失败,当地及其周边布依族受到牵连。一些布依族同胞为免遭屠杀,有些离乡背井,有些虽留在本地但被迫隐瞒自己的民族成分,放弃本民族语言及传统的风俗习惯。民国时期,国民党当局对少数民族实行歧视和强制同化政策,不准少数民族妇女穿自己的民族服装,不准使用本民族语言。1939 年,安龙县长王佐提出,要将少数民族"一切风俗习惯极力改良,与汉族同";1944 年,贵州省主席杨森把少数民族服装说成是"粗重丑劣",严禁少数民族穿戴

---

① 罗剑著《毕节地区布依族》,贵州民族出版社,2004 年,第 22—24 页。

本民族服饰,使用本民族语言文字,并指示各地官吏迅速铲除民族特点,扬言要以"清剿"代替"羁縻",以"同化"辅助"清剿"①。在各种外部力量的强力干预下,加之本民族内部一些高层人士、社会名流"率先垂范",部分布依族地区(包括聚居程度较高的地区)逐步放弃了本民族语言和传统文化,形成了今天的聚居区布依族汉语单语现象。

(四) 族际婚姻

族际婚姻是多民族杂居地区一种普遍存在的现象,对于人口相对较少的民族而言,要生存和发展,只有打破民族界线,与外族通婚,才是唯一的出路。在布依族聚居地区的农村,族际婚姻现象目前还比较少,但外出工作或打工与别的民族结婚的情况渐渐多起来。在杂居地区,族际联姻已经算不上什么新鲜事了。如贵阳市白云区牛场乡石龙村白岩组,布依族与其他民族联姻的就有 10 余户,有苗族,也有汉族。其他调查点也有类似情况,尤其现在青年人婚姻自主,很少有父母包办的,在外打工、上学,与其他民族交流的机会多,不同民族男女之间相爱并结成伴侣也是常理。民族间相互联姻,其他民族的成员进入布依族家庭,必然会对本民族语言在家庭中的使用产生影响。原来只使用布依语的家庭,为了方便媳妇(或上门女婿),同时也为了避免不必要的误会,汉语的使用频率必然要增加,这就产生了家庭双语。在实行双语的家庭中,子女母语教育的问题上一般趋向于强势语言,在贵阳周边地区就是汉语。这就是很多人在家中先学会汉语,后来在社会交往过程中才慢慢去学布依语的主要原因,当然这种情况并不完全是族际婚姻造成的。

二　造成母语濒危和消亡的内部主观因素

布依族在其漫长的历史发展过程中逐渐形成了自己鲜明的民族性格,其中有些是有利于本民族传统文化的继承和发展的,如强调本民族内部的精诚团结、尊重传统、喜欢聚族而居等。但也有些民族性格常常会导致本民族传统的丢失。

首先是布依民族的包容性。中国有句古话,叫做"海纳百川,有容乃大",讲的是包容性有利于事物发展壮大的一面。布依族文化就是在发展过程中不断吸收其他民族(主要是汉族)文化成分而得到了充实和丰富的。布依族语言从早期基本的数词系统到今天政治、经济、文化等各个方面的词汇,甚至一些语法结构,如果不是对汉语的包容和吸纳,其表现形式、表达功能将大打折扣。但包容、吸纳是以自身的调节能力和对异源文化因子的改造能力为前提的。一种文化的自我调节能力就好比人的消化系统,对吸收进来的东西要能够及时地加以调节、改造,使之适应自身发展的需要,同时也要对自身的内部结构进行及时的调整,以适应外部的变化和发展。如果只是一味地包容、吸收,当一种文化中异源成分占主导地位的时候,就会限制原有的文化成分的发展,最终出现文化替代。如在布依族的节日文化中,春节、七月半、端午节都是典型的汉族文化的成分,但现在各地布依族过春节的隆重程度已经不亚于本民族的传统

---

① 见安龙县民族事务委员会编《安龙县民族志》,1989 年内部印刷。

节日"三月三"和"六月六",有些地区甚至比本民族的传统节日还要隆重。相反,布依族的传统节日对汉族的影响却是很微弱的。多数地区,春节、七月半和端午节的形式和内涵与当地汉族并没有什么区别,只有个别地区稍微增加了一些布依族传统文化的固有元素。

就语言结构而言,在多元文化并存的人文生态环境中,任何一种语言都需要从别的语言中吸收一些成分来丰富自身的表现力,这是文化接触、语言接触的必然结果。布依语历史上在与汉语接触的过程中,吸收了不少汉语词汇充实到自己的词汇系统中,这些词汇主要是文化词。按借入时间的先后可分早期借词和现代借词①。早期借词指从古代汉语中借入的词汇,通过两种文化、两种语言的缓慢接触、磨合而逐渐渗透进来的,其语音形式已经与各地布依语的语音系统完全吻合,有些词汇已经进入布依语基本词汇系统,与本族语固有词汇一样具有较强的派生新词的能力。现代借词指从近现代汉语中,尤其是 20 世纪 50 年代以后的汉语西南官话中借入的词汇,这类词无论从规模、速度和使用频率上都远远超过早期借词。各地布依语中借入的现代汉语词在语音上与当地汉语基本相同,仅仅是声调上有些变化。与布依语没有完全融合在一起,为了拼读现代汉语借词,语音系统中增加了不少辅音和元音音位。借词所涉及的内容是方方面面的,只要与现代社会经济、文化、科技、教育等相关的话题,都离不开现代汉语借词,在很多情况下甚至还要借用相应的语法结构,比如布依语的修饰式短语结构形式为正偏式,即中心语在前,修饰语在后,但如果中心语和修饰语都是汉语借词时,就会变成像汉语一样的偏正式,而且中间还要加结构助词"的"。除修饰式短语以外,为方便表达一些科技、政治领域的话题,一些现代汉语句法结构也随之进入了布依语。这样一来,在一些特定的语域,用布依语交流起来反而不如用汉语更加直接和方便,这是机关干部、教师等在谈工作时宁愿放弃母语而用汉语的主要原因。

布依族语言文化的这种包容和无限制的吸纳汉语语言成分最终造成其自身无法适应交际的需要,目前在布依族分布比较集中的地区似乎还没有真正面临这样的问题,但今天布依族母语出现濒危地区所遭遇的问题,终有一天他们也会碰到。

其次是布依民族的从众心理。从众是人类共有的天性,这是中国文化传统给每个中国人打下的烙印。在中华文化的氛围中,个性的张扬通常是不为大众所接受的,要想融入群体当中去,只能"为众人之所为"。在今天布依族母语出现濒危的地区虽然有不少布依族聚族而居的村落,但与整个大环境相比,绝对人口要比汉族少得多,人们一旦离开村寨,就完全处于汉族的包围当中,要生活就免不了要与汉族进行必要的接触和交往。在交往过程中,少数人在从众心理的驱使下,会"随大流",从社区到家庭,一步一步地让出自己的母语使用权,最终成为只讲汉语的单语人。他们的行为会对本民族其他成员造成影响,尤其是那些有一定社会地位,在群众中有一定威望的人士,一旦率先放弃母语,其影响范围将不仅仅是自己的家庭、家族,有可能还

---

① 不同历史时期借入的汉语词可通过音韵历史比较的方法加以确定,本文只笼统地将它们称为早期借词和现代借词。

会对整个地区产生影响。随着放弃母语的人越来越多,母语的交际功能渐渐退化,最终将完全退出社会历史舞台。

最后是在强势文化面前表现出的自卑心理。自卑是对自身能力缺乏信心的表现。布依族人向来为人谨小慎微,谦逊平和,而这种心理常常会导致在强者面前甘心示弱。如果说从众心理在一定程度上是外部客观条件造成的话,那么自卑自贱的心理根源完全在于民族性格本身。有的学者提出,藏缅语民族是"火"的民族,侗台语民族是"水"的民族,"水"性柔,正好反映了包括布依族在内的侗台语民族的性格。表现在语言使用上,在双语环境,总是过多地考虑别人的感受。一方面,唯恐自己的语言(用自己的母语交谈)会对在场的其他民族造成伤害;另一方面,唯恐自己的语言太"土",让人听了不舒服。

多数地区的布依族称本民族语言为"土话"。"土"有两层意思,一是"本地的",说明布依族是当地的世居民族,与之对应的后来迁入的民族被称为"客",因此,汉语又被称为"客话"。二是"土气的、不雅的",与这层意思对应的汉语被称为"明话"[①]。在调查过程中我们了解到,称布依语为"土话"主要是第二层意思。当我们请懂母语的受访者讲一些单词和短句时,围观的年轻人和小孩都会付之一笑,弄得受访者很不好意思,有些干脆随便应付几个单词就不讲了。当问到一些老年人为什么不向年轻人传授母语时,答案通常是:"年轻人觉得土话难听,拗口,讲出去怕别人笑话。"一些年轻人也明确表达出这样的观点。

"苗"是我国苗族的专称,但在新中国成立前的汉文文献中常用来泛指南方少数民族,"苗疆"即指少数民族地区,现在民间还普遍存在用"苗"来泛指各少数民族的现象,并带有明显的歧视色彩。当某人的言语行为与大众行为规范相左时,常常会被责骂为"苗子"、"这个人太苗"等,"苗"成了言行不合群的代名词。在贵阳周边的布依族当中,常常会听见人们用这样的言辞来针对会讲本民族语言的同胞。这种自轻自贱的行为在很大程度上是导致本民族语言衰亡的直接原因。

第三节　望谟县复兴镇岜赖村布依族语言使用情况个案研究

一　基本情况

岜赖村是贵州省望谟县复兴镇下属的一个行政村,也是望谟县较大的一个布依族聚居自然村,村名"岜赖"为布依语音译,意为"乱石崖"。该村位于望谟县城西北,距望谟县城复兴镇约5公里。县道贞(丰)望(谟)公路从村边经过,2004年底岜赖村自筹资金,铺设了一条连接贞望公路的水泥路,村民出行十分方便。

---

① "明话"义即"大家都听得懂的话",也称为"大众话"。与这个意义相对应,"土话"也可以理解为"只有少数人听得懂的话"。

岜赖村依山傍水而建，前临岜赖河，后靠后龙山，全寨 354 户人家，共计 1612 人，98%以上是布依族，为全县第二大自然村寨。岜赖村以西为上，东为下，由上院、中院、下院三部分构成。其中，中院是岜赖村最早居民的聚居地，村内的四大姓氏：王、杨、汤、谭都集中居住在中院，至今我们仍可以看到部分残存的寨墙、瞭望塔和土碉堡。上院和下院都是新中国成立后，经过"小寨并大寨"，分别从西面和东面搬迁下山的新住户。

二　调查过程简述

调查时间：2006 年 8 月和 2007 年 7 月，两次（共 20 天）。

调查点：岜赖村上院、中院、下院。

调查方法：问卷调查、重点访谈和实地观察。

共发放问卷 75 份，回收有效问卷 71 份，有效问卷比例占 94.7%。受访者基本信息详见下表。

表 4－1　受访者基本信息表（N＝71）

基本信息		受访人数	比例（%）	基本信息		受访人数	比例（%）
有效问卷数/问卷数		71/75	94.67	文化程度	文盲	11	15.49
性别	男	35	49.30		小学	24	33.80
	女	36	50.70		初中	20	28.17
年龄段	19 岁以下	13	18.31		高中（含中专）	14	19.72
	20—29	9	12.68		大专以上	2	2.82
	30—39	12	16.90	职业	学生	12	16.90
	40—49	4	5.63		在家务农	48	67.61
	50—59	12	16.90		在家务农兼经商	2	2.82
	60 岁以上	21	29.58		教师	5	7.03
民族	布依族	68	95.77		长年外出务工	3	4.23
	其他民族	3	4.23		其他	1	1.41

说明：男性受访者比例与女性基本持平，从年龄上看，中青年受访者占的比例较高，文化程度普遍偏低，小学以下文化程度达 49.29%。职业方面，在家务农、在校学生和当地教师占绝大多数，经商人员、长年外出务工人员所占比例较小。

三　语言使用情况

岜赖村布依族的母语属布依语第一土语，与该村周边村寨的布依语没有任何差异。但他们在语言使用方面却有自己突出的特点，目前，该村绝大多数村民已放弃了本民族语言而转用汉语，本民族语言只有上了年纪的老人及外村嫁入的妇女聚在一起闲聊，或是出门在外，与其他村寨的布依族交谈时才会偶尔使用。

岜赖村民所使用的汉语是西南官话的一种变体，语音方面与当地汉族使用的汉语大体相同，但由于受布依语的影响较大，在语音、词汇和语法方面都具有一些当地汉语所没有的特征，如塞音、塞擦音不分送气音和不送气，出现了当地汉语所没有的一些辅音音位。词汇系统中有一些借自布依语的成分,有音义全借的,也有借义不借音的,其中最有特色的是与当地汉语中相同的词项用布依语的同音异义词来表示,即人们常说的"白眼借"。在其他布依族地区,这类现象多出现在布依语借用汉语,而且主要表示姓氏,汉语借用布依语的情况很少。语法方面,借用了布依语中的一些语气词。

邑赖布依族所使用的汉语由于其鲜明的特色,已受到广泛的关注。

四　语言使用特征

(一)年龄特征

在邑赖村,布依语仍然在一定范围内通行,但交际功能已经呈现出明显的衰变趋势。语言人母语的熟练程度从高龄段到低龄段呈逐渐减弱的趋势,而汉语的熟练程度则逐渐增强。

在我们调查的 71 位村民中,年龄在 50 岁以上的有 33 人,近 97%的人能熟练使用布依语,与本村、外村布依族均能实现无障碍交流。个别老人还能用布依语演绎流传于民间的历史传说、故事。在这一年龄段中,仅有一名老人属于"能听懂但不会说"布依语。老人名叫李秀族,为外地嫁入本村的汉族,从小在汉族社区长大,汉语流利,误报为布依族。50 岁以上的老人大多兼通汉语,但汉语水平参差不齐。一般来说,本地出生的布依族汉语水平较高,可以交替使用布依、汉两种语言交际,在布依语无法完全表达时,转用汉语;外地出生的布依族汉语水平较低,在汉语不能满足交际需求时,转用布依语。少数人用汉语只能进行简单的日常交流。

30—49 岁的有 16 人,9 人能熟练使用布依语交流,占该年龄段调查人数的 56.25%;能用布依语进行日常交际的有 6 人,占 37.5%;1 人无法用布依语交际,占 6.25%,为兴义普安县嫁入本村的汉族。与上一年龄段相比,30—49 岁年龄段中,能熟练使用布依语的人数比例大幅度下降,超过三分之一的人无法自如运用布依语交际。汉语成为这一年龄段的人主要的交际工具,大部分人的汉语水平高于布依语水平,布依语仅用于与老人或外村布依族交流,词汇量大大减少,表达句式趋于简单;只有少数从外村嫁入本村的布依族妇女还保持着较高的母语水平,汉语水平相对较低。

20—29 岁这一年龄段能熟练使用布依语的人已经不到一半,多数人水平一般或只能应付简单的交流。30 岁以下这一年龄段能熟练使用布依语的 4 人均在 15 岁以上,总体上母语水平高的人所占比例较低,多数人布依语水平较低,完全不懂母语的情况在这个年龄段比较普遍。

表 4－2　不同年龄层次掌握布依语情况统计表(N＝71)

年龄段 ＼ 水平	流利		一般		不会	
	人数	比例(%)	人数	比例(%)	人数	比例(%)
20 岁以下	1/13	7.70	6/13	46.15	6/13	46.15
20—29	3/9	33.33	5/9	55.56	1/9	11.11
30—39	8/12	66.67	4/12	33.33	—	—
40—49	1/4	25	2/4	50	1/4	25

50—59	12/12	100	—	—	—	—
60岁以上	20/21	95.24	—	—	1/21	4.76
合计	45	63.38	17	23.94	9	12.68

　　事实上,岜赖村布依语的使用情况并不像数据统计结果显示的那么乐观,通过对村民语言生活的调查和与不同年龄段的个别调查对象进行深入交谈,我们发现,在岜赖村,中青年人能够熟练使用布依语的很少,大部分只会说几句简单的日常用语,但是在填写问卷的时候,为了维护面子,常常将自己的布依语水平提高一个等级,用以遮掩自己的布依语水平不高的事实。即便如此,岜赖村布依族布依语功能的衰变趋势也已经显而易见了。岜赖村布依语使用情况发展趋势如下图所示。

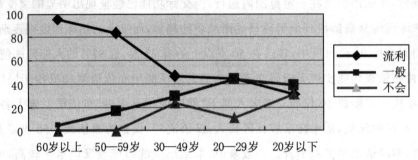

图 4 - 1　岜赖村布依语使用情况发展趋势

(二)性别特征

　　从布依语掌握的程度看,男性和女性在比例上并没有太大的差距。在 71 个调查对象中,能自如运用本族语进行交流(包括非常流利和比较流利两个等级)的有 45 人,其中男性 23 人,女性 22 人,男女比例基本平衡,水平相当。

　　30 岁以下布依语熟练的人数,女性比男性略多;但在 30—59 岁这一年龄段,男性布依语熟练的人数比女性略多;60 岁以上布依语熟练的人,男女比例相当。一般说来,女性在语言使用方面比男性保守,语言保持得应当比男性好,可是我们发现,30—59 岁男性布依语熟练的人数比女性略多。原因是岜赖村内主要交际语言为汉语,除了少数从外村嫁入的布依族媳妇闲暇时用布依语聊天外,妇女们日常交往中习惯于用汉语交谈,使用布依语的机会较少;而这一年龄段的男性,由于工作、生活的需要,出门机会多,与外村布依族打交道的时间比较长,自然而然的,布依语水平就得到巩固和提高了。

　　语言交际能力方面。在岜赖村,通常只有 50 岁以上的人才具备双语交际能力,50 岁以下的人主要用汉语交际,多数人汉语交际能力超过本族语,相当一部分人只能用汉语交际,即为汉语单语人。调查数据显示,岜赖村男性和女性村民在双语交际能力方面基本上没有任何差异。在 71 位受访者当中,除能用布依语进行简单交际的人外,共有 62 人具备双语交际能力,其中能熟练使用双语的有 45 人,男性 22 人,女性 23 人;能用双语进行交际,但汉语能力超过本族语的有 17 人,男性 9 人,女性 8 人。比例都比较相近。具备普通话交际能力的 39 人当中,男性 22 人,女性 17 人,男性略高于女性。

但在实际语言交际过程中,可以看出男性的语言交际能力强于女性,尤其是在 30—60 岁这一年龄段,由于男性与外界的接触比较多,经常要与各种语言背景的人打交道,在望谟县及其周边地区,布依语总体上处于强势地位,因此,这一年龄段的男性布依语交际能力比女性强,普通话交际能力也超过女性。

(三) 文化程度特征

与我们在望谟县所调查的其他村寨不同的是,岜赖村村民受教育程度都比较高,初中以上文化程度的受访者占 50.70%。调查结果显示,受访者的母语能力与文化程度成反比。71 位调查对象中,有 11 位从未上过学,他们的布依语都十分流利。具有小学文化程度的有 24 人,布依语水平较好的(包括非常流利和比较流利)有 20 人,占该层次调查对象的 83.3%;水平一般的(包括布依语一般和会说简单对话的)1 人,占 4.2%,11 岁,为小学五年级学生;能听懂但不会说布依语的有 2 人,占 8.4%,其中 1 人是从外村嫁入的汉族媳妇,另一位是李秀族老人,土生土长的岜赖人,第一语言为汉语;完全听不懂布依语的有 1 人,占 4.2%,9 岁,为小学三年级学生。初中文化程度的有 20 人,其中 9 人布依语水平较高,占 45%;10 人水平一般,占 50%;不会的 1 人,占 5%。高中文化程度的有 14 人,布依语水平良好的有 4 人,占 28.6%;会说简单的布依语的有 5 人,占 35.7%;而不会说布依语的已经占到了 35.7%。具有大专文化程度的 2人,布依语水平较高的 1 人,另 1 人水平一般,各占 50%。整体来看,调查对象的文化程度与其布依语水平成反比,文化程度越高,布依语的掌握程度就越低。

五　不同场合的语言选用情况

我们按交际的场合和范围的不同,将岜赖村布依族的语言使用分为家庭内部、社区内和跨社区三种情况分别进行分析。

(一) 家庭用语

通过对调查问卷进行统计分析,我们发现,对岜赖村大部分家庭而言,汉语已成为主要的、甚至是唯一的交际语言,本民族语言则很少使用,或基本上不用。家庭成员之间具体语言选用情况详见下表。

表 4 - 3　岜赖村(村民)家庭内交际语言选用情况表

语言 交际对象	布依语		汉语方言		布依—汉双语		普通话— 汉语方言		普通话	
	人数	比例 (%)	人数	比例 (%)	人数	比例 (%)	人数	比例 (%)	人数	比例 (%)
父亲(52)	8	15.38	39	75	3	5.77	1	1.92	1	1.92

母亲（50）	9	18	37	74	4	8	—	—	—	—
配偶（50）	11	22	31	62	6	12	—	—	2	4
子女（49）	5	10.21	41	83.67	3	6.12	—	—	—	—

由此可见，从语言功能的大小来看，在岜赖村布依族家庭内部，汉语的功能最强，布依语次之，普通话最弱，即"汉语＞布依语＞普通话"。汉语已经毫无争议地占据了家庭内部主要交际工具的地位，布依语仅仅起到辅助交际的作用，普通话偶尔会被使用。尤其体现在与子女进行交流时，83.67%的调查对象只用汉语，6.12%的人既使用布依语与子女交流，又使用汉语。也就是说，事实上近90%的调查对象选择用汉语与子女交流，这跟子女布依语水平不高及其语言态度有很大的关系。岜赖村中心小学的谭承梅老师就是一个典型的例子。她的父母、丈夫都是布依族，但是由于在家中说布依语孩子会比较反感，因此一般都讲汉语。据谭老师介绍，她的孩子会讲几句简单的布依语，当家里人用布依语交流时，他无法完全了解交流的内容，因而更希望家里人讲汉语。从家长的角度来说，不少人认为汉语更有用，也愿意在家里讲汉语，为孩子创造一个良好的语言环境。只有10.21%的调查对象选择用布依语与子女交流，他们的年龄都在50岁以上。经过对比，我们发现，调查对象中对母亲和配偶使用布依语交流的比例略高于其他两项，主要原因是岜赖村媳妇中有不少人是从其他布依族寨子嫁入本村的，布依语是她们的第一语言，女性的语言态度又相对保守，因此她们的子女或配偶比较愿意配合她们的语言习惯，在日常生活中也使用布依语。

（二）社区用语

为了了解岜赖村内语言使用状况，我们设计了两道问题："您在村子里跟熟悉的人说什么话"和"您在村子里遇到不认识的人说什么话"，并根据收集到的问卷数据作了统计，详见下表。

表 4 - 4　岜赖村村民社区内交际语言选用情况表

语言 交际对象	汉语方言		布依语		布依—汉双语		普通话	
	人数	比例（%）	人数	比例（%）	人数	比例（%）	人数	比例（%）
与熟悉的人（69）	40	57.97	22	31.88	6	8.70	1	1.45
与不认识人（47）	26	55.32	13	27.66	7	14.89	1	2.13

从调查到的有效数据看，汉语是岜赖村村民之间主要的交际用语，同时兼用布依语。当与村中熟悉的人交谈时，有57.97%的调查对象使用汉语，31.88%的人使用布依语，8.70%的人同时使用布依、汉双语，有1人使用普通话（为17岁辍学在家务农的青年，具有初中文化）。在村内与不认识的人交谈时，55.32%的人选择汉语，27.66%的人选择布依语，也有1人选择使用普通话（为25岁外出务工人员，具有初中文化程度）。从表中我们可以看出，在村内交际时，不论是对熟悉的还是不认识的人，岜赖村布依族使用汉语的人最多，布依语次之，布依、汉双语再次之，使用普通话的人最少。通过对个别调查对象的访谈和观察，我们发现，在岜赖村内使用布依语交际的人群比较固定，一般是上了年纪的老人以及从外村嫁入的布依族媳妇，他们汉语用

的不多；还有年轻一辈跟老一辈交谈时，为表示尊重也常常使用布依语。

（三）跨社区用语

这里指岜赖村布依族村民在本村以外的其他场合的语言使用情况。为了了解岜赖村布依族在本村以外的地方语言使用情况，我们设计了五个问题，涉及的场合包括本村以外的其他村寨、本地医院、集市、政府机关等，涉及的交际对象包括自己认识的人（即熟人）和自己不认识的人（即陌生人）。调查问卷统计结果详见下表。

表 4－5　岜赖村村民在各种场合交际语言选用情况表

语言 人数/比例 对象/场合	布依语		汉语方言		布依—汉双语		普通话—汉语方言		普通话	
	人数	比例（%）	人数	比例（%）	人数	比例（%）	人数	比例（%）	人数	比例（%）
别寨熟人（65）	24	36.92	30	46.16	11	16.92	——	——	——	——
别寨生人（45）	11	24.44	26	57.78	8	17.78	——	——	——	——
本地集市（67）	6	8.96	41	61.19	17	25.37	1	1.49	2	2.99
本地医院（60）	4	6.67	48	80	4	6.67	2	3.33	2	3.33
本地政府（50）	2	4	43	86	2	4	2	4	1	2

从上表我们可以看出，岜赖村布依族村民在本村以外，不论在什么样的场合，交际对象如何，使用汉语的比例都是最高的，其次是布依语，用普通话进行交际的人较少。在别的村寨与人交际时，岜赖村布依族使用布依语的比例比在其他场合（集市、医院、政府）要高，原因是该村周边的村寨以布依族居多，用布依语沟通比较方便。而在集市、医院、政府等公众场合或是工作场合，只讲布依语的人很少。由于集市上不论是买家还是卖家都是从望谟县城周边赶来的，有布依族，也有汉族，因而在买卖过程中常常要根据对方的语言习惯选择使用的语言，所以双语使用的频率自然就比其他场合高。总的说来，在本村以外的场合，汉语是岜赖村大部分布依族的首选交际工具，而且越是正式的场合，汉语使用的比例就越高。

六　语言文字态度

（一）语言态度

我们通过向受访者提出"您认为自己讲得最流利的是哪一种语言"这一问题来了解其对所使用语言的自信心评价。由于母语早就已经存在代际传承问题，因此，岜赖村布依族以本民族语作为第一语言（即母语）的人已经越来越少。在 71 位受访者当中，有 70 人作了有效回答，其中 45 人以汉语作为第一语言，而以布依语作为母语的只有 25 人。所有受访者当中，认为自己汉语讲得最流利的有 38 人，其中 5 人第一语言为布依语，2 人同时习得布依语和汉语；认为自己布依语讲得最流利的 12 人，除 1 人同时学会布依语和汉语以外，11 人以布依语作为母语，多数为女性，平均年龄在 50 岁以上，主要是从外村嫁入本村的布依族媳妇；认为自己布依语和汉语一样流利的 13 人,7 人以汉语作为第一习得语言,5 人母语为布依语,1 人同时习得布依语和汉语;认为自己普通话最流利（或地方汉语与普通话都流利）的有 7 人,其中 2 人年龄分别为 56 岁和 72 岁,56 岁的蒋香云（女性）布依语水平一般,除汉语、布依语以外,还会讲普通话和粤语,72 岁的杨昌美（女性）没有上过学,选择普通话为最流利的语言有可能是由于对问题的误解,其余 5 人均为 19 岁以下的青少年,多数为在校学生,长期的学校教育使得他们对自己的普通话水平很有信心。

家庭是语言传承的重要场所,父母对孩子语言使用的期望折射出他们的语言态度,并且会对下一代语言使用产生巨大的影响,子女呈现的语言态度往往与父母的期望值相一致。为了了解邑赖村布依族村民对家庭语言选用的态度以及家长对子女在家庭中选用语种和转用汉语所持的态度,我们分别设计了 3 个问题,即"您在家最希望家里人跟您讲哪种语言","如果您子女在家跟您讲汉话,您会"及"子女在外打工或上学回到家后不讲本民族话,您会",并分别提供了 5、3、2 个选项供受访者选择,相关数据统计详见下表。

表 4－6　受访者期望使用的家庭语言统计表（N＝68）

语言及相关选项	汉语方言	布依语	汉语—布依语	普通话	无所谓
人数	51	8	2	3	4
比例（%）	75	11.77	2.94	4.41	5.88

表 4－7　家长对子女选用语言的态度

态度＼问题	很高兴		很不高兴		无所谓	
	人数	比例（%）	人数	比例（%）	人数	比例（%）
子女在家使用语（47）	24	51.06	1	2.13	22	46.81
子女转用汉语（38）	—	—	3	7.89	35	92.11

说明:子女在家使用汉语指平时在家的语言使用情况,而子女转用汉语指外出打工或学习回到家后不讲本民族语的情况。这两个问题主要是针对母语在各个年龄段都完好保存的地区而设计的,对中青年已经放弃本民族语的邑赖村不太合适。

通过对上面的数据进行分析,我们可以看出,邑赖村布依族在家庭语言的选用上,大部分人倾向于汉语,只有不到 15% 的人倾向于使用布依语,他们当中大多是老年人,说明在家庭中汉语的地位比布依语要高得多。在对子女语言的选用问题上,只有极少数人会对子女选择外族语言表现出明显的反感态度,当子女选择用汉语与家人进行交流时,超过半数的人表示十分欢迎;而在对于孩子是否应该坚持使用民族语言这个问题上,绝大多数人不置可否,并没有表现出维护本民族语言的态度和意愿。我们还发现甚至有的布依族,尤其是年青一代,认为本民族语言指的是邑赖话而非布依语,出现语言认同错位的情况。可见,邑赖村布依族对本民族语言的感情已经相当淡薄,汉语的地位已经从家庭内部得到了巩固,大多数人在语言选用上倾向于汉语,普通话的地位在不断提高,在邑赖村部分家庭中已萌生了使用普通话进行交流的心理倾向。

学校是对语言态度产生影响的又一重要场所,文化教育的作用会直接影响受教育者语言选用的倾向,对学校教学语言的评价也能反映出调查对象的语言态度。为此,我们设计了以下两道问题:"您在学校最喜欢跟本民族的老师和同学讲什么语言"和"您认为在本村的学校中老师应该主要使用哪种语言讲课",统计如下。

表 4-8　受访者在学校的语言选用倾向统计表 (N=27)

问题＼选项	汉语方言		布依语		汉语—布依语		普通话		汉语方言—普通话	
	人数	比例(%)	人数	比例(%)	人数	比例(%)	人数	比例(%)	人数	比例(%)
在学校喜欢讲什么话	14	51.85	3	11.11	3	11.11	4	14.82	3	11.11

表 4-9　受访者对学校教学语言选用的态度 (N=67)

问题＼选项	普通话		汉语方言		汉语方言—普通话		布依语—汉语		布依语—普通话	
	人数	比例(%)	人数	比例(%)	人数	比例(%)	人数	比例(%)	人数	比例(%)
学校授课使用	56	83.58	6	8.96	3	4.48	1	1.49	1	1.49

在学校与老师同学们进行交流的时候,受访者作出的选择因人而异,但是仍有超过半数的人倾向于选用汉语,选择布依语或是偶尔使用布依语的人不到20%,这种情况一方面是语言使用习惯使然,同时也是因为学校提倡使用汉语方言,大家都自觉避免使用民族语交际。而倾向于用普通话或同时用普通话和汉语方言交际的人数达到四分之一,这也是学校教育的结果。对于使用哪种语言上课,岜赖村大部分人坚定地认为应该用普通话授课,只有小部分人认为应该用布依语和汉语方言进行辅助教学。这一结果凸显了普通话在岜赖村布依族心目中的崇高地位,"学好普通话,走遍天下都不怕"正是他们心态的真实写照。

在语言的情感认同方面,大部分人倾向于普通话,其次是汉语方言。对于"您觉得在您接触到的语言当中哪一种语言最好听"这一问题,有54人作了有效回答,其中有33人认为普通话最好听,占有效回答人数的61.1%;有10人认为汉语方言最好听,占18.5%;只有3人认为布依语最好听,占5.6%;6人认为没什么区别,都好听,占16.8%;有1人认为日语和粤语最好听,为19岁的在校大专生。在访谈中我们发现,除了在校的学生外,调查对象的普通话水平普遍都不高,对普通话的好感度却很高,他们对普通话的印象大多是从广播电视节目中获得,在他们心目中普通话端庄、大方、清楚、动听,是标准化的象征,因此,即使在日常生活中从来不用普通话,但仍觉得普通话"最好听"。而在校的学生由于受到汉文化教育的熏陶也倾向于普通话。

(二) 文字态度

通过调查发现,岜赖村布依族中的绝大多数人无论对本民族传统的摩经文字,还是对新创的拼音文字都缺乏了解。在71个调查对象中,知道布依族有自己本民族文字的只有15人,占受访者总数的 21.13%，不知道的 56 人，占 78.87%，对本民族文字的意识非常淡薄。

岜赖村有专门主持本村宗教仪式的布摩，但他们所承袭的是汉族道教的礼仪，使用的也是汉族道教的经书，经书以汉字为载体，用岜赖村通行的汉语念诵。与岜赖村不同的是，周边母语文化氛围较浓的村寨所信奉的都是本民族传统的宗教，使用的是摩经，虽然也用汉字，但记录的是布依语的语音，因此，岜赖村包括布摩在内的绝大多数村民都不认识这种文字。在知道本民族有自己文字的 15 人当中，只有 1 人认识一些摩经文字，但读不准。

岜赖村离望谟县城仅 5 公里左右，而且又是布依族聚居村寨，但 20 世纪 80 年代在望谟开展得轰轰烈烈的布依族新文字推行工作对岜赖村似乎没有产生太大的影响，在知道本民族有文字的 15 人当中，只有 6 人见过新创的拼音文字，1 人通过自学初步掌握布依文。可见布依文在岜赖村不仅没有得到很好的推行，连最基本的宣传工作都没有做好。当然这也与该村本身母语氛围不浓，本民族文化处于衰退状态有很大的关系。

尽管人们对本民族文字了解不多，但多数人态度还是积极的，对本民族文字都很有热情，认为作为一个民族应该有自己的文字，而且作为布依族的一员，应该对本民族的文字有所掌握。71 位受访者中，有 69 位回答了是否应该有布依文的问题，其中，认为应该有的 42 人，占 60.86%；认为没有必要的 10 人，占 14.49%；不置可否的 17 人，占 24.64%。68 人回答了是否应该学习本民族文字的问题，40 人认为应该学习，占 58.82%；11 人认为没有必要，占 16.18%；17 人不置可否，占 25%。认为没必要拥有本民族文字或没必要学习本民族文字的人主要从实用的角度考虑问题，认为现在只要学好汉语、汉字就行了，上学或是外出务工都能派上用场，学别的东西没用，没什么实际价值。这种实用主义的文字观在在校学生身上体现得尤为明显。

第四节　花溪区大寨村布依族语言使用情况个案研究

一　基本情况

花溪位于黔中腹地，是贵阳市的一个县级区，区政府所在地距贵阳市中心 17 公里，素有"云贵高原明珠"的美誉，是贵州著名的风景旅游区。

花溪是一个多民族杂居地区，分布有汉、布依、苗、侗等民族，据 2000 年第五次人口普查统计，全区共有 337177 人，其中布依族 41446 人，占全区总人口的 12.2%，主要分布在花溪①、青岩、孟关、小碧、湖潮、黔陶和马岭等乡镇。

大寨村是原花溪镇下属的一个行政村，位于旅游胜地花溪公园附近，距区政府所在地不远，是最靠近区中心的一个村。全村共有 421 户，1570 人，98% 是世居于此的布依族，此外还有侗、土家、苗、汉等民族。该村共有三个村民组，即碧云窝、尖山和小君（也称马头村）。碧云窝

---

①　原花溪布依族苗族乡已于 2005 年撤销，与原花溪镇一起合并后重新设立贵筑、清溪、溪北三个街道。

以世居的布依族为主,最近几年,汉族在此买房的人比较多,从而与布依族形成了杂居的局面。小君村的布依族和汉族等其他民族几乎各占 50%。村中的主要姓氏为罗、班、王和龙,并且前两者最多。

二 调查过程简述

调查时间:2007 年 1 月下旬(共 1 天)。

调查范围:大寨村。

调查方法:问卷调查、重点访谈和实地观察。

调查过程中,共填写问卷 47 份,回收有效问卷 47 份,有效问卷比例为 100%。受访者基本信息分类列表如下。

表 4 – 10 受访者基本信息表（N＝47）

基本信息		受访人数	比例（%）	基本信息		受访人数	比例（%）
有效问卷数/问卷数		47/47	100	文化程度	初中	14	29.79
性别	男	14	29.79		高中（含中专）	5	10.63
	女	33	70.21		大专以上	6	12.77
年龄段	19 岁以下	6	12.77	职业	学生	6	12.77
	20—29	4	8.51		在家务农	31	65.95
	30—50	14	29.79		在家经商	3	6.38
	50 岁以上	23	48.93		教师	2	4.26
民族	布依族	47	100		机关干部	2	4.26
文化程度	文盲	2	4.26		长年外出务工	2	4.26
	扫盲班	2	4.26		其他	1	2.12
	小学	18	38.29				

说明:女性受访者的比例高于男性。女性保存使用母语的比例要高些,因此,为了更好地了解布依族语言使用的情况,在选择调查对象时女性居多。从年龄上看,50 岁以上受访者的比例较高,几乎占到被调查者总人数的一半,这也与我们去调查的时间有关系,调查的时间不是节假日,大部分年轻人都在外工作。从受教育程度来看,女性的受教育程度比男性要低,同一文化程度的女性人数少于男性。花溪地处文化发达市区,教育条件较好,在随机抽取的受访者中,初中以上文化程度的占了 50% 以上,高于其他调查点。在家务农的人最多,占 65.95%。目前仍使用布依语的主要是那些受教育程度偏低的女性及老年人,他们一般都没有出去工作,几乎都在家务农,所以,在选择调查对象时,选择这样的人多一些。

三 语言使用情况

花溪大寨村布依族有自己的民族语言,属布依语第二土语(亦称黔中土语),与贵阳市郊其他区县(市)以及安顺市平坝县、黔南州龙里县等地的布依语基本相同,相互间交流没有障碍。汉语是花溪大寨村布依族的主要交际语言,是当地通行的贵阳话,属汉语北方方言西南官话中的贵州土语。布依族使用的汉语在口音上常常有对内和对外两种不同的变异形式,与外人交流时在语音语调上跟贵阳话没有任何区别,而在村内交流时多数人所讲的汉语都带有较浓的布依语口音,其特征是,声调与布依语接近,即高平读成中平,高降接近高平,送气辅音读成不送气,舌面辅音读成舌根腭化音等。尽管多数人已经不会讲布依语,但这样的特征仍很明显。

在花溪大寨村,人们日常生活中主要以汉语作为交际工具,使用本民族语的场合比较少,使用频率很低。村内本民族成员之间的交际基本不用布依语,只有少数老年人在有关民族事务和节日时讲布依语或者在家庭内部偶尔使用。在实际的语言运用过程中,不同性别、年龄、受教育程度、职业在母语的掌握和使用方面都表现出明显的差异,母语使用的场合、使用的频率也各不相同。

四　语言使用特征

(一)年龄特征

通过实地调查受访者以及调查数据分析,我们发现,花溪大寨村布依族语言掌握得较好的主要集中在老龄人群。布依语的流利程度大体上与年龄成正比。年龄越大,布依语越流利;年龄越小,布依语程度越差,甚至听不懂。各个年龄段掌握母语的情况详见下表。

表 4-11　不同年龄层次掌握布依语情况统计表 (N=47)

水平　　年龄段	流利		一般		不会	
	人数	比例(%)	人数	比例(%)	人数	比例(%)
20 岁以下	—	—	4	8.51	2	4.26
21—30	—	—	3	6.38	1	2.13
31—40	1	2.13	8	17.02	2	4.26
41—50	1	2.13	1	2.13	1	2.13
51—60	9	19.15	5	10.64	—	—
60 岁以上	7	14.89	1	2.13	1	2.13
合计	18	38.30	22	46.81	7	14.89

调查数据显示,在大寨村,30 岁以下没有母语熟练的人,母语水平一般的人占的比例也比较低,调查发现,这些人所掌握的母语并不是通过家庭习得的,而是通过社会交往,跟朋友或村里的本族人学会的。说明早在 30 多年前,花溪大寨村及其周边地区的布依族母语已经出现严重的代际传承问题了。31—50 岁的中年人中母语熟练的也仅仅是个别人,多数人虽懂母语,但水平一般,这可能与他们使用母语的频率太低有关系。这一年龄段的人多数是通过家庭习得母语的,但由于家庭、社区以及整个社会大环境母语氛围都不浓,使用母语的场合少,时间长了母语也就生疏了。母语水平高的人主要集中在 50 岁以上。调查数据显示,花溪大寨村母语熟练的 18 人中,有 16 人在 50 岁以上这一年龄段,占 88.89%。

(二)性别特征

从总体情况来看,女性受访者在母语掌握方面明显比男性要好。具体见下表。

表 4 - 12 受访者性别与掌握母语的情况 （N＝47）

性别\母语水平	流利		一般		不会	
	人数	比例（%）	人数	比例（%）	人数	比例（%）
女（33）	15	45.46	16	48.48	2	6.06
男（14）	4	28.58	5	35.71	5	35.71

47 名受访者中，母语水平较高的有 19 人，其中男性仅 4 人，女性 15 人。虽然受访者中女性的人数占大多数（女 33 人，男 14 人），但是从各自性别所占的比例中还是可以看出，女性母语水平较高的占受访女性总数的 45.46%，而男性同一水平的比例只有 28.58%；不会母语的女性只有 6.06%，同一水平的男性却有 35.71%。十几岁的女性和男性的母语掌握程度差不多：这一年龄段调查了 4 个女性，母语程度一般的 3 人，不会的 1 人；男性调查了 2 人，母语程度一般和不会的各有 1 人。

（三）文化程度特征

数据统计分析发现，不同的受教育层次掌握母语的程度有一定的差异，表现为受教育程度越低的，母语程度越高，但受教育程度最高的层次，母语水平又略高于中间的初中和高中的受访者。数据分析见表 4 - 13[①]。

表 4 - 13 受访者性别与掌握母语的情况

文化程度\母语水平	未受过教育		小学		初中		高中		大专以上	
	人数（4）	比例（%）	人数（18）	比例（%）	人数（14）	比例（%）	人数（5）	比例（%）	人数（6）	比例（%）
流利	3	75	10	55.56	2	14.29	—	—	3	50
一般	1	25	6	33.33	9	64.29	4	80	2	34.33
不会	—	—	2	11.11	3	21.42	1	20	1	16.67

未受过任何教育的受访者均为 55 岁以上的老人，他们的母语掌握和使用得最好。小学文化程度的受访者有 3 人是目前在校就读的学生，其余为 20 世纪五六十年代上过几年学的，因此，这一文化层次的受访者年龄大多在 50 岁以上，属于母语掌握得比较好的。初中和高中文化层次的受访者共 19 人，除两人母语水平较高以外，大多数都只会讲一些简单的日常用语或者不会，这一个层次的受访者由于接受汉文化教育时间相对长些，多数人母语水平都很低。大专以上文化程度的受访者有极个别为在校大学生，多数目前在地方政府机构工作或退休在家，他们中一部分人母语本来就很熟练，一部分人由于母语意识的觉醒，近些年开始重视本民族文化和母语。

（四）母语习得途径

调查数据显示，在接受采访的 47 人当中，以布依语作为第一语言（母语）的有 14 人，占受

---

① 在这里把没有上过学的和只上过扫盲班都归纳成未受过教育。

访者总数的 29.79%，大多数都在 50 岁以上，最年轻的也有 40 岁；其中 12 人目前布依语都非常流利或比较流利，2 人布依语水平一般，说明小时候学会了母语，但使用的机会不多，后来水平下降了。以汉语作为第一语言的 32 人，占 68.09%，其中 6 人布依语讲得比较流利，均为女性，虽然是通过社会交往学会的布依语，但由于使用比较频繁，比一些从小习得母语的人水平还要高。以本民族语作为第二语言是布依族母语濒危地区一种普遍存在的现象。调查过程中发现，很多布依语讲得比较流利的受访者都声称自己小时候先学会的是汉语，后来才跟村里的长辈或同伴学会布依语。不过，像花溪大寨村这样母语已濒危的地区，由于缺乏母语交际环境，通过社会交往学会布依语并能长期保持使用，水平不断提高的毕竟不多，大多数人只能应付日常生活中简单的交际。以普通话作为第一语言的 1 人。从以布依语作为母语的受访者年龄分布情况来看，花溪大寨村一带的布依族母语的代际传承问题至迟在五六十年以前就已经出现，而到 20 世纪 60 年代末期，绝大多数家庭已经不再向子女传授本民族语言。

五　不同场合的母语使用情况

语言使用场合可分为家庭内部、社区（村寨）内部和社区之间三个层次。

（一）家庭用语

就家庭内部而言，又可以分为只使用母语①、大多使用母语、经常使用母语、较少使用母语和偶尔使用母语五种情况。花溪大寨村将母语作为家庭主要交际语言的情况见下表（表中 A 代表母语使用频率，B 代表分布情况）。

表 4-14　大寨村村民家庭内交际使用布依语情况表（N＝47）

频率 人数/比例	只用	大多	经常	较少	偶尔
人数	15	6	3	2	21
比例(%)	31.91	12.77	6.38	4.26	44.68

（二）社区用语

家庭以外的集会，比如民族内部共同的宗教习俗、节日、农闲时的集会聊天、村寨中见面打招呼、共同劳动等都是人们使用本民族语言进行交际的场合，村中几个会讲母语的老年人聚在一起的时候才有使用母语的机会，日常生活中经常碰到的一些事情可以用母语进行交谈，而更深入的交谈还需要借助汉语。花溪大寨村布依族在社区内一些场合使用布依语的情况详见下表 4-15。

---

① 只使用母语用"只用"来表示；大多使用母语用"大多"来表示；经常使用母语用"经常"来表示；较少使用母语用"较少"来表示；偶尔使用母语用"偶尔"来表示，也包括不使用母语。

表 4 - 15　　大寨村村民各种场合使用布依语情况表

频率　　　　　　场合	只用		大多		经常		较少		偶尔	
	人数	比例（%）	人数	比例（%）	人数	比例（%）	人数	比例（%）	人数	比例（%）
村子里（27）	—	—	—	—	7	25.93	5	18.52	15	55.55
见面打招呼（24）	—	—	1	4.17	6	25	3	12.50	14	58.33
一起劳动（23）	—	—	2	8.70	2	8.70	7	30.43	12	52.17
聊天（24）	—	—	3	12.50	5	20.83	3	12.50	13	54.17
民族节日（26）	1	3.85	3	11.53	9	34.62	1	3.85	12	46.15

说明：第一栏括号中的数据为在该场合使用布依语的受访者总数。

（三）跨社区用语

赶场或遇红白喜事为跨社区（村寨）的布依语交际提供了场合，但往往根据交际对象的具体情况而定。通常情况下，来自不同村寨的交际双方，只有母语都掌握得非常熟练，而且平时彼此关系比较好，在集市上相遇，或到对方村寨中做客相遇时才可能会用母语交际，因此比例非常低，而且母语使用频率不高。受访者在集市上基本不用布依语与同族交谈。

综上所述，布依语在花溪大寨村已经不再是人们日常生活中的主要交际工具。在家庭内部，也只能作为少数老年人之间交流思想或唤醒晚辈民族情感的一种方式。在社区（村寨）内部和社区（村寨）之间，它能发挥作用的场合也极为有限。

六　语言文字态度

（一）语言态度

调查发现，布依语讲得流利的老年人母语意识都比较强烈，50 岁以上懂本民族语的人都因此而感到自豪。47 位受访者中，有 40 人希望自己的孩子继续使用布依语，占受访者总人数的 85.11%；只有 7 人表示不希望自己的孩子使用布依语，可见大多数受访者对本民族语言还是有深厚感情的。47 位受访者中，有 15 人非常希望自己的子女学习布依语；只要具备条件，25 人表现出这方面的要求，但不是十分强烈；2 人认为学不学无所谓；其余 5 人对此没有发表意见。受访者对待本民族语言的态度存在着明显的矛盾心理：一方面，希望自己的母语作为一种文化和本民族文化的传承工具永远具有强大的活力；另一方面，为了适应现代社会发展的需要，人们不得不选择交际范围更广的汉语作为交际语言。

在语言的情感认同方面，人们普遍倾向于汉语，其次才是本民族语言。除 3 人无法回答以外，有 24 人最希望家人跟自己讲当地汉语方言，占被调查总人数的 51.06 %；只有 15 人最希望家人跟自己讲布依语，年龄都在 30 岁以上并且大多数都是五六十岁的中老年人，占被调查总人数的 31.91%；持无所谓态度的有 5 人，占被调查者总人数的 17.13%。可见，最希望家人跟自己讲本族语的并不多，所占总数的比例还不到三分之一，大多数人还是最希望家人跟自己讲当地汉语方言。

花溪大寨村布依族的语言态度是由他们所处的生活环境决定的。这里地处贵阳近郊的城乡结合处,交通便利,长期以来一直处于开放的状态。境内有贵州大学、贵州民族学院等高校;紧邻花溪公园、青岩古镇等著名旅游景点,全国各地操各种口音的人来往频繁;布依族作为这里的原住居民被动地承受着各种各样的外来文化冲击。20世纪50年代以前出生的目前还在世的老一辈人大多都掌握本民族语,在情感上倾向于本民族语,但由于缺乏语言环境,在平时的交流中大多又使用当地汉语方言,反映了他们在对待母语的问题上,存在着民族情感和社会实用价值两个方面的矛盾。客观因素使老一代缺乏对本民族文化传统的自信心。社会缺乏民族文化的氛围,使20世纪五六十年代以后出生的中青年一代对本民族语言没有老一代那样熟悉,他们中有一部分人比较喜欢并希望保护传承包括母语在内的本民族传统文化,这种心理在那些受过中等以上教育,并在村里担任干部的人群当中表现得比较突出。20世纪八九十年代成长起来的青少年因为在学校受到的都是普通话教育,母语水平较差,长辈重视母语传授的家庭出来的孩子,母语水平也只限于能听懂,不会说,熟练者极少。

尽管受访者在对待母语方面的态度很积极,当问到他们说得最流利的一种语言时,47位受访者中仅有12人认为布依话说得最流利,对自己母语能力的不自信是显而易见的,且年龄大都在五六十岁以上,占受访者总人数的25.53%;认为当地汉语方言说得最流利的有30人,占受访者总人数的63.83%;认为普通话说得最流利的有1人。受教育层次较高的受访者认为,同时使用汉语和布依语有利于民族文化的传承,有利于不同地区布依族同胞之间的感情沟通。受教育层次较低的人理解比较简单,只觉得懂双语是一件很好的事情,但有时候在说布依语时又怕其他民族(主要是汉族)笑话。大多数人都意识到使用布依语的人越来越少,而且使用的场合也越来越少。

(二) 文字态度

1. 对传统文字的态度

花溪大寨村一带布依族有用汉字记录本民族语言的经书,当地称为"牛经书",是一种借用汉字形、音、义和仿照汉字形声字创造的方块字,多为宗教职业者用来书写经文和咒语,一般群众不太熟悉。表示对这种文字很熟悉的受访者有4人,不认识的有14人,认识一些但是读不准的有9人,其余的人对此问题没有作出回答。

2. 对新文字的态度

现行的布依族文字是新中国成立以后创制的以拉丁字母为基础的文字。在47位受访者中,有23人知道布依族有自己的本民族文字,其中还有3人参加过布依族新文字的培训和推行工作;有14人不知道本民族有文字;有10人没有回答这一问题。在20世纪80年代布依文字推行过程中,花溪是一个试点,所以知道布依族有文字的人不在少数。当问到布依族是否应该有自己的文字时,37人认为作为一个民族应该有自己本民族的文字来传承本民族的文化,并有41人觉得自己作为布依族的一员应该学习布依文,占受访者总人数的87.23%。这表明受访者作为本民族的成员,对本民族的文字有深厚的感情,都希望自己的民族有文字并愿意学习这种文字。

第五节　乌当区新堡乡马头新寨布依族语言
使用情况个案研究

一　基本情况

新堡布依族乡位于贵阳市乌当区东北部,距贵阳市中心34公里,距区政府所在地新添寨大约24公里。东邻下坝乡,南依水田镇,西接新场乡,北连羊昌镇、百宜乡,南北长7公里,东西长14公里;贵开(贵阳—开阳)公路穿乡而过,全乡总面积53.92平方公里,辖7个行政村,共35个村民组,总人口5700余人,其中布依族人口3382人,占全乡总人口的58.6%。位于该乡东南的香纸沟是贵阳市郊著名的风景区。

马头村是新堡乡所辖7个行政村中的1个,位于新堡乡政府东南方向,由团坡、老寨、马头寨、新寨4个自然村寨组成,全村共200户,700余人,除少数杂居的汉族以外,均为布依族,占全村人口的98%以上,有罗、陈、韦、唐、周等姓氏。马头村布依族与其他民族通婚的情况比较普遍。新寨是马头村最大的自然村寨,共70余户,280余人,均为布依族。通往旅游景区香纸沟的公路从村边经过,因此人口流动较大,外来人口较多,所以更容易受到外来影响。

二　调查过程简述

调查时间:2007年1月下旬(共2天)。

调查点:乌当区新堡乡马头新寨。

调查方法:问卷调查、重点访谈和实地观察。

发放问卷51份,回收有效问卷51份,有效问卷比例为100%。受访者基本信息分述如下。

表4-16　受访者基本信息表(N＝51)

基本信息		受访人数	比例(%)	基本信息		受访人数	比例(%)
有效问卷数/问卷数		51/51	100	文化程度	扫盲班	2	3.92
性别	男	23	45.10		小学	11	21.57
	女	28	54.90		初中	14	27.46
年龄段	19岁以下	4	7.84		高中(含中专)	3	5.88
	20—29	1	1.96		大专以上	3	5.88
	30—39	8	15.69	职业	学生	4	7.84
	40—49	4	7.84		在家务农	41	80.40
	50—59	9	17.65		外出经商	2	3.92
	60岁以上	25	49.02		机关干部	1	1.96
民族	布依族	51	100		长年外出务工	1	1.96
	文盲	18	35.29		待业	2	3.92

三 语言使用情况

为了能够了解当地布依族母语使用方面的有关信息,我们在设计问卷时将母语水平细分为"非常流利"、"比较流利"、"一般"、"会说简单的"、"听得懂但不会说"和"听不懂"6个层次。其中,前两个层次之间的区别实际上很小,我们把连词成句熟练一些的划归为"非常流利",不熟练的划归为"比较流利",词汇方面差别不是太大。因此,分析中这两个层次用"流利"概括为第一个等级。"一般"和"会说简单的"有一些区别,"一般"指能说出所提问的大多数词汇,部分词汇需要慢慢回忆才能想起来,或已经完全忘记了,连词成句(尤其是复杂句子)比较困难;"会说简单的"指能够表达一些日常生活中经常碰到的词语,如简单的基数词、语句等,基本上不能连词成句。母语水平处于这两个层次的人平时基本不用母语与别人进行交流,只有在必要场合才讲一两句。因此这两个层次用"一般"概括为第二等级。因为判断一个人是否懂一种语言的主要标准是看他能否用这种语言表达自己的思想,所以"听得懂但不会说"实际上与"听不懂"没什么区别,用"不会"概括为第三等级。各等级具体抽样调查结果详见下表。

表 4-17 受访者布依语水平 (N=51)

布依语水平级别		人数	比例(%)
流利	非常流利	13	25.49
	比较流利	6	11.76
一般	一般	3	5.88
	会说简单的	11	21.57
不会	听得懂但不会说	9	17.65
	听不懂	9	17.65

四 语言使用特征

通过入户填写问卷、实地观察和重点访谈,课题组对该地布依族目前的语言使用情况有了初步了解。这里日常生活中主要使用汉语,布依语已经处于濒危状态,除了家庭内偶尔使用,村寨内本民族间的日常生活交际基本不用布依语,仅有少数老人在有限的场合讲布依语,真正意义上的布依—汉双语人已经很少。因为不同性别、年龄、教育程度、职业的人表现出明显的差异,所以母语使用的场合和频率也表现出不同。下文分别进行简要的分析。

(一) 年龄特征

从调查结果显示的比例来看,本民族语言的掌握程度同年龄段有着十分密切的联系,懂布依语的人数的减少同年龄的降低成正比,也就是说,年龄段越低,掌握本民族语的人数比例也越低。我们基本上以 10 岁为一个年龄段,最低年龄段从 19 岁以下开始。

表 4 - 18　不同年龄层次掌握布依语情况统计表（N＝51）

年龄段＼水平	流利		一般		不会	
	人数	比例（%）	人数	比例（%）	人数	比例（%）
19 岁以下	—	—	—	—	4	7.85
20—29	—	—	—	—	1	1.96
30—39	2	3.92	1	1.96	5	9.80
40—49	—	—	3	5.88	1	1.96
50—59	1	1.96	3	5.88	5	9.80
60 岁以上	16	31.37	8	15.70	1	1.96
合计	19	37.25	15	29.42	17	33.33

从上表可以看出，布依语使用情况随着年龄的减小而不断弱化。年龄在 60 岁以上的受访者，布依语还掌握得很好；在 50—59 岁年龄段，接近一半的受访者还能使用布依语。年龄在 50 岁以上能熟练使用母语的有 17 人，仅占该年龄段全部受访者（34 人）的一半；母语水平一般的有 11 人，占该年龄段全部受访者的 32.35%；而该年龄段不会母语的有 6 人，占该年龄段全部受访者的 17.65%。50 岁以下的人，布依语水平明显下降；寨子里的青少年已经无法用布依语进行交流了。

（二）性别特征

总体来看，该村女性母语保存使用得比男性好。在所有 51 位受访者中，母语讲得流利的女性有 14 人，占全部受访者的 27.45%，占全部女性受访者的 50%；母语讲得流利的男性有 5 人，占全部受访者的 9.8%，占全部男性受访者的 21.74%。该地女性母语水平普遍高于男性的主要原因是母语讲得流利的女性主要集中在 50 岁以上，没有上过学，主要在家务农，很少与外界接触。但不容乐观的是年青一代的女性母语保存使用的情况与男性相比已经没有多大差别。在 51 位受访者中，40 岁以下不会母语（听得懂但不会说和完全听不懂）的受访者有 13 人，其中男性 7 人，女性 6 人，比例基本持平。

（三）文化程度特征

受教育程度（汉文化水平）越高，母语水平越低。在全部 51 位受访者中，具有大专以上文化程度的有 3 人，占全部受访者的 5.88%，其中有 2 人母语水平为第三等级（听得懂但不会说和完全听不懂），他们的年龄都在 20 岁以下，都听不懂母语；1 人讲得非常流利，年龄 62 岁。具有高中文化程度（含中专、中师以及其他同等学力）的有 3 人，占全部受访者的 5.88%，其中有 1 人母语程度为一般；2 人完全听不懂或者听得懂但不会说。具有初中文化水平的 14 人，占全部受访者的 27.45%，有 1 人母语讲得比较流利；母语掌握程度一般的有 7 人，占该层次的 50%；完全不懂的有 6 人，占该层次的 42.86%。具有小学文化水平的有 11 人，占全部受访者的 21.57%，其中母语非常流利的有 2 人，比较流利的有 3 人，母语水平在第一等级（非常流利和比较流利）的占该层次的 45.45%；母语一般的有 2 人，占该层次的 18.18%；听得懂但不会说的有 3 人,完全听不懂的有 1 人,母语水平在第三等级的占该层次的 36.36%。从未上过学(包括上过一段时间的扫盲班)的有 19 人,占全部受访者的 39.22%,其中母语讲得流利的有 12 人,占该层次的 63.16%;母语水平一般的有 4 人,占该层次的 21.05%;听不懂母语的有 3 人,占该层次的 15.79%。从未上过学的 19 位受访者年龄最低的 51 岁,除了 3 人为男性外其余均为女性。由上文分析可以看出,该层次的人是母语掌握最好的。总体而言,受教育程度越低,其母语保存使用情况越好。

(四) 母语习得途径

最先学会的语言是布依语的有 14 人,占全部受访者的 27.45%,其中 9 人母语讲得非常流利,1 人讲得比较流利,占这 14 人的 71.43%;3 人母语水平在第二等级,会说一些简单的,占 21.43%;只有 1 人听得懂但不会说,占 7.14%。母语为第一等级"流利"的 10 人中,女性 8 人,其中年龄最小的为 61 岁;男性 2 人,年龄最小的为 63 岁。

小时候在家用布依语和长辈交流的有 17 人,占全部受访者的 33.33%,其中有 10 人母语讲得流利,3 人讲得一般,3 人会说一些简单的,只有 1 人听得懂但不会说。

最先学会汉语的有 36 人,占全部受访者的 70.59%。其中各有 8 人母语水平为听得懂但不会说和完全不懂,均占 15.69%;讲得一般的有 3 人,占 5.88%;母语非常流利的有 4 人,比较流利的有 6 人,分别占 7.84% 和 11.76%。

小时候在家用汉语和长辈交流的有 29 人,占全部受访者的 56.86%,其中包括小时候就学会了布依语的 3 人。

看来母语习得主要是通过长辈传授,也有在与族人交往中学会的。

五　不同场合的母语使用情况

布依语无论在家庭内还是在家庭外,使用范围和频率都十分有限。该村仅有极少数布依语讲得非常流利的人在家中偶尔使用。

统计显示,受访者小时候与其父亲(或其他男性长辈)说布依语的有 21 人,占全部受访者的 41.18%,说汉语的有 29 人,占 56.86%;在家对双亲(或其他长辈)常讲母语的有 11 人,占 21.57%,说汉语的有 20 人,占 39.22%;有 14 人在家对配偶最常用的是母语,占 27.45%,说汉语的有 30 人,占调查人数的 58.82%;有 1 人在家对子女最常说的是母语,有 30 人说汉语,占 58.82%。由此看来有不少布依族家庭成员主要用汉语交流,辅之以少量的布依语;有的家庭干脆完全使用汉语,基本不用布依语。

在寨子里与人交谈常说布依语的受访者有 13 人,说汉语的有 39 人。在别的寨子里与人交谈常说布依语的有 19 人,说汉语的 35 人,说普通话的有 1 人。这样看来,无论村内还是村外,村民更愿意用汉语交谈,平时聚在一起聊天说话的时候,也更习惯用汉语,这部分人占到了全部受访者的 74.51%。但是也有极少数村民多用母语交流,主要是上了年纪的老人(年龄 65

岁以上），他们聚在一起的时候，会自然而然地使用布依语，这部分人占 23.53%。

六　语言态度

51 位受访者中，虽然真正意义上的双语人只有 19 人，占 37.25%，但是大家对布依—汉双语普遍持肯定态度。有 90.2% 的人认为同时使用母语和汉语是适应现代社会发展的好现象，其中包括 19 位母语非常流利的，14 位讲得一般的和 13 位完全不懂或听得懂但不会说的受访者。当被问及"跟会说布依—汉两种语言的族人说话而对方用汉语"时，有 17 人表示可以理解，有 10 人觉得没什么特别的感觉，有 1 人表示无所谓。同时有 90% 的人认为母语使用场合越来越少。可以说，受访者已经从情感上完全接受汉语，这可能是因为汉语所具有的强大社会交际功能使他们能充分地表达自己的思想情感，达到人际交往的目的。

有子女的村民，当被问及"如果子女在外打工或上学回家后不讲母语的态度"时，除了 21 人未作回答外，另有 19 人表示无所谓，占受访者总数的 37.25%；有 7 人表示不高兴，占 13.73%；4 人感觉高兴，占 7.84%。在"是否希望子女学习母语"的问题上，除 2 人未选择外，有 28 人持积极态度，"非常希望"自己的孩子继续学习使用布依语，占总数的 54.90%；有 19 人表示希望子女（或将来有子女后）在有条件的情况下学一些母语，占 37.25%；只有 2 人表示不希望子女学习母语，占 3.92%。

受访者被问及"对会说布依语和汉语的布依族同胞的态度"时，有 18 人表示羡慕，占总数的 35.29%；有 2 人认为说双语是一件很好的事情，占 3.92%；而表示无所谓的和认为"会说双语正常"的各有 1 人，均占 1.96%。

为了了解该地村民对用汉语回答母语询问的态度，我们设计了这样一道问题，并给出 4 个答案供选择：

当您跟一个会说本民族语的族人用布依语交流时，他却用汉语回答您，您会觉得：

（1）很讨厌，不想和他继续交谈；

（2）没有什么特别的感觉；

（3）可以理解；

（4）很别扭，不舒服。

共有 30 人对此表明态度，占受访者总数的 58.82%。除 4 人不懂母语而选项无效外，其余 26 人中有 16 人母语讲得流利，10 人讲得一般。答案集中于"可以理解"和"没有什么特别的感觉"两项，也就是说绝大部分人对此采取较为宽容的态度；只有 1 人表示"很讨厌"，3 人表示"别扭"。

关于本村学校的教学用语，除了 25 人答案无效外，有 13 人选择普通话，占受访者总数的 25.49%；3 人选择汉语方言，占 5.88%；1 人选择布依—汉双语教学；1 人选择多语（即母语、汉语地方话和普通话）教学；4 人选择母语教学，占 7.84%；还有 2 人表示"不知道"，占 3.92%。

当问及"母语、汉话和普通话哪种语言最好听"（可以多选）时，有 33 人选择母语，18 人选择汉话（地方话），21 人选择普通话。对于"在学校最喜欢跟本族老师和同学说哪种话"，有 15 人选择汉话（地方话），占受访者总数的 29.41%；13 人选择了布依语，占 25.49%；只有 1 人选择普通话。

我们还补充了一个问题，即"有没有必要开设布依语教学班"，有 28 位受访者回答。其中有 26 人认为有必要，占这 28 人的 92.86%；有 1 人表示不必要，应该学习普通话；还有 1 人对这个问题说不清楚。

综上所述，汉语正在逐步成为该村布依族日常交际的最主要的语言，普通话的地位正在提高。有接近一半的受访者认为自己说得最流利的话是汉话，大部分人希望在家里说汉话；三分之一的人认为本村学校老师应使用普通话讲课，普通话正在逐步地被认同，但同时该地村民也表现出了强烈的母语归属感，认识到了学习母语的必要性。

第六节　乌当区偏坡乡偏坡村布依族语言使用情况个案研究

一　基本情况

偏坡村位于贵阳市乌当区东南部，为全省最小的少数民族乡——偏坡乡的乡政府所在地，距贵阳市中心 30 公里，距乌当区政府所在地 20 公里。目前有头偏、宋偏、永偏三条柏油路，新偏公路也即将开通，交通比较便利。偏坡村是全乡最大的村寨，全村总人口 786 人，布依族占该村人口的 98% 以上。人们日常交际使用的主要是当地汉语方言，属西南官话。由于所处位置相对偏僻，同时又高度聚居，使偏坡村成为贵阳周边母语保持得较好的布依族村寨之一，相当一部分布依族村民日常生活中仍然使用本民族语言进行交际。

二　调查过程简述

调查时间：2007 年 1 月下旬（共 2 天）。

调查点：偏坡村。

调查方法：问卷调查、重点访谈和实地观察。

调查过程中共发放问卷 52 份，回收 52 份，受访者占偏坡村人口的 6% 以上。受访者基本情况分述如下。

表 4 - 19 受访者基本信息表（N＝52）

基本信息		受访人数	比例(%)	基本信息		受访人数	比例(%)
有效问卷数/问卷数		52/52	100	文化程度	文盲	8	15.39
性别	男	26	50		小学	17	32.69
	女	26	50		初中	20	38.46
年龄段	19岁以下	11	21.15		高中（含中专）	3	5.77
	20—29	2	3.85		大专以上	4	7.69
	30—39	13	25	职业	学生	9	17.31
	40—49	5	9.62		在家务农	37	71.15
	50—59	4	7.69		教师	3	5.77
	60岁以上	17	32.69		长年外出务工	2	3.85
民族	布依族	52	100		其他	1	1.92

说明：男女比例相同，各年龄段均有分布，其中中青年受访对象所占比例较高，但20—29岁年龄段人数最少，这跟这一年龄段人大多外出打工、上学有很大关系。近50%的人文化程度在初中以下，呈现出文化程度普遍不高的特点。从职业分布上看，在家务农的占大多数，学生占一定比例，教师、长年外出务工者所占比例较小。

三 语言使用特征

（一）年龄特征

在 52 位受访者中，19 岁以下的 11 人，20 到 59 岁的 24 人，60 岁以上的 17 人，他们的布依语使用状况如下。

表 4 - 20 受访者母语掌握情况

年龄段	人数	布依语掌握情况					
		熟练	比例(%)	一般	比例(%)	不会	比例(%)
19岁以下	11	1	9.09	6	54.55	4	36.36
20—59	24	8	33.33	10	41.67	6	25
60岁以上	17	13	76.47	3	17.65	1	5.88

根据我们统计的调查数据显示，60 岁以上的受访者大多能比较熟练地使用布依语，其中 7 人能非常流利地用布依语与人交流，占该年龄段受访者的 41.18%；比较流利的 6 人，占 35.29%；2 人听说程度一般，占 11.76%；会说一些简单词语的 1 人，该受访者从年轻时起外出求学、工作，具有大专学历，大多使用汉语交流；听得懂但不会说的 1 人，为贵定县嫁入该村的女性。双语能力突出是这一年龄段受访对象的共同特点。大多数人能够自如地根据场合、交谈对象选择使用布依语或汉语进行交流，当一种语言不足以满足交际需求时，可以用另一种语言进行补充。

在 20—59 岁这个年龄段中，能熟练掌握布依语的 8 人，占该年龄段受访者的 33.33%；有 10 人会说简单的布依语，占 41.67%。无法用布依语交流的 6 人，其中能听懂但无法表达的有 5 人，占 20.83%；听不懂的 1 人，占 4.17%。这一年龄段的母语水平明显下滑，能熟练掌握布依语的人仅为上一年龄段的 50%。双语能力"一强一弱"是这一年龄段的特点,汉语能力突出,母语水平则停留在简单交际的层次,具体表现为布依语词汇贫乏、句式单一、话语不连贯。

在 19 岁以下这个年龄段中,能较为熟练地掌握布依语的有 1 人,占 9.09%;基本掌握布依语的有 1 人,占 9.09%;5 人会说一些简单的词语,占 45%;听得懂但不会说的 3 人,占 27%;听不懂的有 1 人,占 9.09%。这一年龄段的受访者大部分为在校学生,母语环境的退化和长期的学校教育使他们基本上丧失了用母语交际的能力,而汉语水平(包括汉语方言和普通话)较高。

以上调查数据显示偏坡村布依族母语的使用情况呈逐渐衰变的趋势。年龄在 60 岁以上的人,母语水平还保持得相当好,超过 80% 的人还可以用母语交际;到 21—59 岁这一年龄段就已经呈现出母语水平大幅度下滑的趋势,能较熟练使用母语的人不过四分之一,其余的人已经基本丧失了用母语交际的能力;20 岁以下人的母语水平更是令人担忧,能掌握并使用母语的人数不到五分之一,其余的青少年已经不具备用母语交流的能力了。

(二) 性别特征

男性和女性在母语熟练程度上的比例并没有太大的差距。在 52 位受访者中,能自如或比较自如地运用母语进行交流的有 25 人,男性 13 人,女性 12 人,男女比例平衡。19 岁以下母语熟练的有 2 人,全部为男性,没有女性,有一定的差距;20—59 岁这一年龄段中,母语熟练的有 8 人,男女各半;在 60 岁以上母语熟练的 15 人当中,女性 8 人,男性 7 人,比例比较平衡。但在实际调查过程中我们发现,60 岁以上的女性的母语水平略高于男性。这种情形的出现,与布依族男性出门机会多,与外族人打交道的时间长,汉语使用频率高有关系,而女性活动的圈子小,出门机会少,交际多用布依语,母语能力自然就高一些。

该村男性的语言能力略强于女性。在我们的调查问卷中设计了这么一道问题"你现在可以使用哪几种语言和人交谈",用于考察受访者的语言能力。52 个受访者中,有 45 人作了有效回答(男性 22 人,女性 23 人);同时掌握布依—汉双语的有 20 人,其中男性 11 人,女性 9 人;掌握布依语、当地汉语方言和普通话的有 11 人,男性 6 人,女性 5 人;掌握当地汉语方言和普通话的 7 人,男性 4 人,女性 3 人;汉语单语人 6 人,全部为女性。究其原因,还是由于男性出门机会多,经常与不同的人打交道,客观上要求男性必须尽可能多的掌握不同的语言(包括方言),在这一过程中,男性的多语言(包括方言)能力也得到了充分的锻炼和提高。而女性活动范围小,在村内一般经常用的就是布依语和汉语,出门多用汉语方言,普通话很少用于交际,大多处于会而不用的状况,只有教师和学生在上课时才使用,因此丧失母语交际能力的人,在日常生活中就只会使用汉语方言了。

(三) 文化程度特征

我们将偏坡村 52 位受访者的文化程度及相对应的母语水平作了详细的统计,见下表。

表 4 - 21　受访者文化层次与母语水平关系表

文化程度 母语水平	从未上过学 (8人)		小学 (17人)		初中 (20人)		高中 (3人)		大专 (4人)	
	人数	比例 (%)	人数	比例 (%)	人数	比例 (%)	人数	比例 (%)	人数	比例 (%)
非常流利	2	25	1	5.88	4	20	1	33.33	—	—
比较流利	4	50	4	23.54	5	25	—	—	1	25
一般	1	12.5	1	5.88	1	5				
会说简单的	1	12.5	5	29.41	6	30			2	50
能听懂但不会说	—	—	5	29.41	4	20	2	66.67		
听不懂			1	5.88	—	—			1	25

以上数据显示,文化程度与母语掌握程度成反比,文化程度越高,母语水平越低。

四　不同场合的母语使用情况

我们按交际的场合和范围的不同,将偏坡村布依族母语使用分为家庭用语、社区用语和跨社区用语三种情况分别进行分析。

(一) 家庭用语

从调查问卷上我们可以很直观地了解到,大部分家庭主要用汉语交流,不经常说或偶尔说布依语;有的家庭内汉语是唯一的交际工具,基本不用布依语。在 52 位受访者中,在家里经常使用布依语的有 15 人,除 4 人以外,其余 11 人年龄均在 60 岁以上;较少或偶尔使用布依语的 8 人;有 29 人在家中完全使用汉语,其中 1 人讲普通话。统计结果显示:在家中大部分人与父母、配偶、子女交流的时候,都主要使用汉语方言,尤其与子女交流的时候,更愿意说汉语方言的人占大多数,还有 1 人坚持对孩子讲普通话。

(二) 社区用语

我们将村内不同场合下母语使用状况制成下表。

表 4 - 22　偏坡村村民各种场合使用布依语情况表(N＝52)

场合 母语使用情况	经常使用的人数	比例(%)	偶尔使用的人数	比例(%)	基本不用的人数	比例(%)
在村里	15	28.85	10	19.23	27	51.92
见面打招呼时	13	25	5	9.62	34	65.38
干活时	9	17.31	7	13.46	36	69.23
平时聊天时	14	26.92	8	15.39	30	57.69
和人说心里话时	11	21.15	6	11.54	35	67.31
举行民族活动时	7	13.46	7	13.46	38	73.08

从调查到的有效数据上看,偏坡村布依族主要是用当地汉语方言进行交流,兼用布依语。

对于一般的布依族村民来说,他们更愿意用汉语方言交际,这部分人占被受访者总数的五分之三。但是也有一部分村民趋向于用母语交流,主要包括上了年纪的老人（年龄在 55 岁以上的）和外村嫁入的年龄较大的布依族妇女,他们聚在一起的时候,会自然而然地使用布依语。这部分人占被受访者总数的五分之二。但当在村中遇到不认识的人时,所有被受访者都不约而同地会使用当地汉语方言与人交谈。

（三）跨社区用语

如果在其他村寨遇到不认识的人,几乎所有被访对象都持这样的态度:看对方使用什么语言,自己用相同的语言回应。但是在公众场合和工作场所,大部分布依族村民还是选择使用汉语方言与人交流,只有少部分上了年纪的老人,偶尔使用本民族语。

五 语言文字态度

（一）语言态度

在所有受访者中,认为自己汉语讲得最流利是的有 30 人,占 57.7%;布依语最流利的 19 人,占 37.3%;有 2 人认为自己普通话讲得最流利,占 4%。希望家人说汉语方言的有 30 人,占 57.7%;说布依语的 11 人,占 21.2%;说普通话的 1 人。有 47 人认为子女在家说汉话很高兴或无所谓,占 94%;有 55% 的学生愿意在学校说汉话。这表明偏坡村布依族对自己的汉语水平更有信心,在心理上更倾向于用汉语方言进行日常交际。也可以从统计中看到普通话在该村布依族心目中的地位在不断提高,有 4% 的人认为自己说得最流利的是普通话,有 2% 的人希望家里人跟自己说普通话,有 20% 的人愿意在学校中与人用普通话交流,而认为学校应该用普通话上课的人数比例达到 85%,认为普通话是所有语言里最好听的人数比例占 30%。虽然,偏坡村的布依族在日常生活中更愿意使用地方汉语,但他们对自己的本民族语并非毫无感情。在我们问及"您是否希望您的孩子继续学习并使用布依语"时,作肯定回答的有 36 人,占 69.2%。可见,大部分人还是希望布依语能够传承下去。

（二）文字态度

布依族历史上并没有自己的文字,长期以来借用汉字,或使用在汉字基础上稍加改动形成的"土俗字",用于记录布依族的宗教经文——摩经。1956 年,国家制订了以拉丁字母为基础的新布依文方案,后经过两次修改,一直沿用至今。但由于两种文字都没有推广开来,布依族大多对本民族文字的概念十分模糊。我们在问卷中设计了"您知道布依族有自己的本民族文字吗?"这样一道题:作肯定回答的有 18 人,作否定回答的有 28 人。作肯定回答的 18 人中,有 1 人很熟悉摩经文字;有 3 人认识一些,但读不准;有 3 人很熟悉新创的布依族文字,其中 2 人参加过新文字的培训和推广工作;见过新文字但不认识的有 4 人。总之,偏坡村布依族对本民族文字的认识参差不齐。但是,在被问及"布依族是否应该有自己本民族的文字"时,有效作答的 46 份问卷中,有 41 人认为"应该有",4 人"说不清楚",只有 1 人认为"没有必要"。另一个相关的问题是"您觉得自己作为布依族的一员是否应该学习布依文",有 40 人认为"应该学",4 人"说不清楚",2 人认为"没有必要"。由此看来,偏坡村布依族在心理上是倾向于自己本民族文字的。

第七节 白云区都拉乡布依族语言使用情况个案研究

一 基本情况

都拉乡是贵阳市白云区两个布依族乡之一,位于贵阳市区东北部,乡政府所在地——都拉营距离贵阳市区约 14 公里。乡境内驻有铁道部贵阳车辆厂、南方汇通微硬盘科技股份有限公司和贵阳北郊水厂等国有大中型企业以及贵州省特种水泥厂、都拉钢铁厂等骨干乡镇企业。贵遵(贵阳—遵义)高速公路穿过乡境。

都拉乡是白云区布依族分布比较集中的地区之一,全乡总人口 7620 人,其中布依族人口有 3962 人,占全乡总人口的 52%。全乡共有 7 个行政村,31 个村民组,其中,布依族分布较多的是小河、冷水和上水 3 个行政村。

小河村由分布在"南方集团"周边的大寨、小寨、中坡、桥上、火石坡、滥坝等自然寨组成,共312 户,1318 人,其中布依族人口占 87%,主要居住在小寨组、大寨组和南山组,此外,中坡、桥上等村寨也有分布。

冷水村距乡政府所在地约 3 公里,共 100 户,407 人,布依族人口占 98%,分别居住在大寨和小寨两个自然村,有莫、陈、王、罗等姓。

上水村距乡政府所在地约 5 公里,共 100 余户,500 余人,其中布依族占 80%以上,主要分布在上水、下水和朱劳 3 个组,以莫姓为主。

二 调查过程简述

调查时间:2007 年 1 月下旬(共 3 天)。

调查点:都拉乡小河、冷水和上水 3 个行政村 6 个村民组。

调查方法:问卷调查、重点访谈和实地观察。

调查过程中共发放 109 份,回收 109 份,有效问卷比例为 100%。受访者基本情况分述如下:

表 4-23　受访者基本信息表（N＝109）

基本信息		受访人数	比例（%）		基本信息		受访人数	比例（%）
有效问卷数/问卷数		109/109	100			扫盲班	3	2.75
性别	男	49	44.95	文化程度		小学	33	30.28
	女	60	55.05			初中	34	31.19
年龄段	19 岁以下	5	4.59			高中（含中专）	11	10.09
	20—29	17	15.60			大专以上	5	4.59
	30—39	16	14.68	职业		学生	7	6.42
	40—49	18	16.51			在家务农	83	76.15
	50—59	24	22.02			外出经商	3	2.75
	60 岁以上	29	26.60			教师	5	4.59
民族	布依族	109	100			机关干部	6	5.50
文化程度	文盲	23	21.10			外出务工	5	4.59

　　说明：女性受访者的比例略高于男性。从年龄层次上看，老年受访者的比例较高。文化程度普遍偏低，小学以下文化程度的受访者占一半以上。尽管都拉乡位于贵阳市郊，但接受采访的人绝大多数仍为在家务农的农民，从事其他职业的受访者较少。

三　语言使用情况

　　都拉乡布依族目前主要以当地汉语方言作为交际工具，无论在家庭内、社区内还是相邻的社区之间，人们都使用汉语进行交际。布依语作为母语，目前仅为少数村民保存使用。通过对受访者进行详细的问卷调查和对村民的语言生活进行实地观察，我们了解到，掌握本民族语言的人大多数在 60 岁以上，女性居多，而且语言能力参差不齐。我们将受访者语言水平粗略地分为"流利"（包括"非常流利"和"比较流利"）、"一般"（包括掌握一些简单的词语）和"不会"（包括"听得懂不会说"和"听不懂"）3 个等级。各等级具体抽样调查结果详见下表。

表 4-24　受访者布依语水平（N＝109）

布依语水平级别		人数	比例（%）
流利	非常流利	15	13.76
	比较流利	5	4.59
一般	一般	2	1.83
	会说简单的	17	15.60
不会	听得懂不会说	28	25.69
	听不懂	42	38.53

四　语言使用特征

　　通过入户填写问卷、实地观察和重点访谈等，我们对都拉乡布依族语言目前的使用情况有了初步了解。这里的布依族日常生活中主要以汉语作为交际工具，本民族语言已经处于极度濒危的状态，村寨内本民族之间的交际已经基本不用布依语，仅在家庭内部偶尔使用，真正意义上的布依—汉双语人已经非常少，每个自然村寨都只有少数几个老年人在极其有限的场合讲布依语。由于长期缺乏语言环境,人们的母语水平普遍较低。在实际的语言应用过程中,不同性别、年龄层次、受教育程度、职业的人都表现出明显的差异,母语使用的场合、使用的频率也因上述各种因素的不同而不同。下文分别进行简要的分析。

(一) 年龄特征

无论是通过调查中的观察,还是从问卷反映出来的情况看,都拉乡一带的布依族语言的掌握、使用水平都表现出明显的年龄层次特征。几个调查点的材料都表明,年龄越大,母语保存使用得越好。在 109 位受访者中,19 岁以下掌握母语的人数为零[①],母语掌握得较好的都在 50 岁以上。各个年龄段掌握母语的情况详见下表。

表 4－25　不同年龄层次掌握布依语情况统计表 (N＝109)

水平 年龄段	流利		一般		不会	
	人数	比例(%)	人数	比例(%)	人数	比例(%)
19 岁以下	—	—	—	—	5	4.58
20—29	—	—	2	1.83	15	13.76
30—39	—	—	1	0.91	15	13.76
40—49	—	—	2	1.83	16	14.67
50—59	5	4.59	8	7.34	11	10.09
60 岁以上	13	11.93	6	5.50	10	9.17
合计	18	16.51	19	17.43	72	66.06

从上表可以看出,50 岁以下的受访者当中没有一个能够比较流利地使用本民族语言进行交际的,仅有 5 人能说一些简单的日常用语,而且,通过详细询问,他们平时也不怎么讲,这个数字仅占该年龄段全部受访者(56 人)的 8.92%。50 岁以上能熟练使用母语的有 18 人[②],也仅占该年龄段全部受访者(53 人)的 33.96%;母语水平"一般"的 14 人,占该年龄段全部受访者的 26.42%;而这一年龄段完全不会母语的仍有 21 人,占该年龄段全部受访者的 39.63%。

通过访谈和观察,我们发现无论是哪一个年龄段的受访者,无论布依语的水平是高还是低,人们的母语意识都比较淡薄。50 岁以上的母语人并没有因为自己掌握本民族语而感到有多么的自豪,有的人反而觉得是一种累赘,不愿意把它传授给自己的下一代。由于都拉乡多数布依族村寨处在经济相对发达的地区,中年人整天忙于跑生意挣钱,包括村干部在内都很少有人会停下来考虑本民族文化的问题,本民族的相关知识非常浅薄,尽管他们当中有一些人也能讲一点简单的布依语,但在公共场合都尽量掩盖这一事实,生怕让别人知道。他们自己不想从上一辈那儿继承本民族的传统文化,更不会想到要传给下一代。他们这一年龄段可以说是都拉乡乃至整个贵阳市郊布依族语言和民族文化的断层,甚至是绝缘层。20 世纪 80 年代以后出

---

①　这里仅仅就调查所得的数据进行分析,扩大调查面也许情况会有所变化。

②　所谓熟练也仅仅是相对而言,有些受访者词汇讲得熟练一些,但连词成句时并不是很流利;而且多数受访者很难做到连句成章。

生的青少年一代在任何场合都以汉语作为唯一的交际语言,尽管他们当中有些人出于好奇的天性,想对包括语言在内的本民族传统文化有所了解,但都已经丧失了必要的条件。

(二) 性别特征

从总体情况来看,都拉乡布依族母语保存使用的情况是女性比男性好。在全部 109 位受访者中,母语讲得流利的女性有 12 人,占全部受访者的 11%,占全部女性受访者(60 人)的 20%;母语讲得流利的男性有 6 人,占全部受访者的 5.5%,占全部男性受访者(49 人)的 12.24%。母语水平一般的女性有 11 人,占全部受访女性的 18.33%;男性有 8 人,占全部受访男性的 16.33%。

女性母语水平普遍高于男性的主要原因大致有以下三个方面:其一,从年龄角度来看,母语流利的人的年龄最低的是 50 岁,最高的 80 岁,这一年龄段的女性基本上都没有上过学,12 人当中仅有 1 人上过小学,1 人进过扫盲班,其余均为文盲,主要以在家务农为生,很少与外界接触,使用母语的场合比男性多。其二,出生地母语环境好于目前所在的都拉乡。在母语水平较好的 12 名女性受访者当中,除 1 位没有提供出生地信息以外,有 8 位是从外地嫁到都拉乡的,如有来自黔南州龙里县的,有来自平坝县的,有来自乌当区的,据调查过程中了解,这些地方布依族母语普遍都比都拉乡保存得好,如黔南州龙里县一带,一些布依族村寨目前还有比较好的母语环境。其三,很多涉及民族传统礼仪的场合虽然主持人多为男性,但活动的参与者以女性居多,而且也比男性活跃,在这样的场合中,不少事项需要用到包括母语在内的本民族传统的东西,如对歌等。

不过,从目前总的情况看,年青一代的女性在母语的掌握和使用方面跟男性已经没有多大差别。在 109 位受访者当中,40 岁以下母语水平为第三等级(即不会母语,包括听得懂不会说和完全听不懂)的受访者共 37 人,其中男性有 14 人,占全部男性受访者的 38.57%;而女性却有 23 人,占全部受访女性的 38.33%。比例与男性相近,但总量高于男性。

(三) 文化程度特征

总体看来,受教育程度(即汉文化水平)越高,母语水平越低。在全部 109 名受访者当中,具有大专以上文化程度的有 5 人,占全部受访者的 4.59%,其中,有 3 人母语水平为第二等级,即会讲一些简单的日常用语;有 2 人在 29—50 岁这一年龄段,完全听不懂布依语。具有高中文化程度(含中专、中师以及其他同等学力)的 11 人,占全部受访者的 10.09%,其中有 1 人布依语非常流利(68 岁);1 人会说一些简单的日常用语;6 人听得懂不会说,占该层次的 54.54%;3 人完全听不懂,占该层次的 27.27%。具有初中文化水平的 34 人,占全部受访者的 31.19%,仅 1 人母语非常流利;3 人水平一般,占该层次的 8.82%;听得懂不会说的有 12 人,占该层次的 35.29%;完全听不懂的有 18 人,占该层次的 52.94%。具有小学文化程度的 33 人,占全部受访者的 30.27%,其中母语非常流利的仅 2 人;母语水平一般的有 2 人,占该层次的 6.06%;会说简单用语的有 4 人,占该层次的 12.12%;听得懂不会说的 9 人,占该层次的 27.27%；完全听不懂的有 16 人，占该层次的 48.48%。从未上过学（包括上过一段时间扫盲班）的一共 26 人，占全部受访者的 23.85%；其中母语讲得流利的 13 人，占该层次的 50%；母语水平一般（包括会说简单日常用语）的 7 人，占该层次的 26.92%；听得懂不会说的 3 人，占该层次的 11.53%；完全听不懂的 3 人，占该层次的 11.53%。不同文化程度受访者母语掌握和使用情况详见下表。

表 4－26　不同文化程度受访者掌握布依语情况统计表（N＝109）

文化程度＼水平	流利		一般		不会	
	人数	比例（%）	人数	比例（%）	人数	比例（%）
文盲①	13	11.93	7	6.42	6	5.50
小学	2	1.83	6	5.50	25	22.94
初中	1	0.92	3	2.75	30	27.52
高中	1	0.92	1	0.92	9	8.26
大专以上	—	—	3	2.75	2	1.83
合计	17	15.60	20	18.34	72	66.06

不同受教育层次的受访者在母语掌握和使用上的差异与他们所处的年龄段、性别有着密切的关系，未受过教育的 23 位受访者，年龄最低为 50 岁，除了 2 人为男性外，其余均为女性。根据上文的分析，这部分人都是布依语掌握得最好的。在都拉乡，汉文化教育使大多数人改变对母语的价值判断也是形成该地区布依族母语濒危的原因之一。

（四）母语习得途径

最先学会的语言是布依语的共 21 人，占全部受访人数的 19.26%。其中 16 人布依语非常流利或比较流利，占 76.19%；1 人水平一般，3 人只会说简单的日常用语，占 14.28%；1 人听得懂不会说。在母语说得"流利"的 16 位受访者当中，女性有 11 人，年龄最小的 50 岁；男性 5 人，年龄最小的 64 岁。由此可以推测，都拉乡一带的布依语应该是在 60 多年前就已经出现断代问题了，即父母不再向他们的子女传授母语。而 50 多岁的女性以布依语作为第一语言习得，是在她们的娘家，而不是在都拉乡一带，那里的布依语环境比都拉乡好。其他母语水平一般或基本不会母语的大多都是因为缺乏语言环境，长期不用母语交流而导致母语退步。

小时候在家用布依语跟长辈交流的也有 21 人，占全部受访人数的 19.26%。他们当中目前有 14 人布依语仍说得很流利，1 人水平一般，3 人只会说简单的日常用语，3 人只听得懂不会说。

最先学会的语言是汉语的共有 88 人，占全部受访者的 80.73%。其中有 42 人完全不懂布依语，占 47.72%；听得懂但不会说的有 27 人，占 30.68%；会说简单日常用语的 14 人，占 15.90%，布依语水平一般的 1 人，布依语非常熟练的 2 人，占 2.27%。

---

①　该项包括上述扫盲班的 3 人。

与大多数人最先学会的语言是汉语的情况相似,受访者中小时候跟长辈交谈时用汉语的人也比较多,共 80 人,占全部受访者的 73.39%,其中包括小时候先学会布依语的 2 人。

由此可见,目前掌握布依语的受访者当中,布依语的习得除了主要通过家庭,有相当一部分是通过社会习得的,即小时候先通过家庭学会汉语,长大以后再通过社会交往学会布依语。但这部分人当中能够达到熟练掌握程度的不多(见上文)。

五　不同场合的母语使用情况

从目前情况看,布依语在都拉乡一带的布依族家庭和社区使用场合已经非常有限,仅极少数布依语非常熟练的人在家中偶尔使用。根据问卷调查的结果,在家中与父母或其他长辈使用布依语进行交流的仅有 5 人,仅占全部受访者的 4.58%,占熟练掌握母语者总数(18 人)的 27.77%,其中 1 人已有 80 岁,在回答这个问题时显然理解为她自己过去在家与父母或其他长辈用布依语交谈。这 5 人中 4 人母语非常流利,1 人仅会讲一些简单的日常用语。在家中与配偶用布依语进行交谈的只有 3 人,占全部受访者的 2.75%,占母语熟练者的 16.66%。在家用布依语与子女交谈的仅 1 人,女性,55 岁,推断其子女应当在二三十岁之间,应该也会布依语。

在所有掌握母语的受访者中,没有一人在村中用布依语与本民族进行交谈;而根据交谈对象的不同,交替使用汉语和布依语进行交流的也只有 6 人,其中布依语非常流利的 4 人,占母语熟练者的 22.22%,会说简单日常用语的 2 人。因此,汉语是村寨中人们日常交流主要的交际工具。

与外村人交流时主要用布依语的只有 1 人,女性,80 岁,布依语非常流利;而根据交际对象不同交替使用布依语和汉语进行交流的有 7 人,其中布依语非常流利的 5 人,占母语熟练者的 27.77%,只会说简单日常用语的 2 人。

综上所述,布依语作为一种交际工具在都拉乡一带所能发挥的作用已经非常微弱。在家庭内部,它的使用只能作为少数老年人之间交流思想或唤醒晚辈民族情感的一种方式;在村寨内部和村寨之间,它能发挥作用的场合更是少而又少。

六　语言态度

作为母语已经临近消亡边缘的都拉乡布依族,语言态度是比较复杂的。首先表现为对自己母语能力的不自信。在所有 109 位受访者中,尽管母语流利的有 18 人,但当问及“自己觉得哪种语言讲得最流利”时,只有 5 人选择了布依语,其中 1 人听不懂布依语,该选项无效,因此,实际上只有 4 人(布依语均“非常流利”)坚信自己的母语讲得比汉语或其他语言好。选择“布依语”和“汉语”一样流利的只有 3 人(布依语均“非常流利”),而选择“汉语地方话”讲得最流利的高达 98 人,其中布依语“非常流利”的就有 6 人,“比较流利”的 3 人。可见,他们对自己的母语能力都感到很不自信。

　　尽管在 109 位受访者当中,真正意义上的双语人只占 16.51%,但人们普遍对布依—汉双语持肯定的态度。为了了解人们对待双语的态度,我们设计了这样一道问题,并给出 4 个选项供选择:

　　您觉得使用(布依—汉)两种语言:

　　(1)很好,非常适应现代社会的发展;

　　(2)没有什么感觉;

　　(3)没办法,自己也不想这样;

　　(4)其他_____。

　　有 92 人选择了(1),占受访者总数的 84.48%,其中包括 17 位布依语水平较高和 14 位布依语水平一般的受访者,其余的人布依语水平都很低或者根本不懂布依语。这一结果的出现有可能是人们的情感因素支配了语言态度。(2)、(3)两个选项主要是针对双语人提出的,有 4 人选择了(2),其中 2 人会说简单的布依语,1 人讲得非常流利,1 人听不懂。因此,只有 1 人算得上是真正意义上的双语人,而其他 3 人中有两人还达不到双语人的水平,1 人是纯粹的汉语单语人,他的选项无效。2 人选择了(3),但布依语水平也偏低,其选项无效。

　　当问及"希望家人用什么语言跟您交谈"时,14 人选择了"布依语",占受访者总数的 12.84%,其中布依语水平较高的仅 7 人,3 人会讲简单的日常用语,3 人听得懂但不会说,1 人听不懂。后 4 人所作的选择显然无效。从目前都拉乡布依族语言使用现状看,家庭是布依语唯一能够发挥其有限作用的环境,而多数布依语水平高的人都没有选择布依语作为其家庭交际语言,可见人们主要还是从功能的角度,而不是从情感的角度出发来对交际语言进行选择的。

　　由于布依语已经不是家庭或社区主要的交际语言,因此,大家对外出归来者的语言行为已经不太在意了。在问及"对子女外出回家后不讲母语的态度"时,除一半以上的人(62 人)未作选择以外,持"无所谓"态度的有 40 人,占受访者总数的 36.69%;觉得"很高兴"的 6 人,占 5.50%[①];而觉得"很不高兴"仅有 1 人。

　　在"是否希望子女学习布依语"这个问题上,有 59 位受访者持积极的态度,即"非常希望",占受访者总数的 54.12%;38 人虽然态度不是很积极,但也希望子女(或将来有子女以后)在有条件的情况下学一点本民族语,占受访者总数的 34.68%;只有 3 位受访者不希望自己的子女学习布依语。

　　多数受访者对熟练掌握母语的人表示羡慕,这类受访者共 59 人,占 54.12%;有 15 人认为"会说两种语言是一种很好的事情",占 13.76%;而仅有 6 人认为"会说两种语言很正常",言外之意是没有什么可值得羡慕的;有 6 人认为是否会讲母语无所谓。

　　为了了解人们对用汉语回答布依语这种情况持什么态度,我们设计了这样一道问题,并给

---

　　① 持此态度的男性 1 人,女性 5 人。女性在这个问题上持如此开放的态度,这是我们意料之外的。

出了 4 个选项供选择：

> 当您跟一个会说本民族语的族人用布依语交流时，他却用汉语来回答您，您会觉得：
>
> （1）很讨厌，不想与他继续交谈；
>
> （2）没有什么特别的感觉；
>
> （3）可以理解；
>
> （4）很别扭，不舒服。

共有 34 位受访者对这个问题作了回答，占受访者总数的 31.19%，除个别人不懂本民族语，选项无效外，绝大多数都懂本民族语，包括 16 位布依语非常流利和比较流利的受访者。选项都集中在（2）和（3）两项，对这种情况持非常宽容的态度，其中选择第二项的 21 人，选择第三项的 13 人。

关于本村学校的教学用语，包括供选择的 3 种语言（即布依语、当地汉语方言和普通话）在内，受访者共给出了 12 种答案，其中 56 人选择"普通话"，占受访者总数的 51.37%；13 人选择"当地汉语方言"，占 11.92%；9 人选择"布依语"，占 8.25%；5 人提出实施布依语和普通话双语教学，占 4.58%，8 人提出采用布依语和当地汉语方言双语教学，占 7.34%；此外还有个别人提出采用英语教学（1 人）、苗语教学（1 人）、当地汉语方言和普通话双语教学（1 人）以及普通话和英语双语教学等；另有两人提议当地学校应该开设一些与民族语（布依语）相关的课程供布依族子弟选修。

在语言的情感认同方面，人们普遍倾向于普通话，其次才是本民族语言。当问及所接触的语言中哪一种最好听时，有 33 人选择普通话，占受访者的 30.27%。选择布依语的有 24 人，占 22.01%。值得深思的是，布依语掌握得好的受访者中反而只有 4 人选择了此项，仅占了这部分人的 22.22%；有 4 人会说简单的日常用语；7 人听得懂不会说；9 人完全听不懂。从年龄层次来看，选择此项的有一半是 50 岁以上的老人（15 人），可以排除随意选择的可能性。选择汉语方言的有 21 人，占所有受访者的 19.26%。选择"都好听"的有 19 人，占 17.43%，他们中相当一部分人还对此作了说明，认为判断一种语言是否好听的标准是听得懂，听得懂的都好听，听不懂的都是一些稀奇古怪的声音。

此外，有的人认为布依语和苗语好听（1 人），有的人认为布依语和汉语方言好听（5 人）；有的人认为布依语和普通话好听（1 人）。有的人认为每种语言都有自己的特色（3 人）；有的人认为哪种话好不好听要看在什么场合说（1 人），这显然是从语言的得体与否来进行判断的，与本主题无关。

都拉乡所处的地理位置决定了生活在这里的布依族具有复杂的语言态度。这里地处贵阳近郊的城乡结合部，境内有铁道部贵阳车辆厂，南方汇通微硬盘科技股份有限公司等大型企业，交通又十分便利，长期以来一直处于向外界开放的状态，操各种语言、各种口音的人来往频繁；但由于受传统观念的束缚，这里的布依族以及其他少数民族却长期保持着保守、封闭的思想，民风淳朴。20 世纪 50 年代以前出生的老一代目前还在世的大多都掌握或懂一点本民族语,在情感上倾向于本民族语,但由于饱受文化知识缺乏之苦,在功能价值上又倾向于汉语方言和普通话;在本村学校老师教学语言的选择上,倾向于普通话的 56 人,其中 8 人为文盲,小学文化程度年龄最小的也有 29 岁,最大的 64 岁,多数长期在家务农,早已复盲;布依语非常流利的有 5 人,会讲一些布依语,且又是文盲的有 4 人,也正是这些人在"哪种语言好听"这个问题上多数选择了布依语,充分反映了他们在对待母语的问题上存在着民族情感和社会实用价值两个方面的矛盾。家庭是语言习得的第一途径,作为父母,有义务向子女传授本民族的语言和文化,但在所有熟练掌握母语的 18 位受访者中,目前只有一位在家跟子女用母语交流。在母语使用状况与都拉乡比较接近的地区,如白云区牛场乡的大林村一带,会母语的老一辈向第三代传授母语的情况还比较普遍,但在都拉乡的各村,通过问卷调查和访谈,没有发现一例这样的情况。

由于老一代丧失了对本民族文化传统的自信心,家庭和社会缺乏民族文化的氛围,导致上世纪五六十年代以后成长起来的中青年一代选择了放弃本民族传统,他们中有相当一部分甚至形成了对包括母语在内的本民族传统文化抵触的心理,这种心理在那些受过中等以上教育,在地方上又有一定影响的人群当中表现得更为明显,而他们的行为倾向又对他们的下一代,即八九十年代成长起来的青少年产生了影响,造成了该地区人们对本民族文化情感的淡薄。

第八节　母语濒危地区语言使用特点

虽然布依族母语濒危现象分布范围较广,但其使用特点在各地区都大致相同,即掌握母语的人群老龄化,母语传承断代问题突出。随着母语人的逐渐减少,语言正一步一步走向消亡;母语的交际局限在家庭或社区范围内,绝大多数是汉语单语人。本节主要以贵阳市周边地区布依族语言使用情况为例来对布依族母语濒危的语言使用特征进行总体分析。

一　母语使用人群萎缩和母语交际能力失衡

(一) 母语人老龄化

在布依族母语濒危地区,掌握本民族语言的绝大多数都是老年人,这不仅是布依语濒危现象的特征,也是所有濒危语言在年龄方面表现出来的主要使用特征。在目前布依语濒危现象主要分布的贵阳市郊各区(县、市),母语人老龄化的情况非常普遍。我们在贵阳市 4 个区 10 多个村寨抽样调查的 927 名受访者中,母语程度较好(即非常流利或比较流利)的共 326 人,占受访者总数的 35.17%,其中 50 岁以上的 244 人,占 74.39%;49 岁以下的 84 人,占25.6%。在母语保存得较好的白云区牛场乡石龙村白岩寨和乌当区偏坡乡下院村青冈林寨以及花溪大寨,50 岁左右母语比较熟练的人占的比例比较大,少部分三四十岁的也能讲一口比较流利的布依语。多数调查点 60 岁以上的老人大多数母语水平都比较高,但也有个别调查点相当一部分这个年龄段的老人已经不会讲了,或者只能讲一般的日常用语,如白云区牛场乡的新家田大寨,4位60—69岁的受访者中就有2人只能讲简单的母语,占50%。多数调查点40—59岁的人只听得懂或会讲简单的日常用语,40岁以下仅个别人能听得懂,大多数人基本听不懂,更不会说,如白云区牛场乡大林村大林组48位受访者中40—59岁的有19人,占39.58%;39岁以下的有16人,占33.33%,这两个年龄段的受访者布依语使用情况见下表。

表4-27　大林村大林组布依族两个年龄段母语使用情况表

年龄段	人数	比例(%)	流利		一般		简单用语		听得懂不会说		听不懂	
			人数	比例(%)	人数	比例(%)	人数	比例(%)	人数	比例(%)	人数	比例(%)
40—59	19	39.58	1	5.26	5	26.32	4	21.05	6	31.58	3	15.29
39岁以下	16	33.33	1	6.25	—		5	31.25	1	6.25	9	56.25

黔西南州的望谟县岜赖村也明显存在布依族母语人群老龄化的问题。在我们采访的71位受访者中,母语流利的45人,占受访者总数的63.38%,其中50岁以上的33位受访者中母语熟练的有32人,占该年龄段总数的96.97%,而50以下的38位受访者当中,母语熟练的只有13人,占该年龄段的34.21%。

在布依族母语濒危地区,即便是母语保存得最好的村寨,10岁以下的儿童熟练使用母语的情况已经不多见,除个别家庭由于长辈在家以母语作为主要交际工具而影响儿童的语言使用以外,多数儿童都只使用汉语。

在一些村寨,15—40岁这个年龄段几乎是母语盲。除少数村寨,如乌当区偏坡乡的一些村寨,白云牛场乡的白岩以及花溪区的一些村寨,有少数这个年龄层次的人懂一些简单的用语或偶尔有个别人比较熟练,大多数人都不会说,也听不懂,或听得懂一些非常简单的词语。这个年龄段母语缺失的原因大致可以归纳为两个方面:一是到外地上学或打工,长期远离母语文化环境,幼年时学会的一点点母语很快就遗忘了;二是与外族人接触频繁,怕人歧视和看不起的自卑心理使他们自觉或不自觉地把自身仅有的一点点民族特征掩盖起来。贵阳地区周边布依语发展到今天这个地步,主要是这种心理导致的。

15岁以下至刚学会说话的儿童对事物有一种天生的好奇心,也正处在语言学习的最佳年龄段。但由于受家庭和社会语言环境的限制,他们大多数人的第一语言都只能是汉语,在不少有老人会母语的家庭,都把向下一代传授母语作为一件事来抓。在调查过程中发现,很多中年人都把不会讲布依语的原因归咎于老人不教,而老人们大多又把子女不会讲母语的原因归咎于他们自己不愿意学,嫌这种话土气、难听。中国民间都有"隔代亲"的传统,祖孙两代之间的亲密程度通常要超过父子(或母女)之间,因此,很多人都把布依语的传承寄托于祖辈向孙辈传授。在调查中,几乎所有的受访者都认为应该让自己的子女学会本民族语言,很多老人也说自己正每天教孙子(孙女)们学习本民族的话。黔南州贵定县盘江镇音寨村目前只有几位从母语保存得较好的村寨嫁过来的妇女会讲布依语,绝大多数村民都只会讲一些简单的日常用语,或干脆一句都不会讲。女村民罗兰香、陈友芝年龄均在 50 岁左右,是目前村中少有的几个能说一口流利的布依语的村民,她们的第二代都不会讲布依语,但她们现在每天坚持教第三代说布依语,五六岁的孙子、孙女现在已完全听得懂布依语,并能用简单的日常用语与她们交流。通过这种方式可以使第三代学会一些本族语言,但终究由于缺乏语言环境,效果并不是十分理想,多数儿童只停留在掌握简单日常用语的水平,连词成句的能力很差。在调查中发现,几乎没有一个儿童能够完整地讲一句布依语。这除了缺乏适当的语言环境供语言交际实践之外,传授者的语言水平和语言教授能力也是一个关键因素。

(二) 女性的母语水平高于男性

从总体情况来看,在布依族母语濒危地区,不同性别的受访者在母语掌握方面没有十分明显的区别。我们在贵阳市郊抽样调查的 927 名受访者中,母语非常流利和比较流利者共 326 人,其中男性 164 人,占 51.25%,女性 162 人,占 49.69%,两者基本持平。不过,由于各地区濒危状况不同,男女在母语掌握使用方面会存在一定的差异。一般来说,在母语处于极度濒危的村寨,女性的母语水平要明显高于男性,尤其是 60 岁以上这个年龄段。比如新家田村大寨 38 名受访者中,目前母语程度较高的有 4 位,均在 60 岁以上,其中女性 3 位,男性只有 1 位。乌当区新铺乡马头新寨 51 名受访者中,母语水平较高的有 19 人,其中男性仅 5 人,女性 14 人。牛场乡大林、瓦窑,都拉乡的小河、上水、冷水等调查点也都存在类似情况。在一般使用水平这一层次,也普遍存在妇女的母语水平高于男性的情况。

在贵阳市郊的布依族母语濒危地区,女性母语水平高于男性的原因大致有三个:其一,周边语言环境。妇女长年在家,很少与外人接触,语言交际对象比较单纯,使用本民族语的频率比男性高,水平自然就比男性高。在传统的布依族家庭和社会,男性通常承担家庭以外的重要事务,社会交往广泛,因此接触、使用汉语的机会比女性多,语码转换的频率高于女性[①]。其二,妇女天生具有维护母语的本能以及担负着向下一代传授母语的职责。在调查过程中,大多数老年妇女都说自己目前正在向第三代传授母语,而几乎没有一个会母语的男性有这样的意识。其三,会本民族语的女性出生地通常是母语保存完好的布依族聚居村寨,在娘家说一口流利的本民族语,到夫家后,尽管母语氛围不浓,但只要碰上会说的,就能顺利交流。在调查过程中,这种情况比较常见。如白云区牛场乡大林村斗府组,在该村出生的女性多数不会讲或讲不好本民族语,但来自本市乌当区的赵某和安顺市关岭县的罗某却仍然可以较流利地使用本民族语。黔西县中山乡猫山村布依语已濒临消亡,当地出生的 70 多岁的老人连基本数词(1—

---

① 不过,在布依族母语处于强势的望谟县,布依族分布密度较高的地区主要通行布依语,但该县的邑赖村由于特殊原因,大多数村民已放弃本民族语,转用汉语,形成一个母语濒危的孤岛。在该村,除部分从母语强势的村寨嫁过来的女性平时使用一些布依语以外,多数场合都使用汉语。本村土生土长的女性更是主要使用汉语。而男性由于与周边布依族村寨交往频繁,布依语水平反而高于女性。

10) 都说不上来,其他最基本的词汇也懂得不多,只有两位来自本县五里乡的中年妇女母语非常流利。黔南州贵定县盘江镇音寨村一带也有类似情况。

此外,女性母语之所以保持得较好,可能还与她们参与民族文化活动的主动性和积极性高有关。在贵阳周边调查过程中发现,凡是村里组织的娱乐活动,如有客人进村时由主人家主持唱迎客歌、婚礼或重大喜庆场合唱敬酒歌、斟酒歌、迎客歌、留客歌、送客歌等,大多都是妇女走在前面,而男性在这种场合中的表现明显逊色于女性。现在这些歌虽然主要用汉语来演唱,但从其残留着母语版本这一事实来看,在过去布依语通行的时期,这些歌应该主要是用布依语来演唱的①。由于经常要参加类似对歌这样的民族文化娱乐活动,使妇女们不得不专心去记住母语歌词,通过反复使用,母语也就在她们的口中保留下来了。

(三) 母语水平随汉语文水平提高而降低

受访者接受的学校教育可分为 5 个层次,即文盲、小学(含少数曾参加过扫盲班学习和个别在新中国成立前上过私塾者)、初中、高中(含中专和技校)、大专以上。调查问卷中有关母语水平的共 6 项,按相似程度进行归并,可分为"好"(包括问卷中的"非常流利"和"比较流利")、"一般"(包括问卷中的"一般"和"简单日常用语"两项)和"差"(包括问卷中的"只听得懂但不会说"和"听不懂"两项)3 个级别。通过对贵阳市郊全部调查点的调查数据进行统计和分析对比,我们发现,不同的受教育层次掌握母语的程度有一定的差异,表现为受教育程度越低的,母语程度越高,但受教育程度最高的层次,母语水平又略高于中间层次。统计数据详见下表。

表 4-28 贵阳市郊全部调查点各种受教育层次受访者的母语水平统计表

文化程度 母语水平	未受过教育		小学		初中		高中		大专以上	
	人数	比例(%)	人数	比例(%)	人数	比例(%)	人数	比例(%)	人数	比例(%)
好	101	50.75	133	42.09	70	23.03	9	16.98	11	27.50
一般	47	23.62	68	21.52	100	32.89	15	28.30	10	25
差	51	25.63	115	36.39	134	44.08	29	54.72	19	47.50

说明:在 927 位受访者中,提供母语水平相关信息的有 919 人,其中,未受过教育的受访者 199 人,小学文化程度 316 人,初中文化程度 304 人,高中(含中专)文化程度 53 人,大专以上文化程度 40 人。表中各项比例均为具备相应母语水平的人数与同一层次受教育程度总人数之比。

望谟岜赖村的情况与此也十分相像,受教育程度越高,母语水平越低,见图(4-2)。

受教育程度与年龄有很大的关系,未受过教育的受访者大多为 60 岁以上的老人,而这一部分人正好是母语掌握和使用得最好的。小学文化程度的受访者除极个别是目前在校就读的学生以外,大多数 20 世纪五六十年代上过几年学或参加过一段时间的扫盲培训,极个别在新中

---

① 演唱过程中歌词的语音特征可以从一个方面说明这一点。在日常生活中用汉语交流时,除少数人有较明显的口音以外,绝大多数人所讲的汉语与当地汉族没有任何差别,而一旦唱起山歌,多数人却都表现出布依族人讲汉语固有的语音特点,如送气音声母读作不送气音,舌面辅音发音部位后移等等。

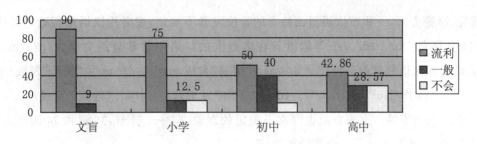

图 4-2 望谟县岜赖村布依族各种受教育层次受访者母语水平分布

国成立前读过两三年私塾,因此,这一文化层次的受访者年龄大多在 50 岁以上,也属于母语使用得比较好的。初中和高中文化层次的受访者大多数为在校生,一部分为文革后期辍学回家务农的初中生,这两个层次的受访者接触汉文化的时间较多,在家时间少,因此,多数人母语水平都比较低。大专以上文化层次的受访者除极个别为大学在校生以外,多数目前在地方政府机构工作或退休在家,他们中一部分人母语本来就很熟练,一部分人由于母语意识的觉醒,近些年开始重视本民族文化和母语。当然,也有个别人尽管母语水平一般,甚至很差,但在访谈过程中往往会有意掩盖事实,表示自己的母语非常熟练。

二 母语作为第二语言的现象普遍存在

与布依族母语强势型双语地区不同的是,在母语濒危地区,将本民族语言作为第二语言来学习的情况比较普遍,尤其是母语交际能力在"中等"以下的那部分人[1]。他们中大多数人主要是在社会交往过程中学会本民族语的,即汉语是第一语言,通过家庭习得,到一定年龄后(一般是 10 来岁)才跟家长或村寨中的其他长辈学会本民族语。如贵阳市小河区金山村 47 位受访者中,母语"非常流利"的 13 人,其中 1 人以汉语作为第一语言;母语"比较流利"的 3 人,均以汉语作为第一语言;母语"一般"的 15 人,11 人以汉语作为第一语言。贵阳市白云区都拉乡冷水村 70 位受访者中,本民族语"非常流利"和"比较流利"的共 9 人,其中以汉语作为第一语言的 2 人;母语水平"一般"和"会说一些简单的"共 12 人,以汉语作为第一语言的有 9 人。贵州省黔南州的独山、惠水等县也有类似情况,如惠水县摆金镇洞口一带的布依族村寨中,目前父母在家中跟子女交际一般都使用汉语,即将汉语作为第一语言传授给下一代,而成年人之间的交流则以布依语为主,在家庭和社区母语环境的熏陶下,儿童一般到 10 岁左右都不同程度地掌握了本民族语言。

三 母语结构汉化现象突出

在母语濒危地区,由于人们日常生活中主要的交际语言是汉语,因此,即使是母语很熟练的人,说出来的布依语也存在明显的汉语痕迹。

---

[1] 包括选择了问卷中"母语水平一般"和"会说简单的"两个选项的受访者。

首先,语音方面,一些布依语里面特有的音位发音不到位,或者用汉语中相近的音位来替代。如布依语的 /ʔb/、/ʔd/、/ʔj/ 等紧喉音在多数人的口语中常常分别变读为 /p/、/m/、/n/、/j/ 等布依语和汉语都有的音位。比如 /ʔba⁵/ "肩膀"发成 /ma⁵/,/ʔbaɯ¹/ "树叶"发成 /pai¹/;/ʔdiau²⁴/ "一"读作 /jau²⁴/ 或 /ʔiau²⁴/,/ʔda¹/ "背扇"发成 /ta¹/;/ʔja⁴/ "睁眼"发成 /ja⁴/,/ʔjo¹/ "举起"发成 /jo¹/ 等等。声调方面也存在不稳定的现象,同一个音节,35 调和 24 调随意变读,如"我",一会儿读作 /ku²⁴/,一会儿读作 /ku³⁵/。

其次,词汇方面,由于长期接触汉语,加之近几十年来生活环境发生了急剧变化,很多原来可以用本族语词汇表达的事物从生活中消失,相应的布依语词汇也随之消失了,结果造成本族语固有词汇大量减少,日常生活中很多概念、事物都需要借助汉语词才能表达。

其三,语法方面,一些布依语固有的语序发生了变化。如布依语表修饰关系时,固有语序为"中心语 + 修饰语",由于汉语词汇的借用,语序也相应变成了"修饰语 + 中心语"。比如"外国人"原来的说成 /pu⁴vun²puɯ:ŋ²vuɯ⁴/,而现在则可以说成 /vai³kue⁴pu⁴vun²/,"山中的百灵鸟"固有语序为 /zok⁸pe⁴lin⁴ ka:ŋ¹po¹/,而现在则常常说成 /ka:ŋ¹po¹zok⁸ pe⁴lin⁴/。另外,还大量引入了汉语中特有的结构助词"的",比如"建设的速度"/tɕi:n³se⁴ ti⁵su⁴tu³/,"红的红,白的白"/ʔdiŋ¹ ti⁵ʔdiŋ¹/,/ɣa:u¹ ti⁵ɣa:u¹/ 等等。为了丰富语言表达,很多人在日常交际中大量借用汉语的副词、连词等,如副词 /tsui³/ "最"、/hen⁶/ "很"、/thai³/ "太"、/jəu³/ "又"、/tu⁵/ "都"、/ta³kai³/ "大概"、/pa⁶lian⁴/ "把连(总共)",连词 /zu⁴ko⁶/ "如果"、/sui⁵zan⁴/ "虽然"、/tan³sʐ³/ "但是"、/jin⁵vui³/ "因为"、/so⁶ji⁶/ "所以"等等。简单的句子还能遵循布依固有的语法规则,稍长一些的句子大多仿照汉语。

四　母语代际传承问题突出

语言传承断代是布依族母语功能衰变和濒危地区最显著的问题。根据问题严重程度的不同可分为两个级别:一是目前的第三或第四代开始出现断代现象,即家庭中第一、第二两代人会讲本民族语,而第三代则以汉语作为第一语言。这种现象在一些汉语强势型双语区已经初露端倪,但在母语功能衰变和濒危地区则更加突出。在贵州省黔南州的独山县中部、惠水县东南部和东部以及贵定、龙里等县的多数地区,黔西南州的安龙、兴义等县的部分地区以及贵阳市花溪区、乌当区等地都普遍存在这种现象。上文所述的以母语作为第二语言习得实际上也是母语传承断代的一种表现。二是从第二代开始出现传承断代现象,即家庭中只有祖父(母)一代会讲本民族语,从父亲一代往下都只会讲汉语或母语水平很低。这是大多数母语濒危地区目前普遍存在的现象。贵阳市郊区的很多村寨,如白云区牛场乡的大林村、瓦窑村、石龙村以及乌当区新堡乡马头村等,目前都只有 60 岁以上的老人会讲本民族语。牛场乡大林村 75 位受访者中,母语熟练①的共 22 人,其中 60 岁以上的 16 人,占 72.72%;59 岁以下的 6 人,占

---

① 即问卷中母语水平达到"非常流利"和"比较流利"两个层次。

27.27%,6人当中,男女各占一半,女性有2人,年龄分别为32岁和37岁,以母语作为第一语言习得,是从母语保存得较好的地区嫁到本村的,3名男性年龄均在50岁以上,其中2人以汉语作为第一语言习得。事实上,在一些布依族地区,母语的濒危程度已经远远超过了代际传承,如贵阳市白云区牛场乡新家田大寨,目前60岁左右的男性都只会讲简单的布依语,同龄的有些男性甚至只听得懂,不会说;都拉乡小河、冷水、上水各村也是类似情况;乌当区新堡乡陇脚村上陇脚组71岁的罗守良只会讲一些简单的日常用语。

五　母语使用场合受到极大的限制

在布依族母语濒危地区,布依语的使用场合大致可分为家庭、社区和跨社区三个层面。从所调查到的情况来看,各调查点在母语的使用场合上存在较大的差异。就家庭这个层面而言,又可以分为只使用母语(唯一)、大多情况使用母语(频繁)、经常使用母语(经常)、很少使用母语(很少)和偶尔使用母语(偶尔,也包括不使用母语)5种情况。以目前母语保存使用得较好的白云区牛场乡石龙村白岩组为例,将母语作为家庭主要交际语言的情况已经很少见。在46名受访者中,晚辈在家用布依语与长辈交谈的仅有5人;在家经常用布依语与配偶交谈的有22人,其中男性15人,女性7人;长辈用布依语与晚辈交谈的只有6人,其中男性2人,女性4人。母语在家庭交际中的使用频率详见下表。

表4-29　石龙村白岩组家庭母语交际频率统计表(N=30)①

性别\频率	唯一		频繁		经常		很少		偶尔	
	人数	比例(%)	人数	比例(%)	人数	比例(%)	人数	比例(%)	人数	比例(%)
男	4	8.70	5	10.87	3	6.52	4	8.70	2	4.35
女	0	0	1	2.17	5	10.87	0	0	6	13.04
合计	4	8.70	6	13.04	8	17.39	4	8.70	8	17.39

在布依族聚居的村寨,家庭以外的村社集会,如村社内部(社区内)共同的民族宗教习俗、节日庆典、农闲时的集会聊天、村寨中见面打招呼、一起劳动等都是人们使用本民族语言进行交际的场合,各调查点都不同程度地存在着村社内部使用本民族语言进行交际的情况,在布依语的交际功能已经退出家庭舞台的村寨中,社区反而成了布依语使用的主要场合,因为只有村中几个会讲母语的老年人聚在一起的时候才有使用母语的机会。如白云区新家田大寨只有70多岁的老人还会讲布依语,平时在家跟子女都无法用布依语交流,只有村中来了会讲布依语的客人,大家才有机会坐在一起说上几句,而且能用布依语谈论的话题也是非常有限的,主要是日常生活中经常碰到的一些事情,更深入的交谈还需要借助汉语。石龙村白岩组在村社内使用布依语也不是十分频繁,详见下表。

---

① 46名受访者中仅有30人回答了家庭交际中母语使用频率的问题,其余受访者一部分为汉语单语人,另一部分放弃回答。

表 4－30　石龙村白岩组村社内部布依语使用频率统计表（N＝46）

场合＼频率	唯一		频繁		经常		很少		偶尔	
	人数	比例（%）	人数	比例（%）	人数	比例（%）	人数	比例（%）	人数	比例（%）
村子里	0	0	1	2.17	9	19.57	10	21.74	9	19.57
见面打招呼	0	0	1	2.17	5	10.87	6	13.04	10	21.74
一起劳动	0	0	3	6.52	5	10.87	6	13.04	10	21.74
聊天	1	2.17	2	4.35	8	17.39	6	13.04	8	17.39
民族节日	4	8.70	5	10.87	3	6.52	7	15.22	6	13.04

　　总体看来，即使是母语保存得较好的调查点，同一村寨本民族村民之间用母语进行交流的频率也不是很高，根据上文列举的个案来分析，村寨内部本民族传统节日的聚会是本民族语使用频率最高的场合。

　　乡村集市贸易或遇红白喜事为跨社区（村寨）的布依语交际提供了机会和场合，但往往也要视交际对象来定。通常情况下，来自不同村寨的交际双方，只有母语都非常熟练，而且平时彼此关系非常好，在集市上相遇，或到对方村寨中做客相遇时才可能会用母语交际，因此比例非常低，而且母语使用频率不高。如小河区金山村共抽样调查 47 人，其中母语水平较好的有 16 人，占 34%；水平一般的 15 人，占 31.9%；水平较差或不懂的 14 人，占 29.7%。在与别的寨子同族交谈时主动用布依语的有只有 7 人，在集市上经常使用布依语的只有 3 人，很少使用布依语的有 7 人，偶尔使用布依语的有 1 人，其余的受访者在集市上基本不用布依语与同族交谈。

六　母语意识和本民族文字意识淡薄①

　　在对待母语的态度方面，绝大多数人表现出高度的热情。他们都认为布依族语之所以发展到今天这种程度，完全是客观社会环境造成的，即没有语言环境，并不是他们自己的主观愿望。以乌当区新堡乡马头新寨为例，在该村我们共抽取 51 人作为受访者，其中 5 人认为自己的布依语比其他语言讲得更流利，10 人认为自己汉语和布依语说得同样流利，32 人认为自己说汉语更流利，这其中包括一些已经不会说本民族语的受访者。51 位受访者中有 46 位认为使用布依—汉双语很好，占 90%，其他调查点的受访者在回答这一问题时选择同一答案的比例也比较接近，都认为操双语比使用单语好。再进一步询问原因时，答案各不相同。文化层次较高的受访者认为，同时使用汉语和布依语有利于民族之间的相互交流，有利于不同地区布依族同胞之间的感情沟通。文化层次较低的人理解比较简单，多数人认为既会讲布依语又会讲汉语在交往过程中不怕被别人骂。也有极个别人认为操双语有利于智力的发展。有 45 人（88.2%）意识到使用布依语的人越来越少，而且使用的场合也越来越少。与其他大多数调查点

---

①　此问题仍以贵阳市周边地区为例。

相比,马头新寨虽然母语保存使用得比较好,但多数家庭已不再将母语作为主要的交际语言,因为青年一代大多只讲汉语。因此,在家庭交际语言的选择方面,只有 10 人选择布依语,占 19.6%,而选择地方汉语的有 24 人,占 47%,其余的人认为选择哪种语言都无所谓,只要方便交流就行。实际上对于多数家庭来说,他们在语言使用上已经别无选择。在对待子女转用其他语言的态度方面①,有 19 位家长持"无所谓"的态度,占 37.25%;有 4 位家长感到"很高兴";只有 7 位家长感到"很不高兴",占 13.7%。在母语保存使用很好的地区或母语强势的布依—汉双语地区,人们对待外出人员回乡后的语言使用情况通常是很在意的,稍微有些变化都会成为人们谈论的话题,而最不能容忍的是声称自己已经忘了本民族语或者讲不好本民族语这样的现象。马头新寨乃至贵阳周边地区是布依语处于绝对弱势的双语区(有些地区只能算准双语区甚至算不上双语区),以这样的态度来对待子女的语言转用也是可以理解的。有 47 人(占 92.1%)希望甚至非常希望自己的子女(或下一代)在条件允许的情况下学习布依语,但大多数人又都强调,子女不愿意学,反映出老一代对母语目前的状况感到无奈。有相当一部分母语水平一般或不懂母语的人(21 人,占 41.17%)都希望自己能把母语学好,对能讲一口流利的布依语的人都很羡慕,只有极个别的受访者对此抱"无所谓"的态度。相当一部分懂母语的人(25 人,占 49%)在用母语交谈时,对对方用汉语应对持宽容、理解的态度,只有少数人对这种现象感到不舒服,并力图说服对方改用母语。绝大多数受访者认为有必要在本地(本村)的学校中向孩子们教授本民族语,但同时又强调汉语的重要性,认为只有把汉语、尤其是普通话学好,孩子才会有前途。关于哪种语言好听的问题,有一定文化程度和熟悉母语的人一般都认为本民族的语言最好听,或认为几种语言都好听。一部分人则认为普通话好听,还有一部分人则不作选择,认为无论哪种话,首先是要听得懂,然后才能判断是否好听②。

　　布依族一直没有形成一套适合本民族语言的文字系统,历史上,各地民间宗教职业者曾经普遍借用方块汉字作为记音符号来记录本民族的宗教经文,有不少经文抄本流传下来。贵阳市周边这样的抄本也很多。此次调查在白云区牛场乡大林村的斗府、瓦窑村的瓦窑小寨、花溪区的花溪大寨等调查点都发现了这种抄本。但这种文字符号由于难学、难写、难记以及记音随意性很大等弊端,未能在广大的布依族群众中流传开来,各地都只有极少数人了解或使用这种文字。在调查的 927 名受访者中,只有 19 人对这种文字符号比较熟悉,30 人认识其中的一些字,但读不准,166 人不认识这种文字。③ 可见,除了宗教职业者以外,一般人对这种文字并不了解。

　　20 世纪 50 年代中期,政府曾经为布依族创制过一套以拉丁字母为基础的新文字。当时是以贵州省龙里县羊场布依语(布依语第二土语)为代表音点,在全省各布依族主要聚居地

---

① 我们以子女(会讲本民族语的)外出打工或上学回来后改用汉语的现象来了解人们对待语言转用的态度。
② 马头新寨的 51 位受访者中有 22 人选择布依语最好听,占 43.13%;5 人认为地方汉语好听,占 9.8%;9 人认为普通话好听,占 17.6%;其他人则认为哪种语言都好听。
③ 绝大多数受访者未回答这一问题。

区进行试推行。"文革"时期,新文字的推行工作暂停。80 年代初对原文字方案进行了两次修订,把标准音点改为望谟县复兴镇。当时包括贵阳市在内的布依族地区都开展了新布依文方案的推行工作。在调查的 927 名受访者中,知道布依族有这种拼音文字的共 189 人,占 21.35%,但真正见过这种文字的只有 40 人,占 4.3%。推广的事情更无人了解,只有极个别人知道 20 世纪 50 年代推行的那一套方案,并间接地了解到在白云区牛场乡一带 1958 年曾经有人参加过 20 世纪 50 年代布依文方案的培训。可见当时在布依族语言文字方面所做的工作没有在布依族群众当中全面铺开,对新文字方案的宣传力度不够。

关于文字态度问题,665 名受访者认为布依族应该有本民族的文字,占 71.7%;142 人由于文化水平的限制,说不清这个问题,占 15.3%;1 人认为布依族有无文字无所谓;13 人认为没有必要。70%左右的受访者认为作为民族的一员,应该学会本民族文字。在民族文字的形态选择方面,只有少数人提出了自己的观点,但并不统一。20 人认为应该采用宗教经文那样的方块字,占 2.1%;25 人认为应该使用像汉语拼音一样的拼音文字,占 2.6%。

第五章 布依族地区双语使用发展趋势预测

第一节 概述

语言服务于人类社会,是人类社会情感交流、信息交流、文化教育等时刻必需的重要工具,因此语言的发展与社会的需要有着密切的关系,语言使用的发展趋势也与社会发展紧密相关。语言同时又是人类社会的一种重要的文化现象和文化载体,因此,其发展也与使用者群体文化心理、文化认同倾向、语言态度等有着必然的联系。

布依族是中华民族大家庭中人口较多的少数民族之一,其总人口在全国少数民族中居第十位,在贵州仅次于苗族。由于人口众多,布依族的语言使用情况比较复杂。上文分三种主要类型对其语言使用的基本特征作了较为全面的分析。总体而言,目前布依族语言使用的基本情况是:在300多万布依族当中,大约120万人主要以本民族语进行交际,同时在少数场合使用汉语,即"母语强势型双语",约占总人口的40%;约60万人主要使用汉语,部分场合使用本民族语,即"汉语强势型双语",约占总人口的20%;约30万人虽然不同程度地掌握本民族语,但日常生活中较少使用,即"母语濒危型双语",约占总人口的10%;将近100万人已经完全放弃本民族语而转用汉语,约占总人口的30%。由于布依族分布的各地区在民族构成、人口比例、自然环境、区域经济发展状况、文化教育程度、亚文化区域的群体民族性格和民族意识等方面存在差异,因此语言使用的发展进程和发展趋势也会有所不同,很难对布依族总体的语言使用发展趋势进行预测,而只能针对具体情况作具体分析,即根据不同类型的语言实际使用情况来预测布依族母语的发展趋势。

在布依族母语交际功能严重衰变、母语濒临消亡的地区,语言使用情况的发展趋势是比较清楚的,按目前母语人平均年龄55岁计算,母语消亡的时间最多不会超过50年。

第二节 影响布依族双语使用发展趋势的主要因素

影响语言使用发展趋势的因素很多,包括人口分布格局、语言人的双语交际能力、语言人对待母语和第二语言的态度、社会的开放程度、社会经济的发展速度、文化教育的发展状况等。由于各地区人口分布、语言能力、语言态度、社会开放程度、区域经济和文化教育发展情况不完全相同,对语言使用发展趋势所造成的影响也不一样。

一 人口分布格局

语言使用群体的规模对语言的发展有着重要的影响。使用的人越多,语言的交际功能就越强大;使用人口越少,语言的交际范围就越窄,交际场合受到限制,其交际功能也就越弱。语言使用群体的规模与人口的聚居程度密切相关,人口聚居程度越高,分布越集中,语言使用者群体的规模就越大,而杂居和散居往往很难形成规模。布依族的人口分布格局在县一级的行政区以大杂居为主,所分布的各县(市、特区、区)都与当地的汉族和其他少数民族形成杂居的局面,而在县以下的乡镇一级行政区域中,则以村寨为单位,形成了一个个规模不等的布依族聚居村落群,这种成片聚居的情况在贵州省南部、西南部比较普遍。除一部分目前已经转用汉语的布依族聚居地区外①,在布依族大片聚居的区域内,布依语在较大范围内通行,语言高度一致,本民族成员之间用母语交流通常不会存在任何困难。一些地区即使有个别其他民族的村寨夹杂其间,通常也能够流利地使用布依语与布依族进行交流。高度聚居的人口分布格局为布依族母语发展提供了有利的条件,如果这一分布格局能长期保持,布依族母语将朝着更加强势的方向发展。在一些地区,布依族人口明显少于当地的汉族以及其他少数民族,尽管也形成小范围的聚居,但在大环境中汉语处于明显的强势,使用汉语的人口比使用布依语的多,布依语的使用范围和使用场合受到限制。在这种人口分布格局中,人们容易受到从众心理的驱使,语言转用的几率较高,布依语的交际功能将随着汉语的增强而受到削弱。目前,布依族以村落或家庭为单位零星散居且仍保存本民族语言的情况较少。在布依族人口较少的贵州省北部地区,绝大多数散居在汉族或其他民族(如彝族等)村落之间的布依族基本上已经放弃了本民族语言。由此可见,人口分布格局对语言使用的影响是至关重要的。

二 语言人的双语交际能力

双语人对母语和第二语言的掌握程度也会影响语言使用的发展趋势。在布依族母语强势型双语区,人们日常生活中的交际语言主要是本民族语,绝大多数人母语的交际能力都比较强,有相当一部分人甚至是只懂本民族语言的单语人,其中一部分是 60 岁以上(有些地方甚至更年轻)的老年人,妇女占绝大多数;另一部分是学龄前儿童。母语单语人的存在和不断产生使布依族家庭和社区在相当长的一段时期内对母语还有很大的依赖心理,即使有个别人放弃了母语,也不会对整个群体的语言使用造成太大的影响。无论在母语强势型双语区还是在汉语强势型双语区,兼通双语的人都占绝大多数。不过,由于语言环境不同,两种语言的能力不尽相同。在母语强势型双语区,布依语的使用频率高于汉语,人们在多数场合用母语进行思维和交际,母语能力普遍比汉语强,在交际过程中对母语的依赖性更强。而在汉语强势型双语

---

① 见第四章。

区,汉语的使用频率高于布依语,绝大多数人两种语言的能力基本相同,部分人汉语能力超过布依语,因此,在交际过程中更依赖于汉语。调查中发现,在汉语强势型双语区,在校学生和年轻的中小学老师、机关干部、医生等在交际过程中转用汉语并非不忠诚于母语,原因在于很多与学习、工作相关的话题用母语无法准确表达。这种现象越来越普遍,而且在母语强势型双语区也开始显现出来。在布依族母语交际功能衰变和濒危地区,母语的通行范围极其有限,绝大多数人只掌握汉语,日常生活中所有场合都用汉语进行思维和交际,母语使用者的语言能力,尤其是母语能力对于延缓布依语在这些地区的消亡有着非常重要的作用。

三　语言人的语言态度

语言态度体现了人们对一种具体语言的价值、交际功能、社会地位以及发展前途等的认识和估价。只有在双语或多语环境中,才有可能出现语言人对不同语言所采取的不同的价值认同和情感、行为倾向,即不同的语言态度,这种语言态度对人们在交际过程中语言的选用会产生一定的主导作用,从而影响语言使用的发展趋势。

不同类型的布依—汉双语区在语言态度方面没有太大的差异,在语言的功能认同方面,前两种类型更倾向于本民族语(即布依语),绝大多数人都认为在本民族的主要生活范围内,母语的社会交际功能比汉语强,使用起来最方便。而在母语交际功能衰变和濒危地区,几乎所有的受访者都认为汉语的交际功能远远超过布依语,布依语的使用范围太小,只适合在家里交际。在语言的教育功能方面,无论是双语区还是母语濒危地区,都倾向于汉语,尤其是普通话。在桑郎镇的 351 名受访者当中,328 人回答了学校教学语言方面的问题,其中 228 人认为学校教育应该采用普通话,占 69.51%;69 人认为应该采用汉语地方话或地方话与普通话并重,占 20.04%;只有 16 人认为应该采用布依语,仅占 4.88%。在贞丰县北盘江镇金井村 97 位受访者中,有 70 人认为学校教育应该采用普通话,占 72.16%;14 人选择当地汉语方言,占 14.43%;只有 5 人选择了布依语,占 5.15%,其中 3 人还选择布依语和当地汉语方言(或布依语和普通话)。在贵阳市白云区都拉乡的 109 位受访者中,56 人认为学校应该采用普通话教学,占 51.38%;选择汉语地方话的 14 人,占 12.84%;选择布依语或布依语、当地汉语方言及普通话双语教学的 23 人,占 21.10%。上述数据表明,无论哪种语言使用类型,人们都普遍认同汉语在科技和教育方面的重要作用。在座谈和访谈过程中我们了解到,布依族地区对地方教育的发展尤其关注,而目前布依语在学校教育中所处的地位、所发挥的作用及其发展前景使人们不得不倾向于汉语。人们普遍认为要想学好文化知识、科学技术,就应该掌握好汉语。这种语言价值观对布依族母语使用的发展趋势无疑会产生重大的影响。在母语强势型双语区,很多村寨的儿童过去入学前通常都是只讲母语的单语人,现在,为了让子女在学校能取得好的学习成绩,很多家庭从小就给子女创造学习汉语的机会,到五六岁时,大多数都成了布依—汉双语人或准双语人。在汉语强势型双语区,一些家长甚至认为子女懂本民族语言对以后的学习反而是一种负担。因此,从一开始就只让他们学习汉语,而这种语言态度也正是导致部分布依族地区出现母语濒危的原因之一。

人们对语言转用现象所持的态度也是影响布依族语言使用发展趋势的一个重要因素。目前,在多数布依族地区,人们对本民族成员转用汉语大多持比较开放的态度,认为这是社会交往的需要,是大势所趋。家长对子女在语言使用方面的"叛逆"行为也比以前更加宽容。在桑郎镇351名受访者当中,具有家长身份的231人,其中96人对子女转用汉语持"无所谓"的态度,占41.56%;128人对子女使用汉语感到"很高兴",占55.41%;只有7人对这种行为感到"很不高兴"。有子女外出打工或上学的受访者共201人,其中182人对子女回家不讲本民族语持"无所谓"的态度,占90.55%;只有19位家长对此感到"很不高兴",占9.45%。其他地区调查到的情况与此相似。母语能否继续传承,取决于传承者的价值取向。在子女没有充足理由,或换了环境就放弃母语使用的情况下,父母很少或者甚至没有表现出"不高兴",部分人甚至表现出"很高兴",大多数人抱"无所谓"态度,这是一部分人开始放弃母语的深层原因。

四　社会的开放程度

社会的开放程度指特定社会文化环境中人们对来自外界的不同文化所采取的态度,这种态度对特定环境中语言使用的发展往往会产生重大的影响。对外来文化采取主动开放、积极吸纳的态度一方面可以使自身得到丰富和发展,但其负面的影响也是很明显的。特定文化中,外来文化成分的不断积累常常会导致其发生质的变化,故有的特色不断被销蚀,最后被另一种文化所替代。一种文化就是一个生态系统,它有自我调节功能,任何文化生态系统对外来文化成分的吸收都是建立在这种调节功能基础上的,一旦超过系统自我调节的负荷,将会导致生态系统的失衡。系统的调节能力与其规模有关,规模越庞大,系统的复杂度就越高,自我调节能力就越强,反之则越弱。布依族是一个思想观念相对比较开放的民族,对外来文化向来采取兼容并包的态度,中原的汉族文化、佛教、儒教、道教、基督教、天主教等外来文化在今天的布依族传统文化中都能找到明显的痕迹。在布依族母语强势型双语区,布依语虽然发挥着强大的交际功能,但由于缺乏书面语言的支撑,其文化传承和文化创造功能是极其有限的。可以说,布依族文化系统是一个复杂度相对较低的文化生态系统,因此,面对来势汹涌的外来文化,其自我调节能力是非常薄弱的。在布依族聚居地区,外来宗教文化取代了本土文化的现象并不少见。语言是一种重要的文化现象,又是其他文化事象的重要载体,因此,作为一种文化的语言也是最容易受到外来文化影响甚至被取代的。

五　文化教育的发展速度

目前布依族地区的文化教育主要实行汉语文教育,尤其是在汉语强势型双语区和母语濒危地区。学校的教学语言是普通话或当地汉语方言,课外交际也以汉语为主。在布依族分布比较集中的母语强势型双语区,虽然也有极个别布依族聚居村寨的村办学校采用布依—汉双语教学,但主要目的是为了使学生能够尽快地摆脱母语的影响,学好汉语文。因此,从目前的形势来看，文化教育的发展无论是在母语强势型还是在汉语强势型双语区，都会削弱布依族母语的交际功能，文化教育发展速度越快，布依族母语受到的冲击就越大。在母语强势型双语区，学生在学校学习汉语，以汉语作为主要的交际工具，但家庭和社区（村寨）内浓郁的母语氛围可以使他们的母语能力得以保持和发展，即使在一定程度上受到削弱，也不至于严重到无法用母语交际的程度。而在汉语强势型双语区，汉语不仅是学校教学和交际唯一（或主要）的语言，在家庭和社区内的一些交际场合，汉语也发挥着相当重要的作用。因此，学生在学校长期接触汉语，回到社区和家庭后又有很多可以用汉语交流的场合，必然会对其母语能力产生影响。在贞丰、安龙、黔西等布依族地区调查发现，很多在校生的母语能力明显低于成人，部分学生除了在家庭或社区内使用本民族语以外，在公共场合尽量避免用其交流，原因有二：其一，怕其他民族的学生（主要是汉族学生）歧视，在布依族杂居和散居地区，这种现象时有发生；其二，由于长期不使用母语，偶尔用起来会感到很生疏、拗口，讲起来很别扭，怕本民族同胞笑话。少数学生在所有场合都不讲本民族语。在汉语强势型双语区调查过程中发现，常常会有老年人流露出母语危机感，他们普遍认为现在的青年一代母语能力很差，很多本族语词汇都不会讲了，说话夹杂的汉语词太多，转用汉语的频率高，担心再过一两代人，母语将不再使用了。

第三节　布依族双语使用发展趋势预测

一　母语强势型布依—汉双语区语言使用发展趋势预测

在母语强势型双语区，人口的高度聚居和广泛的语言交际范围是母语得以保持其强劲势头的有利因素。根据上文对影响语言使用发展趋势的各种因素的分析，我们可以对母语强势型双语区布依族语言使用情况的发展趋势作如下预测。

（一）母语使用发展趋势预测

今天的绝大多数布依族母语强势型双语区，在未来一段时间内布依族母语将继续保持其强势地位，母语在家庭、社区内以及社区之间将继续发挥着不可替代的交际功能。主要原因分述如下：

1. 高度密集的人口分布是布依族母语得以发挥其交际功能的重要前提。除少部分地区以外，今天的布依族主要聚居地区母语都得到了完好的保存，并在布依族家庭、社区内、村落之间的众多传统生活领域发挥着重要的交际职能。目前，聚居的各主要地区人口分布都处于相对稳定的状态，没有大量的外来人口流入，尽管局部地区由于开发建设的需要出现少量的人口流动现象，但都在聚居范围内进行，如望谟、罗甸一带由于龙滩水电站的建设而需要进行人口搬迁，其中也涉及不少布依族村寨，不过这些人都没有迁出聚居地区，没有对聚居格局造成影响。另外，近几年来，布依族聚居地区虽然有大量青壮年外出到沿海地区及城市打工谋生，不过，他们的离开是暂时的,在打工地长期定居下来的只是个别现象,更不会对布依族地区人口分布产生影响。

2. 在多数布依族聚居地区,虽然近几年来由于主流社会文化借助现代媒体得以广泛传播,对布依族原生态文化造成一定的影响,不少年轻人对本民族的东西感到有些陌生,甚至无法接受,但布依族母语文化最基本的要素仍在民间流传,只不过传播形式与过去有所不同,如在布依族分布较为集中的望谟、罗甸、贞丰、册亨、安龙、镇宁等县,用本民族语言演唱的民间歌谣被一些民间文化爱好者收集、整理并制成光碟,这些民族文化爱好者在为群众提供有偿服务的同时使布依族传统文化得到了弘扬和发展。在布依族民间,目前能用母语讲述本民族民间故事的人虽然正日趋老龄化,但队伍仍颇具规模。在目前布依族还没有规范的书面语言的情况下,这些人所讲述的每一则故事无疑就是布依族语言经典之作,传世之作。布依族民间故事讲述者是布依族语言使用的表率,他们以及他们所创作的作品给母语赋予了生命力,是其发展动力之所在。

3. 相当数量的母语单语人的存在使布依语在未来相当长一段时间内仍然是部分布依族地区家庭的唯一交际语言和社区的唯一或主要交际语言。在望谟、册亨、贞丰、罗甸、镇宁等县的布依族聚居地区,很多村寨中的老年妇女、学龄前儿童甚至部分老年男性只能讲本民族语,有些人虽具有一定的汉语交际能力,但由于生活环境所限,平时较少使用,因此,在传统生活领域中的绝大多数场合语言交际都离不开母语。尽管随着布依族地区社会不断开放,人们与外部社会的交往越来越频繁,汉语能力逐渐提高,母语单语人正不断减少,但在未来一段时期内,多数人的汉语交际能力还无法提高到与母语水平相当的程度,在传统生活领域内,人们对母语的依赖感仍然非常强烈。

4. 地方政府文化保护意识的增强,使人们对包括民族语言在内的民族文化的保护和利用逐渐形成一种自觉的行为。近几年来,随着国家民族文化遗产保护和抢救工作力度的不断加强,很多布依族地区也不断加强对包括布依族语言在内的民族传统文化的抢救和保护,不少民族干部,尤其是从事民族文化工作的干部,充分认识到民族语言在民族传统文化传承、弘扬和发展过程中所发挥的重要作用,纷纷呼吁应该把语言的保存和使用作为民族文化抢救和保护的一项重要工作来抓。这一工作在布依族母语强势型双语区开展的力度比较大,如在贞丰布依族地区,结合民族村文化旅游的开发,包括布依族语言、民族歌谣、民族服饰、民族民居等在内的显性文化成了文化旅游软环境建设的重要内容。

5. 城镇地区,母语的使用范围将逐渐缩小,原来一些用母语交际的场合将让位于汉语或普通话;城镇布依族第二代、第三代放弃母语的现象会越来越普遍;除一些比较偏远的布依族聚居地区,杂居其中的汉族或其他少数民族继续以布依语作为族际语以外,在多数地区,其他民族学习和使用布依语的情况将越来越少。

（二）汉语使用发展趋势预测

在布依族母语强势型双语区，母语虽然在很多场合发挥着十分重要的作用，但汉语在学校、集市、政府机关、医院等场合的教育教学、办公以及族际交流等方面所发挥的职能也是不可替代的。随着布依族地区社会经济文化的不断发展，学校教育水平的进一步提高，汉语在布依族母语强势型双语区的交际功能将不断加强。

1. 随着人们交际范围的不断扩大，尤其是外出务工群体的不断壮大，并逐渐成为布依族家庭、社会生活的主流，在布依族聚居地区，汉语将向家庭、社区内的一些传统生活领域不断渗透。对于部分家庭来说，本民族语将不再是唯一的交际语言，族际婚姻以及在外地出生以当地汉语方言或普通话作为母语的第三代的出现，迫使部分家庭不得不实行家庭双语制。另外，学校教育的紧迫性也将促使一部分家庭放弃长期固守的母语壁垒，给子女创造一些学习汉语的机会和在家庭中使用汉语的空间。

2. 族际婚姻家庭的增加不仅使家庭双语现象普遍化，同时也将波及社区语言的使用。因婚姻关系进入布依族家庭的女性（或男性）不仅要与自己的家庭成员交流，也要与本村的其他成员交流。汉语在社区范围内将逐渐渗透到布依族传统生活领域的许多交际场合，使用频率将不断提高。不过，在一些人口较多，母语氛围较浓的布依族社区，外来的妇女经过一段时间与布依族的接触和交流，渐渐学会布依语，最后完全用布依语进行正常的交际。在这些社区，双语使用的进程将会随着外来者布依语交际能力的增强出现反复的现象。

3. 随着人口的流动，人才、干部的交流，在多数布依族聚居地区，学校、集镇、乡镇一级政府机关、医院等场合汉语的使用将进一步加强，原来很多主要使用布依语的场合将逐渐被汉语所取代；普通话在学校将逐渐得到普及。

二　汉语强势型汉—布依双语区语言使用发展趋势预测

目前，汉语强势型汉—布依双语区的双语使用情况比较复杂，部分地区布依语和汉语处于均势状态，在传统生活领域，布依语的使用频率甚至高于汉语，但在整个大的范围内，汉语处于强势。有些地区布依语的使用仅限于家庭和社区，社区以外主要使用汉语。在个别地区，虽然绝大多数人都还掌握布依语，但家庭、社区都以汉语作为交际语言，布依语的交际功能已经开始发生衰变。因此，在汉语强势型双语区，双语使用的发展趋势也是不均衡的。

（一）母语使用发展趋势预测

汉语强势型汉—布依双语区主要分布在布依族杂、散居地区，人口分布不均衡，母语使用情况也不一样，因此其发展趋势也各有不同。大致归纳如下：

1. 局部地区，尽管汉语在大环境内处于强势的地位，但由于布依族分布相对集中，形成成片聚居的村落群，且有较好的母语文化氛围，在未来一段时间内将继续保持汉—布依双语使用相对均衡的态势。两种语言在不同的交际范围内发挥着各自的交际职能，形成良性的功能互补。

2. 多数地区,母语的使用领域将逐步缩小,原来跨社区使用的一些场合将逐步让位于汉语;不同村寨本民族成员之间的母语交流将主要限制在老年人和妇女这两个群体;乡村集市上的母语交流将越来越少,除老年人之间、亲戚朋友之间出于对对方的尊重而使用母语以外,其他多数场合将主要使用汉语。

3. 随着人们交往范围的逐渐扩大以及学校教育的迅速普及,母语单语现象将彻底消除。在汉语强势型汉—布依双语区,目前个别村寨存在的少量母语单语人主要是年逾古稀的老年妇女和部分学龄前儿童,少数中年妇女由于汉语交际能力较低,平时主要使用母语,如果交际领域仍限制在本民族的生活圈子内,汉语能力得不到提高,她们将成为潜在的母语单语人。但随着学校义务教育的普及,多数人都在学校接受了汉语教育。此外,外出务工也使人们的汉语交际能力得到提高。因此,未来在汉语强势型汉—布依双语区将不会再有新的母语单语人出现。

4. 在部分地区,母语的使用范围将逐步缩小到家庭,社区内本民族成员之间的母语交际将不断减少。中青年人由于长期使用汉语,母语能力大大衰退,很多话题无法用本民族语准确表达,越是关系密切的人,交际的频率越高,可谈论的话题越多,转用汉语的频率也就越高。母语在社区内将变成熟人之间的寒暄用语,更深入的交谈需借助汉语。

5. 目前母语交际功能已经出现衰退的地区,在未来几年内放弃母语的人将渐渐增多,部分村寨在未来10年内将呈现出濒危势头。母语的交际范围、交际对象将受到极大的限制。多数家庭将不再向子女传授母语,中青年以下将成为只说汉语的单语人。

(二)汉语使用发展趋势预测

在汉语强势型汉—布依双语区,汉语在大环境中始终处于强势地位,不过不同地区、不同人文环境,具体情况有所不同。因此,汉语使用的发展趋势也会有所差别。

1. 多数地区,汉语的交际功能将进一步加强,在很多传统生活领域的交际场合中将取代布依语成为主要的甚至是唯一的交际工具。家庭双语现象在散居地区将逐渐普遍化,家庭成员中年青一代将主要使用汉语,即使是在单一民族家庭。族际婚姻家庭中汉语将成为主要的交际工具。

2. 社区内本民族成员之间的交流将视交谈话题和交际对象选用交际语言,传统生活领域中涉及现代社会生活的话题将主要采用汉语,多数年轻人由于母语能力减退,交际过程中使用汉语的频率将高于母语,而且相互间关系越是密切,使用汉语的频率越高。

3. 跨社区之间的交际也将随交际对象的不同而选用不同的交际语言,相互不认识的人,即使知道对方是同族,也将主要使用汉语;相互认识的人交流时,如果双方年龄相仿,选择汉语和母语将视双方交往的程度,朋友之间的交谈将主要使用汉语,一般认识的人打招呼或简单交谈则使用布依语。

4. 汉语在乡镇一级的学校、政府机关、医院等场合将成为唯一的交际语言和办公语言；普通话在学校将从教学语言发展为交际语言。随着电视、广播在布依族社区不断普及以及地区间人员流动的日趋频繁，布依族群众听懂甚至会说普通话的现象将越来越普遍。

5. 随着家庭母语代际传承问题的日益突出，以汉语作为第一语言习得的人将逐渐增多。除少数人可通过社区学会本族语（即将本族语作为第二语言习得）以外，多数人将永远成为汉语单语人。

三　布依族母语濒危地区语言使用发展趋势预测

与上述两种类型相比，布依族母语濒危地区语言发展趋势是比较清楚的，有比较明显的可预见性，但濒危程度不同，其发展趋势也稍有不同。总体而言，在布依族母语濒危地区，布依语在一定时间内将完全消亡，这几乎是不可逆转的事实，汉语将成为人们日常生活中唯一的交际工具。

（一）母语使用发展趋势预测

布依族母语濒危地区的布依语使用情况大致可分为两种主要类型：一是刚开始出现濒危的势头，母语在家庭和社区内的局部场合仍发挥一定的交际功能；二是已处于严重的濒危状态，只有少数老年人能回忆起一些单词，会讲少量简单的日常用语，平时基本上不用于交际。

1. 在开始出现布依族母语濒危的地区，熟练掌握母语的人通常都在 50 岁以上，50 岁以下能用母语进行交际的只占少数，儿童及大多数青年人为母语盲。即使个别人通过家庭或社会学会一些布依语，也无法用于交流。因此，这些地区的母语人只会越来越少，即使目前在世的每个母语人都能活到 90 岁，再过不到半个世纪，布依语也将彻底消失。在未来二三十年内，随着大批熟练掌握母语的人相继辞世，少数人即使掌握母语，也没有交际对象和交际场合，布依族母语在这些地区将成为名存实亡的"文化遗产"。

2. 目前，在布依族母语已处于严重濒危的地区，掌握母语的人大多在六七十岁以上，个别地区只有 80 岁以上的老人能回忆起少量最基本的词汇，能讲一些简单的日常用语，日常生活中已经极少使用。可以预测，最多再过十几年的时间，布依语在这些地区将完全成为历史。

（二）汉语使用发展趋势预测

布依族地区所通行的双语主要是布依语和汉语，因此，与上述两种双语使用类型一样，布依族母语濒危地区双语使用的演变也是一个此消彼长的过程。随着布依语逐渐在布依族母语濒危地区退出家庭和社会交际舞台，汉语将全面取代其在各个领域、各种场合的交际职能。

1. 在布依族母语出现濒危势头的地区，汉语目前在除了家庭、社区内个别场合以外的绝大多数领域发挥着不可替代的作用。随着时间的推移，在未来半个世纪以内，汉语将取代布依语，在日常生活中的所有领域发挥其交际职能，而布依语的一些基本特征将以底层的形式，保存在汉语的结构当中。

2. 目前布依族母语已处于严重濒危的地区,汉语已基本上完成了对布依语交际功能的取代。极个别场合,如宗教祭祀等,在未来十年左右,汉语将完全取代布依语。日常生活领域中的交际,汉语已经成了唯一的媒介,并将继续发挥其强大的交际功能。

3. 在离汉文化中心较近的地区,普通话将从学校教学、机关办公等领域进入寻常百姓的日常语言生活,人们的普通话听说能力将不断增强,绝大多数中青年人将能熟练地使用普通话进行交际。

四　小结

以上通过调查材料,结合对布依族地区社会、经济、文化教育等发展现状的分析和研究,对布依族地区双语使用的发展趋势进行了初步的预测。从现状看,各种类型之间,甚至同一类型内部发展都不平衡,加上社会发展过程中常常会出现一些不确定的因素,可能会对语言使用发展趋势产生影响,使布依族语言使用偏离正常的发展轨道。比如某一地区自然资源的开发可能会导致外来人口的迅速增长,改变人口的分布比例,从而造成该地区迅速从母语强势型过渡到汉语强势型。再比如某一地区由于国家加大了民族文化保护的力度,使人们逐步认识到母语在文化传承过程中的重要作用,而放缓了母语交际功能衰变的步伐。这些因素将导致布依族语言使用发展趋势的不可预测性。因此,上文对两种类型的布依族地区双语使用发展趋势的预测仅仅是建立在对现状进行分析的基础之上,没有将潜在的突变因素考虑在内。

附 录

一 重点访谈与座谈会记录

（一）中央民族大学布依族语言学家王伟副教授
谈布依族文字的创制与推行

中央民族大学布依族语言学家王伟副教授是语文系最早的一批民族语教师，参加了 20 世纪 50 年代初期的布依语调查、1956 年的布依族文字创制工作，并参与了 80 年代两次布依文方案的修订，半个多世纪以来，培养了一大批从事布依族语言文字教学和研究方面的人才，著名语言学家张公瑾教授、倪大白教授等都曾师从王伟副教授学习布依语。王伟副教授是布依族语言文字和文化研究方面的专家。2006 年 6 月，"布依族语言使用情况个案研究"课题组就布依族语言调查、布依族语言文字使用情况等问题向王伟副教授进行了咨询。以下内容是在访谈录音的基础上整理而成的，发表前已征得其本人同意。

访：您是布依族老专家了，我们想向您请教布依族语言文字的相关情况。

王：从民族语言文字方面说吧。新中国成立前布依族只有语言，没有文字。民间曾经有一种仿照汉字来写的方块字，叫做"布依字"或者"土俗字"，主要是摩师用来记录经文的，也用来写民间故事。各地方不一样，所以就不能形成统一的文字。我举几个例子。有一种情况，就是借音，借汉字的音来读布依话，比如布依话的"父亲"叫/po³³/，各地方声调都不一样，"母亲"叫/me³³/，布依字就是借用汉字的"补"当"父亲"，用"米"当"母亲"。另一种，是音义都借。比如，"金银"，布依话读/tɕim²⁴ŋan¹¹/，就是直接用汉字的"金银"来表示，实际读音按布依话来读。布依字还仿照汉字的造字法新造文字。一是仿照汉字的形声造字法，用汉字各部件重组新字。如布依字中"吃饭"的"饭"，用汉字的"米"字旁加个"好"来表示"饭"，这个字就读作/xau³¹/。二就是会意字，比如，上"不"下"平"表示"不平"，就是"陡"的意思。又如，"口"字旁一个"风"，表示"用嘴吹风"，念作/po³⁵/。我原来在各地方收集经文，把经文中的布依文字分门别类归纳好。这是新中国成立前的情况。新中国成立后，新中国要为没有文字的民族创造文字，我国北方的一些少数民族像蒙古族、朝鲜族、藏族、满族等都有文字，其他的如苗瑶文字，都是新中国成立后创造的。新中国刚成立，国家就开始调查少数民族的语言文字状况了。从布依文来说，从 50 年代开始就有人下去调查，1956 年进行普查，中国科学院、国家民委、中央民院（中央民族学院的简称，中央民族大学的前身）办的民族语文班就派人下去调查，在布依族地区普查了 40 个点。当年就在贵阳开会，讨论苗文、布依文（创制）的事。

访：创造布依族文字主要根据什么原则？

王：新创文字用拉丁字母，按拼音文字来创造。当时，布依族和壮族语言比较相近。为了方便两个民族经济文化的交流，专家们提出"布壮文字联盟"，因为壮族是人口较多的民族，1000 多万，文字创制得比较早。联盟的原则就是：1. 布依文的书写形式与壮文一致。2. 布依语跟壮语同源的语词书写形式和壮文一致。个别字的读音，布依语与壮语标准音不同的，不全一致。3. 现代汉语借词在靠拢汉语普通话的原则上，基本依照布依语中的读音拼写。4. 在布依族地区普遍性大而为壮文没有的词，适当吸收到布依文里。5. 在布依族地区选择一个读音参考点，第三项所说的语词基本按照读音参考点的读音拼写。

访：标准音点是怎么选定的呢？

王：标准音点选择跟壮文音系比较接近的，当时选择了贵州龙里县羊场这个地方。跟壮文读音不一样的，就按照该地区发音拼写。当时刚创立壮文，字母以拉丁字母为主，个别字母采用在拉丁字母基础上增加符号的形式，比如现在的 /mb/、/nd/ 两个声母当时分别在 /b/、/d/ 上面加一小横表示。布依语的元音有长音、短音，/a/ 和 /o/ 都区分长、短，当时为了字形的简短，短 /a/ 用国际音标的 /e/ 代替，长 /a/ 就用一个 /a/。另外音标 /ŋ/，现在记作 /ng/，当时就是借用 /ŋ/，为了字形简短就不用 /ng/，直接用 /ŋ/；至于 /o/ 呢，长 /o/ 就用 /o/，短 /o/ 中间加一横表示。关于声调，当时是第一调不标，第二调调号像阿拉伯数字 2，第三调像 3，一直到第 6 调都如此。/-p/ /-t/ /-k/ 尾的，第 7 调在末尾加 /p/，第 8 调则用 /b/，就是用送气音和不送气音表示。1956 年创造新的布依族文字，1957 年就开始在部分地区试行，60 年代"文革"开始就停止了。1980 年在北京召开了一次民族语文工作会议，大家提倡要恢复民族文字，1981 年在贵阳会议上提出恢复布依文。原来按"布壮文字联盟"的目的，出发点是好的，但是具体实施的时候，由于声母韵母也不太一致，要按照壮文书写就很困难，我们认为应该按布依语的实际使用情况书写。因此，1981 年在贵阳开会，就决定在布依族地区重新选择一个标准音点。布依语分三个土语（黔南、黔中、黔西），最后以第一土语的望谟话为标准音。望谟县是布依族聚居县，县城都是布依族，日常交际、打电话等都用布依语，所以就决定用望谟话的音作为标准音，并以它为标准，对词汇进行适当的规范。另外一个就是，原方案中的 11 个非拉丁字母都不要了，全部采用拉丁字母。这样字形就长一点儿了。比如 /mb/，原来是/b/上加一小横,现在就改成/mb/;/nd/也是如此。原来一个字母就变成两个了,但是打字印刷方便。另外就是长/a/用两个/a/,长/o/用两个/o/,短的就用一个。/ŋ/就用/ng/了。调号方面,现在有 1—7 调,8 调不要了,原来用数字,现在改用拉丁字母 l、z、c、x、s、h、t,7、8 调是同一套韵母,现在 7 调标,8 调不标。经过两次修改(1981 年一次、1985 年一次),1985 年那次把 1981 年方案中不太完善、不太全面的,又加以修改,有些字母加以调整,然后在民族聚居地区选了一些地点开始推行。比较盛行的就是八九十年代,1995 年过后又慢慢地不行了。1995 年国家民委带人下去调查,验收方案推行成果。当时他们肯定苗文、侗文、布依文在贵州都是比较科学的,建议向上级反映批准为正式的民族文字,但无果而终。

访：新创的布依文在布依族地区推广的情况怎么样?目前布依语的使用情况,在布依族聚居区可能还好,杂居区可能就汉化得很厉害了,您觉得是否应该强制推广布依文呢?

王：八九十年代还是比较盛行的,而且在民族聚居地区大家都觉得效果很好。当时是首先培训一些老师,同时在当地小学开班授课,方便群众学习。从效果来说,还是很不错的。当时还制作了一系列布依语的影视作品,各地方政府挂的牌匾也都是用布依文书写的。1995 年之后,特别是 21 世纪以后,就基本上很少了。我的意见是不能勉强,已经汉化的地方就不要勉强使用布依文了。但是有些布依族聚居地方,从小就讲布依话,不太能听懂汉语,所以我认为可以在这些地区适当地推行布依文。搞布依—汉双语教学,对辅助学习汉语也有好处。正如我们学外语,如果学习英语没有汉字对照,也会有一定的困难。你要是有个文字对照要好一些。如果聚居地区的教师能够懂得布依文,对教学生汉语也有帮助。推广布依文也有利于弘扬民族文化。用汉字记录布依族的民间故事、歌谣,就比较困难一些;学习布依文之后,记录这些就比较方便。过去布依文比较盛行的时候,有些妇女,学习了一两个月之后就能写布依山歌了。可是还是要看具体情况,别人不愿意搞,你也不能勉强。现在的实际情况是,贵州的个别地方还在使用布依文,但总的来说,一般都不太用了。

访：现在布依族地区是不是基本上都是双语,就是同时使用布依语和汉语?

王：对,基本上是这个样子,平时书写交流,用汉话的多一些。现在布依族语言受学校教育的影响比较大,在学校里老师上课用普通话,回家就讲当地的方言。但总的来说,各地方的布依族还是使用自己本民族的语言。在布依族聚居地区,一般是讲布依话,杂居地区是布依话、汉话两种语言都讲,当然有个别地方或者城市人口很少讲或者已经不讲布依话了,平时用汉语进行交际。

访：当时的调查是怎么开展的呢?

王：当时我们为调查作了比较充足的准备。首先是语言学习。那时候并没有教材,我的启蒙老师喻世长,用拉丁字母设计了一套拼音方案,并用国际音标标注,自己编教材,供大家学习。学了半年下到贵州调查了，跟人民群众生活在一起，即"三同"：同吃、同住、同劳动，总共待了 8 个月。

访：学了半年的布依语下去，能跟当地人交流吗？

王：当时参与调查的学生都是从各个大学一二年级抽来的，语言学得比较快，有一定基础之后才下去调查的。再加上调查时跟群众同吃、同住、同劳动，8 个月的时间基本上跟当地人交流没问题了。实习很重要，有的知识是在课本上学不到的。

访：王教授，我们这次也要下去调查布依族语言文字的使用情况，您能不能给我们一些建议？

王：首先要根据你们调查的地区类型拟一个调查大纲，然后到贵州省民委语文办公室去了解目前布依族语言文字的最新情况，看看现在还有哪些地方在实行布依—汉双语教学，根据掌握的情况再作调整。调查的时候，要根据土语区的不同，分类调查，这样才能取得比较丰富又科学的材料。一定要注意留心群众的反映。

（二）中央民族大学布依语专家王国宇
副教授谈布依族语言调查

王国宇副教授是中央民族大学少数民族语言文学系退休教师，20 世纪 50 年代初就读于中央民族学院（中央民族大学的前身）语文系，师从王伟副教授学习布依语，参加过 20 世纪 50 年代的布依语普查，毕业后分配到地方工作，20 世纪 80 年代中期调入中央民族学院，教授布依语语法。2006 年 6 月，"布依族语言使用情况个案研究"课题组就布依族语言调查、布依族语言文字使用情况等问题向王国宇副教授进行了咨询。以下内容是在访谈录音的基础上整理而成的，发表前已征得本人同意。

访：王老师，您是从什么时候开始学习布依语的呢？

王：大约是在 1952 年。当时为了搞少数民族调查，从各个大学里抽一批学生到北京学习，我也是其中之一。要搞民族工作，肯定要学一门少数民族语言，我和几个同学就是学的布依语。

访：您对布依族地区的调查最早从什么时候开始的？

王：1953 年，在学了半年的布依语之后，我们就到布依族地区去实习，主要是到真实的语言环境中去学习语言。对我们来讲，语言实习真的是很有启发，因为学语言确实是要到语言地区，不管你是少数民族语言也好，外语也好，这样学到的语言才最地道，学习速度也最快。下去以后，我们住在老乡家里，一起生活，叫做"同吃、同住、同劳动"，语言学得特别快。那时候我们可以用布依语作宣传,在赶集的时候,宣传党的政策什么的。在布依族地区共待了 8 个月,回来以后我们就进入研究生班学习语言学。当时中国科学院语言研究所的语言大师吕叔湘、罗常培,北大的袁家骅,再加上我们学校的马学良、喻世长等,都给这个研究生班授课。研究生班毕业以后,也就是 1955 年 7 月,我就跟着费孝通到贵州搞民族识别,从事语言部分的工作。这次调查对布依语的各个方言土语摸了个底,给它弄清楚了。后来因为要创造文字,就选了一个基础的土语区,就是以望谟作为标准音点。

访:能说说您当时搞语言调查和文字创制的一些具体情况吗?

王:调查就是把几个方言区,或者叫土语区的材料归结到一块儿,经过对比、比较,看看语言内部差别大不大,以便设计文字。因为布依语内部差别不是太大,所以就没有方言区,只有土语区。从人口和聚居区来讲,望谟和册亨一带是比较典型的,所以选择望谟作为标准音点,在此基础上设计文字。文字设计出来以后,大师们的劲头都很大,人力也投入得很多,地方上开班培养师资,并设立了夜校和扫盲班,一些妇女都来认字了,还是开展得很不错的。我们那个时候用新创文字办报、出书,还有广播电台,用布依语进行广播。

访:当地的群众从心理上愿意接受布依文字的推广吗? 布依文字的推广持续了多长时间呢?

王:那当然愿意了。从聚居区来讲,他们特别愿意,因为这个文字有个好处,是在布依语口语的基础上设计的,就是几个符号,你把这几个符号认清了,认准了,再用自己的语言说话,就是记录自己的语言了,不是很方便吗? 所以很好学,很好记,也很好认。布依文字的推广特别有利于脱盲、扫盲,因为汉文脱盲是很难的,布依族妇女一个一个方块字地认,不好认。如果是用汉语拼音的话呢,就要简单一些,可以先用布依文字打基础。杂居区推行得就要差一些,也是从不同的村子里抽些人集中起来,到夜校里读一读,就不同于聚居区了。但是由于种种原因,布依文字推广了几年之后就渐渐停止了。

访:20 世纪五六十年代的时候,布依族地区语言使用状况是怎么样的呢?

王:布依族地区又分为聚居区和杂居区。聚居区纯粹都是布依族,男性或者成年人会讲一些汉语,就是贵州话;妇女、老人、小孩,基本上讲的都是布依语了,不讲汉语。虽然有的布依族会讲汉语,但是本民族之间打交道还是用布依语。在杂居区就是一种双语情况了。杂居区的布依族既会汉语,也会本民族语。他们见到本民族就讲本民族的语言,见到汉族就讲汉语,也就是见什么人说什么话。

访:您认为推行民族文字是否有必要呢?

王:当然有必要了。用本民族的文字提高本民族的文化,确实是一个捷径。少数民族想要提高文化,发展文化,其实用本民族的文字是最好的,是最有利的。对于学汉语汉文来讲,也是个很好的拐棍,有利于学好汉语汉文,甚至对学外语都是有利的。

访：您有很丰富的语言调查经验,能不能跟我们说一说您的心得?

王：我有几个建议。第一个建议就是调查要作好准备,如果没有充分的准备的话,收效就会受到影响。这个准备包括一定的语言基础,即布依语的基础;还包括相关专业知识的储备,要看关于语言的书,看别人写的文章;最后就是要做好调查大纲,有了调查大纲你们再下去调查,你们的思路就会很清晰,不至于乱,不会落掉什么。如果没有大纲,有时候就会东抓一把西抓一把,没有头绪。第二个建议,就是从多角度考察语言、语言与文化的关系。在实地调查的时候,不同性别、不同年龄、不同文化层次、不同阶层、不同的场合,肯定反映在语言上是不一样的。一个民族的文化会反映在它的语言上,语言是民族文化的载体,因此,在调查的时候,我们还应该注意到语言与民俗的关系。就这些了。

（三）在京布依族同胞谈家乡本民族语言的使用情况

为了进一步了解布依族不同阶层的人士对本民族语言和文化的认识以及他们各自家乡本民族语言的使用情况,2006 年 6 月中旬,中央民族大学"布依族语言使用情况个案研究"课题组邀请到了中国科学院微动力研究所研究员韦明罡先生和中国天主教爱国会王伟先生进行座谈。以下内容是在座谈会录音的基础上整理而成的,发表前已征得本人同意。

主持人：我们这次申请到一个 985 项目,主要是对贵州布依族语言使用情况,尤其是母语（民族语）的使用情况,作一个调查。这个调查涉及很多方面,包括布依族母语的使用范围、使用特点、布依族语言人的语言态度、布依族地区的双语类型和双语现象、布依族文字的使用情况、汉语在布依族家庭、社区内的使用情况等。目前布依族社区的语言,主要是使用布依、汉两种语言,个别地区还会使用苗语,而且苗语的功能比布依语的功能要强。今天我们有幸请到中国科学院微动力研究所的韦明罡研究员和中国天主教爱国会《中国天主教》杂志副主编王伟老师与我们一起座谈。两位老师来自贵州省西部镇宁县和六枝特区毗邻的扁担山一带,到北京之前长期生活在那里,对那里布依族的语言使用情况、风土人情等各方面都比较熟悉。今天我们以座谈的形式就布依族语言使用方面的一些问题向两位老师进行咨询。主要是他们讲,各位同学有什么问题随时都可以提出来。

韦：我就以扁担山地区为例介绍一下布依族语言使用情况。扁担山是贵州省镇宁县北部的一座山,因为形似扁担而得名,在镇宁境内的绵延 30 多公里。在这座山周围分布着很多布依族寨子,所使用的语言属布依语的第三土语,说话的口音和风俗习惯都非常相似。所谓扁担山地区是一个广义的概念，除扁担山本身以外，六盘水市六枝特区南部、安顺市关岭县东北部以及镇宁北部等布依族分布的地方都泛称扁担山地区。扁担山地区的布依语有其鲜明的地域特点：一是送气音比较明显，二是经常使用/ɬ/，其他地方都很少发这个音。四川宁南、会东一带的布依族语言口音也跟扁担山的一样，但是他们人口相对较少，又受到汉语的影响，说话会稍微带些汉语腔调。扁担山布依语，跟分布在六枝中西部，往水城、盘县方向，包括黔西南州晴隆、普安、兴仁等地的布依语口音都比较接近，交流起来没有问题，就是有些词汇不太一样。

访：请问两位老师生活的扁担山地区是属于聚居区还是杂居区呢？

韦：按地区来说，扁担山是一个很典型的布依族聚居区，其周边有48个布依族村寨，人口数万。新中国成立初期，政府就已经把它列为自治区了，定名为"扁担山彝族自治区"。最早的时候是把它划入黔南州，认为这一带生活的少数民族是彝族，也有人认为是苗族，但实际上是布依族。当时好多官员都用"大弓夷"来称呼当地的布依族，实在分不清的人，就用"苗夷"两个字来代称。这曾经弄出许多后遗症，比如说《桂花生在桂石崖》其实是一首布依族民歌，但被误认为是苗族民歌。"苗"是一个很模糊的称谓，过去贵州很多少数民族都被泛称为"苗"，是一个带有贬义色彩的字眼。

访：那两位老师现在还经常回家乡吗？回到家乡是否还说布依语呢？

韦、王：经常回，回到家乡还是说布依语。首先，说布依语有种亲切感，从小就是说着长大的，又是我们的母语，一回到家乡，到那里说这个话都觉得很亲切。有的人出门打工很长时间，回到家乡，肯定是要说母语的。要是回家乡讲普通话、汉话，还会被人骂。

访：有没有觉得家乡的布依语使用有变化？

韦：我认为没有什么大的变化。我们那边算中西部，周老师（座谈会主持人）那边算西南部，语言保留得还是很完整的。就是在集市、城镇上或是县城里，都还讲布依话，只有在跟其他民族交流的时候才会用官方语言，即当地的汉语。布依族之间互相交流一般都是用本民族语言。

访：布依语对周边民族的语言影响大吗？

王：还是会对周边的一些民族产生影响，像汉族、苗族等。在扁担山地区，布依族人口占大多数，居住在当地的一些汉族、苗族、仡佬族也会讲布依语。

韦：我举个例子，我妹妹嫁到普定县一个布依—汉杂居的村子，大概有七八十户，汉族、布依族各占一半，口音跟扁担山是一样的。1991年我回去的时候，我就到我妹妹家去。当天晚上有很多人到我妹妹家来，结果我发现其中有两个村干部说布依语有点别扭。客人走了以后才知道那两个村干部都是汉族，所以发音不准。尽管如此，他们说布依语已经算是比较流利了。扁担山地区偶尔也有一两个汉族村子，与布依族村庄夹杂在一起，但由于人口比例相差很大，因此当地的汉族在集市上交流都是用布依语。我跟王老师从小都是在浓厚的母语氛围中成长的，我们基本上是到了小学五年级以后，汉语才讲得比较流利。

访：在学校的老师也都是布依族吗？平时上课的时候也是说布依语吗？

韦、王：有的老师是布依族。上课的时候还是要用到布依语的，尤其是对低年级的学生，这样可以帮助学生理解。汉族老师也有一些，他们不太会讲布依语，但是为了教学的需要，也慢慢学会一些日常用语。像我们，可以说在三年级以前一句汉语也不会，因此，在教学过程中用布依语进行辅助是很有必要的。

访：两位老师，你们在家里跟你们的孩子、妻子还使用布依语吗？

王：我爱人是汉族，我们之间用汉语沟通，我孩子小时候讲布依语还比较流利，来到北京后，说布依语的机会少了，基本上不怎么说。因为长时间不说，所以就生疏了，现在只能讲一些简单的日常用语。大孩子到北京的时候大概有六七岁，布依族的歌谣唱得非常好。现在让他再唱个叙事诗，他也能唱，但是就带着汉语的调子了，汉语的口音比较重。

访：两位老师，你们认为布依语在布依族文化传承中的地位如何？

王：民族语啊，它所传承的就是一个民族在生产、生活方方面面的东西，具有文化传承的功能。比如说在地名这方面，最为独特的就是，选用的都是布依语来确定一个地名，最典型的就是 /na² /，是田、田地的意思，基本上地名都要带这个字。常见的还有那个坝、坪，很有特点。像宗教仪式方面，以前也是借用汉字方块字来记录，一般就只有宗教仪式专职人员（布依语称之为"布摩"）懂，在一定程度上体现了语言的文化功能。还有，就是音乐方面，唱歌完全是用布依语来唱，而且分很多调式。有的地方的八音坐唱很出名，是典型的布依族特色的体现。有母语的存在，它所传承的文化才能为大家所交流。

访：在一些布依族地区发现用柏格里文字抄写的布依族经文，是不是跟宗教在布依族地区的传播有一定的关系呢？

王：个别地区使用过那种文字，但没有传播开来。有些地区传教士用拉丁字母作为布依文，把《圣经》翻译成布依语，部分地区还出现过用法文编写的布依语手册，但是多数传教士是用汉语传教的。布依族接触汉文化是比较早的，一些布依族地区在科举时代还出过举人、秀才，在当时算是出类拔萃的知识分子了。所以在天主教、基督教等西方宗教传入布依族地区的时候，不少地区老百姓已经能用汉语交际了。

访：王老师，您近两年又开始用布依语创作民歌，素材取自民间吗？什么原因促使您从事这样的工作？

王：是的。取材自民间，然后自己编唱，也有的是重唱代代相传的古老歌谣。这么做是受到了文化遗产申报热潮的影响，这两年生活条件好了，布依族老人又把过去的歌谣拿出来重唱，如果不趁现在收集整理就太可惜了。物质财富升华，精神财富也同样需要升华。

访：老师，布依族有没有特别隆重的民族节日？

王："六月六"比较隆重。

韦：几乎所有的布依族地区都过这个节日，过去是老百姓自己过，后来一些地方政府介入，以所谓"文化搭台、经济唱戏"的形式开展当地的民族节日文化活动。近几年有些地方规模搞得比较大，如贞丰县的布依族"六月六风情节"。六枝特区去年也在月亮河开展了类似的活动。在布依族民间，"六月六"一般以村寨为单位，自己举行庆祝活动，有的地方要杀牛，较大规模的就是几个村寨联合起来搞了。我们过节的时候包粽子，汉族是用竹叶和粽子叶包粽子，我们用的是一种高粱叶，专门找那种比较长的叶子，做凉席用的那种，短一点的来包粽子。包了之后是散的，然后串成串，每十个串一串。一般到亲戚朋友家串门，他会送给你，背着走。这个粽子，跟汉族的不一样的地方还在于是用糯米的秧苗，晒干之后烧成灰，做成染料。糯米泡好之后，就把糯米秧的灰跟糯米揉在一起，变了颜色之后才上锅蒸煮，叫"黑粽粑"。其他的节日，如春节，跟全国都一样。

主持人：经过两位老师的介绍，我们对布依族地区包括语言在内的各方面情况都有了一定的了解。我们这次下去，主要还是作语言使用的调查，因此要根据母语使用情况的不同，对布依族地区进行分类调查。贞丰那个点是很必要的，当地的母语掌握得很好，要掌握每个家庭的语言使用情况和每个人的使用情况。不同层次的人，他对母语和对汉语的态度不同。我们还要调查另外一种类型，像刚才两位老师说的扁担山。扁担山地区布依语属于第三土语，是布依族相对集中的一个地方，它比起第一土语来说，相对接近汉文化的中心，离贵阳比较近。所以，汉文化的强大影响，首当其冲的就是这个地方。

（四）贵州省布依族专家及布依语言研究专家谈布依族语言使用及布依文推行

2006 年 8 月 5 日，"布依族语言使用情况个案研究"课题组在贵州进行田野调查期间，有幸邀请到 20 世纪 50 年代初曾经在中央民族学院（中央民族大学前身）从事过布依语教学的韦廉舟先生和 20 世纪 50 年代初在中央民族学院学习过布依语，后来分配到贵州民族学院长期从事布依族语言教学和研究工作的曹广衢、赵道文、吴启禄三位教授以及近几年成长起来的新一代布依族学者郭堂亮先生和梁永枢先生就布依族语言调查、布依族语言使用以及布依文字推行和布依族地区双语教学等问题进行座谈。以下内容在座谈会记录的基础上整理而成，发表前已征得本人的同意。

1. 布依族学者韦廉舟先生谈布依族语言文字的调查与研究

布依族语言文字使用情况的调查研究是一件很有意义的事情，这对布依族语言的发展和文字的推行（试行）也是一大贡献。今天你们所作的调查，其历史价值不亚于 20 世纪 50 年代的语言普查工作。这不仅对我们布依族的发展事业是一件好事，对我们国家少数民族事业的发展，对中华民族的团结也是一件好事。20 世纪 50 年代的调查为布依文方案的创制提供了素材和政策依据，今天大家所作的调查对国家制定相关的语言政策同样具有非常重要的意义。

我们布依族的文字创制和推行工作，不仅我们布依族干部在努力，汉族老大哥也流下了不少辛勤的汗水，1952 年秋季，赵道文老师、曹广衢老师等一批有志于少数民族语言文字研究工作的青年学子，从别的大学被选调到中央民族学院学习布依语，由于当时他们已经上过大学，所以到中央民族学院语文系以后，上的是研究生班。后来又到布依族地区学习布依语，毕业后分配到贵州，参加布依族文字的创制和推行工作，再后来又为布依族培养了一批又一批民族工作者和布依族语言文字工作者。可以说，他们为了布依族的语言文字事业，辛勤耕耘了一辈子。作为布依族的一分子，我们应该永远记住他们这些人所付出的努力。

布依族前辈陈永康老人为布依族文字的创制和推行也倾注了毕生的心血，可以说从布依族民族成分的确定到后来布依族文化教育事业的发展都洒下了他们老一辈辛勤的汗水，今天研究布依族历史文化、语言文字的年轻学子不仅要了解这段历史，还要把它发扬光大，以客观公正的立场做好你们的研究工作。

我是在 20 世纪 50 年代初开始从事布依族语言文字研究工作的，当时是在中央民族学院语文系，后来调回贵州，在贵州民族出版社工作，1965 年调离贵州民族出版社以后，就再没有研究布依族语言文字了。对目前布依族语言研究和文字推行的情况不是十分清楚，在这里谈几点个人的感想。

首先，我认为搞语言研究要重视田野调查，这是中央民族学院多年来形成的一个传统。有调查才有发言权。搞民族语言研究，了解民族文字的推行情况，就应该到民族地区去进行深入的调查。只有作了调查，才能发现问题，进而提出解决问题的办法，为国家制定语言文字政策提供正确的依据。布依族文字创制推行了几十年，其中经历了不少坎坷，阻力很大，有来自外部的，也有来自民族内部的，这里面可能也存在一些政策导向的问题，这些都需要进行认真深入的研究。

其次，对语言的调查要注意代表性，选择的调查点要恰当。我比较赞成你们这次所选择的调查点，聚居、杂居和散居三种分布类型都考虑到了，聚居类型选择了望谟桑郎，很典型、有特点、有代表性，20 世纪 50 年代我们曾经对这个地方的布依族语言进行过调查，布依族占 95% 左右，现在虽然有其他民族杂居，但比例仍然在 90% 以上。贞丰县的牛场（北盘江镇）汉族所占的比例较大，还有苗族，布依族的比例不是很高，在那一带只能算杂居，语言使用情况跟桑郎不同，完全可以作为杂居区的代表。黔西的布依族语言 20 世纪 50 年代曾调查过几个点，那一带散居的特点比较明显，人口少，语言容易受到周边民族语言的影响。除了这三个代表点以外，我建议在贵州以外，比如云南、四川的布依族地区选一些代表点进行调查，了解一下远离主体的布依族在语言使用方面的变化。我想，那里的布依族语言最能代表散居地区布依族语言以及语言使用的特点。另外,听说越南北部也有从国内迁过去的布依族,条件允许的情况下,也应该对他们目前语言使用的情况作一些调查。

第三,要注意不同时期、不同人群布依族语言及语言使用的发展变化。20世纪50年代对布依族语言的调查已经过去半个多世纪了,语言是变化的,语言的使用情况也会发生变化,老年人的语言与年轻人有所不同,如在第一土语区,中老年人的语言中有/-m/尾韵,有/-p/尾韵,但现在很多小孩都发不出这些音了,如把"三"读成/saːn¹/,而不是/saːm¹/(中老年人的发音),"挑"不说/ðaːp⁷/,而是/ðaːk⁷/(中老年人的发音)。语言使用方面,过去很多地方大人小孩都使用本民族语,很多老年人还不会讲汉语,而现在已经发生了很大的变化,中年以下都不说本民族语了,只讲汉语,或者虽然讲民族语,但只限于在家庭内部交流时才讲,对外人不讲。很多青年人外出打工或读书,语言观念也改变了,说的话也跟成年人不同了,所以不仅语言结构发生了变化,语言功能也发生了变化。这些变化都应该如实地记录下来,反映在科研成果当中。

第四,语言文字的应用调查和研究要解决的是现实问题,越具体越简单就越便于解决,因此,布依族的语言文字使用问题研究与解决应该立足于布依族本身,不宜把它放到"越人"这样一个过于宽泛的历史范畴中来理解,那样容易把问题复杂化,不利于问题的解决。

第五,布依族和壮族无论从地缘关系还是从历史渊源关系来看都非常密切,条件许可的情况下,应该选择布依语一两个点的材料与广西壮族的语言作一些横向的比较,以考察这两种语言从结构到语用方面存在的共同点和差异。

最后,再谈一点个人对民族文字推行工作的看法。过去,布依族的新文字方案在布依族地区推行,对布依族地区的教育发展起到了很大的推动作用,具有深远的历史意义。但如今,包括布依族在内的各民族在经济文化方面都有了很大的发展,还有没有必要为一种语言创制一套文字符号来推行使用,我个人认为这个问题值得深入研究。

2. 布依语言文字研究专家赵道文教授谈布依族文字的创制与推行

20世纪50年代对布依族语言进行调查主要目的是为了了解人民群众对本民族文字的需要程度,在贵州不仅调查了布依语,还调查了苗语、侗语等,通过调查我们了解到各族人民都迫切需要有自己本民族的文字。最初的文字方案是布依族与广西的壮族实行文字联盟,那套文字是在苏联专家谢尔久琴柯的帮助下创制出来的,在一些布依族聚居地区试验推行,取得了一定的成绩。"大跃进"以后,学术界掀起了一股民族融合论的思潮,由此导致了文字融和论。受到这股思潮的影响,布依族文字的试行工作停滞不前。而且在试行的过程中,布依族干部和语言文字工作者发现了布壮联盟文字方案的一些弊端,不同意继续推行这套文字。1962年秋天,当时负责贵州民族语言文字工作的陈永康同志派我到望谟县对当地的布依族语言进行调查,然后按照望谟话的语音重新设计一套布依族新文字方案。于是我于当年8月到了望谟,在与册亨县相邻的一个地区农村住了20多天的时间,记录下当地的布依语,并设计了一套拼音文字方案,就用这套方案教当地的布依族群众。由于方案设计科学合理,简单易学,所以当地布依族群众积极性非常高,刚教完字母和拼写规则,大家就能自己拼写。会唱歌的姑娘们还用这套文字把歌词记了下来。

关于语言使用情况的调查,我也非常赞成你们所选择的三个点,有聚居的,有杂居的,也有散居的,各方面都考虑到了,同时我也觉得韦廉舟老师的说法有道理,应该再增加云南和四川各一个调查点,这样,调查的面宽一点,可以调查到更多有价值的材料。国外的布依语的情况也应该有所了解,如果可能的话,增加越南的两个点,这对于我们作横向的比较是很有价值的。

另外,对于一种语言的使用状况不要轻易下结论,前些时候有人谈到语言衰变的问题,有些轻率。语言的变化要看它的基本词汇和语言结构是否发生了根本性的变化,比如布依语的 /wa¹ʔdiŋ¹/ "红花",变成/ʔdiŋ¹wa¹/了没有,如果没有变,就说明它的结构没有发生变化,基本词汇还有自己的特点,就不能算是衰变。

3. 布依语言研究专家曹广衢教授谈布依族语言调查研究

今天中央民族大学的各位老师、同学到贵州来调查布依族语言的使用情况,这是一件非常有意义的事情。你们选择了三个调查点,有聚居的,有杂居的,也有散居的,都很有代表性。其中桑郎这个点我比较清楚,20世纪50年代我和赵道文老师到罗甸实习的时候,就在桑郎附近,这是一个布依族聚居区。但我觉得在调查的时候应该注意语言的发展变化问题,应该选择一个20世纪50年代曾经调查过的语言点,也就是《布依语调查报告》中的一个点,进行不同时代的语言本体结构和使用情况比较,看看今天的语言在语音、词汇和语法方面发生了哪些变化,交际功能与过去有哪些不同,这对于研究语言发展是很重要的。

关于布依族文字的推行情况,因为参与得较少,我不是十分了解。我觉得,作为一种民族文字,它的推行对该民族经济、文化、教育等各方面的发展无疑是非常重要的。但新创布依文是在拉丁字母的基础上创制的,作为一种表音文字,与汉字这样的表意文字相比有一定的局限性,那就是,标准音点或者与标准音发音较接近的人学了这种文字以后,能写又能读,学习速度快,学习者也有兴趣,因为这种文字记录的是他们日常生活中的语言,而标准音点以外的布依族学起来就困难了,尤其是发音,对他们来说确是一大难题,因为各地语音有所差别。这种局限性不仅存在于新创布依文,新中国成立后创制的很多拉丁字母文字,如贵州的苗文、侗文以及云南、广西的很多少数民族拼音文字都存在。如何解决新创民族文字推行过程中的类似问题,是值得我们深入研究的。

布依语是贵州主要的少数民族语言之一,是贵州特有的,其结构的发展变化和使用问题大有文章可做,应该进行深入的调查和研究。希望同学们的研究成果超过我们这一代人。以上意见仅供大家参考。

4. 布依语文研究专家吴启禄教授谈布依族语文推行情况

中央民族大学各位老师和同学此次来的目的刚才已经讲得非常清楚,以上发言的各位老师也给予了高度的肯定。目前来说,对各种分布类型的布依族语言使用情况进行全面的调查,意义确实是非常重大的,很有必要。你们的调查研究成果必将反映新世纪布依族语言的基本情况。因为语言发展了,语言使用情况也发生变化了,20世纪50年代所调查的材料及研究成果已经不能反映今天的情况。不过,今天我不打算谈布依族语言调查的问题,而是准备就布依族文字推行的情况谈一点个人的想法。

我从事布依族语言文字教学和研究工作已经50多年,可以说把毕生的精力都投入到上面去了,但布依族文字目前的推行情况和处境却让我感到有些遗憾。到目前为止,布依文还处于试验推行阶段,不是正式文字。布依文从20世纪50年代创制以来就一直属于试验推行。20世纪90年代中期,中国社会科学院民族研究所道布先生带领一个专家组到贵州来验收几种民族文字的试验推行情况,包括布依文、苗文和侗文。据当时专家组说,如果验收合格,就批准为正式文字。所以,验收结束后我们一直在期盼,但始终没有结果。1997年我到北京参加第30届国际汉藏语会议,从当年的一位验收专家组成员那儿了解到了一些情况,专家组对布依文的科学性以及试验推行效果给予了充分的肯定。但是布依文目前的处境不仅挫伤了推行者和学习者的积极性,也影响了其使用以及向社会推广。过去,黔南、黔西南两个布依族苗族自治州很多机关单位和学校的门牌上不仅有汉文,还有当地自治民族,即布依族和苗族的文字,但后来渐渐就没有了,我想其中一个原因与这些文字目前的地位有关。还有一个例子,20世纪90年代末,经韦老师推荐,上海某出版机构的一位编辑带着一份用布依文标写的《梁山伯与祝英台》让我帮着审校。那是从某个县收集上来的,用布依文记录当地的语音。我说布依文还不是正式文字,应该用国际音标来记音。当他得知这种情况后,就放弃了出版的念头。所以,如果布依文的地位问题得不到解决,不仅对其自身的使用与发展,也对布依族文化的发展以及布依族语言的使用产生影响。

我建议,对布依族文字等少数民族文字的地位确认问题应该通过多渠道来解决,不仅要通过科研部门,还应该通过统战部门、政协、人大等部门来努力。

5. 布依族青年学者郭堂亮先生谈布依族新文字的社会价值

布依族是一个古老的民族,自古以来有语言无文字,这给记事行文带来了许多不便。1956年在党和政府的关怀下,为布依族创造了文字,并在布依族地区试验推行,受到了布依族人民的热烈欢迎。布依文是布依族人民进入新阶段、新文明的标志。布依文先后进入农村夜校扫盲后,出现了许多学习布依文的感人场面,如父子同上夜校学习,夫妻、兄弟(或姊妹)同班学习,父母教授子女布依文等场面。许多布依族学会布依文后,在农活、节日、婚嫁、立房等活动中,用布依文记录布依族古歌、谚语、情歌、故事等,掀起了学习布依文的热潮,有的家庭有不少布依文抄本。在布依族聚居地区,有许多地方的人只懂布依语不懂布依文,都纷纷要求专家学者前去教授布依文。因此,布依文先后在贵阳市花溪以及龙里、贵定、罗甸、望谟、册亨、镇宁、贞丰、安龙、兴义、晴隆等地进行农村夜校扫盲。1982年以后,布依文经过修改,确定了新的《布依文方案》,更易学、易记、易写。先后进入学校,辅助布依族聚居区教学。在我省实行"双语文"教学的县份有望谟、罗甸、镇宁、龙里、晴隆、花溪等。为了帮助"双语文"学校教学,贵州民族出版社先后出版了六年制小学布依汉语课本《语文》1—6册。之后,又出版了小学《布依文课本》1—7册。为巩固学生学习布依文,贵州民族出版社又出版了一些读物,如《布依族民间故事选编》、《布依族礼俗歌》、《科学养鸡》、《法律知识问答》1—5集等。之后又出版了一些古籍读物,如《布依族古歌》、《安王与祖王》、《古谢经》等。为了规范布依文的正字与正音,北京民族出版社出版了《布依汉词典》。如今,布依文之花仍在布依族地区开放,不少布依文爱好者仍用布依文收集、翻译、整理布依族古籍,如已出版了《乌当布依族酒歌》、《贵阳市布依族酒歌》、《花溪区布依族酒歌》等。即将出版的布依文作品有《布依族古情歌集》(约50万字)、《中华布依族古歌》(约40万字)。布依文自从诞生后就具有强大的生命力,就在布依族地区开花、结果,愿布依文之花常开不谢。

6. 布依族青年学者梁永枢先生谈布依族语言使用和双语教学

非常高兴有这样一个机会与大家一起座谈,也非常欢迎各位到贵州来调查我们布依族语言文字的使用情况。20世纪90年代初,我曾经对望谟的布依族双语教学进行过调查,调查了好几个点,对开展双语教学和没有开展双语教学的学校进行了纵向和横向的比较,发现凡开展双语教学的学校,教学效果都非常突出,各科成绩明显高于没有开展双语教学的学校。相关数据在我的调查报告中都已经体现出来了。后来由于多方面的原因,双语教学无法进行下去,其中最主要的有两个方面,其一是管理归属问题。当时的少数民族双语教学由民委来抓,而不是教育部门,这样在课程设置和经费等方面都难以得到保障,尤其是经费方面,双语教学的所有经费都有民委负责,比如教材费、民族语文教师的报酬等,各地民委的经费本来就很紧张,双语教学经费属计划外开支,时间一长,加上后来物价上涨等因素,就渐渐难以维持了。其二,民族语文教师都是民委临时从民办教师、代课教师中抽调的,不归教育部门管,工资由民委发,比民办教师和代课教师的工资都要低。再说,民办教师和代课教师都有转正的机会,而民族语文教师却没有。刚开始大家都凭自己对这一工作的热爱以及浓厚的兴趣投身这一事业,但后来绝大多数人的转正、工资待遇等问题都得不到解决,渐渐地都失去了信心。从而造成了很多地方双语教学工作无法继续下去。

再谈谈我自己对布依族语言使用情况的一些看法。前些年我随伍文义老师一起对布依族的语言使用情况也作过一些调查,主要关注青年一代语言使用情况,发现了一些变化,但觉得不像大家所说的那么严重。比如语音方面,在一些地区,唇化音、腭化音声母在年轻人的口语中已经变成了单辅音声母;塞音韵尾/-p/、/-t/、/-k/在一些年轻人的口语中已经消失,演变成喉塞音韵尾/-ʔ/或一个短促的单元音;再有就是元音的长短,目前很多地方老年人还区分,但年轻人已经分不清楚了。词汇方面,很多词汇老年人能讲,但年轻人已经说不出,在交际中只能用汉语来代替。总体上,年轻人与老年人在词汇方面的差异大概是 5%,也就是说,青年人比老年人掌握的本民族语词汇要少大约 5%。

(五) 贞丰县布依族干部罗金玺谈布依族双语教育及其与传统文化保存的关系

罗金玺同志是贵州省贞丰县教育局的一名布依族干部,长期从事基础教育工作,对当地教育情况比较熟悉,对本民族语言文化也有所了解。2006 年 7 月 23 日,中央民族大学"布依族语言使用情况个案研究"课题组在贞丰调查期间,就当地布依族地区语言使用情况、村办学校双语教育情况以及布依族语言和传统文化的保护等对罗金玺同志进行了访谈。以下内容根据访谈录音整理而成,发表前已征得本人同意。

我本人是布依族,现在贞丰县教育局工作,负责招生这一块。从小讲布依语,对本民族语言比较熟悉,对本民族文化也了解一些。由于在城里工作,加上爱人是汉族,因此家庭语言交际主要是汉语。孩子目前在北京大学上学,是在城里出生的,布依语只听得懂一些简单的日常用语,不会说。我自己回老家跟父母、兄弟姐妹以及村里人都用布依语交流。今天应大家的要求,主要谈两个方面的问题,一是我们县目前的双语教育现状,二是双语教育及其与布依族母语和传统文化的关系。纯属自由谈话,只代表我个人的意见。

贞丰县布依族集中分布在百层、鲁容、鲁贡和沙坪 4 个乡镇,其他乡镇也有。全县有小学100 多所,数字一直在变动,具体不是十分清楚,初中 18 所,高中 1 所。目前布依—汉双语教学主要在布依族分布最集中的鲁容和沙坪两个乡的一些办学点开展。当地布依族分布密度比较高,多数村寨为布依族聚居,语言很少受汉语影响。学龄前儿童基本不懂汉语,低年级学生的汉语能力也比较低,通常只能讲一些简单的句子,较复杂的概念和意义无法用汉语来表达,因此,在正式入学之前,都需要在学前班接受 1 年左右的语言训练。当地的学前班和小学低年级都实行双语教学。所谓双语教学实际上就是老师把课本上的东西翻译成布依语教给学生,并没有专门的双语教学课本。教师基本上没有接受过双语教学培训,教学经验完全靠平时积累,因此,教学效果往往不是十分理想。

双语教学的主要问题是师资匮乏,目前在民族村寨办学点的教师配备上还没有倾向性的措施,比如,布依族村寨的办学点,布依族老师也有,汉族老师也有,而且基本上都没有接受过双语教学方面的培训,多数是州师范学校毕业的,没有学过布依文,所以即使在教学中采用了类似双语教学的办法,也只能以口头翻译的形式辅助汉语教学。贞丰县 20 世纪 80 年代中期曾经推行过布依族新文字,但力度不大,当时参加培训的一些老师现在有些已经退休,有些还在工作,但也放弃布依文多年,已经不能胜任这项工作了。另一个问题是教材,目前我们所采用的都是国家统编教材,没有专门的适合双语教学的教材,即使有人编写出来了,也无法使用,需要先对老师进行布依文培训,然后再进行双语教学培训。民族语文教材的编写还要考虑跟国家正规教育接轨的问题,最好的方法是将国家统编教材翻译成布依语文,进行两种语言的对比教学。

布依族新文字属于拼音文字,在教学过程中需要注意这样一个问题,那就是,不能与汉语拼音混淆,因为这两种文字类型相同。在布依族聚居的村寨,单纯教授本民族语言文字是缺乏可行性的,因为那些孩子最终还是要走出来,融入主流社会,最好的办法是采用双语双文并行教学。对于聚居地区的布依族儿童来说,无论是汉文还是布依文,都是有难度的,汉语文的难度在于文字,语言要容易一些,布依语文则只有一道难关,即文字,语言不存在问题。双语教学的教师应该引导学生,充分利用母语的优势,学好汉语文。布依族学生的接受能力是很强的,去年,贵州师大的学生到贞丰支教,被派到布依族聚居的地区,采用的是普通话教学,由于方法得当,效果非常明显。总之,双语教学对少数民族学生在汉语学习的过程中有着非常重要的辅助作用,应该充分发挥。但我个人觉得,双语教学主要应该限于在学前班和小学低年级阶段实施,而且应该由国家统筹规划,要采取政府行为。三四年级以后,少数民族学生渐渐摆脱母语的影响,汉语水平得到提高,这时就可以完全采用汉语教学了。目前,在我们这些地区,民族语文还没有纳入国家升学考试范围,无论是学生学,还是老师教,都缺乏动力。再说,现在无论哪一年级学校的老师,教学任务都比较重,竞争比较激烈,压力大,额外增加双语教学这样的负担,无疑会对他们的工作产生影响。因此,在没有政府行为的情况下,即使是有一定双语教学经验的老师也不敢贸然行事。现在学校教学都是为了应付各种考试,升学需要考哪一门,大家就学哪一门,民族语文目前没有列入国家考试科目,教育部门、学校、老师、学生都不可能在这方面花太多精力,民族地区的经济、文化需要发展,孩子们要走出大山,就需要学习更多的科学文化知识。但这样一来对我们民族文化的传承肯定会造成很多不利的影响,这也正是我们所担心的,但也感到无奈,要想让我们的孩子走出大山,就必须面对这些严酷的现实。

再谈谈布依族地区双语教学跟布依族文化保存的关系问题。在布依族聚居地区实施双语教学,一方面可以帮助学生尽快地学会汉语,另一方面,也有助于民族语言文化的继承和发展,通过民族语文进学校,或者更进一步,民族文化进学校这样的方式,可以加深少数民族学生对本民族语言和文化的认识,增强自豪感,也可以让别的民族的学生了解布依族语言和文化,有利于增强民族团结。

当今社会正处于转型时期,包括布依族在内的很多少数民族的语言和传统文化正面临严峻的考验。就拿布依族来说,现在,很多地方的布依族在服装上已经有了很大的改变,很多年轻人,包括部分中老年人已经改穿汉装了,在着装上跟当地的汉族没有什么区别。语言使用也渐渐发生变化,年轻人由于外出打工、上学等原因,放弃使用本民族语言的越来越多。对于这个问题,目前相关部门也束手无策,我个人认为应该在学校开设一些课程,通过学校教育的途径使宝贵的民族文化财富得到保存。但这一措施由谁来执行,怎么执行也还是个问题。目前县教育部门只负责汉语文教育，国家没有相关的政策让他们来抓民族文化教育和少数民族母语教育。民族语文教材缺乏也是一个方面的问题。现阶段我们所掌握的材料有些虽然很珍贵，但无法直接用来对学生进行教学。

我自己作为布依族的一员，觉得保存本民族的语言和文化是非常重要的，布依族的语言非常优美，用布依语唱的民歌更加优美，但眼看着它们慢慢消亡，我感到也很痛心，但又很无奈，因为个人的能力毕竟是有限的。民族文化的保存应该是政府行为。国家应该有相应的政策，相关部门应该制定具体的措施对即将消失的民族语言和文化加以保护。传统文化需要保存下去，国家必须有相关的政策和措施。比如，要推行民—汉双语教学，民族语就必须作为国家各类学校升学考试的科目，或者在升学考试中占一定的比例。少数民族高考的照顾分应该与民族地区中学的双语教学挂钩。如果单设科目有难度的话，可以采用在高考语文试卷中增加民族语试题的办法，按考民族语的实际得分来作为少数民族学生高考的照顾分，这样人们才会有学习民族语文的动力。当然，更详细的措施还需要有关部门作进一步的研究。

（六）贞丰县部分干部谈布依族语言文化

2006年7月17日，中央民族大学国家"985工程"项目——"布依族语言使用情况个案研究"课题组一行10人来到贞丰，对当地布依族语言使用情况、双语教学开展情况以及布依族文化保存情况等进行实地调查。在入村调查之前，为了对该县布依族语言使用与民族传统文化保存的情况有一个全面的了解，课题组在该县政府办公室组织召开了一个小范围的座谈会。座谈会由县政府办公室副主任潘吉汀（布依族）主持，县人大主任韦礼尧（布依族）、县民族宗教局局长黄飞（布依族）、县教育局副局长周玉梅（汉族）等参加了会议。下文内容根据座谈会现场录音整理，并征得与会者本人的同意发表。

1. 县民族宗教局局长黄飞

今天中央民族大学的各位老师和同学到我们贞丰县来调查我们布依族的语言，我作为地方民族工作部门的负责人，同时以一个布依族的身份表示欢迎。今天主要从我个人的角度出发，谈谈自己对布依族语言文字和布依族语言交际功能衰退的情况的一些看法。

布依族有自己的语言，但过去没有文字。1956年，中央民族大学王伟教授等老一辈布依族知识分子创制了布依文，是在拉丁字母的基础上创制的，像汉语拼音一样，有声母、韵母，还有声调符号，但是太复杂，声母、韵母和声调的数量太多，很不好学。当时是以龙里话作为标准音，20世纪80年代后改成望谟复兴镇话，在布依族聚居地区推广过一段时间。20世纪80年代中期，贞丰县民委曾经在县民族中学举办过两期布依文师资培训班。我们县民宗局的韦国英曾经当过布依文教员。20 世纪 90 年代以后，就没有再举办培训班。据我们了解，其他布依族地区也没有办。现在懂布依文的人非常少，只有个别人懂一点，即使我们想办，师资也很困难。20 世纪 80 年代参加培训的学员现在大多都已 40 多岁，培训的老师多数都已六七十岁，有些已经去世。当时不仅办了布依文班，还办了苗文班。

关于布依族语言的使用，随着社会的发展，在交通比较方便、文化相对先进以及离城镇近的地方，汉化程度要高一些，布依族语言衰退的进程要快一些。在贞丰，整个布依族寨子不会说本民族语的是龙场镇的何家寨，目前只有 70 岁以上个别人还会一点布依语，早在 20 世纪 70 年代的时候，当地布依族语言衰退的现象就已经非常明显，在服饰上已经汉化了。在交通不发达的边远地区，布依语保存得要好一些，比如南部的沙坪、鲁容、鲁贡等乡镇，包括生活习俗在内都保存得比较完整。

布依族语言衰退在某种意义上也可以说是社会进步的表现，因为社会开放了，人们与外部的交流频繁了，接触的事物多了，一些人经常出门，离开母语环境，忘掉母语这也是常有的事。比如我们的韦主任，到县城工作多年，现在布依语已经不是十分熟练，如果留在村里当农民，本民族语言使用的情况肯定就大不一样。因此，从某种意义上说，这也是一种进步。

给布依语的使用带来冲击的因素有两个方面：其一，最近几年，随着改革开放的深入，农村剩余劳动力转移，村里的青年人到广东、浙江一带去打工，回来的时间少了，布依族语言在那边也用不上了。由于长期使用汉语，即使回到家，也只有在家跟家人才使用布依语，社交场合则以汉语为主。其二，在校学生主要的教学语言是汉语方言或普通话，国家的各种入学考试，对包括布依族在内的南方少数民族在母语方面没有什么要求，所以对于学生来说，学习民族语言没有任何动力，反而觉得是一种负担。面对高考，学生的学习任务都很重，也就没有时间顾及本民族语言了。因此，我认为，在高考或中考的时候，国家应该对懂本民族语言的考生适当有些照顾政策。别的高校做不到，民族院校对有少数民族母语背景的考生应该适当倾斜，比如在高考照顾分的基础上多加 5—10 分，这样也可以激励少数民族的学生去学习本民族语言，对民族语言的保护也可以起到一定的作用。

要挽救民族语言，应该从整体上来考虑。在搞民族工作的时候，我们也在想，少数民族学生在高考当中到底得到了多少优惠，我觉得应该结合少数民族母语的保护来做一些工作，国家民委、教育部门应该出台一定的政策（注：在北方少数民族地区，有"民考民"的政策），我们搞民族工作到现在也没有看到这样的政策。国家民委在去年的民族工作会议上提出要帮助人口较少的少数民族发展社会经济，布依族人口也不是很多，比壮族、回族少，不是极少，也算比较少的民族，如果不采取一定的措施，将来自然而然的也就消失了。改革开放，社会进步，加之与别的民族通婚，就再也没有布依族了。语言也没有了，服饰也没有了，哪来的布依族呢？现在布依族语言、生活习惯等逐步的汉化，这到底是进步还是倒退，也是值得研究的。

今年省民委下了一个文件，就是要开展双语教学，一个县报一个点，搞试点，我们也在做这个方案。我们把县民族中学作为民族文化、民族语言进校园的一个试点上报给省民委，问题是,到时候谁去读这个班? 少数民族学生也要参加中考、高考,如果民族语言、民族文化在升学考试中派不上用场,学习这些东西对他们来说无疑是增加了负担。还有一个关键的问题是师资从哪里来? 既然是国家搞的双语教学,一切肯定都按正规的程序办事,教材要用王伟副教授他们创制的那套文字来编写。问题是谁来教? 村里的布依族老百姓可以来教,但也只能教语言,教不了文字。这些问题都是很棘手的。

......

布依族的传统文化是很丰富的。布依族的古歌、山歌涉及人们生活的方方面面,语句押韵,朗朗上口,便于记忆。还有民间故事、传说、谚语等都富于教育意义,但现在有些已经失传了。目前在布依族村寨中,能用本民族语言讲述民间故事的人已经不多了。鲁贡、沙坪、鲁容等乡镇的情况要好一些,上半县包括布依族比较集中的岩鱼、必克一带都只有 50 岁以上的人才会用本民族语唱山歌、讲故事。

总的来讲,作为布依族的一员,我对本民族语言文化一天天走向衰微感到很痛心,希望各位前来调查的老师和同学,回到北京以后,能把我们的意见反映给有关部门。

2. 县人大主任韦礼尧

周老师带领中央民族大学的学生到贞丰来考察布依族语言的使用情况,这是一件好事。我们贞丰条件比较艰苦,不像北京那样的大城市条件那么好,同志们要作好吃苦的准备。

贞丰县总人口 35 万多,其中布依族占将近 50%。我本人是布依族,但布依族的语言很多我都不会讲了。贞丰各地布依语口音不一样,上半县(北部)与下半县(南部)有所不同,下半县的布依语与望谟有些接近,布依族的语言相当一部分和汉语有差别(即所谓的倒装句)。布依族有自己的文字,我记得 1956 年创制出了一套文字方案,编写了教材。当时我学了一段时间,懂得不多。我们布依族语言和广西壮族的语言比较接近,跟泰国的泰语有一些也能相通,可以听得懂 30%。所以,布依族语言很有研究价值,要研究出它的内部变化规律,找出统一各地布依语语音的途径,包括黔南、黔西南还有安顺等地区的布依语。你们这次下来对布依族语言进行调查,希望在这方面能尽快出成果。

在语言使用方面,目前面临的问题比较严峻,尤其是在上半县,很多人在日常交际中都改用汉语了,只有沙坪、百层、鲁容、鲁贡这些地方语言保存得比较好,有不少人汉语说得还不是十分流利。年轻人讲话有 30% 的汉语掺杂在里面,有些专业名词不能用布依语表达,只能用汉语。很多年轻人不愿意使用本民族语言,即使家庭有条件学习,他们也不愿学,我女儿就是一个例子,这是一个值得研究的问题。社会文化教育的发展是一件好事,但给民族语言带来的冲击也是很大的。诸位今天下来调查,也希望能把这个问题研究清楚。我们对你们的调查将给予大力的支持。

在过去的 4 年,我们县连续办了四届布依族"六月六"风情节。之所以办这个节,一方面是想促进地方经济的发展,另一方面是想弘扬布依族的民族文化。但从节目的形式和内涵来看,第二个方面效果不是十分理想。很多节目与布依族文化本身相差甚远,有些是想象出来的,并不是布依族自己的东西。我们县的经济还比较落后,过去也曾经在民族文化发掘方面做过一些工作,但是力度不大,效果也不是十分理想。

3. 县政府办公室副主任潘吉汀

我想对布依族谈点个人的看法。这几年的劳务输出对布依族的文化冲击比较大。在改革开放以前,我们布依族山寨到处都可以看见唱山歌、吹木叶、浪哨等布依族风情,还有贞丰县城的"青年街"。改革开放以后,很多布依族青年小学毕业或者初中毕业就到外地打工去了,传统风俗习惯渐渐消失,受到的冲击很大。语言使用方面,贞丰由于是一个布依族杂居县,布依族所占比例相对较低,因此,布依族语言除在村里使用以外,在县城很少使用,不像望谟县城那样,在很多场合还使用布依语。一方面原因可能是经济发展造成的,这到底是一种进步还是倒退,需要进一步研究。我个人认为还是要一分为二地来看这个问题。青年人打工在外不可能说布依语了,只有中老年人在家还说一些,因此,布依族的语言使用也受到了很大的冲击。现在县里面办布依族风情节的主要目的就是吸引人们前来旅游,吸引外商前来开发贞丰。我们今年的布依族风情节开展了一个"千人唱布依古歌"的活动,就是用汉字来记录布依族古歌,然后教大家唱,让各民族了解布依族传统民歌的面貌。

语言方面,生活在农村的目前大多数情况下都还在使用本民族语言,但出来工作的则多数都使用汉语了。我们夫妇俩都是土生土长的布依族,但是在家里都只说汉话,小孩也跟着说汉话,有时候教他说一两句,他还觉得很新奇。

……

布依族现在对外都说汉语,本民族之间有时说布依语,有时说汉语。

现在布依族的生活环境跟以前不一样,以前都是住在比较边远的地区,经济非常落后,但现在比以前有了很大的发展,我以前在四川读书的时候,碰到一些贵州的同学,他们都不说自己是贵州的,而说是四川的。主要原因也就是经济落后,怕人家看不起。布依族原来经济比别的民族落后,政治上也没有形成一套自己的体系,没有建立过自己本民族的政权。没有形成过统一的民族文字,各方面都落后于别人,有时候会产生一种自卑感,在外不敢承认自己是布依族。这几年经济发展了,情况也有所好转。

4. 县教育局副局长周玉梅

我是汉族,对布依族语言和文化没有什么研究,在这里谈一点我个人对布依族语言文化的认识。

跟大家一样,我也感觉到这几年布依族的语言和风俗文化的确存在逐渐衰退的趋势。分布在我们贞丰县南部四个乡镇的布依族,由于他们所处的环境比较闭塞,交通不便,与外界的交流相对要少一些,所以本民族母语文化的氛围要相对的浓郁一些。但在当地的学校,布依语的使用同样也受到很大的限制。学校的教学语言主要是汉语。尽管我们教育部门一再要求，在民族聚居地区的学校，尤其是学前班和小学低年级，要采用当地少数民族语言和汉语进行双语教学。不过，由于学校的老师大多不具备用民族语言教学的能力，实施起来有一定困难。作为教师，用民族语与学生交流，主要是为了便于情感上的沟通，拉近彼此心理上的距离。实际上，跟以前有所不同，近几年，布依族孩子在入学之前就已经具备一定的汉语基础，从贵阳、宁波来贞丰支教的老师，被派到布依族聚居地区的学校，用汉语，甚至用普通话与低年级的学生进行交流，他们都完全听得懂。有可能在布依族家庭或村寨中，现在已经有了汉语交际的氛围，或者在孩子入学之前，家长有意识地作过一些汉语方面的培训。可见，布依族同胞为了他们的后代能够接受良好的教育，也在汉语学习和交际方面采取比较积极主动的态度。我个人认为，这也是顺应社会发展的一种表现。

但另一方面，布依族母语却受到了很大的冲击，正逐步走向衰亡，这并非杞人忧天，如果我们的政府和有关部门不采取措施，将会留下遗憾。在我个人看来，这种冲击主要是社会大环境经济文化的发展所造成的。在南边的几个乡镇，布依语之所以能够得以流行，是由于当地的经济等各方面的发展不是很快，社会还是处于一个相对落后、封闭的状态。一旦经济发展了，融入主流社会的大环境中，必将要受到汉语的影响。因此我觉得，在民族地区采取双语教育的目的不仅仅是为了帮助少数民族孩子学习汉语，更重要的是，在孩子们还具备母语和本民族文化知识的时候，通过母语教育，加深他们对母语和本民族文化的感情。

布依族语言有其赖以生存的土壤和环境，但是为什么不能得到发展呢？我觉得应该对这个问题加以研究，应该研究怎么让布依族语言在其生存的空间内得到发扬光大。我接触的布依族家庭大多生活在县城或本县文化较发达的乡镇，目前能用本民族语进行交流的已经很少。不同地区的布依族说汉语时口音有所不同，我在牛场（北盘江镇）工作时发现当地的布依族说汉语比较流利，没什么"土音"，能区分送气音和不送气音，但是在下方（南部），甚至在贞丰县城附近包括岩鱼、必克，都不能区分。这种现象对他们学习汉语所产生的影响是相当深远的。我以前教中学的时候发现，布依族孩子在写作文的时候常常将"山坡"写成"山波"，通过了解才知道这是受他们的母语发音影响的缘故，虽然努力去帮他们纠正，但母语的影响根深蒂固，不是短时期内能扭转的。希望有关专家对此加以研究，尤其是研究为什么不同地区会有这样的差异。在牛场工作时，我接触过一个村干部，是坡厂村的，是省人大代表，叫梁文秀，我发现她的汉话说得非常漂亮，没有任何布依语的痕迹，后来我再进一步接触发现，那一带的布依族都有这样一个共性。我觉得应该用一个地方的音来统一布依族的语言，我想这样才会有利于布依语的发展。

以上是我个人对布依族语言和文化的一点感受。

二 部分调查点布依族家庭语言使用情况一览表

（一）贞丰县沙坪乡者砍村砍碰一、二组布依族家庭语言使用情况一览表

序号	家庭关系	姓名	年龄(岁)	第一语言水平	第二语言水平	备注
1	户主	罗向益	33	布依语,流利	汉语,流利	
	配偶	潘昌辉	33	布依语,流利	汉语,不会	
	长女	罗正要	10	布依语,流利	汉语,不会	
	次女	罗正劳	8	布依语,流利	汉语,不会	
	长子	罗正云	7	布依语,流利	汉语,不会	
2	户主	罗祖顺	60	布依语,流利	汉语,一般	
	配偶	潘启花	59	布依语,流利	汉语,不会	
	长子	罗向海	28	布依语,流利	汉语,流利	
	儿媳	潘昌芬	24	布依语,流利	汉语,一般	
	次子	罗向才	24	布依语,流利	汉语,流利	
	三子	罗向凯	23	布依语,流利	汉语,流利	
3	户主	罗向忠	46	布依语,流利	汉语,流利	
	配偶	潘昌云	43	布依语,流利	汉语,不会	
	父亲	罗祖仕	67	布依语,流利	汉语,流利	
	长子	罗正兴	25	布依语,流利	汉语,不会	
	儿媳	王归美	24	布依语,流利	汉语,不会	来自尾烈
	长女	罗正秀	18	布依语,流利	汉语,不会	
	次女	罗正英	7	布依语,流利	汉语,不会	
	三女	罗正表	5	布依语,流利	汉语,不会	
	四女	（未命名）	1	布依语,不会	汉语,不会	
4	户主	王品志	39	布依语,流利	汉语,流利	
	配偶	韦正昏	38	布依语,流利	汉语,流利	来自者索
	长子	王文财	12	布依语,流利	汉语,流利	
	次子	王文军	7	布依语,流利	汉语,不会	
5	户主	罗向清	37	布依语,流利	汉语,流利	
	配偶	韦仕边	34	布依语,流利	汉语,流利	
	长子	罗正飞	7	布依语,流利	汉语,不会	
	长女	罗老二	3	布依语,流利	汉语,不会	

6	户主	罗祖贵	62	布依语,流利	汉语,流利	
	配偶	罗丫春	61	布依语,流利	汉语,一般	来自者王
	长子	罗向廷	18	布依语,流利	汉语,流利	
7	户主	罗向伍	38	布依语,流利	汉语,流利	
	配偶	王占英	39	布依语,流利	汉语,流利	来自尾烈
	长女	罗正春	13	布依语,流利	汉语,不会	
	长子	罗正云	11	布依语,流利	汉语,不会	
	次女	罗正林	8	布依语,流利	汉语,不会	
8	户主	罗祖亮	52	布依语,流利	汉语,流利	
	配偶	陆明分	55	布依语,流利	汉语,不会	来自者索
	长子	罗向羊	26	布依语,流利	汉语,流利	
	儿媳	黄玉芬	27	布依语,流利	汉语,不会	来自落东
	次子	罗向毕	24	布依语,流利	汉语,流利	
	儿媳	侬昌英	23	布依语,流利	汉语,不会	
	三子	罗向样	20	布依语,流利	汉语,流利	
	四子	罗向元	17	布依语,流利	汉语,不会	
	长女	罗向秀	14	布依语,流利	汉语,不会	
9	户主	罗祖周	51	布依语,流利	汉语,流利	
	配偶	杨昌分	57	布依语,流利	汉语,不会	来自软麻
	长子	罗向风	17	布依语,流利	汉语,流利	
	长女	罗向笑	5	布依语,流利	汉语,不会	
10	户主	罗祖跃	42	布依语,流利	汉语,流利	
	配偶	侬光英	39	布依语,流利	汉语,不会	来自者索
	长子	罗向飞	12	布依语,流利	汉语,不会	
	长女	罗向悔	14	布依语,流利	汉语,不会	
	次女	罗向笑	8	布依语,流利	汉语,不会	
	次子	罗向尤	5	布依语,流利	汉语,不会	
11	户主	侬光吉	44	布依语,流利	汉语,流利	
	配偶	王占分	44	布依语,流利	汉语,流利	来自尾烈
	长子	侬昌权	26	布依语,流利	汉语,流利	
	儿媳	王仕美	26	布依语,流利	汉语,不会	
	长女	侬昌飞	7	布依语,流利	汉语,不会	
	孙子	侬胜立	2	布依语,简单	汉语,不会	
12	户主	侬光利	41	布依语,流利	汉语,不会	
	配偶	罗向分	38	布依语,流利	汉语,不会	来自尾烈
	长女	侬昌英	22	布依语,流利	汉语,不会	
	次女	侬昌秀	16	布依语,流利	汉语,流利	
	长子	侬昌应	7	布依语,流利	汉语,不会	
13	户主	侬光坪	33	布依语,流利	汉语,流利	
	配偶	陆毕珍	33	布依语,流利	汉语,不会	来自责砍
	长女	侬昌美	12	布依语,流利	汉语,不会	
	次女	侬昌花	9	布依语,流利	汉语,不会	
	三女	侬昌秀	3	布依语,一般	汉语,不会	

14	户主	侬光元	64	布依语，流利	汉语，不会	
	长子	侬昌伍	11	布依语，流利	汉语，不会	
15	户主	罗向坪	50	布依语，流利	汉语，流利	
	配偶	杨足分	44	布依语，流利	汉语，不会	来自顶烘
	长女	罗正美	15	布依语，流利	汉语，流利	
	长子	罗正飞	12	布依语，流利	汉语，不会	
	次女	罗正元	10	布依语，流利	汉语，不会	
	三女	罗正进	5	布依语，流利	汉语，不会	
16	户主	罗向传	38	布依语，流利	汉语，不会	
	母亲	罗丫动	65	布依语，流利	汉语，不会	
	长子	罗正动	16	布依语，流利	汉语，不会	
17	户主	罗向正	40	布依语，流利	汉语，流利	
	配偶	韦正英	40	布依语，流利	汉语，不会	来自者索
	长子	罗正奎	12	布依语，流利	汉语，不会	
	长女	罗正英	10	布依语，流利	汉语，不会	
18	户主	罗向超	34	布依语，流利	汉语，流利	
	配偶	岑仕英	36	布依语，流利	汉语，不会	来自尼罗
	母亲	王尚分	62	布依语，流利	汉语，不会	
	长子	罗正书	10	布依语，流利	汉语，不会	
	长女	罗正花	9	布依语，流利	汉语，不会	
19	户主	罗向光	45	布依语，流利	汉语，不会	
	配偶	毛正分	37	布依语，流利	汉语，不会	
	长子	罗正权	13	布依语，流利	汉语，不会	
	长女	罗正香	10	布依语，流利	汉语，不会	
20	户主	罗向华	53	布依语，流利	汉语，流利	
	配偶	侬昌秀	52	布依语，流利	汉语，流利	来自沙坪
	长子	罗正清	28	布依语，流利	汉语，流利	
	次子	罗正安	22	布依语，流利	汉语，流利	
	三子	罗正友	19	布依语，流利	汉语，流利	
	长女	罗正悔	13	布依语，流利	汉语，流利	
21	户主	罗正伦	40	布依语，流利	汉语，流利	
	配偶	潘启友	39	布依语，流利	汉语，流利	
	长子	罗祖元	20	布依语，流利	汉语，流利	在校生
	长女	罗祖英	15	布依语，流利	汉语，流利	
	次子	罗祖祥	13	布依语，流利	汉语，流利	
22	户主	罗正向	36	布依语，流利	汉语，流利	
	配偶	王归友	35	布依语，流利	汉语，不会	来自尾烈
	长子	罗祖连	13	布依语，流利	汉语，流利	
	长女	罗服笑	10	布依语，流利	汉语，不会	
23	户主	罗正财	31	布依语，流利	汉语，不会	
	配偶	潘昌情	32	布依语，流利	汉语，流利	
	长子	罗祖进	9	布依语，流利	汉语，不会	
	长女	罗祖分	5	布依语，流利	汉语，不会	

24	户主	罗正兵	31	布依语,流利	汉语,流利	
	配偶	潘昌秀	31	布依语,流利	汉语,不会	
	长女	罗服美	9	布依语,流利	汉语,不会	
	长子	罗服权	4	布依语,流利	汉语,不会	
25	户主	罗正洪	36	布依语,流利	汉语,流利	
	配偶	毛文化	38	布依语,流利	汉语,不会	来自顶烘
	长女	罗祖秀	12	布依语,流利	汉语,不会	
	次女	罗祖分	7	布依语,流利	汉语,不会	
	长子	罗祖兵	6	布依语,流利	汉语,不会	
26	户主	罗正泽	38	布依语,流利	汉语,流利	
	配偶	侬昌分	38	布依语,流利	汉语,流利	来自顶烘
	长子	罗服权	13	布依语,流利	汉语,流利	
	长女	罗服秀	9	布依语,流利	汉语,不会	
27	户主	王先周	63	布依语,流利	汉语,流利	
	配偶	潘启祥	60	布依语,流利	汉语,不会	
	长子	王品成	28	布依语,流利	汉语,流利	
	儿媳	罗向生	28	布依语,流利	汉语,流利	
	孙子	王　标	6	布依语,流利	汉语,不会	
	孙女	(未命名)	1	布依语,不会	汉语,不会	
28	户主	罗向周	68	布依语,流利	汉语,不会	
	长子	罗正祥	26	布依语,流利	汉语,流利	
	儿媳	潘昌边	27	布依语,流利	汉语,不会	
	长孙	罗老大	2	布依语,简单	汉语,不会	
	次孙	(未命名)	1	布依语,不会	汉语,不会	
29	户主	侬乜弄	60	布依语,流利	汉语,不会	
	儿媳	潘昌分	30	布依语,流利	汉语,不会	
	长孙女	侬昌和	10	布依语,流利	汉语,流利	
	次孙女	侬昌划	9	布依语,流利	汉语,不会	
	三孙女	侬昌情	9	布依语,流利	汉语,不会	
	孙子	侬昌信	3	布依语,一般	汉语,不会	
30	户主	罗向明	42	布依语,流利	汉语,流利	
	配偶	杨国英	42	布依语,流利	汉语,不会	来自大寨
	叔叔	罗祖义	45	布依语,流利	汉语,不会	
	长子	罗正荣	16	布依语,流利	汉语,流利	
	长女	罗正美	13	布依语,流利	汉语,流利	
31	户主	侬丫兴	71	布依语,流利	汉语,不会	来自尾烈
32	户主	潘启国	53	布依语,流利	汉语,流利	
	配偶	王正秀	52	布依语,流利	汉语,不会	来自者索
	长子	潘昌云	30	布依语,流利	汉语,流利	
	儿媳	罗正香	29	布依语,流利	汉语,流利	
	次子	潘昌兴	24	布依语,流利	汉语,流利	
	儿媳	王明秀	23	布依语,流利	汉语,流利	
	三子	潘昌志	19	布依语,流利	汉语,流利	
	孙女	潘老大	4	布依语,流利	汉语,流利	

33	户主	潘启孝	45	布依语,流利	汉语,流利	
	配偶	韦茂情	49	布依语,流利	汉语,不会	来自尾烈
	长子	潘昌海	21	布依语,流利	汉语,流利	
	长女	潘昌敏	18	布依语,流利	汉语,流利	
34	户主	罗向泽	43	布依语,流利	汉语,流利	
	配偶	潘昌美	42	布依语,流利	汉语,流利	
	长女	罗手春	17	布依语,流利	汉语,不会	
	长子	罗手标	14	布依语,流利	汉语,不会	
	次子	罗手江	13	布依语,流利	汉语,不会	
	三子	罗手令	9	布依语,流利	汉语,不会	
	四子	罗手在	8	布依语,流利	汉语,不会	
35	户主	罗向云	46	布依语,流利	汉语,流利	
	长子	罗首见	24	布依语,流利	汉语,流利	
	儿媳	王仕英	23	布依语,流利	汉语,流利	
	次子	罗首华	21	布依语,流利	汉语,流利	
	三子	罗首怀	19	布依语,流利	汉语,流利	
	四子	罗首报	18	布依语,流利	汉语,不会	
36	户主	罗向荣	47	布依语,流利	汉语,流利	
	配偶	王成英	46	布依语,流利	汉语,流利	来自落东
	长子	罗正亮	15	布依语,流利	汉语,不会	
	长女	罗正春	11	布依语,流利	汉语,流利	
	次子	罗正元	9	布依语,流利	汉语,流利	
37	户主	罗向伦	34	布依语,流利	汉语,流利	
	配偶	潘昌化	34	布依语,流利	汉语,不会	
	母亲	罗丫麻	72	布依语,流利	汉语,不会	
	长女	罗正英	11	布依语,流利	汉语,不会	
	次女	罗正分	9	布依语,流利	汉语,不会	
	三女	罗手相	6	布依语,流利	汉语,不会	
38	户主	潘昌周	32	布依语,流利	汉语,流利	
	配偶	罗正元	33	布依语,流利	汉语,流利	
	长子	潘元林	9	布依语,流利	汉语,不会	
	长女	潘元美	6	布依语,流利	汉语,不会	
39	户主	潘昌利	36	布依语,流利	汉语,流利	
	配偶	韦坤芬	35	布依语,流利	汉语,流利	
	弟弟	潘昌华	35	布依语,流利	汉语,流利	
	弟媳	董琴	26	布依语,流利	汉语,流利	
	长子	潘元成	13	布依语,流利	汉语,不会	
	长女	潘元粉	9	布依语,流利	汉语,不会	
	次女	潘元分	8	布依语,流利	汉语,不会	
40	户主	潘昌明	39	布依语,流利	汉语,流利	
	配偶	罗首英	37	布依语,流利	汉语,不会	

41	户主	潘昌伍	41	布依语,流利	汉语,流利	
	配偶	潘乜刀	42	布依语,流利	汉语,不会	来自里弄
	父亲	潘启生	76	布依语,流利	汉语,不会	
	长子	潘元云	13	布依语,流利	汉语,不会	
	长女	潘元引	10	布依语,流利	汉语,不会	
	次女	潘元分	7	布依语,流利	汉语,不会	
42	户主	潘昌文	46	布依语,流利	汉语,流利	
	配偶	韦仕分	45	布依语,流利	汉语,不会	来自者索
	长子	潘元兵	20	布依语,流利	汉语,不会	
	长女	潘元花	14	布依语,流利	汉语,不会	
	次子	潘元学	10	布依语,流利	汉语,流利	
	三子	潘元和	8	布依语,流利	汉语,不会	
43	户主	黄正云	42	布依语,流利	汉语,流利	
	配偶	罗祖分	44	布依语,流利	汉语,流利	
	哥哥	黄正安	46	布依语,流利	汉语,流利	
	长子	黄如男	15	布依语,流利	汉语,流利	
	次子	黄如香	10	布依语,流利	汉语,不会	
44	户主	黄正兴	56	布依语,流利	汉语,不会	
	配偶	韦永英	50	布依语,流利	汉语,不会	来自尼罗
	母亲	黄丫引	83	布依语,流利	汉语,不会	
	长子	黄如进	1	布依语,不会	汉语,不会	
	长女	黄如粉	8	布依语,流利	汉语,不会	
45	户主	罗向权	35	布依语,流利	汉语,流利	
	配偶	王国分	34	布依语,流利	汉语,流利	
	长女	罗正满	11	布依语,流利	汉语,不会	
	次女	罗正应	6	布依语,流利	汉语,不会	
	三女	罗正芬	5	布依语,流利	汉语,不会	
46	户主	罗祖伦	66	布依语,流利	汉语,流利	
	配偶	毛文会	63	布依语,流利	汉语,不会	
	长子	罗向朝	32	布依语,流利	汉语,流利	
	长女	罗向秀	23	布依语,流利	汉语,流利	
47	户主	潘启尚	42	布依语,流利	汉语,流利	
	配偶	侬昌英	40	布依语,流利	汉语,流利	来自者要
	长女	潘昌分	18	布依语,流利	汉语,流利	
	次女	潘昌化	13	布依语,流利	汉语,不会	
	三女	潘昌成	11	布依语,流利	汉语,不会	
	四女	潘昌美	9	布依语,流利	汉语,流利	
	五女	潘昌傍	6	布依语,流利	汉语,不会	
48	户主	王先吉	45	布依语,流利	汉语,流利	
	配偶	韦天会	42	布依语,流利	汉语,流利	来自纳坪
	长女	王兵艳	19	布依语,流利	汉语,流利	
	长子	王兵用	15	布依语,流利	汉语,流利	
	次女	王兵飞	7	布依语,流利	汉语,不会	

49	户主	潘昌回	30	布依语,流利	汉语,不会	
	配偶	罗向美	28	布依语,流利	汉语,流利	
	母亲	潘丫东	64	布依语,流利	汉语,不会	
	弟弟	潘昌平	25	布依语,流利	汉语,流利	
	长子	潘元东	9	布依语,流利	汉语,流利	
	次子	潘元丰	4	布依语,流利	汉语,不会	
50	户主	罗向连	58	布依语,流利	汉语,流利	
	长女	罗正生	24	布依语,流利	汉语,不会	
51	户主	潘昌忠	31	布依语,流利	汉语,流利	
	配偶	杨胜英	26	布依语,流利	汉语,不会	来自尾烈
	母亲	陆正笑	60	布依语,流利	汉语,流利	
	弟弟	潘昌权	22	布依语,流利	汉语,不会	
	长子	潘元飞	2	布依语,简单	汉语,不会	
	次子	（未命名）	1	布依语,不会	汉语,不会	
52	户主	罗向情	51	布依语,流利	汉语,流利	
	配偶	韦正学	53	布依语,流利	汉语,流利	来自者鹰
	长女	罗正秀	22	布依语,流利	汉语,流利	
	长子	罗正标	20	布依语,流利	汉语,流利	
53	户主	罗祖恒	56	布依语,流利	汉语,流利	
	配偶	韦学正	58	布依语,流利	汉语,不会	来自尾烈
	长子	罗向访	24	布依语,流利	汉语,流利	
	长女	罗向珍	21	布依语,流利	汉语,流利	
54	户主	罗向奎	35	布依语,流利	汉语,流利	
	配偶	韦向春	36	布依语,流利	汉语,不会	来自者索
	长女	罗正情	12	布依语,流利	汉语,不会	
	次女	罗正飞	7	布依语,流利	汉语,不会	
	长子	罗正车	6	布依语,流利	汉语,不会	
55	户主	罗向进	32	布依语,流利	汉语,流利	
	配偶	杨正粉	31	布依语,流利	汉语,不会	
	母亲	罗丫冷	72	布依语,流利	汉语,不会	
	长子	罗正江	8	布依语,流利	汉语,不会	
	次子	罗正先	4	布依语,流利	汉语,不会	
56	户主	罗向立	40	布依语,流利	汉语,流利	
	配偶	王兴化	40	布依语,流利	汉语,不会	
	长女	罗正应	19	布依语,流利	汉语,流利	
	次女	罗正成	14	布依语,流利	汉语,不会	
	长子	罗正权	11	布依语,流利	汉语,不会	
	三女	罗正香	9	布依语,流利	汉语,不会	来自尾俄
57	户主	罗正开	28	布依语,流利	汉语,流利	
	配偶	毛明化	26	布依语,流利	汉语,流利	
	父亲	罗向国	54	布依语,流利	汉语,流利	
	母亲	杨廷笑	55	布依语,流利	汉语,流利	来自沙坪
	弟弟	罗正周	25	布依语,流利	汉语,流利	

	弟弟	罗正生	23	布依语,流利	汉语,流利	
	妹妹	罗正连	21	布依语,流利	汉语,不会	
	弟弟	罗正飞	19	布依语,流利	汉语,不会	
	长女	罗福英	7	布依语,流利	汉语,不会	
	长子	(未命名)	1	布依语,不会	汉语,不会	
58	户主	侬昌田	40	布依语,流利	汉语,流利	
	配偶	毛文分	39	布依语,流利	汉语,不会	来自顶烘
	母亲	侬丫标	59	布依语,流利	汉语,流利	来自落东
	长女	侬胜花	13	布依语,流利	汉语,不会	
	长子	侬胜国	15	布依语,流利	汉语,流利	
	次子	侬胜光	11	布依语,流利	汉语,流利	
59	户主	黄正兵	55	布依语,流利	汉语,流利	
	长子	黄如伍	21	布依语,流利	汉语,流利	
	长女	黄如英	19	布依语,流利	汉语,流利	
60	户主	侬光林	57	布依语,流利	汉语,流利	
	配偶	陆明芬	55	布依语,流利	汉语,不会	来自者索
	长子	侬昌录	26	布依语,流利	汉语,流利	
	儿媳	罗向美	28	布依语,流利	汉语,不会	
	长女	侬昌英	21	布依语,流利	汉语,不会	
	孙子	侬胜坤	2	布依语,简单	汉语,不会	
61	户主	罗正杰	36	布依语,流利	汉语,流利	
	配偶	潘启化	36	布依语,流利	汉语,不会	
	父亲	罗向仕	62	布依语,流利	汉语,流利	
	妹妹	罗正秀	20	布依语,流利	汉语,流利	
	长子	罗服兵	5	布依语,流利	汉语,不会	
	长女	罗服忧	7	布依语,流利	汉语,不会	
62	户主	潘启仕	65	布依语,流利	汉语,流利	
	长子	潘昌应	24	布依语,流利	汉语,不会	
	儿媳	罗向兴	23	布依语,流利	汉语,流利	
	孙子	(未命名)	1	布依语,不会	汉语,不会	
63	户主	梁正国	51	布依语,流利	汉语,流利	
	配偶	王仕毕	46	布依语,流利	汉语,流利	
	长子	梁光祥	24	布依语,流利	汉语,流利	
	长女	梁光芬	20	布依语,流利	汉语,流利	
	次女	梁光梅	15	布依语,流利	汉语,流利	
64	户主	潘启绕	59	布依语,流利	汉语,流利	
	配偶	王学芬	62	布依语,流利	汉语,不会	
	长女	潘昌春	23	布依语,流利	汉语,流利	
	长子	潘昌会	19	布依语,流利	汉语,流利	
	次子	潘昌贵	18	布依语,流利	汉语,流利	
65	户主	潘启仁	33	布依语,流利	汉语,流利	
	配偶	陆毕分	34	布依语,流利	汉语,流利	
	父亲	潘文福	71	布依语,流利	汉语,流利	

	母亲	罗祖应	72	布依语,流利	汉语,不会	
	长女	潘昌分	12	布依语,流利	汉语,不会	
	次女	潘昌望	10	布依语,流利	汉语,不会	
	长子	潘昌义	6	布依语,流利	汉语,不会	
66	户主	潘启恒	50	布依语,流利	汉语,流利	
	配偶	王仕分	46	布依语,流利	汉语,流利	
	母亲	王甫良	77	布依语,流利	汉语,不会	
	长子	潘昌益	25	布依语,流利	汉语,流利	
	儿媳	岑方分	24	布依语,流利	汉语,流利	来自者索
	次子	潘昌吉	25	布依语,流利	汉语,流利	
	儿媳	罗正芬	22	布依语,流利	汉语,流利	
	三子	潘昌令	24	布依语,流利	汉语,流利	
	长女	潘昌英	17	布依语,流利	汉语,不会	
	孙子	(未命名)	1	布依语,不会	汉语,不会	
67	户主	潘启会	53	布依语,流利	汉语,流利	
	长子	潘昌龙	29	布依语,流利	汉语,流利	
	儿媳	罗向情	25	布依语,流利	汉语,不会	
	次子	潘昌留	25	布依语,流利	汉语,流利	
	儿媳	杨 敏	23	布依语,流利	汉语,流利	
	三子	潘昌奎	22	布依语,流利	汉语,流利	
	孙子	潘元修	1	布依语,不会	汉语,不会	
68	户主	罗向元	33	布依语,流利	汉语,流利	
	配偶	韦帮花	32	布依语,流利	汉语,流利	来自者索
	父亲	罗祖兵	58	布依语,流利	汉语,流利	
	母亲	潘文英	58	布依语,流利	汉语,不会	
	妹妹	罗向兴	18	布依语,流利	汉语,流利	
	长女	罗向翁	7	布依语,流利	汉语,不会	
	长子	罗正坤	3	布依语,一般	汉语,不会	
69	户主	毛正文	48	布依语,流利	汉语,流利	
	配偶	黄国分	46	布依语,流利	汉语,不会	
	长子	毛光周	24	布依语,流利	汉语,流利	
	儿媳	潘元刀	23	布依语,流利	汉语,不会	
	次子	毛光明	20	布依语,流利	汉语,不会	
	三子	毛光权	14	布依语,流利	汉语,不会	
	孙子	毛老大	2	布依语,简单	汉语,不会	
70	户主	王仕坪	16	布依语,流利	汉语,流利	
	母亲	罗祖分	43	布依语,流利	汉语,不会	
	弟弟	王仕华	15	布依语,流利	汉语,不会	
71	户主	罗向合	32	布依语,流利	汉语,流利	
	配偶	侬昌边	31	布依语,流利	汉语,不会	
	父亲	罗祖福	59	布依语,流利	汉语,流利	
	母亲	陆仕海	58	布依语,流利	汉语,不会	
	妹妹	罗向分	26	布依语,流利	汉语,流利	

	长子	罗正挽	9	布依语,流利	汉语,不会	
	长女	罗正芬	5	布依语,流利	汉语,不会	
72	户主	毛正东	49	布依语,流利	汉语,流利	
	配偶	韦安分	48	布依语,流利	汉语,不会	来自者索
	长子	毛光洪	21	布依语,流利	汉语,流利	
	长女	毛光英	15	布依语,流利	汉语,不会	
	次女	毛光丽	12	布依语,流利	汉语,不会	
73	户主	毛正礼	47	布依语,流利	汉语,流利	
	配偶	侬昌平	43	布依语,流利	汉语,不会	来自者要
	母亲	王榜顺	80	布依语,流利	汉语,不会	来自尾烈
	长子	毛光学	17	布依语,流利	汉语,流利	
	次子	毛光生	12	布依语,流利	汉语,流利	
74	户主	毛正连	42	布依语,流利	汉语,流利	
	配偶	陆正美	41	布依语,流利	汉语,不会	来自大寨
	母亲	韦正开	69	布依语,流利	汉语,不会	来自者索
	长子	毛光应	15	布依语,流利	汉语,不会	
	次子	毛光进	9	布依语,流利	汉语,不会	
75	户主	毛正标	37	布依语,流利	汉语,流利	
	配偶	韦仕学	39	布依语,流利	汉语,流利	来自沙坪
	长子	毛光应	6	布依语,流利	汉语,不会	
	次子	（未命名）	1	布依语,不会	汉语,不会	
76	户主	潘昌荣	38	布依语,流利	汉语,流利	
	配偶	毛正香	37	布依语,流利	汉语,不会	
	弟弟	潘昌国	30	布依语,流利	汉语,流利	
	弟媳	罗 艳	24	布依语,流利	汉语,流利	
	长子	潘元春	14	布依语,流利	汉语,流利	
	次子	潘元吉	13	布依语,流利	汉语,不会	
	三子	潘元江	11	布依语,流利	汉语,不会	
	长女	潘元连	9	布依语,流利	汉语,不会	
77	户主	王学明	46	布依语,流利	汉语,流利	
	配偶	陆启秀	46	布依语,流利	汉语,不会	
	长子	王仕由	17	布依语,流利	汉语,不会	
	长女	王仕英	13	布依语,流利	汉语,不会	
	次女	王仕分	10	布依语,流利	汉语,不会	
	次子	王仕用	4	布依语,流利	汉语,不会	
78	户主	罗向席	35	布依语,流利	汉语,流利	
	配偶	潘启美	36	布依语,流利	汉语,流利	
	母亲	罗祖辉	59	布依语,流利	汉语,不会	
	长子	罗正明	13	布依语,流利	汉语,不会	
	长女	罗正分	8	布依语,流利	汉语,不会	
79	户主	罗祖国	55	布依语,流利	汉语,流利	
	长子	罗向章	27	布依语,流利	汉语,流利	
	次子	罗向伟	24	布依语,流利	汉语,流利	
	长女	罗向美	22	布依语,流利	汉语,不会	

80	户主	王学才	41	布依语,流利	汉语,流利	
	配偶	杨廷劳	42	布依语,流利	汉语,不会	来自顶烘
	长女	王仕秀	8	布依语,流利	汉语,不会	
	次女	王仕春	7	布依语,流利	汉语,不会	
81	户主	王学伦	31	布依语,流利	汉语,流利	
	配偶	潘昌花	28	布依语,流利	汉语,不会	
	父亲	王甫光	73	布依语,流利	汉语,不会	
	母亲	罗祖英	72	布依语,流利	汉语,不会	
	长女	王仕化	3	布依语,一般	汉语,不会	
	次女	王仕秀	1	布依语,不会	汉语,不会	
82	户主	潘昌明	28	布依语,流利	汉语,流利	
	配偶	岑发艳	26	布依语,流利	汉语,流利	来自遵义
	父亲	潘启德	67	布依语,流利	汉语,流利	
	母亲	岑方圆	67	布依语,流利	汉语,流利	来自罗六
	弟弟	潘昌用	25	布依语,流利	汉语,流利	
	弟媳	杨昌芬	26	布依语,流利	汉语,流利	来自尾烈
	长子	潘元伦	7	布依语,流利	汉语,不会	
	次子	潘老二	2	布依语,不会	汉语,不会	
	三子	(未命名)	1	布依语,流利	汉语,不会	
83	户主	王仕立	16	布依语,流利	汉语,不会	
	母亲	潘启化	55	布依语,流利	汉语,不会	
	姐姐	王仕化	24	布依语,流利	汉语,不会	
	姐姐	王仕兼	20	布依语,流利	汉语,不会	
84	户主	王学云	44	布依语,流利	汉语,流利	
	配偶	韦正春	43	布依语,流利	汉语,不会	来自者索
	长子	王仕专	20	布依语,流利	汉语,流利	
	长女	王仕英	16	布依语,流利	汉语,不会	
	次女	王仕美	15	布依语,流利	汉语,不会	
	次子	王仕海	11	布依语,流利	汉语,流利	
	三女	王仕劳	9	布依语,流利	汉语,不会	
85	户主	罗祖文	58	布依语,流利	汉语,流利	
	配偶	王仕秀	56	布依语,流利	汉语,流利	来自落东
	长子	罗向巧	27	布依语,流利	汉语,不会	
	长女	罗向别	25	布依语,流利	汉语,不会	
	次子	罗向丰	22	布依语,流利	汉语,流利	
86	户主	罗祖华	64	布依语,流利	汉语,流利	
	配偶	潘启向	66	布依语,流利	汉语,不会	
	长子	罗强	30	布依语,流利	汉语,流利	
	儿媳	潘昌分	26	布依语,流利	汉语,流利	
	孙子	罗正习	2	布依语,简单	汉语,不会	

87	户主	罗向礼	47	布依语,流利	汉语,流利	
	配偶	王榜美	45	布依语,流利	汉语,不会	来自板昌
	长子	罗正江	24	布依语,流利	汉语,流利	
	次子	罗正用	20	布依语,流利	汉语,流利	
	长女	罗正敏	14	布依语,流利	汉语,不会	
	三子	罗正难	13	布依语,流利	汉语,流利	
88	户主	罗向林	33	布依语,流利	汉语,流利	
	配偶	潘光美	33	布依语,流利	汉语,流利	来自沙坪
	长女	罗正风	9	布依语,流利	汉语,不会	
	次女	罗正分	6	布依语,流利	汉语,不会	
89	户主	罗向录	40	布依语,流利	汉语,流利	
	配偶	潘昌春	39	布依语,流利	汉语,流利	
	母亲	罗祖化	68	布依语,流利	汉语,不会	
	长女	罗首回	16	布依语,流利	汉语,流利	
	次女	罗首英	14	布依语,流利	汉语,流利	
	三女	罗首美	11	布依语,流利	汉语,不会	
	四女	罗首分	9	布依语,流利	汉语,流利	
	五女	罗 丽	6	布依语,流利	汉语,不会	
90	户主	罗向友	38	布依语,流利	汉语,流利	
	配偶	韦安化	45	布依语,流利	汉语,不会	来自者索
	母亲	潘启良	64	布依语,流利	汉语,不会	
	哥哥	罗向推	39	布依语,流利	汉语,不会	
	长子	罗正海	15	布依语,流利	汉语,流利	
	长女	罗正在	11	布依语,流利	汉语,不会	
	次女	罗正怎	9	布依语,流利	汉语,不会	
91	户主	王仕元	32	布依语,流利	汉语,流利	
	配偶	陆毕花	31	布依语,流利	汉语,不会	
	父亲	王学忠	54	布依语,流利	汉语,流利	
	母亲	杨胜花	56	布依语,流利	汉语,不会	
	弟弟	王仕云	20	布依语,流利	汉语,流利	
	长子	王正克	9	布依语,流利	汉语,流利	
	次子	(未命名)	1	布依语,不会	汉语,不会	
92	户主	吴通文	50	布依语,流利	汉语,流利	
	配偶	岑忠秀	48	布依语,流利	汉语,不会	来自尼罗
	长子	王仕高	21	布依语,流利	汉语,流利	
93	户主	潘启学	65	布依语,流利	汉语,流利	
	配偶	韦仕琴	67	布依语,流利	汉语,流利	来自沙坪
	长女	潘昌美	23	布依语,流利	汉语,流利	
	长子	潘昌念	13	布依语,流利	汉语,不会	
94	户主	王学兵	50	布依语,流利	汉语,流利	
	长女	王仕分	28	布依语,流利	汉语,流利	
	女婿	毛光元	27	布依语,流利	汉语,流利	
	外孙	毛 万	2	布依语,不会	汉语,不会	

（二）镇宁县扁担山乡四子寨村一组布依族
家庭语言使用情况一览表

序号	家庭关系	姓名	年龄（岁）	第一语言水平	第二语言水平	备注
1	户主	韦连刚	32	布依语，流利	汉语，流利	
	配偶	伍平	32	布依语，流利	汉语，流利	
	母亲	韦兴芳	57	布依语，流利	汉语，流利	
	长子	韦勇	10	布依语，流利	汉语，不会	
	长女	韦颖	8	布依语，流利	汉语，不会	
2	户主	韦连金	42	布依语，流利	汉语，流利	
	配偶	罗芳	43	布依语，流利	汉语，流利	
	长子	韦威	8	布依语，流利	汉语，简单	
	次子	韦维	5	布依语，流利	汉语，不会	
	三子	韦明	3	布依语，流利	汉语，不会	
3	户主	罗开祥	63	布依语，流利	汉语，流利	
	长子	罗正荣	33	布依语，流利	汉语，流利	
	次子	罗荣中	23	布依语，一般	汉语，流利	讲普通话
4	户主	罗开山	48	布依语，流利	汉语，流利	
	配偶	李洪元	45	布依语，流利	汉语，一般	
	父亲	罗国尧	90	布依语，流利	汉语，一般	
	长子	罗正春	20	布依语，流利	汉语，流利	
	次子	罗正美	18	布依语，流利	汉语，流利	
5	户主	罗开学	60	布依语，流利	汉语，流利	
	配偶	伍龙芹	61	布依语，流利	汉语，简单	
	长子	罗正标	25	布依语，流利	汉语，流利	
	儿媳	卢妹春	27	布依语，流利	汉语，流利	
6	户主	罗朝耕	41	布依语，流利	汉语，流利	
	配偶	伍登芹	40	布依语，流利	汉语，流利	
	长女	罗吉丽	17	布依语，流利	汉语，流利	在校生
	次女	罗妹庆	16	布依语，流利	汉语，流利	在校生
	三女	罗妹多	12	布依语，流利	汉语，流利	在校生
7	户主	罗朝龙	55	布依语，流利	汉语，流利	
	配偶	卢妹快	57	布依语，流利	汉语，不会	
	长女	罗艳	21	布依语，流利	汉语，流利	在校生
	长子	罗奖	19	布依语，流利	汉语，流利	
	次女	罗娜	17	布依语，流利	汉语，流利	在校生
8	户主	韦国华	44	布依语，流利	汉语，流利	
	配偶	伍玉珍	42	布依语，流利	汉语，一般	

	侄女	韦连凤	30	布依语,流利	汉语,流利	
	侄女	韦连娥	26	布依语,流利	汉语,流利	
	长子	韦连江	19	布依语,流利	汉语,流利	
	次子	韦连辉	16	布依语,流利	汉语,流利	
9	户主	罗朝金	54	布依语,流利	汉语,一般	
	配偶	韦妹木	52	布依语,流利	汉语,简单	
	长子	韦小兵	23	布依语,流利	汉语,流利	
	长女	罗妹珍	18	布依语,流利	汉语,流利	
10	户主	韦连庆	28	布依语,流利	汉语,流利	
	配偶	伍芹芬	29	布依语,流利	汉语,流利	
	长子	韦升亭	8	布依语,流利	汉语,简单	
11	户主	韦国兴	56	布依语,流利	汉语,流利	
	配偶	王文英	58	布依语,流利	汉语,简单	
	长女	韦连芬	34	布依语,流利	汉语,流利	
	次女	韦连英	27	布依语,流利	汉语,流利	
	三女	韦连玲	22	布依语,流利	汉语,流利	
	四女	韦连艳	16	布依语,流利	汉语,流利	
	五女	韦彦	12	布依语,流利	汉语,流利	
12	户主	罗国盾	55	布依语,流利	汉语,流利	
	配偶	卢英	56	布依语,流利	汉语,不会	来自六枝下长寨
	长女	罗妹弯	19	布依语,流利	汉语,流利	
	长子	罗开堂	17	布依语,流利	汉语,流利	
	次子	罗开满	15	布依语,流利	汉语,流利	
13	户主	罗海	29	布依谱,流利	汉语,流利	
	配偶	王艳	28	布依语,流利	汉语,流利	来自本乡小抵拱
	父亲	罗朝动	71	布依语,流利	汉语,一般	
14	户主	罗正明	26	布依语,流利	汉语,流利	
	配偶	马文英	27	布依语,流利	汉语,流利	
	长子	罗大胜	8	布依语,流利	汉语,一般	在校生
	次子	罗大茂	7	布依语,流利	汉语,简单	在校生
15	户主	罗开仁	(已故)	布依语,流利	汉语,流利	
	配偶	伍瑞珍	54	布依语,流利	汉语,简单	来自关岭坝又
	长女	罗正院	25	布依语,流利	汉语,流利	
	次女	罗正千	21	布依语,流利	汉语,流利	
16	户主	罗立	37	布依语,流利	汉语,流利	
	配偶	韦奇	35	布依语,流利	汉语,流利	来自本乡孔马
	母亲	罗伍氏	77	布依语,流利	汉语,不会	
	长子	罗正芬	10	布依语,流利	汉语,流利	
17	户主	罗正应	38	布依语,流利	汉语,流利	
	配偶	韦永芬	37	布依语,流利	汉语,一般	来自关岭落峰
	长子	罗大文	16	布依语,流利	汉语,流利	
	次子	罗大爽	15	布依语,流利	汉语,一般	

	户主	罗　维	30	布依语,流利	汉语,流利	
	配偶	王重英	30	布依语,流利	汉语,一般	来自关岭翁寨
18	祖母	罗兰辉	85	布依语,流利	汉语,不会	
	长子	罗东玺	7	布依语,流利	汉语,简单	在校生
	次子	罗　楚	3	布依语,一般	汉语,不会	
19	户主	罗吉志	54	布依语,流利	汉语,流利	
	配偶	伍大妹	56	布依语,流利	汉语,不会	来自本乡关口
20	户主	罗正兴	30	布依语,流利	汉语,流利	
	配偶	李妹朴	31	布依语,流利	汉语,一般	来自镇宁城关
	长子	罗家兴	6	布依语,流利	汉语,简单	在校生
	次子	罗家豪	1	布依语,不会	汉语,不会	
21	户主	罗开贵	56	布依语,流利	汉语,流利	
	配偶	伍龙生	58	布依语,流利	汉语,一般	来自关岭大寨
	长子	罗正刚	35	布依语,流利	汉语,一般	
	次子	罗正户	31	布依语,流利	汉语,流利	
	三子	罗正海	25	布依语,流利	汉语,流利	
	长女	罗正艳	24	布依语,流利	汉语,流利	
22	户主	罗正明	37	布依语,流利	汉语,流利	
	配偶	王　珍	39	布依语,流利	汉语,流利	来自革老坟
	母亲	罗伍氏	72	布依语,流利	汉语,不会	来自关岭翁寨
	长子	罗大泽	13	布依语,流利	汉语,流利	在校生
	次子	罗大波	11	布依语,流利	汉语,流利	在校生
23	户主	罗正立	28	布依语,流利	汉语,流利	
	配偶	伍妹芬	28	布依语,流利	汉语,流利	
24	户主	罗　肖	41	布依语,流利	汉语,流利	
	配偶	伍应芬	40	布依语,流利	汉语,流利	
	长女	罗　欢	12	布依语,流利	汉语,流利	在校生
	长子	罗大丰	8	布依语,流利	汉语,一般	在校生
25	户主	罗正芳	37	布依语,流利	汉语,流利	
	配偶	王七妹	37	布依语,流利	汉语,流利	来自本乡下洞
	长子	罗大广	16	布依语,流利	汉语,流利	
	长女	罗　霞	11	布依语,流利	汉语,流利	
26	户主	伍兴芬	68	布依语,流利	汉语,一般	来自本乡坡孝村
	配偶	韦国孝	68	布依语,流利	汉语,流利	
27	户主	罗正宽	26	布依语,流利	汉语,流利	
	配偶	陈正春	25	布依语,流利	汉语,流利	
	长子	罗大卫	6	布依语,流利	汉语,一般	在校生
28	户主	罗开兵	65	布依语,流利	汉语,流利	
	配偶	韦国凡	64	布依语,流利	汉语,简单	
29	户主	罗正朝	37	布依语,流利	汉语,流利	
	配偶	伍妹行	35	布依语,流利	汉语,一般	来自关岭翁寨
	母亲	吴仕芬	69	布依语,流利	汉语,不会	来自关岭把路
	长子	罗大凯	16	布依语,流利	汉语,流利	
	次子	罗大将	12	布依语,流利	汉语,流利	

30	户主	罗正超	39	布依语,流利	汉语,流利	
	配偶	伍妹兵	38	布依语,流利	汉语,流利	来自黄果树石头寨
	长子	罗 成	15	布依语,流利	汉语,流利	在校生
31	户主	罗开甲	75	布依语,流利	汉语,流利	
	配偶	伍培芬	72	布依语,流利	汉语,不会	来自本乡关口
32	户主	罗吉标	43	布依语,流利	汉语,流利	
	配偶	陈忠芬	42	布依语,流利	汉语,流利	
	长女	罗仕芬	19	布依语,流利	汉语,流利	在校生
	次女	罗仕美	17	布依语,流利	汉语,流利	在校生
	三女	罗妹远	15	布依语,流利	汉语,流利	在校生
	长子	罗飞龙	12	布依语,流利	汉语,流利	在校生
33	户主	罗吉朝	50	布依语,流利	汉语,流利	
	配偶	马国君	49	布依语,流利	汉语,简单	来自关岭洞口
	长子	罗仕龙	22	布依语,流利	汉语,流利	
	长女	罗仕红	20	布依语,流利	汉语,流利	
	次女	罗仕洋	7	布依语,流利	汉语,简单	在校生
34	户主	罗开利	56	布依语,流利	汉语,一般	
	配偶	伍 雷	53	布依语,流利	汉语,简单	来自本乡关口
	长子	罗小占	25	布依语,流利	汉语,一般	
	次子	罗小龙	23	布依语,流利	汉语,流利	
35	户主	罗 席	40	布依语,流利	汉语,流利	
	配偶	李洪芬	41	布依语,流利	汉语,一般	来自本乡坡孝
	长子	罗正修	18	布依语,流利	汉语,流利	
	长女	罗正英	16	布依语,流利	汉语,流利	
	次子	罗正贴	12	布依语,流利	汉语,一般	在校生
	次女	罗 彩	8	布依语,流利	汉语,简单	在校生
36	户主	罗正德	40	布依语,流利	汉语,流利	
	配偶	伍 英	41	布依语,流利	汉语,流利	
	长子	罗大滴	17	布依语,流利	汉语,流利	
	次子	罗大点	15	布依语,流利	汉语,流利	
37	户主	罗吉昌	62	布依语,流利	汉语,一般	
	配偶	马国凡	61	布依语,流利	汉语,不会	
	长子	罗仕林	34	布依语,流利	汉语,流利	
	儿媳	雍丽华	34	布依语,一般	汉语,流利	来自四川,汉族
	长女	王国珍	30	布依语,流利	汉语,流利	
	次子	罗仕坤	28	布依语,流利	汉语,流利	
	次女	罗仕请	27	布依语,流利	汉语,流利	
	三女	罗仕质	21	布依语,流利	汉语,流利	在校生
	长孙女	罗丰艳	9	布依语,流利	汉语,一般	在校生
	次孙女	罗丰庭	8	布依语,流利	汉语,简单	
	三孙女	罗丰丽	6	布依语,流利	汉语,不会	
	孙子	罗丰涛	2	布依语,简单	汉语,不会	

38	户主	罗吉青	24	布依语,流利	汉语,一般	
	母亲	罗卢氏	59	布依语,流利	汉语,不会	
	弟弟	罗 继	22	布依语,流利	汉语,流利	
	妹妹	罗妹珍	19	布依语,流利	汉语,流利	
39	户主	罗吉胜	61	布依语,流利	汉语,流利	
	配偶	伍英群	58	布依语,流利	汉语,简单	
	长子	罗仕苗	20	布依语,流利	汉语,流利	
40	户主	罗 斌	40	布依语,流利	汉语,流利	
	配偶	韦 丽	40	布依语,流利	汉语,流利	来自本乡孔马
	长子	罗 毅	15	布依语,流利	汉语,流利	
	长女	罗 微	14	布依语,流利	汉语,流利	
	次女	罗 琦	13	布依语,流利	汉语,流利	在校生
	次子	罗仕昊	10	布依语,流利	汉语,流利	在校生
41	户主	伍元珍	63	布依语,流利	汉语,不会	
	夫弟	罗亚朋	32	布依语,流利	汉语,不会	
	长子	罗正华	25	布依语,流利	汉语,流利	
42	户主	韦连兵	26	布依语,流利	汉语,流利	
	配偶	伍 艳	26	布依语,流利	汉语,流利	来自本乡关口
	长子	韦升迪	5	布依语,流利	汉语,不会	
43	户主	伍兴芬	66	布依语,流利	汉语,一般	
	配偶	韦国忠	65	布依语,流利	汉语,流利	
	孙女	伍梅梅	14	布依语,流利	汉语,流利	
44	户主	韦国标	56	布依语,流利	汉语,流利	
	配偶	罗吉节	55	布依语,流利	汉语,流利	
	长子	韦连波	23	布依语,流利	汉语,流利	
	次子	韦连峰	21	布依语,流利	汉语,流利	
	三子	韦连中	18	布依语,流利	汉语,流利	
45	户主	韦国龙	53	布依语,流利	汉语,流利	
	配偶	罗吉珍	51	布依语,流利	汉语,流利	
	长子	韦 坤	22	布依语,流利	汉语,流利	
	次子	韦连清	18	布依语,流利	汉语,流利	
	长女	韦 鑫	18	布依语,流利	汉语,流利	
46	户主	罗开才	38	布依语,流利	汉语,流利	
	配偶	赵国英	39	布依语,流利	汉语,流利	
	长子	罗 超	13	布依语,流利	汉语,流利	在校生
	长女	罗 兰	12	布依语,流利	汉语,流利	在校生
47	户主	韦连帮	43	布依语,流利	汉语,流利	
	配偶	伍文芹	44	布依语,流利	汉语,流利	来自大洋村
	长女	韦升凤	22	布依语,流利	汉语,流利	
	长子	韦升龙	19	布依语,流利	汉语,流利	
	次子	韦升凯	18	布依语,流利	汉语,流利	

48	户主	罗朝标	50	布依语,流利	汉语,流利	
	配偶	王妹梨	47	布依语,流利	汉语,一般	
	长女	罗大美	24	布依语,流利	汉语,流利	
	长子	罗大勇	23	布依语,流利	汉语,流利	
	次子	罗吉伟	20	布依语,流利	汉语,流利	
49	户主	伍朝庆	62	布依语,流利	汉语,简单	来自本乡坡孝
	长女	罗正莉	24	布依语,流利	汉语,流利	
	次女	罗正波	20	布依语,流利	汉语,流利	
50	户主	罗吉贵	58	布依语,流利	汉语,流利	
	配偶	伍元芝	58	布依语,流利	汉语,简单	来自本乡棉寨
	长女	罗仕秀	21	布依语,流利	汉语,流利	
	长子	罗仕正	19	布依语,流利	汉语,流利	
51	户主	罗吉科	44	布依语,流利	汉语,流利	
	配偶	伍芳	44	布依语,流利	汉语,流利	
	母亲	陈儒珍	77	布依语,流利	汉语,不会	
	长女	罗萍	20	布依语,流利	汉语,流利	
	长子	罗红	19	布依语,流利	汉语,流利	
	次子	罗福	18	布依语,流利	汉语,流利	
52	户主	罗吉远	27	布依语,流利	汉语,流利	
	配偶	伍妹贵	28	布依语,流利	汉语,流利	
	长子	罗仕全	5	布依语,一般	汉语,不会	
53	户主	罗吉礼	33	布依语,流利	汉语,流利	
	配偶	伍永珍	32	布依语,流利	汉语,一般	
	长子	罗仕庆	9	布依语,流利	汉语,一般	
54	户主	罗朝柱	68	布依语,流利	汉语,流利	
	配偶	鲁兴英	67	布依语,流利	汉语,不会	来自黄果英家庄
	长子	罗吉团	26	布依语,流利	汉语,流利	
	次子	罗吉朋	22	布依语,流利	汉语,流利	
55	户主	罗开福	66	布依语,流利	汉语,流利	
	配偶	罗伍氏	67	布依语,流利	汉语,不会	来自关岭把路
	长女	罗正丽	29	布依语,流利	汉语,不会	已出嫁
56	户主	罗正其	27	布依语,流利	汉语,流利	
	配偶	马兴丽	32	布依语,流利	汉语,流利	
	长女	罗大双	6	布依语,流利	汉语,不会	
	长子	罗大豪	3	布依语,一般	汉语,不会	
57	户主	罗吉辉	51	布依语,流利	汉语,流利	
	配偶	马元珍	52	布依语,流利	汉语,流利	来自本乡鸿运
	父亲	罗朝德	86	布依语,流利	汉语,一般	
	长子	罗仕和	21	布依语,流利	汉语,流利	
	长女	罗芬	19	布依语,流利	汉语,流利	在校生
	次子	罗儒	18	布依语,流利	汉语,流利	

58	户主	罗 玉	31	布依语,流利	汉语,流利	
	配偶	姚 芬	30	布依语,一般	汉语,流利	来自本县六马
	长子	罗 欢	10	布依语,一般	汉语,流利	
59	户主	罗开榜	59	布依语,流利	汉语,流利	
	配偶	伍玉珍	60	布依语,流利	汉语,简单	来自关岭翁寨
	父亲	罗作武	97	布依语,流利	汉语,一般	
	长女	罗 芬	32	布依语,流利	汉语,流利	
	次女	罗 霞	22	布依语,流利	汉语,流利	
	三女	罗 娅	20	布依语,流利	汉语,流利	

三 布依族语言使用情况调查问卷

（一）布依族聚居地区调查问卷

调查地点＿＿＿＿＿＿＿＿　　受访者姓名＿＿＿＿＿＿＿＿

A. 被调查者的基本情况

A1. 被调查者性别：1. 男　　　　2. 女（娘家所在地＿＿＿＿＿＿＿）

A2. 您的年龄：＿＿＿＿＿＿＿ 周岁

A3. 您是哪个民族？＿＿＿＿＿＿＿ 族

A4. 您是在哪里出生的？＿＿＿＿＿＿＿省（自治区/直辖市）＿＿＿＿＿＿＿市（县）

A5. 您有在外地住过三年以上的经历吗（包括当兵、进厂、外出打工等）？

   1. 有　　　　　　　　　2. 无

A6. 您现在的工作：

   1. 在家务农　　　　　　2. 教师

   3. 机关干部　　　　　　4. 当兵

   5. 学生　　　　　　　　6. 长年外出务工

   7. 农闲时外出务工　　　8. 在外经商

   9. 在家经商　　　　　　10. 待业在家

   11. 退休在家

A7. 您的受教育程度：

   1. 没上过学　　　　　　2. 扫盲班

   3. 小学　　　　　　　　4. 初中

   5. 高中（包括中专）　　6. 大专以上

B. 语言使用情况及相关问题

B1. 您的布依话程度怎么样？

   1. 非常流利　　　　　　2. 比较流利

3. 一般 　　　　　　　　　　　4. 会说一些简单的

5. 听得懂但不会说 　　　　　　6. 听不懂

（如果选择 4—6 则直接进入语言态度问卷调查）

请您用布依话说出下列词语和句子：

一 　　　　　　　　　　　　　　二

三 　　　　　　　　　　　　　　四

五 　　　　　　　　　　　　　　我

你 　　　　　　　　　　　　　　他

我们 　　　　　　　　　　　　　来

去

你要去哪儿？　　　　　　　　　我是布依人。

他会讲布依话。

B2. 您小时候（上小学以前）最先会说的是哪种话（语言）？（必要时可选择两种）

　　1. 布依话 　　　　　　　　　2. 汉话（地方话）

　　3. 普通话 　　　　　　　　　4. 苗话

　　5. 其他少数民族语言（请注明是哪种语言）

B3. 小时候您父亲（或其他男性长辈）对您最常说哪种话（语言）？

　　1. 布依话 　　　　　　　　　2. 汉话（地方话）

　　3. 普通话 　　　　　　　　　4. 苗话

　　5. 其他少数民族语言（请注明是哪种语言）

B4. 小时候您母亲（或其他女性长辈）对您最常说哪种话（语言）？

　　1. 布依话 　　　　　　　　　2. 汉话（地方话）

　　3. 普通话 　　　　　　　　　4. 苗话

　　5. 其他少数民族语言（请注明是哪种语言）

B5. 您现在能用哪些话（语言）与人交谈？（最多选三种，只选一种者直接进入语言态度问卷调查）

　　1. 布依话 　　　　　　　　　2. 汉话（地方话）

　　3. 普通话 　　　　　　　　　4. 苗话

　　5. 其他少数民族语言（请注明是哪种语言）

B6. 现在您在家对父亲（或其他男性长辈）最常用哪种话（语言）？

　　1. 布依话 　　　　　　　　　2. 汉话（地方话）

　　3. 普通话 　　　　　　　　　4. 苗话

　　5. 其他少数民族语言（请注明是哪种语言）

B7. 现在您在家对母亲（或其他女性长辈）最常用哪种话（语言）？

  1. 布依话   2. 汉话（地方话）

  3. 普通话   4. 苗话

  5. 其他少数民族语言（请注明是哪种语言）

B8. 您在家对丈夫（妻子）最常说哪种话（语言）？

  1. 布依话   2. 汉话（地方话）

  3. 普通话   4. 苗话

  5. 其他少数民族语言（请注明是哪种语言）

B9. 您在家对子女最常说哪种话（语言）？

  1. 布依话   2. 汉话（地方话）

  3. 普通话   4. 苗话

  5. 其他少数民族语言（请注明是哪种语言）

B10. 您在寨子里与熟悉的本族人交谈时最常说的话（语言）是哪种？（必要时可选两种）

  1. 布依话   2. 汉话（地方话）

  3. 普通话   4. 苗话

  5. 其他少数民族语言（请注明是哪种语言）

B11. 您在寨子里与不认识的本族人打招呼时一般说哪种话（语言）？（必要时可选两种）

  1. 布依话   2. 汉话（地方话）

  3. 普通话   4. 苗话

  5. 其他少数民族语言（请注明是哪种语言）

B12. 您在别的寨子里遇上认识的本族人时一般说哪种话（语言）？（必要时可选两种）

  1. 布依话   2. 汉话（地方话）

  3. 普通话   4. 苗话

  5. 其他少数民族语言（请注明是哪种语言）

B13. 您在别的寨子里遇上不认识的本族人时一般说那种话（语言）？（必要时可选两种）

  1. 布依话   2. 汉话（地方话）

  3. 普通话   4. 苗话

  5. 其他少数民族语言（请注明是哪种语言）

B14. 您在本地集贸市场买东西时最常说哪种话（语言）？（必要时可选两种）

  1. 布依话   2. 汉话（地方话）

  3. 普通话   4. 苗话

  5. 其他少数民族语言（请注明是哪种语言）

B15. 您到本地医院看病最常说哪种话（语言）？（必要时可选两种）

  1. 布依话   2. 汉话（地方话）

  3. 普通话   4. 苗话

　　5. 其他少数民族语言（请注明是哪种语言）

B16. 您到本地政府部门办事时最常说哪种话（语言）？（必要时可选两种）

　　1. 布依话　　　　　　　　　　　　2. 汉话（地方话）

　　3. 普通话　　　　　　　　　　　　4. 苗话

　　5. 其他少数民族语言（请注明是哪种语言）

B17. 您在单位谈工作时最常用哪种话（语言）？（必要时可选两种）

　　1. 布依话　　　　　　　　　　　　2. 汉话（地方话）

　　3. 普通话　　　　　　　　　　　　4. 苗话

　　5. 其他少数民族语言（请注明是哪种语言）

B18. 您觉得学（说）本民族（布依族）话遇到的最主要的问题是：

　　1. 不存在问题　　　　　　　　　　2. 与外乡人交谈时常常因听不懂而改用汉语

　　3. 对方用汉话回答　　　　　　　　4. 怕周围的人笑

　　5. 周围的人会迫使你说汉话

C. 与文字有关的问题（含对本民族文字的态度）

C1. 您知道布依族有自己本民族的文字吗？

　　1. 知道　　　　　　　　　　　　　2. 不知道（跳到 C6）

C2. 您认识布摩用来记录经书的文字吗？

　　1. 很熟悉　　　　　　　　　　　　2. 认识一些，但读不准

　　3. 不认识

C3. 您听说过新创制的布依族拼音文字吗？

　　1. 很熟悉　　　　　　　　　　　　2. 见过

　　3. 只听说有，但没有见过　　　　　4. 没听说过

　　（如果选 1 问 C4，选 2 至 4 直接问 C6）

C4. 您参加过布依族新文字方案的培训或推行工作吗？

　　1. 参加过　　　　　　　　　　　　2. 没参加过

　　（选 1 直接问 C6，选 2 问 C5）

C5. 您是通过什么途径掌握布依文的？

　　1. 自学　　　　　　　　　　　　　2. 朋友教的

C6. 布摩用的文字和新创的拼音文字，您认为哪种更好推广？

　　1. 布摩用的文字　　　　　　　　　2. 拼音文字

　　3. 不太清楚

C7. 您觉得布依族应该有自己的文字吗？

　　1. 应该有　　　　　　　　　　　　2. 没必要

3. 说不清楚

C8. 您觉得自己作为布依族的一员应该学习布依文吗？

    1. 应该　　　　　　　　　　　　　2. 没有必要

    3. 说不清楚

D. 语言态度

D1. 您自己说得最流利的是哪一种语言？

    1. 布依话　　　　　　　　　　　　2. 汉话（地方话）

    3. 普通话　　　　　　　　　　　　4. 苗话

    5. 其他少数民族语言（请注明是哪种语言）

D2. 您认为本地使用哪种语言最方便？

    1. 布依话　　　　　　　　　　　　2. 汉话（地方话）

    3. 普通话　　　　　　　　　　　　4. 苗话

    5. 其他少数民族语言（请注明是哪种语言）

D3. 您认为本地哪种语言最好听？

    1. 布依话　　　　　　　　　　　　2. 汉话（地方话）

    3. 普通话　　　　　　　　　　　　4. 苗话

    5. 其他少数民族语言（请注明是哪种语言）

D4. 您在家最希望家里人跟您说哪种语言？

    1. 布依话　　　　　　　　　　　　2. 汉话（地方话）

    3. 普通话　　　　　　　　　　　　4. 苗话

    5. 其他少数民族语言（请注明是哪种语言）　　6. 无所谓

D5. （对有子女者）如果子女在家跟您说汉话，您会：

    1. 很不高兴　　　　　　　　　　　2. 很高兴

    3. 无所谓

D6. （对有子女者）子女在外打工或上学回到家后不说本民族话，您会：

    1. 很不高兴　　　　　　　　　　　2. 很高兴

    3. 无所谓

D7. 您在学校最喜欢跟本民族老师和同学说什么语言？

    1. 布依话　　　　　　　　　　　　2. 汉话（地方话）

    3. 普通话　　　　　　　　　　　　4. 苗话

    5. 其他少数民族语言（请注明是哪种语言）

D8. 您认为在本村的学校中老师应该主要使用哪种语言讲课？

    1. 布依话　　　　　　　　　　　　2. 汉话（地方话）

3. 普通话 　　　　　　　　　　　4. 苗话

5. 其他少数民族语言（请注明是哪种语言）

D9. 您觉得在您所能接触到的语言中哪一种语言最好听？

1. 布依话 　　　　　　　　　　　2. 汉话（地方话）

3. 普通话 　　　　　　　　　　　4. 苗话

5. 其他少数民族语言（请注明是哪种语言）

D10. 您的普通话水平：

1. 非常流利 　　　　　　　　　　2. 能应付日常交流

3. 能说比较简单的 　　　　　　　4. 听得懂不会说

5. 听不懂

（二）布依族杂散居地区调查问卷（贵阳市郊）

调查地点＿＿＿＿＿＿＿＿＿＿＿＿＿

A. 受访者基本情况

姓名	＿＿＿＿＿＿＿		
性别	男□		
	女□	未婚□	
		已婚□	婚前居住地
年龄	＿＿＿周岁		
民族	＿＿＿族		
出生地	＿＿＿省＿＿＿市/县		
家庭人口	＿＿＿口人		
是否世居此地	是□		
	否□	由＿＿＿＿＿＿处迁来	
有无外地生活经历 当兵□ 打工□ 进厂□ 上学□ 经商□	无□		
	有□	三年以上□	
		三年以下□	
现在从事的职业	在家务农□　教师□　机关干部□　当兵□　学生□		
	长年外出务工□　农闲时外出务工□　在外经商□		

受教育程度	没上过学□　　扫盲班□　　小学□　　初中□ 高中（包括中专）□　　大专以上□

B. 语言使用情况及相关问题

B1. 您的布依话程度怎么样？

　　1. 非常流利　　　　　　　　　　2. 比较流利

　　3. 一般　　　　　　　　　　　　4. 会说一些简单的

　　5. 听得懂但不会说　　　　　　　6. 听不懂

　　（如果选择 4—6 则直接进入语言态度问卷调查）

　　请您用布依话说出下列词语和句子：

　　一　　　　　　　　　　　　　　二

　　三　　　　　　　　　　　　　　四

　　五　　　　　　　　　　　　　　我

　　你　　　　　　　　　　　　　　他

　　我们　　　　　　　　　　　　　来

　　去

　　你要去哪儿？　　　　　　　　　我是布依人。

　　他会讲布依话。

B2. 您小时候（上小学以前）最先会说的是哪种话（语言）？（必要时可选择两种）

　　1. 布依话　　　　　　　　　　　2. 汉话（地方话）

　　3. 普通话　　　　　　　　　　　4. 苗话

　　5. 其他少数民族语言（请注明是哪种语言）

B3. 小时候您的父母（或其他长辈）对您最常说哪种话（语言）？

　　1. 布依话　　　　　　　　　　　2. 汉话（地方话）

　　3. 普通话　　　　　　　　　　　4. 苗话

　　5. 其他少数民族语言（请注明是哪种语言）

B4. 您是怎样学会布依语的？

　　1. 长辈传授的　　　　　　　　　2. 和本族人交往时学会的

　　3. 在学校里学的　　　　　　　　4. 其他途径_____

B5. 您现在能用哪些话（语言）与人交谈？（最多选三种，只选一种者直接进入语言态度问卷
　　调查）

　　1. 布依话　　　　　　　　　　　2. 汉话（地方话）

　　3. 普通话　　　　　　　　　　　4. 苗话

5. 其他少数民族语言（请注明是哪种语言）

B6. 现在您在家对父母（或其他长辈）最常用哪种话（语言）？

　　1. 布依话　　　　　　　　　　　　　2. 汉话（地方话）

　　3. 普通话　　　　　　　　　　　　　4. 苗话

　　5. 其他少数民族语言（请注明是哪种语言）

B7. 您在家对丈夫（妻子）最常说哪种话（语言）？

　　1. 布依话　　　　　　　　　　　　　2. 汉话（地方话）

　　3. 普通话　　　　　　　　　　　　　4. 苗话

　　5. 其他少数民族语言（请注明是哪种语言）

B8. 您在家对子女最常说哪种话（语言）？

　　1. 布依话　　　　　　　　　　　　　2. 汉话（地方话）

　　3. 普通话　　　　　　　　　　　　　4. 苗话

　　5. 其他少数民族语言（请注明是哪种语言）

B9. 您在寨子里与人交谈最常说的话（语言）是哪种？（必要时可选两种）

　　1. 布依话　　　　　　　　　　　　　2. 汉话（地方话）

　　3. 普通话　　　　　　　　　　　　　4. 苗话

　　5. 其他少数民族语言（请注明是哪种语言）

B10. 您在别的寨子里与人交谈一般说哪种话（语言）（必要时可选两种）

　　1. 布依话　　　　　　　　　　　　　2. 汉话（地方话）

　　3. 普通话　　　　　　　　　　　　　4. 苗话

　　5. 其他少数民族语言（请注明是哪种语言）

以下问题将调查您使用布依语的情况：

	1. 只使用布依语	2. 大多使用布依语	3. 经常使用布依语	4. 较少使用布依语	5. 偶尔使用布依语
在家里					
在村里					
在工作单位					
在集市上					
见面打招呼时					
干活或工作时					

平时聊天时				
在和人说心里话时				
举行民族活动时				

您跟以下这些布依族人说话时会：

辈分	爷爷辈	父辈	兄弟姐妹	儿子辈	孙子辈	同辈或较亲近的人	和20岁以下的年轻人	和政府人员	和同事	和买东西的人
1. 只使用布依语										
2. 只使用汉语										
3. 布依语和汉语各一半										
4. 使用布依语多于汉语										
5. 使用汉语多于布依语										

B11. 您觉得学（说）本民族（布依族）话遇到的最主要的问题是：

    1. 不存在问题　　　　　　　2. 与外乡人交谈时常常因听不懂而改用汉语

    3. 对方用汉话回答　　　　　4. 怕周围的人笑

    5. 周围的人会迫使你说汉话

C. 与文字有关的问题（含对本民族文字的态度）

C1. 您知道布依族有自己本民族的文字吗？

    1. 知道　　　　　　　　　　2. 不知道（跳到 C6）

C2. 您认识布摩用来记录经书的文字吗？

    1. 很熟悉　　　　　　　　　2. 认识一些，但读不准

    3. 不认识

C3. 您听说过新创制的布依族拼音文字吗？

    1. 很熟悉　　　　　　　　　2. 见过

    3. 只听说有，但没有见过　　4. 没听说过

    （如果选 1 问 C4，选 2 至 4 直接问 C6）

C4. 您参加过布依族新文字方案的培训或推行工作吗？

    1. 参加过　　　　　　　　　2. 没参加过

    （选 1 直接问 C6，选 2 问 C5）

C5. 您是通过什么途径掌握布依文的？

    1. 自学   2. 朋友教的

C6. 布摩用的文字和新创的拼音文字，您认为哪种更好推广？

    1. 布摩用的文字   2. 拼音文字

    3. 不太清楚

C7. 您觉得布依族应该有自己的文字吗？

    1. 应该有   2. 没必要

    3. 说不清楚

C8. 您觉得自己作为布依族的一员应该学习布依文吗？

    1. 应该   2. 没有必要

    3. 说不清楚

D. 语言态度

D1. 布依族与本地其他民族（苗、汉）关系怎样？

    1. 非常融洽   2. 处得不错

    3. 关系一般   4. 关系紧张

    5. 关系很差

D2. 您自己说得最流利的是哪一种语言？

    1. 布依话   2. 汉话（地方话）

    3. 普通话   4. 苗话

    5. 其他少数民族语言（请注明是哪种语言）

D3. 您觉得使用两种语言：

    1. 很好，非常适应现在社会发展   2. 没什么感觉

    3. 没办法，自己也不想这样   4. 其他_____

D4. 您是否觉得布依语用得越来越少了？

    1. 是   2. 否

D5. 您在家最希望家里人跟您说哪种语言？

    1. 布依话   2. 汉话（地方话）

    3. 普通话   4. 苗话

    5. 其他少数民族语言（请注明是哪种语言）   6. 无所谓

D6.（对有子女者）在子女在外打工或上学回到家后不说本民族话，您会：

    1. 很不高兴   2. 很高兴

    3. 无所谓

D7. 您希望自己的孩子继续使用布依语吗？

1. 是　　　　　　　　　　　　　　2. 否

D8. 如果有条件,您希望您的孩子学习布依语吗?

　　1. 非常希望　　　　　　　　　　2. 希望

　　3. 无所谓　　　　　　　　　　　4. 不希望

　　5. 反对

D9. 您不会布依语,但您遇到一个既会说布依语又会说汉语的布依族同胞,你会有什么感觉?

　　1. 有点羡慕他　　　　　　　　　2. 会说两种语言是一件很好的事情

　　3. 很正常,因为这里这样的人很多　4. 无所谓

D10. 当您跟一个会说布依、汉两种语言的布依族人说话时,他和您说汉语,您会觉得:

　　1. 可以理解　　　　　　　　　　2. 没什么特别的感觉

　　3. 有些别扭,不舒服　　　　　　4. 很讨厌,不想继续交谈

D11. 您在学校最喜欢跟本民族老师和同学说什么语言?

　　1. 布依话　　　　　　　　　　　2. 汉话（地方话）

　　3. 普通话　　　　　　　　　　　4. 苗话

　　5. 其他少数民族语言（请注明是哪种语言）

D12. 您认为在本村的学校中老师应该主要使用哪种语言讲课?

　　1. 布依话　　　　　　　　　　　2. 汉话（地方话）

　　3. 普通话　　　　　　　　　　　4. 苗话

　　5. 其他少数民族语言（请注明是哪种语言）

D13. 您觉得在您所能接触到的语言中哪一种语言最好听?

　　1. 布依话　　　　　　　　　　　2. 汉话（地方话）

　　3. 普通话　　　　　　　　　　　4. 苗话

　　5. 其他少数民族语言（请注明是哪种语言）

以下两个问题只针对布依族周边的其他民族

D14. 您听得懂布依话吗?

　　1. 很熟悉　　　　　　　　　　　2. 懂一点

　　3. 一点不懂

D15. 您能接受您身边的人说布依语吗?

　　1. 能接受　　　　　　　　　　　2. 有点神秘感

　　3. 不能接受,会造成相互间的猜疑

调查员调查时主要使用的是什么话（语言）？

1. 布依语   2. 贵阳话（西南官话）

3. 普通话

被调查者回答问题时主要使用的是什么话（语言）？

1. 布依语   2. 贵阳话（西南官话）

3. 普通话

调查到此结束，谢谢合作。

四 田野调查工作日志

2006 年 5 月 15 日，中央民族大学国家"985 工程"项目"布依族语言使用情况个案研究"课题组成立。该课题由中央民族大学少数民族语言文学系周国炎教授主持，成员包括贵州省贵阳学院中文系党总支书记周国茂教授、中央民族大学少数民族语言文学系杨波、中央民族大学少数民族语言文学系语言学及应用语言学专业 05 级硕士研究生苏霖伶、法丽娜、段海凤、连玉惠，并吸收少数民族语言文学系 04、05 级本科生杨菁、郑小科、包贵萍、李燕以实习调查员身份参加课题的田野调查。

一 第一次田野调查

（一）调查前的准备工作

2006 年 5 月 16 日至 25 日，参加课题组的硕士研究生着手收集与布依族研究、布依族语言文字研究以及布依族语言文字使用情况研究相关的材料。

2006 年 6 月初，课题组对多年从事布依族语言文字研究工作的中央民族大学退休教师王伟副教授和王国宇副教授进行访谈。

2006 年 6 月 15 日，课题组邀请在京工作的部分布依族高级知识分子就本民族语言使用情况以及对本民族语言文字的态度等问题进行座谈。

2006 年 7 月上旬，课题组作好第一次田野调查前的准备。

（二）田野调查过程

时间：2006 年 7 月 14 日至 8 月 7 日

2006 年 7 月 14 日至 15 日

课题组部分成员乘坐 T87 次列车从北京抵达贵阳。聘请贵州大学西南少数民族语言文化研究所黄镇邦担任向导（黄镇邦考入中央民族大学攻读硕士研究生以后，成为课题组的成员之一）。

2006 年 7 月 16 日

在贵阳作调查前的准备工作，召开调查小组会议，再次明确调查目的、调查内容，并与调查点相关部门领导进行电话联系。

2006 年 7 月 17 日

下午，乘坐汽车到达贞丰县，与贞丰县政府接洽，并在该县政府办公室组织召开了一个小范围的座谈会。座谈会由县政府办公室副主任潘吉汀主持,县人大主任韦礼尧、县民族宗教局局长黄飞、县教育局副局长周玉梅、县文联秘书长李大文等应邀参加,并分别对该县布依族的基本情况、语言文学使用情况、风俗文化、双语教育等情况作了详细介绍。

2006 年 7 月 18 日

上午,乘坐汽车到达北盘江镇,落实住宿事宜,然后继续前往长田乡。当天上午与该乡领导接洽,了解乡里的基本情况以及布依族及其语言使用方面的总体情况。下午,由乡纪委书记余远西和党政办秘书周旭做向导,对该乡瓦厂村郎所、普子村坪寨进行调查,其间,对退休教师韦廷俊进行重点访谈,了解当地布依族宗教文化以及语言使用方面的一些问题。傍晚,长田乡纪委书记余书记及几位村民为我们表演了布依族传统的"八音坐唱"。

2006 年 7 月 19 日

继续在长田进行调查,走访该乡瓦厂村的几个自然寨和长田村。当天下午,以实习调查员身份参加课题田野调查的 04、05 级 4 名本科生到达贞丰县北盘江镇,与先期到达的其他课题组成员会合。

2006 年 7 月 20 日

上午,从住地北盘江镇乘车前往长田乡尖坡村尖坡组进行调查,仍然主要采用入户填写问卷的形式,并对村长以及几名小学教师进行重点采访。下午,回到北盘江镇,对镇集市上赶集的布依族群众进行随机抽样调查。并走访北盘江镇中心小学,了解其双语教学情况。

2006 年 7 月 21 日

上午,分别走访了长田乡普子村白坟组和瓦厂村皂凡山组,除继续入户调查外,还重点采访了当地的摩公,对摩经以及宗教场合布依语的使用情况进行调查。下午,在长田乡集市对赶集的布依族群众进行了短暂的随机调查之后,向长田乡领导就调查的情况作了简单的汇报。长田乡的调查结束。

2006 年 7 月 22 日

开始在北盘江镇进行田野调查。上午,走访离镇政府 4 公里左右的一个布依—汉杂居村——邑浩村,了解该村布依族语言使用情况以及汉族掌握布依语的一些情况。以入户调查为主,其间对该村村办小学老师周旭进行了重点访谈。下午,走访与邑浩村相邻的一个布依族聚居村——坡色村。

2006 年 7 月 23 日

走访北盘江镇最大的布依族聚居村寨金井村,由于该村人口较多,花了一整天的时间也仅走访了不到一半的住户。其间,对该村村办小学退休教师梁老师进行了重点访谈,了解他们对低年级学生进行翻译式双语教学的一些具体措施。

2006 年 7 月 24 日

走访北盘江镇者颗村的者颗和老凹山两个自然寨。者颗村是北盘江镇布依族聚居程度较高的地区之一,母语保存使用情况较好,有少量的母语单语人。

2006 年 7 月 25 日

再次回到岜浩村参加一户布依族人的葬礼，了解当地布依族的丧葬习俗以及丧葬场合中布依族语言的使用情况。其间，对前来参加葬礼的贞丰县教育局招生办主任罗金玺进行了重点访谈，了解该县少数民族，尤其是布依族文化教育现状，以及布依族聚居地区的双语教育情况和布依族传统文化保护等问题。

2006 年 7 月 26 日

课题组全体返回贞丰县城。上午，对此前的调查情况进行全面的总结；下午，走访该县最大的布依族自然村——必克村（600 余户）；之后，与县领导再次座谈，课题组向县有关部门领导介绍调查过程及发现的一些问题。贞丰县的调查结束。

2006 年 7 月 27 日

上午 8 点，课题组全体成员搭乘贞丰至望谟的长途客车前往望谟进行第二站的调查。经过 6 个多小时的颠簸，于下午 3 点左右抵达望谟县城。晚上，县民族宗教局接待，望谟县县委书记、县统战部长出席欢迎晚宴，席间，将具体的调查地点确定在该县的桑郎镇和复兴镇的岜赖村。

2006 年 7 月 28 日

上午，课题组成员段海凤因下雨路滑，不慎摔伤，回京治疗。

上午 10 点左右，课题组从望谟县城出发，下午 2 点左右抵达桑郎镇。住五一旅社。3 点，与镇政府领导落实具体的调查点，确定在该镇的南碑、白桑和桑郎 3 个村。

下午 4 点，开始对距镇政府所在地较近的南碑村进行调查。主要还是采取入户填写问卷的形式，其间对该村村长进行了重点访谈。

2006 年 7 月 29 日

从上午开始，全天对镇政府所在地桑郎村进行调查，适逢当天是桑郎镇赶集的日子，课题组对前来赶集的布依、汉、苗等族群众进行了随机调查。期间，重点走访了部分退休干部、教师，了解他们对当地布依族教育状况的看法。

2006 年 7 月 30 日

从上午 8 点半开始，对白桑村的 3 个自然村寨，即白桑、牛寨和岜孟进行调查，除入户填写问卷以外，课题组的部分成员还实地观摩了白桑村村办小学的一节双语教学课。

2006 年 7 月 31 日

上午，课题组全体成员走访了镇政府所在地附近的一个苗族村寨，了解该村村民对本民族语言和其他民族语言的掌握情况。下午，课题组负责人与镇领导座谈，汇报调查情况。桑郎镇的调查结束。

2006 年 8 月 1 日

上午，课题组从桑郎镇返回望谟县城。下午，课题组负责人与县民族宗教局侯局长接洽，阶段性汇报调查情况。并落实下一个调查点，即岜赖村的调查事宜。

2006 年 8 月 2 日

上午 9 点开始,对复兴镇岜赖村进行入户调查。下午回县城,与县人大和布依学会的领导进行座谈,与会者都是布依族老领导,对当地布依族情况比较熟悉,他们为课题组的调查提供了不少宝贵意见。

2006 年 8 月 3 日

望谟县的调查结束,返回贵阳。

2006 年 8 月 4 日

上午,在贵州民族报社与韦廉舟、赵道文、曹广衢、吴启禄、梁永枢等多年从事布依族语言文字研究的专家、教授座谈,听取他们对本课题调查选点和开展情况的意见。下午,课题组成员在贵阳休整半天。

2006 年 8 月 5 日

开始本次调查的最后一站,黔西县的调查行程。

上午,课题组全体成员从贵阳市乘车到达黔西县,与县民族宗教局王局长、五里乡副乡长罗志接洽。商量落实调查点事宜,最后确定了 3 个调查点,即五里乡中心村、城关镇城南村和钟山乡治中村。下午,到黔西县五里乡中心村,进行了入户调查,并对该村村长罗德礼进行重点访谈。

2006 年 8 月 6 日

上午,到黔西县城关镇城南村调查洪家渡库区移民(布依族)的语言使用情况。下午,对村民郭龙生进行重点访谈。

2006 年 8 月 7 日

上午,到达黔西县钟山乡治中村。鉴于该村布依族已完全放弃母语,调查的方式主要采用重点访谈。访谈对象为 3 位 60 岁以上的老年人,基本上不会母语,只会几个常用词语。仅两位从五里乡中心村嫁过来的中年妇女布依语比较熟练。下午,课题组全体成员乘车返回贵阳。

第一次田野调查结束。2006 年 8 月 8 日开始,参加田野调查的学生陆续回家。

二　第二次田野调查

(一)调查前的准备工作

2007 年 1 月下旬至 2 月初,"布依族语言使用情况个案研究"课题组对贵阳市的白云、乌当、花溪、小河 4 个区进行了调查,目的是为了掌握靠近汉文化中心地区的布依族的语言使用情况。由于时间紧,范围广,任务重,调查分两个组进行,成员包括中央民族大学少数民族语言文学系周国炎教授(课题负责人)、贵阳学院中文系书记周国茂教授、中央民族大学教师杨波、05 级语言学及应用语言学专业硕士研究生苏霖伶、法丽娜,06 级硕士研究生桑杰、吴峰、李文闻、耿兴岩、黄镇邦;04 级本科生杨菁、郑小科,05 级本科生包贵萍、李燕。2007 年 1 月初,课题组对调查问卷作了重新修订,充分考虑到调查点人口分布、语言使用情况等方面的因素。

（二）田野调查过程

时间：2007年1月20日至2月2日

2007年1月21日

课题组全体成员乘火车抵达贵阳，住兰华宾馆。当晚确定分组情况。第一组成员有周国炎、杨波、桑杰、吴峰、杨菁、郑小科、包贵萍，由周国炎负责，主要调查白云、乌当两个区；第二组成员有周国茂、苏霖伶、法丽娜、李文闻、耿兴岩、黄镇邦、李燕，由周国茂和苏霖伶负责，主要调查花溪、小河两个区。

2007年1月22日

一组：上午，到贵阳市白云区，与区民族宗教局领导接洽，将调查范围确定在牛场和都拉两个布依族乡，其中牛场乡确定在大林村和瓦窑村，都拉乡没有确定。中午，民族宗教局莫局长陪同到达牛场乡大林村，与乡、村领导取得联系。住大林村农庄，当天下午对大林村进行调查，重点走访了几位母语掌握得比较好的老人。

二组：上午，与花溪区民族宗教局取得联系，并与人大、民族宗教局、花溪大寨村领导进行座谈，了解花溪区布依族的基本情况。下午，就近对花溪大寨布依族的语言使用情况进行入户调查。

2007年1月23日

一组：上午8点半开始至下午5点半，分别对大林村斗府和大林两个自然村进行调查。期间，还分别对斗府村一位在乡里工作的机关干部和一位布摩进行了重点访谈，了解儿童母语教育问题以及摩经及其使用情况。

二组：到距区政府所在地——花溪最远的黔陶布依族苗族乡进行调查。先向该乡潘副乡长了解当地布依族基本情况后，然后到乡政府所在地附近的关口村进行入户调查，下午调查了另一个村——马场村。

2007年1月24日

一组：全天对牛场乡瓦窑村小寨、大寨以及瓦窑3个村民组进行了入户调查。

二组：上午，走访董家堰村，村长郭国介绍了该村历史、民族风俗、语言使用情况以及花溪地区布依族山歌的现状，并在几位村民的带领下入户调查。下午，在对董家堰村一街之隔的麦翁村王村长进行访谈后，完成了该村布依族语言使用情况的调查。

2007年1月25日

一组：上午，走访牛场乡石龙村，在该村布依族语言保存使用得较好的白岩组进行入户调查。下午，调查牛场乡的另一个行政村——兴家田村的大寨组。

二组：集体休整一天，整理已调查到的材料，总结调查过程中的一些经验和教训。

2007年1月26日

一组：上午，通过白云区民族宗教局与都拉乡冷水村村支书取得联系，并从牛场乡赶到都拉乡的冷水村，与村干部接洽以后，于下午返回贵阳休整半天。

二组：与小河区政府取得联系，到该区金竹镇金山村进行入户调查。

2007 年 1 月 27 日

一组：从贵阳市区赶到白云区的都拉乡，与乡政府取得联系以后，到该乡的小河村进行调查，全天共走访了该村的中寨、双坡、小寨等几个村民组。

二组：应董家堰村郭村长的邀请，参加了在杨中举行的一个小型布依族民歌歌会，对当地布依族的民风民情有了进一步的了解，并对杨中布依族的语言使用情况进行了调查。

2007 年 1 月 28 日

一组：上午，在都拉乡冷水村的大寨和小寨两个自然村进行了入户调查。下午，走访该乡的上水村。

二组：对花溪区营盘古堡的布依族语言使用情况进行调查，当天调查结束后返回贵阳，住地质勘探局宾馆。

2007 年 1 月 29 日

上午，一组结束在白云区的调查行程，乘车从都拉乡返回贵阳，与二组会合后，前往乌当区民族宗教局联系下一站调查事宜。10 点左右，与区民族宗教局领导座谈，确定该区的新堡和偏坡作为调查点。一组由周国炎带队，前往新堡，二组由周国茂带队，前往偏坡。由于李燕有急事不能继续参加调查，郑小科从一组调到二组，以充实其力量。下午两个组分别赶到各自的调查地点，着手开展调查工作。

一组：下午 2 点左右乘车到达新堡，乡政府韦副乡长介绍全乡情况，确定了陇脚、王岗和马头 3 个行政村作为调查点。下午 3 点，乡政府派车送到第一个调查点陇脚，开始入户调查。

二组：中午 12 点半到达目的地——偏坡乡，乡长介绍全乡基本情况，并确定以偏坡村和下院村作为调查点，当天调查了偏坡村。

2007 年 1 月 30 日

一组：全天都在马头村进行入户调查，该村由团坡、老寨、马头寨、新寨 4 个自然村组成，语言保存使用情况一般。期间，对村长进行了重点访谈。

二组：走访了偏坡乡下院村的两个自然村寨。由于饮食不适应，全组除一人以外，均出现腹泻症状，只好提前返回贵阳。

2007 年 1 月 31 日

一组：上午，走访王岗村的上王岗和下王岗两个自然寨，除入户调查外，重点对村支书进行了访谈。中午，向乡政府汇报调查情况。下午，返回贵阳，与二组会合。

2007 年 2 月 1 日

整理调查材料，向贵阳市区内的布依族邮寄"贵阳市区布依族语言使用情况调查问卷"。

2007 年 2 月 2 日

结束贵阳市郊的田野调查,课题组成员陆续回家。

三 第三次田野调查

(一)调查缘由

2007 年 7 月中旬,课题组成员苏霖伶、法丽娜、黄镇邦再度赴贵州省望谟县就当地个别村寨布依族语言濒危现象进行补充调查,同时,为了对贵州南部地区布依族语言使用情况有一个整体的了解,课题负责人周国炎单独前往贵州省黔南和黔西南两个布依族苗族自治州的部分县(市)进行调查。

(二)田野调查过程

时间:2007 年 7 月 14 日至 7 月 26 日

2007 年 7 月 14 日

课题组成员苏霖伶、法丽娜、黄镇邦到达贵州省望谟县岜赖村进行田野调查。

2007 年 7 月 18 日

课题组负责人周国炎到达黔南布依族苗族自治州首府都匀市,与州民族宗教局接洽,商讨调查事宜,决定以该州下属的都匀市、独山县和惠水县作为调查点。

2007 年 7 月 19 日

上午,到都匀市民族宗教局了解该市布依族分布及语言保存使用情况,对民族宗教局局长王国池进行了访谈。王局长对该市布依族情况作了全面介绍,包括人口分布情况、语言使用情况及民族风俗文化的保存情况等。下午,前往该市布依族语言保存使用较好的摆忙乡进行实地调查。

2007 年 7 月 20 日

上午,前往独山县进行调查。县民族宗教局杨泽林局长接待,并全面介绍了独山县布依族分布及语言使用情况。下午,前往该县上司镇打或村进行实地调查。对该村杨支书进行了重点访谈,了解该村及周边地区布依族母语保存使用情况以及第二语言的使用情况。

当天晚上返回都匀。

2007 年 7 月 21 日

上午,前往州、市民族宗教局查阅相关材料,与局领导座谈。下午,从都匀乘车前往惠水,下午 6 点左右到达。

2007 年 7 月 22 日

上午,到民族宗教局了解该县布依族基本情况,对局长杨晓俊进行了重点访谈。10 点钟,县政府派车前往该县下属摆金镇清水苑村进行实地调查,斗底乡党委书记陈万奎陪同。下午,结束对惠水的调查,返回贵阳。

2007 年 7 月 23 日

上午，从贵阳乘车前往望谟，下午4点半到达。望谟县民族宗教局黄副局长接待，并于当日前往该县复兴镇岜赖村与先期到此作田野调查的课题组成员苏霖伶、法丽娜和黄镇邦会合，对本课题所缺材料进行补充调查。

2007年7月24日

全天在岜赖村进行实地调查，重点走访了该村的一些长者，了解该村发展情况以及语言使用现状形成的原因，同时对该村布依族的语言生活进行实地观察。

2007年7月25日

从望谟前往安龙，对该县布依族语言使用情况进行调查。下午2点多钟到达安龙县城，县民族宗教局副局长莫荣标介绍了全县布依族语言使用的基本情况，并于当天前往该县下属的兴隆镇排冗村进行实地调查。

2007年7月26日

上午，从安龙返回贵阳，并于次日返回北京，调查结束。

四　第四次田野调查

（一）调查缘由

2008年1月下旬至2月中旬，为了补充母语强势型双语区布依族语言使用情况方面的材料，课题组负责人周国炎和成员黄镇邦对贵州省镇宁布依族苗族自治县的扁担山乡、贞丰县的沙坪乡和望谟县的蔗香乡等布依族聚居地区进行调查。

（二）田野调查过程

时间：2008年1月18日至2月13日

2008年1月19日

课题组抵达贵阳。

2008年1月20日

原计划前往镇宁县调查，但因受凝冻影响未能成行。

2008年1月21日

上午，课题组乘火车至安顺，再换乘长途汽车至镇宁，与县民族宗教局领导取得联系，确定调查地点；下午，县民族宗教局派车送到扁担山乡。与乡政府领导接洽，听取卢振邦乡长介绍该乡基本情况。确定以乡政府所在地附近的凹子寨村作为调查点。下午4点，前往该村进行调查，对村支书伍开德进行重点访谈。

2008年1月22日

继续在凹子寨村进行调查。

2008年1月23日

上午，继续在凹子寨村进行调查。11点调查结束，返回县城，课题组向县民族宗教局领导汇报调查情况。下午,从安顺乘车前往贞丰。

2008 年 1 月 24 日

上午,前往贞丰县民族宗教局商谈调查事宜;下午,在沙坪乡副乡长罗金伦的陪同下,前往调查点沙坪乡砍碰村进行调查。

2008 年 1 月 25 日

上午,继续在砍碰村调查。分 3 组入户填写问卷。下午,对村党支部书记罗正伦进行重点访谈,了解该村各户家庭成员母语和汉语的具体使用情况。傍晚,返回乡政府所在地沙坪。

2008 年 1 月 26 日

结束沙坪的调查。上午,沙坪乡派车将课题组送到望谟,下午,直接赶到调查地点望谟县蔗香乡乐康村。傍晚,到达乐康,与村支书接洽,商谈调查事宜。

2008 年 1 月 27 日

上午,课题组分成两组在乐康上院和下院进行入户调查;下午,转入中院,对该村学校李老师进行重点访谈,了解低年级学生双语教学情况。

2008 年 1 月 28 日

结束在乐康的调查。上午,课题组到 18 公里外的乡政府了解全乡布依族及其语言使用情况,遇凝冻路滑,步行了将近 10 公里。下午,到达蔗香乡,向乡政府全面了解全乡布依族情况。傍晚返回望谟县城,向县民族宗教局汇报调查情况。

2008 年 1 月 29 至 31 日

因凝冻受困于望谟县城,无法抵达下一站——安顺市紫云县进行调查。临时决定改变行程,前往兴义市。

2008 年 2 月 1 日

上午,从望谟乘长途客车抵达兴义,因天气恶劣,将近 6 个小时才到达目的地。下午 3 点半,与黔西南州民族宗教局接洽,落实调查事宜,决定前往兴义市南盘江沿岸的洛万、仓更和巴结 3 个乡镇,由市民族宗教局协助。

2008 年 2 月 2 日

课题组在州民族宗教局纪检组长郝明星和兴义市民族宗教局局长杨昌盛的陪同下,前往既定的调查点进行调查。上午 11 点到达洛万乡,先向乡政府了解全乡基本情况,重点是布依族及其语言的使用情况,随后走访了乡政府附近的一个布依族村,对退休老师郎仕学夫妇进行了重点访谈。并通过乡中心小学的刘国琦老师,了解其所在村布依族语言的使用情况。下午 2 点,按既定行程到达仓更镇,走访了镇政府所在地附近的平岸村。下午 5 点半,赶到巴结镇,通过乡政府了解库区建设对布依族语言使用的影响,并对个体经营户潘昌云和退休老师王振会进行了重点访谈。晚上 9 点半返回兴义。

2008 年 2 月 3 日

结束在兴义的调查行程,课题组返回贞丰,对 2006 年调查过的北盘江镇岜浩村和金井村进行补充调查。

2008 年 2 月 13 日

课题负责人周国炎与课题组成员周国茂赴黔南州龙里县和贵定县进行田野调查。

上午,课题组前往黔南州龙里县,与县民族宗教局接洽,了解该县布依族分布情况以及语言的保存和使用情况,确定以龙山镇坝上村王榜寨作为调查点。上午 10 点,到达王榜,对村委主任岑发顺进行重点访谈,了解该村及周边村寨布依族语言使用情况。

下午 2 点,课题组前往与龙里县相邻的贵定县盘江镇音寨村调查,贵定县民族宗教局派退休干部王发杰前来协助。2 点 40 分,到达音寨村,课题组分别通过前来协助的王发杰、村支书罗正荣了解贵定县全县布依族分布以及目前语言使用的基本情况、音寨村布依族语言的使用情况。下午 4 点半,调查结束,返回贵阳。

至此,2008 年寒假调查行程结束。

五　田野调查照片

1. 课题组全体成员在望谟县
   与布依学会成员座谈

2. 课题组成员黄镇邦在贞丰
   县北盘江镇老凹山村村民
   家中调查布依族经书

3. 课题组成员郑小科在贞丰县北盘江镇坡色村对学生进行调查

4. 周国炎老师在贵阳市白云区都拉乡小河村田间进行调查

5. 课题组成员桑杰在贵阳市白云区牛场乡瓦窑村进行调查

6. 课题组成员苏霖伶对贵阳市花溪区大寨村村长进行重点访谈

7. 课题组成员包贵萍在贵阳市白云区都拉乡小河村进行调查

8. 课题组成员杨菁在贵阳市白云区牛场乡瓦窑村对布依族妇女的母语水平进行测试

9. 课题组成员杨波在贵阳市白云区牛场乡大林村进行调查

10. 课题组成员吴峰在贵阳市白云区都拉乡小河村进行调查

11. 课题组成员法丽娜在贞丰县北盘江镇者颡村进行调查

12. 课题组成员连玉慧在贞丰县北盘江镇老凹山村进行调查

13. 课题组成员与贵阳市乌当区新堡乡领导合影

14. 课题组成员周国炎、郑小科在望谟县桑郎镇进行调查

参 考 文 献

1. 安龙县民族事务委员会编《安龙县民族志》,内部印刷,1989 年。

2. 安顺地区民族事务委员会编《安顺地区民族志》,贵州民族出版社,1996 年。

3. 《关岭布依族苗族自治县概况》编写组编《关岭布依族苗族自治县概况》,贵州民族出版社,
   1985 年。

4. 贵州省布依学会编《布依学研究》(第八集),贵州民族出版社,2006 年。

5. 贵州省民族事务委员会民族语文办公室编,孙若兰主编《布依语文集》,贵州民族出版社,
   1993 年。

6. 贵州省民族事务委员会民族语文办公室编,孙若兰主编《贵州民族语文调查集》,贵州民族出
   版社,1992 年。

7. 贵州省民族事务委员会民族语文办公室编,张和平主编《贵州民族语文研究》,贵州民族出版
   社,1993 年。

8. 贵州省晴隆县县志编纂委员会编《晴隆县志》,贵州人民出版社,1993 年。

9. 贵州省少数民族语言文字办公室编,张和平主编《贵州民族语文调研文集》,贵州民族出版
   社,2004 年。

10. 贵州省水城县政协文史委员会、贵州省水城县民族事务委员会编《水城文史资料·少数民
    族专辑》,内部印刷,1989 年。

11. 贵州省遵义县志编纂委员会编《遵义县志》,贵州人民出版社,1992 年。

12. 惠水县布依学会编《惠水布依族文化》,贵州民族出版社,2005 年。

13. 龙里县民族事务委员会编《龙里县民族志》,内部印刷,1989 年。

14. 罗剑著《毕节地区布依族》,贵州民族出版社,2004 年。

15. 倪大白著《侗台语概论》,中央民族学院出版社,1990 年。

16. 《黔南布依族苗族自治州概况》编写组编《黔南布依族苗族自治州概况》,贵州民族出版社,
    1985 年。

17. 王远新著《中国民族语言学:理论与实践》,民族出版社,2002 年。

18. 威宁彝族回族苗族自治县民族事务委员会编《威宁彝族回族苗族自治县民族志》,贵州民
    族出版社,1997 年。

19. 吴启禄编著《贵阳布依语》,贵州民族出版社,1992 年。

20. 杨通银著《莫语研究》,中央民族大学出版社,2000 年。

21. 喻翠容编著《布依语简志》,民族出版社,1980年。

22. 贞丰县史志征集编纂委员会编《贞丰县志》,贵州人民出版社,1994年。

23. 中国社会科学院民族研究所、国家民族事务委员会文化宣传司主编《中国少数民族语言使用情况》,中国藏学出版社,1994年。

24. 中国科学院少数民族语言研究所主编《布依语调查报告》,科学出版社,1959年。

25.《紫云苗族布依族自治县概况》编写组编《紫云苗族布依族自治县概况》,贵州民族出版社,1986年。

后　记

　　“布依族语言使用情况个案研究”是中央民族大学国家“985 工程”研究课题之一。2005年，国家重点项目——中央民族大学“985 创新工程”获准并正式启动，“布依族语言使用情况个案研究”被列为该工程的项目之一。2006 年初，“布依族语言使用情况个案研究”课题组正式组建。在课题组组建过程中，我们充分考虑到了要以项目研究带动教学，锻炼学生的实践能力，提高学生的专业水平和学术研究水平。为此，我们将 05 级应用语言学方向硕士研究生全部吸收到课题组当中，同时，让部分优秀的本科生以实习调查员的身份参加课题的田野调查。事实证明，这一举措收到了很好的效果。

　　从 2006 年 5 月开始，课题组成员开始着手收集相关文献资料，学习和掌握田野调查方法，编写调查大纲，设计调查问卷。2006 年 6 月初，课题组对多年从事布依族语言教学和研究的王伟副教授以及从事过布依语文教学的王国宇副教授进行了重点访谈；6 月中旬，小范围地召开了在京布依族知识分子的座谈会，为下一步的田野调查和课题研究作好准备。

　　2006 年 7 月中旬至 2008 年 2 月中旬，课题组先后进行了 4 次田野调查。调查范围涉及布依族聚居、杂居和散居地区的 15 个县（市、区）。第一次田野调查开始于 2006 年 7 月中旬，持续了20 天，先后走访了贵州省贞丰、望谟、黔西 3 个县的 7 个乡镇。调查期间，正值贵州气候炎热，雨水较多，给出行带来许多不便。尤其是望谟县刚经历过百年不遇的洪灾，当地群众还心存余悸，使我们的首次田野调查更富于挑战意义。课题组成员当中有 3 位来自北方，都是第一次到贵州，对当地的气候有些不适应，但她们都能克服困难，积极地投身于田野调查。更难能可贵的是，以实习调查员身份参加田野调查的本科生郑小科和包贵萍两位同学当时刚满 18 岁，稚气未脱，但都很快地适应了田野调查生活。所有参加调查的同学，在调查过程中都能独当一面，这是我们田野调查工作能顺利完成的重要保证。第一次调查期间，课题组在贵阳邀请长期从事布依族语言文字研究的部分专家、学者召开了一次座谈会，就我们所开展的课题广泛征求了他们的意见。与会的专家、学者都毫无保留地对我们的课题设计和调查方案提出了宝贵的意见和建议，同时也对布依族语言文字，尤其是新创布依文的推广和使用阐述了自己的观点。

　　2007 年 1 月中旬至 2 月初，课题组进行了为期半个月的第二次田野调查。这次调查主要目的在于了解距离汉文化中心较近的贵阳市郊布依族语言使用情况。课题组成员在前一次的基础上增加了 06 级的硕士研究生。我们分两组对贵阳市花溪、小河、白云和乌当 4 个区 8 个乡镇 15个自然村进行了调查。其间，两个组都受到了田野调查以来空前的热情招待和积极配合，但也遭遇到了个别官僚主义者冷漠的面孔，感触颇深。参加调查的同学们都觉得此次调查是人生中难得的一次经历。在贵阳调研期间,贵阳学院中文系书记周国茂教授不仅作为课题组成员参加了田野调查,还无偿提供自家私车作为交通工具,为调查任务的顺利完成创造了条件。

2007年7月中旬,课题组成员2005级硕士研究生苏霖伶、法丽娜和2006级研究生黄镇邦再次赴望谟县复兴镇岜赖村就布依族母语濒危现象进行补充调查,与此同时,我也借参加贵州省布依学会主持召开的"贵州黄果树布依族文化论坛"之机,前往黔南州都匀、独山、惠水以及黔西南州的安龙等县收集与本课题相关的各种材料,目的在于从总体上对上述各县布依族语言使用情况进行了解,同时也深入到一些村寨进行抽样调查。

2008年1月下旬至2月中旬,我和黄镇邦进行了本课题的第四次田野调查,补充了布依族聚居地区三个点的材料。调查期间正值贵州50年一遇的冰冻灾害,气候寒冷,交通不便,行程异常艰难,恶劣的天气使我不得不放弃了紫云和长顺的调查计划。不过,布依族同胞和地方政府部门的热情支持与帮助使我们把一切困难抛到了脑后。在贞丰沙坪乡调查期间,副乡长罗金伦同志和文化干事龙标同志始终陪同我们,还帮助我们入户填写问卷。在兴义调查期间,黔西南州民族宗教局纪检组长郝明星同志和兴义市民族宗教局局长杨昌盛同志全程陪同,途中还遭遇冻雨,道路凝结,险象环生。在如此恶劣的气候条件下,如果没有地方政府部门的支持和配合,调查是很难顺利完成的。在此我谨向所有曾经向本课题组提供过各种支持和帮助的单位和个人致以深深的谢意。

应用语言学方向05、06级硕士研究生、07级的安超、李君以及参加田野调查的4位本科生都参与了调查材料的整理工作,包括创建数据库和资料录入,使本课题下一步的研究工作得以顺利开展。

前两次调查结束后,参加田野调查的大多数学生都撰写了调查报告。其中,第一次田野调查的报告还获得了北京市大学生暑期社会实践优秀奖,中央民族大学大学生暑期社会调研二等奖。在2007年11月下旬召开的民族语文工作国际会议上,苏霖伶、法丽娜和杨菁三人还提交了与本课题有关的参会论文。

本书的撰写工作开始于2007年11月,各主要章节由我执笔完成,课题组成员周国茂、法丽娜、桑杰、黄镇邦分别完成了一个个案、苏霖伶完成了两个个案的撰写。附录部分,法丽娜、苏霖伶编辑整理了座谈会和重点访谈录音材料的初稿。田野调查工作日志的初稿的编辑整理由包贵萍完成,此外,她还承担了本书所有数据的核实工作。本书书稿的校对正值假期,2008级硕士研究生李志芬、张景嵋两位同学刚刚结束在贵州的田野调查,顾不得回家与亲人团聚,便匆匆赶回北京,投入到紧张、繁琐的校对工作中。

在本书的撰写过程中,得到了很多老师的关心和帮助。课题总负责人戴庆厦教授在百忙中抽出时间对初稿进行了审阅,罗自群教授从专业编审的角度全面、仔细地通读了全书,指出了书中疏漏之处,并提出了修改意见。在此谨对他们表示衷心的感谢。

周 国 炎

2008年8月25日